올인원 라이브 합격열차란

01 올인원 교재로 과목별 전범위를 테마로 정리한 정규강의

이론과 문제를 한 권으로 정리하는 올인원 강의

02 실시간 라이브 강의로 한번더

① **매년 반드시 출제**되는 테마
② **매번 헷갈려서 틀리는** 테마
③ **킬러 문제** 테마를 집중적 반복적으로 **과외**하며 정복

03 실시간 소통을 통한 질문 즉시 해결

라이브 강의를 들으면서 생긴 궁금증을 바로바로 해결
언제까지 게시판에 질문올리고 48시간 기다리겠습니까?

04 과목별 1타강사가 직접 전화상담을?

과목별 강사들이 수강생 여러분들에게 직접 전화합니다.
그리고 그 과정을 모두가 함께 라이브로 시청합니다!
우리가 궁금했던것이 해결되는데 그것도 직접 전화로, 무려 1타강사가 직접?
고객센터 직원이 해주는 상담과 차원이 다른 그 누구도 따라할 수 없는 서비스!

매일 3시 출발 **2시간 연속 생방송** **다시보기 가능**

자세한 내용은 홈페이지 **www.landhana.co.kr** 참고

문의전화 **1600-5577**

당신의 불합격 · 점수가
오르지 않는 이유가 무엇입니까?

90% 이상의 수험생은 이렇게 대답했습니다.

1 학습해야 할 교재가 **너무 많아요**

2 과목별 기본서 분량이 **너무 많아요**

3 재수생은 **이론 과정이** 너무 반복되어 시간낭비가 많은 것 같아요

4 아무리 공부해도 **무엇을 암기해야** 합격하는지 항상 애매해요

5 실제시험에서 주어진 시간내 문제를 다 풀지도 못하고 **찍어버린 문제**가 많아요

랜드하나가 해결해드립니다!

랜드하나는 다시 시작하는 수험생을 위해 가장 합리적인 교재를 제시합니다.

각 과목별 딱 한 권으로 정리하는
올인원 교재로 합격을 완성합니다.

올인원 교재

+

정규 강의

+

올라 유튜브 과외

매일 3시 출발   **2시간 연속 생방송**   **다시보기 가능**

자세한 내용은 홈페이지 **www.landhana.co.kr** 참고

문의전화 **1600-5577**

2024 EBS ○● 랜드하나

공인중개사
전원합격
올인원

2차 부동산공법

H 랜드하나

머리말

매년 30만 명 가까이 국민 자격증인 공인중개사 시험을 치르고 있으며, 이 중에서 일부 수험생은 합격을 하고, 많은 수험생이 시험에서 실패를 합니다.

공인중개사 시험은 절대평가시험임에도 불구하고, 시험의 커트라인에 해당하는 평균 60점을 받지 못하여 시험에 실패하는 수험생들이 훨씬 더 많은 게 불편한 현실입니다.

모두가 최고의 합격자 최고의 강사진이라고 광고를 하고 있음에도 불구하고

그리고 그 어디에서도 55점으로 불합격한 수험생을 관리하고 50점으로 불합격한 수험생들의 학습과 공부 방법을 제시해 주지는 않습니다. 다시 두꺼운 기본서와 처음 공부하는 수험생들이 하는 기초 강의부터 다시 시작을 해야 하는 게 현재 공인중개사 수험시장의 상황입니다.

그러다 보니 불합격 후 공부를 다시 시작하는 시기가 늦어지고, 늦어지다 보니 작년에 공부했던 내용을 다 잊어버리고 늦게 시작하는 경우가 많고, 공부의 흥미를 잃어버리는 경우가 대부분입니다.

그래서 수험자들이 작년의 50점의 실력을 유지하면서 좀 더 효율적으로 공부할 수 있는 방법은 없을까? 교재는 없을까? 고민을 하게 되었고 이 고민의 과정 속에서 다시 재도전하는 수험생과 어느 정도 공부량이 되는 수험자에게 딱 적합한 전원합격 올인원교재를 구상하게 되었습니다.

전원합격 올인원 교재와 함께 한층 더 높은 수준의 강의를 통하여 시험의 실패 원인 분석을 한 맞춤 수업을 한다며 당해 연도에 실패한 수험자에게 다음 해에 희망을 주고 시간이 부족한 수험생에게 합격의 길로 안내할 수 있지 않을까라는 생각에서 본서를 출간하게 되었습니다.

처음 공부하는 수험자에게는 이론의 이해가 필요한 기본서가 필수 교재이지만 한 번 이상 시험을 치러본 수험자 또는 기본서로 1번이상 수업을 진행하여 시간절약이 필요한 분들에게는 개념이 어느 정도 파악되어 있기에 본 교재로 정리를 하여 시험장에서 합격의 길을 쉽게 찾을 수 있지 않을까 생각을 합니다.

본서의 특징은 다음과 같습니다.

1. 출제되는 것만 모았다.

기본서의 순서를 따르되 시험에서 출제되지 않는 것들은 과감히 빼고 시험에서 출제 가능성이 높은 부분만 테마로 구성을 하였습니다. 시험의 100%의 문제를 커버하지는 못하지만 80%까지 커버할 수 있는 교재라고 평가하고 싶습니다.

100점을 원하는 수험생은 보지 마시고, 합격을 원하는 수험자에게 적합한 교재입니다.

2. 2024년 제35회 출제 문제 완벽 예상

각 테마 안에는 출제경향분석과 2024년 35회 시험의 출제 예상을 하여 입체적이면서 중요도를 구분하여 내용을 파악하게 했습니다.

3년에 1번 정도 출제되는 패턴의 문제가 만약에 34회 시험에 출제되었다면, 35회 시험에서의 출제 가능성은 거의 없습니다.

하지만 5년에 한 번 정도 출제되는 문제가 출제된 지 5년이 넘었다면 35회 시험에서는 이 문제가 더 중요한 논점이 될 수 있기 때문에 출제경향분석을 통하여 35회 시험의 기출을 예측하고, 이를 통한 심화 학습이 가능하게 편제를 하였습니다. 굳이 재수생이 아니어도 공부량이 일정 수준이 되는 초시생도 5~6월 이후에는 상당히 효과적으로 학습을 할 수 있으리라고 봅니다.

3. 문제를 강화하여 합격의 가능성을 한층 높였습니다.

문제를 강화하여 기본 이론에 대한 정리 후 최근 기출문제와 예상문제를 통하여 기출문제의 출제경향을 파악하고, 이를 통해 시험에서 출제되는 응용문제와 난이도가 있는 심화 영역의 문제까지도 커버할 수 있게 문제를 구성하여 문제의 적응력을 키워 문제로 평가받는 수험자들에게 문제에 대한 두려움을 없애 시험에서 응용력과 적응력을 키우는데 중점을 두었습니다.

4. 이 교재 한 권으로 합격이 가능하게 구성을 하였다.

이런저런 교재가 많이 있고, 이런 자료 저런 자료가 많은 수험생 중에서 무엇을 봐야 할지? 과연 어떤 게 효과적인 자료인지? 자료의 홍수 속에 있는 수험생들에게 이 교재 1권으로 단권화를 통해 합격에 충분한 점수가 가능하게 편제를 하였습니다.

이 교재는 매년 한 두 개 차이로 떨어지는, 안타까움 수험자를 생각하면서 만들었습니다.

한두 문제의 부족으로 다시 시험을 치러야 하는 수험생을 위해 만들었습니다.

시험에 불합격하는 아쉬움이 없는 편안한 합격에 이 교재가 일조가 되었으면 하는 게 유일한 바람입니다.

공부도 많이 하고 책도 많이 구매하셨는데 시험에 실패하는 99%의 헛고생이 아닌 이 한 권의 선택으로 성공하는 수험 기간이 되길 기원하는 바입니다.

이 교재 출간을 위해 쉬어야 할 시간에도 수고를 마다하지 않은 편집자분들과 랜드하나 직원분들께 감사의 말씀을 전합니다.

편저자 배상

시험안내 Guide

출제경향 빈도표

내용별 \ 회별	제1회~제24회	제25회	제26회	제27회	제28회	제29회	제30회	제31회	제32회	제33회	제34회
총설	5										
국토의 계획 및 이용에 관한 법률	304	12	12	12	12	12	12	12	12	12	12
개발제한구역의 지정및관리에관한 특별조치법	18										
도시개발법	94	6	6	6	6	6	6	6	6	6	6
도시및주거환경 정비법	87	6	6	6	6	6	6	6	6	6	6
건축법	151	7	7	7	7	7	7	7	7	7	7
주택법	90	7	7	7	7	7	7	7	7	7	7
산림법	44										
산지관리법	9										
농지법	36	2	2	2	2	2	2	2	2	2	2
합계	838	40	40	40	40	40	40	40	40	40	40

2023년 제34회 공인중개사 자격시험 통계 자료

1. 시도별

지역	1차 합격자			최종 합격자		
	대상	응시	합격	대상	응시	합격
총계	179,734	134,354	27,458	108,022	65,705	15,157
강원	2,359	1,725	301	1,447	868	207
경기	53,419	40,204	8,414	32,525	20,014	4,817
경남	7,271	5,441	1,065	4,261	2,624	585
경북	4,998	3,718	708	2,893	1,767	367
광주	5,066	3,730	714	3,021	1,833	446
대구	7,530	5,707	1,142	4,218	2,629	554
대전	4,737	3,519	744	2,731	1,672	399
부산	12,155	9,289	1,823	7,213	4,567	1,063
서울	45,079	33,528	7,193	28,225	16,804	3,904
세종	2,031	1,451	329	1,293	788	201
울산	2,782	2,078	431	1,597	1,015	251
인천	11,547	8,707	1,655	6,576	3,973	856
전남	3,533	2,541	466	1,953	1,155	249
전북	4,104	3,033	590	2,386	1,433	284
제주	2,247	1,705	389	1,372	839	184
충남	5,523	4,134	740	3,211	1,915	436
충북	3,911	2,855	549	2,309	1,397	290
기타	1,442	989	205	791	412	64

2. 성별

성별	1차 합격자			최종 합격자		
	대상	응시	합격	대상	응시	합격
총계	179,734	134,354	27,458	108,022	65,705	15,157
여성	90,056	69,912	14,134	50,850	32,351	7,924
남성	89,678	64,442	13,324	57,172	33,354	7,233

3. 연령대별

연령별	1차 합격자			최종 합격자		
	대상	응시	합격	대상	응시	합격
총계	179,734	134,354	27,458	108,022	65,705	15,157
10대	397	316	46	222	129	18
20대	19,554	13,401	3,365	11,778	6,458	1,690
30대	48,448	35,855	6,799	27,137	14,678	3,866
40대	57,948	43,431	7,999	32,836	19,435	4,613
50대	41,672	31,994	7,289	27,318	18,650	4,060
60대	10,897	8,673	1,872	8,117	5,905	887
70대	779	649	86	584	426	23
80대	38	34	2	29	23	0
90대	1	1	0	1	1	0

4. 접수유형별 2차시험합격자 현황

응시자유형코드	응시자유형명	합격자 수
01	일반응시자	5,123
02	1차시험 면제자	10,034

이 책의 차례 Contents

PART 02   도시개발법

PART 03   도시 및 주거환경정비법

PART 04   주택법

PART 1
국토의 계획 및 이용에 관한 법률

1 출제예상과 학습포인트

✦ **기출횟수**

제20회, 제22회, 제24회, 제27회, 제31회, 제32회, 제33회

✦ **35회 출제 예상**

통상 광역도시계획과 번갈아서 출제가 이루어진다. 32회와 33회 시험에서는 광역도시계획과 도시·군 기본계획이 모두 출제가 되고 34회 시험에서는 출제가 되지 않았다. 35회 시험에서는 모두가 출제되기 보다는 도시·군 기본계획 또는 광역도시계획 둘 중 하나가 출제될 것으로 보인다. 하지만 도시·군 기본계획과 광역도시계획의 절차가 거의 유사하기 때문에 도시·군 기본계획을 중심으로 정리를 하면 좋겠다. 34회 시험의 출제가능성이 70% 정도로 보면 좋을 거 같다.

✦ **35회 중요도**

★★★

✦ **학습범위와 학습방법**

도시·군 기본계획은 부동산공법에 있는 다른 행정계획을 공부하는데 기본이 되는 내용이다.

도시·군 기본계획자체 내용에 관하여는 도시·군 기본계획의 절차를 중심으로 학습을 하되 지금까지 출제가 많이 출제되지 않은 부분 중심으로 공부할 필요가 있다. 특히, 재량적수립 대상지역과 기초조사의 생략은 최근에 지문으로 많이 출제하고 있다.

✦ **핵심쟁점**

① 법적성격은?
② 도시·군 기본계획과 광역도시계획 및 도시·군 관리계획과의 관계
③ 수립권자 및 수립단계에서의 절차
④ 승인권자 및 승인단계에서의 절차
⑤ 재량적 수립대상지역은?

2 핵심 내용

❶ 도시·군 기본계획의 의의

관할구역의 기본적인 공간구조와 장기발전방향을 제시하는 종합계획으로 도시·군 관리계획 수립의 지침이 되는 계획이다.

② 도시·군 기본계획의 법적성격

도시·군 기본계획은 비 구속적 행정계획으로 처분성이 없어 행정쟁송의 대상이 되지 않는다.

③ 도시·군 기본계획의 수립기준

국토교통부장관이 정한다.

④ 광역도시계획과의 관계

광역도시계획이 수립되어 있는 지역에 대하여 수립하는 도시·군 기본계획은 당해 광역도시계획에 부합되어야 하며, 도시·군 기본계획과 광역도시계획이 충돌할 경우 광역도시계획의 내용이 우선한다.

⑤ 수립여부와 수립대상지역

1. 원칙(의무) : 관할구역은 도시·군 기본계획을 수립하여야 한다.

2. 예외 : 재량

> 1. 경미한 경우 : ① 수도권에 속하지 않고
> ② 광역시와 경계를 같이하고 있지 않은 시 또는 군으로서
> ③ 인구 10만명 이하인 시 또는 군
> 2. 대체 가능한 경우 : 관할구역 전부에 대하여 광역도시계획이 수립되어 있는 시·군으로 광역도시계획의 내용에 도시·군 기본계획의 내용이 전부 포함된 경우

⑥ 인접한 관할구역의 포함여부

도시·군 기본계획은 관할지역에 수립하는 게 원칙이나, 필요한 경우에는 인접한 관할구역의 전부 또는 일부를 포함하여 도시·군 기본계획을 수립할 수 있다.

⑦ 수립권자 및 승인(확정)권자

수립권자	승인 또는 확정
특별시장·광역시장·특별자치시장·특별자치도지사가 수립	스스로 확정
시장·군수가 수립	도지사가 승인

⑧ 수립절차 (기초조사 → 의견청취)

1. 기초조사 : 의무 : 토지적성평가와 재해취약성분석을 포함하여야 한다.

> **참고** 토지 적성평가와 재해취약성분석의 생략
>
> ① 도시·군기본계획 입안일부터 5년 이내에 토지적성평가와 재해취약성분석을 실시한 경우
> ② 다른 법률에 따른 지역·지구 등의 지정이나 개발계획 수립 등으로 인하여 도시·군기본계획의 변경이 필요한 경우
> 에는 생략할 수 있다.

2. 주민의 의견청취(의무) : 공청회를 거쳐야 하며, 공청회에서 제시된 의견이 타당한 경우 이를 반영하여야 한다.

3. 의회의 의견청취 : 관할 지방의회의 의견을 들어야 한다.

⑨ 승인절차(협의 → 심의)

1. 협의 : 관계행정기관의 장과 협의를 거쳐야 한다.

2. 심의 : 지방도시계획위원회 심의를 거쳐야 한다.

⑩ 수립의 주기·재검토

1. 수립주기 : 명문규정 없음(10년마다, 20년마다 수립하는 게 아님)

2. 재검토 : 5년마다 재검토

(➤ 도시·군 관리계획·성장관리계획·정비기본계획·리모델링기본계획도 5년마다 재검토)
➤ 투기과열지구와 조정대상지역의 재검토는 6개월 마다

3 대표 기출문제

제32회 출제

01 국토의 계획 및 이용에 관한 법령상 도시·군기본계획에 관한 설명으로 틀린 것은?

① '수도권정비계획법'에 의한 수도권에 속하고 광역시와 경계를 같이하지 아니한 시로서 인구 20만명 이하인 시는 도시·군기본계획을 수립하지 아니할 수 있다.

② 도시·군기본계획에는 기후변화 대응 및 에너지절약에 관한 사항에 대한 정책 방향이 포함되어야 한다.

③ 광역도시계획이 수립되어 있는 지역에 대하여 수립하는 도시·군기본계획은 그 광역도시계획에 부합되어야 한다.

④ 시장 또는 군수는 5년마다 관할 구역의 도시·군기본계획에 대하여 타당성을 전반적으로 재검토하여 정비하여야 한다.

⑤ 특별시장·광역시장·특별자치시장 또는 특별자치도지사는 도시·군기본계획을 변경하려면 관계 행정기관의장(국토교통부장관을 포함)과 협의한 후 지방도시계획 위원회의 심의를 거쳐야 한다.

해설

① 도시·군 기본계획을 수립할 수 있는 재량적인 사유

> 1. ① 수도권에 속하지 않고
>   ② 광역시와 경계를 같이하고 있지 않은 시 또는 군으로서
>   ③ 인구 10만명 이하인 시 또는 군
> 2. 관할구역 전부에 대하여 광역도시계획이 수립되어 있는 시·군으로 광역도시계획의 내용에 도시·군 기본계획의 내용이 전부 포함된 경우

답 ①

제33회 출제

02 **국토의 계획 및 이용에 관한 법령상 시장 또는 군수가 도시·군기본계획의 승인을 받으려 할 때, 도시·군기본계획안에 첨부하여야 할 서류에 해당하는 것은?**

① 기초조사 결과
② 청문회의 청문조서
③ 해당 시·군 및 도의 의회의 심의·의결 결과
④ 해당 시·군 및 도의 지방도시계획위원회의 심의 결과
⑤ 관계 중앙행정기관의 장과의 협의 및 중앙도시계획위원회의 심의에 필요한 서류

해설

① 시장 또는 군수는 도시·군기본계획의 승인을 받으려면 도시·군기본계획 안에 다음 각 호의 서류를 첨부하여 도지사에게 제출하여야 한다.

1. 기초조사 결과
2. 공청회개최 결과
3. 해당 시·군의 의회의 의견청취 결과
4. 해당 시·군에 설치된 지방도시계획위원회의 자문을 거친 경우에는 그 결과
5. 관계 행정기관의 장과의 협의 및 도의 지방도시계획위원회의 심의에 필요한 서류

目 ①

---

4 출제 예상문제

01 **국토의 계획 및 이용에 관한 법령상 도시·군기본계획에 관한 설명으로 옳은 것은?**

① 도시·군기본계획의 수립시 공람을 통하여 주민의 의견을 들어야 한다.
② 특별시장·광역시장·특별자치시장·특별자치도지사·시장 또는 군수는 미리 협의를 하면 인접한 특별시·광역시·특별자치시·특별자치도·시 또는 군의 관할구역 전부 또는 일부를 포함하여 도시·군기본계획을 수립할 수 있다.
③ 수도권에 위치하지 아니하고 광역시와 경계를 같이하는 시·군으로서 인구 10만명 이하인 시·군은 도시·군기본계획을 수립하지 아니할 수 있다.

④ 도시·군기본계획의 내용과 광역도시계획의 내용이 다를 때에는 도시·군기본계획의 내용이 우선한다.

⑤ 도시·군기본계획의 내용과 도시·군관리계획의 내용이 다를 때에는 도시·군관리계획의 내용이 우선한다.

해설 ✦ ① 도시·군기본계획의 수립시에는 공청회를 개최하여 주민과 전문가의 의견을 들어야 한다.
　　　 ③ 수도권에 속하지 않고 광역시와 경계를 같이 하지 아니하는 인구 10만명 이하인 시·군이거나, 관할구역 전부에 대하여 광역도시계획이 수립되어있는 시 또는 군으로서 당해 광역도시계획에 도시·군기본계획의 내용이 모두 포함되어 있는 시·군은 도시·군기본계획을 수립하지 아니할 수 있다.
　　　 ④ 광역도시계획의 내용이 우선한다.
　　　 ⑤ 도시·군기본계획의 내용이 우선한다.

정답 ✦ ②

02 국토의 계획 및 이용에 관한 법령상 도시·군기본계획에 관한 설명으로 옳은 것은?

① 시장·군수는 관할 구역에 대해서만 도시·군기본계획을 수립할 수 있으며, 인접한 시 또는 군의 관할 구역을 포함하여 계획을 수립할 수 없다.

② 도시·군기본계획의 내용이 광역도시계획의 내용과 다를 때에는 국토교통부장관이 결정하는 바에 따른다.

③ 관할구역 전부에 대하여 광역도시계획이 수립되어 있는 시 또는 군으로서 당해 광역도시계획에 도시·군기본계획의 내용이 모두 포함되어 있는 시 또는 군에서는 도시·군기본계획을 수립하지 아니할 수 있다.

④ 다른 법률에 따른 지역·지구 등의 지정이나 개발계획 수립 등으로 인하여 도시·군기본계획의 변경이 필요한 경우에는 기초조사의 내용에 재해취약성분석을 포함하여야 한다.

⑤ 시장 또는 군수가 수립한 도시·군기본계획은 스스로 확정한다.

해설 ✦ ① 인접한 시 또는 군의 관할 구역을 포함하여 계획을 수립할 수 있다.
　　　 ② 도시·군기본계획의 내용이 광역도시계획의 내용과 다를 때에는 광역도시계획이 우선한다.
　　　 ④ 다른 법률에 따른 지역·지구 등의 지정이나 개발계획 수립 등으로 인하여 도시·군기본계획의 변경이 필요한 경우에는 기초조사의 내용에 토지적성평가와 재해취약성분석을 생략할 수 있다.
　　　 ⑤ 시장 또는 군수가 수립한 도시·군기본계획은 도지사가 승인한다.

정답 ✦ ③

1 출제예상과 학습포인트

✦ 기출횟수

　제26회, 제27회, 제28회, 제29회, 제31회, 제32회, 제33회

✦ 35회 출제 예상

　광역도시계획은 과거에 통상 도시·군기본계획과 번갈아서 2년에 한번 정도씩 출제가 이루어지는 게 일반적 이었는데. 31회 시험부터 33회 시험까지 연속하여 출제가 되었고 32회와 33회 시험에서는 도시·군기본계획과 광역도시계획이 동시에 출제가 되었다. 3년 연속의 출제가 되었기에 34회 시험에서는 출제가능성이 조금 떨어질거로 예상을 했는데 34회는 출제가 되지 않았다. 그러므로 35회 시험에서는 출제가능성이 조금높아 70% 정도로 보면 좋을 거 같다.

✦ 35회 중요도

　★★★

✦ 학습범위와 학습방법

　지금 현재 본 교재에서 언급된 부분에서 더 이상 양을 늘리지 말고 반복해서 숙지하면 될 거 같으며 광역계획권의 지정권자를 중심으로 학습하고, 광역도시계획에서는 수립권자와 승인권자 등 권한자를 중심의 학습을 하면 득점에 도움이 된다. 수립절차와 승인절차는 도시·군기본계획에서 학습한 내용을 참고하면서 정리하면 양을 줄이면서 학습을 할 수 있다.

✦ 핵심쟁점

　❶ 법적성격
　❷ 광역계획권의 지정권자
　❸ 광역도시계획의 수립권자와 승인권자 특히 광역도시계획을 공동수립하는 경우 승인권자
　❹ 광역도시계획의 기초조사에서 기초조사정보체계의 타당성검토기간
　❺ 광역도시계획의 조정절차

2 핵심 내용

❶ 광역도시계획 의의

지정된 광역계획권인 2 이상의 특·광·시·군의 장기발전방향을 제시하는 행정계획을 말한다.

❷ 법적성격

광역도시계획 도시·군 기본계획	국민들에게는 법적효력이 없는 비구속적 행정계획 → 처분성이 없다 → 행정쟁송을 제기 할 수 없다
도시·군 관리계획	국민들에게 법적효력이 있는 구속적 행정계획 → 처분성이 있다 → 행정쟁송을 제기할 수 있다.

❸ 광역계획권 지정

1. **지정권자** : ① 관할이 동일하면 : 관할 도지사가 지정
　　　　　　　　② 관할이 다른 경우 : 국토교통부장관이 지정

2. **요청** : 중앙행정기관의 장, 시·도지사, 시장 또는 군수는 국토교통부장관이나 도지사(지정권자)에게 광역계획권의 지정 또는 변경을 요청할 수 있다.

3. **지정대상** : 상호 인접한 2 이상의 특별시·광역시·특별자치시·특별자치도·시 또는 군의 관할구역의 전부 또는 일부에 대하여 지정하되, 일부에 대하여 지정할 경우에는 구·군·읍·면 단위로 지정하여야 한다.

4. **지정절차** : 의견청취 → 심의 → 지정 → 통보
　시·도지사 또는 시장·군수의 의견청취 → 중앙(지방)도시계획위원회 심의 → 지정 → 통보

④ 수립권자와 승인권자

구분	수립권자	승인권자 (지정권자)
관할이 동일한 경우	시장·군수 공동으로 수립 단, 3년 이내에 승인신청이 없는 경우 도지사(지정권자)가 수립	도지사 (지정권자)
관할이 다른 경우	1. 시·도지사가 공동으로 수립 단, 3년 이내에 승인신청이 없는 경우 국토교통부장관(지정권자)이 수립 2. 국가계획과 관련된 경우도 국토교통부장관이 수립	국토교통부장관 (지정권자)
수립권자와 승인권자가 공동으로	도지사(국토교통부장관)는 ① 필요하다고 인정하든지 ② 시장·군수(시·도지사)의 요청이 있는 경우 도지사(국토교통부장관)와 시장·군수(시·도지사)가 공동으로 수립할 수 있다.	
승인	다음의 도지사가 수립하는 광역도시계획은 국토교통부장관의 승인을 받지 않는다. 1. 같은 도에서 도지사가 시장 또는 군수가 요청하는 경우와 그 밖에 필요하다고 인정하여 관할 시장 또는 군수와 공동으로 광역도시계획을 수립하는 경우 2. 시장 또는 군수가 협의를 거쳐 요청하여 도지사가 단독으로 광역도시계획을 수립하는 경우	
광역도시 계획의 조정	1. 광역도시계획을 공동으로 수립하는 자가 광역도시계획에 관하여 협의가 이루어지지 않는 경우 단독 또는 공동으로 국토교통부장관·도지사(지정권자)에게 조정을 신청할 수 있다 2. 국토교통부장관 또는 도지사(지정권자)는 단독으로 조정신청을 받은 경우 : 국토교통부장관 또는 도지사는 다시 협의 하도록 권고 할 수 있고 협의가 이루어지지 않으면 직접 조정 할 수 있다. 3. 국토교통부장관 또는 도지사는 조정 시 중앙도시계획위원회나 도 도시계획위원회심의를 거쳐 조정하며 이해관계인은 출석하여 의견을 진술 할 수 있다. 4. 광역도시계획을 수립하는 자는 조정결과를 광역도시계획에 반영하여야 한다.	

⑤ 수립절차

1. **기초조사** : 의무

   광역도시계획 수립권자가 기초조사를 실시한 경우에는 해당 정보를 체계적으로 관리하고 효율적으로 활용하기 위하여 기초조사정보체계를 구축·운영하여야하며, 기초조사정보체계를 구축한 경우에는 등록된 정보의 현황을 5년마다 확인하고 변동사항을 반영하여야 한다.

2. **주민의 의견청취**(공청회) : 수립권자는 광역도시계획을 수립·변경하고자 하는 경우 미리 공청회를 열어 주민과 전문가의 의견을 들어야하며, 공청회에서 제시된 의견이 타당한 경우에는 광역도시계획에 이를 반영하여야 한다.

1. 공청회는 개최예정일 14일전에 1회 이상 공고하여야 한다.
2. 공청회는 광역계획권단위로 개최하고 필요한 경우 수개의 지역으로 구분 개최할 수 있다.
3. 공청회는 국장·시·도지사·시장·군수가 지명하는 자가 주재한다.

3. 의회의 의견청취 : 시·도, 시·군의회와 시장·군수의 의견을 들어야 하며, 시·도, 시·군의회와 시장·군수는 30일내 의견을 제시하여야 한다.

4. 광역도시계획의 수립기준 : 국토교통부장관이 이를 정한다.

광역도시계획을 수립할 경우 여건변화에 탄력적으로 대응할 수 있도록 포괄적이고 개략적으로 수립하되, 특정부분 위주로 수립하는 경우에는 도시·군 기본계획이나 도시·군 관리계획에 명확한 지침을 제시할 수 있도록 구체적으로 수립할 것.

❻ 승인절차

1. 협의 : 관계 중앙(지방)행정기관의 장은 승인권자에게 30일내 의견을 제시해야 한다.

2. 심의 : 중앙(지방)도시계획위원회 심의를 거쳐야 한다.

3. 공고·열람 : 국토교통부장관 또는 도지사가 광역도시계획을 승인한 경우 관계(중앙)행정기관의 장과 수립권자에게 광역도시계획을 송부하여야 하며 → 송부를 받은 수립권자는 이를 공고하고 30일 이상 일반에게 열람시킨다.

3 대표 기출문제

01 국토의 계획 및 이용에 관한 법령상 광역도시계획에 관한 설명으로 틀린 것은?

① 광역도시계획의 수립기준은 국토교통부장관이 정한다.

② 광역계획이 같은 도의 관할 구역에 속하여 있는 경우 관할 도지사가 광역도시계획을 수립하여야 한다.

③ 시·도지사, 시장 또는 군수는 광역도시계획을 수립하거나 변경하려면 미리 관계 시·도, 시 또는 군의 의회와 관계 시장 또는 군수의 의견을 들어야 한다.

④ 시장 또는 군수가 기초조사정보체계를 구축한 경우에는 등록된 정보의 현황을 5년마다 확인하고 변동사항을 반영하여야 한다.

⑤ 광역계획권을 지정한 날부터 3년이 지날 때까지 관할 시장 또는 군수로부터 광역도시계획의 승인 신청이 없는 경우 관할 도지사가 광역도시계획을 수립하여야 한다.

해설

② 광역계획권이 같은 도의 관할 구역에 속하여 있는 경우 관할 도지사가 광역계획권을 지정하며, 광역도시계획의 수립은 시장·군수가 공동으로 수립한다.

답 ②

제33회 출제

02 국토의 계획 및 이용에 관한 법령상 광역계획권에 관한 설명으로 옳은 것은?

① 광역계획권이 둘 이상의 도의 관할 구역에 걸쳐 있는 경우, 해당 도지사들은 공동으로 광역계획권을 지정하여야 한다.

② 광역계획권이 하나의 도의 관할 구역에 속하여 있는 경우, 도지사는 국토교통부장관과 공동으로 광역계획권을 지정 또는 변경하여야 한다.

③ 도지사가 광역계획권을 지정하려면 관계 중앙행정기관의 장의 의견을 들은 후 중앙도시계획위원회의 심의를 거쳐야한다.

④ 국토교통부장관이 광역계획권을 변경하려면 관계 시·도지사, 시장 또는 군수의 의견을 들은 후 지방도시계획위원회의 심의를 거쳐야 한다.

⑤ 중앙행정기관의 장, 시·도지사, 시장 또는 군수는 국토교통부장관이나 도지사에게 광역계획권의 지정 또는 변경을 요청할 수 있다.

해설

① 광역계획권이 둘 이상의 도의 관할 구역에 걸쳐 있는 경우 국토교통부장관이 광역계획권을 지정한다.

② 광역계획권이 하나의 도의 관할 구역에 속하여 있는 경우도지사가 광역계획권을 지정한다.

③ 도지사가 광역계획권을 지정하는 경우 중앙도시계획위원회의 심의를 거치는 게 아니라 지방도시계획위원회 심의를 거쳐야한다.

④ 국토교통부장관이 광역계획권을 변경하려면 지방도시계획위원회의 심의를 거치는 게 아니라 중앙도시계획위원회 심의를 거쳐야 한다.

답 ⑤

4 출제 예상문제

01 국토의 계획 및 이용에 관한 법령상 광역계획권 지정에 대한 설명 중 틀린 것은?

> ㄱ. 광역도시계획은 지정된 광역계획권의 장기발전방향을 제시하는 종합계획이다.
> ㄴ. 광역계획권이 둘 이상의 시·도의 관할 구역에 걸쳐 있는 경우에는 국토교통부장관이 지정한다.
> ㄷ. 광역계획권은 국토교통부장관이나 도지사가 이를 지정하며, 중앙행정기관의 장이나 시·도지사 또는 시장·군수는 광역계획권지정을 요청할 수 없다.
> ㄹ. 광역계획권은 상호인접한 둘 이상의 관할 구역 전부 또는 일부를 광역계획권으로 지정할 수 있다.

① ㄱ, ㄴ   ② ㄴ, ㄷ   ③ ㄱ, ㄷ   ④ ㄴ, ㄹ   ⑤ ㄷ, ㄹ

해설 ✦ ㄱ. 광역도시계획은 종합계획은 아니다.
       ㄷ. 중앙행정기관의 장이나 시·도지사 또는 시장·군수는 지정권자에게 광역계획권지정을 요청할 수 있다.

정답 ✦ ③

02 국토의 계획 및 이용에 관한 법령상 광역도시계획에 관한 설명으로 옳은 것은?

① 도지사가 시장 또는 군수의 요청으로 관할 시장 또는 군수와 공동으로 광역도시계획을 수립하는 경우에는 국토교통부장관의 승인을 받아야 한다.

② 국토교통부장관, 시·도지사, 시장 또는 군수가 기초조사를 실시한 경우에는 해당 정보를 체계적으로 관리하고 효율적으로 활용하기 위하여 기초조사정보체계를 구축·운영하여야 하고, 등록된 정보의 현황을 1년마다 확인하고 변동사항을 반영하여야 한다.

③ 국토교통부장관, 시·도지사, 시장 또는 군수는 5년마다 관할 구역의 광역도시계획에 대하여 그 타당성 여부를 전반적으로 재검토하여 정비하여야 한다.

④ 광역도시계획에 관한 기초조사로 인하여 손실을 받은 자가 있는 때에는 그 행위자가 속한 행정청이 그 손실을 보상하여야 한다.

⑤ 광역계획권을 지정한 날부터 3년이 지날 때까지 관할 시장 또는 군수로부터 광역도시계획의 승인 신청이 없는 경우에는 국토교통부장관이 수립한다.

해설 ✦ ① 관할이 동일한 도 안에서 도지사가 시장 또는 군수와 공동으로 광역도시계획을 수립하는 경우에는 국토교통부장관의 승인을 받지 않는다.
② 기초조사정보체계는 1년이 아니라 5년마다 확인하고 변동사항을 반영하여야 한다.
③ 광역도시계획은 5년마다 타당성을 전반적으로 재검토하지 않는다.
⑤ 시장 또는 군수로부터 광역도시계획의 승인 신청이 없는 경우에는 국토교통부장관이 아니라 도지사가 광역도시계획을 수립한다.

정답 ✦ ④

도시·군 관리계획

1 출제예상과 학습포인트

✦ 기출횟수

　매년출제 (33회 시험에서는 처음으로 출제되지 않았음), 34회

✦ 35회 출제 예상

　매년 출제가 이루어지고 있는 부분인데 이례적으로 33회 시험에서는 출제가 되지 않았다. 부동산공법 전체 내용에서 가장 중요한 내용이다. 35회 시험에서도 출제가능성은 100%이다.

✦ 35회 중요도

　★★★

✦ 학습범위와 학습방법

　통상적으로는 지금까지의 기출문제 중심의 출제가 이루어지는 데 때로는 시행령이나 아주 지엽적인 부분을 출제하기도 한다. 매년출제가 이루어지는 테마로서 기출문제가 워낙 많이 쌓여있어 아주 지엽적인 부분에서도 출제를 하니 기본을 익힌 다음 조금 심화이론도 학습을 요한다. 특히 각 파트별 생략사항을 정리를 해 두면 어려운 문제도 득점할 수 있다.

✦ 핵심쟁점

　❶ 법적성격 (구속적 행정계획, 행정쟁송을 제기할 수 있다.)

　❷ 입안권자 (싹~~ 다~~)와 결정권자(원칙 / 예외 : 장, 개, 시)

　❸ 입안단계에서 절차 (기초조사 생략사항 / 의회 의견청취의 의무사항 : 용, 광, 대)

　❹ 결정단계에서의 절차 (시·도지사가 도시·군관리계획 결정하는 경우 공동심의 사항)

　❺ 주민의 입안제안(기, 지, 산업, 지구, 입지와 동의요건, 결과통보기간, 비용, 자문)

　❻ 효력발생시기

　❼ 기득권보호

2 핵심 내용

❶ 의의 및 법적성격

1. 내용

> 1. 용도지역·용도지구의 지정 또는 변경에 관한 계획
> 2. 용도구역의 지정 또는 변경에 관한 계획
> 3. 기반시설의 설치·정비·개량에 관한 계획
> 4. 도시개발사업·정비사업에 관한 계획
> 5. 지구단위계획구역의 지정 또는 변경에 관한 계획과 지구단위계획의 수립
> 6. 입지규제최소구역의 지정 및 변경과 입지규제최소구역계획의 수립

2. 법적성격

> 1. 도시·군관리계획은 공용제한 중 계획제한으로서 구속적 행정계획이다.
> 2. 도시·군관리계획에 따른 행위제한은 계획제한으로 그 행위제한은 공공복리에 적합한 범위 안에서 제한이다. 그러므로 도시·군관리계획에 따른 규제로 행위제한을 받는 경우에도 공공복리범위 안에서 규제이면 손실보상을 청구할 수 없다.

❷ 도시·군관리계획 입안의 기준

1. 입안의 기준 : 국토교통부장관이 이를 정한다.

2. 차등입안 : 도시·군 관리계획은 계획의 상세정도, 도시·군 관리계획으로 결정하여야 하는 기반시설의 종류 등에 대하여 도시 및 농·산·어촌지역의 인구밀도, 토지이용의 특성 및 주변환경 등을 종합적으로 고려하여 차등화되게 입안하여야 한다.

3. 동시입안의 특례 : 입안권자는 도시·군관리계획을 조속히 입안할 필요가 있다고 인정되는 때에는 광역도시계획 또는 도시·군 기본계획을 수립하는 때에 도시·군 관리계획을 함께 입안할 수 있다.

❸ 도시·군관리계획 입안권자 및 결정권자

1. 입안권자

① 원칙 : 특별시장·광역시장·특별자치시장·특별자치도지사 또는 시장·군수

② **국토교통부장관이 입안하는 경우**(수산자원보호구역은 해양수산부장관이 입안한다.)

> ㉠ 국가계획과 관련된 경우
> ㉡ 2 이상의 시·도에 걸쳐서 용도지역·지구·구역과 2 이상의 시·도에 걸쳐 이루어지는 사업의 계획 중 도시·군 관리계획으로 결정해야 할 사항이 있는 경우
> ㉢ 관할 지방자치단체 장이 국토교통부장관의 도시·군 관리계획 조정요구에 따라 일정기간 도시·군 관리계획을 정비하지 않는 경우

③ **도지사가 입안하는 경우**

> ㉠ 2 이상의 시·군에 걸쳐서 용도지역·지구·구역을 지정하거나 20상의 시·군에 걸쳐 이루어지는 사업의 계획 중 도시·군 관리계획으로 결정하여야 할 사항이 있는 경우
> ㉡ 도지사가 직접 수립하는 사업의 계획으로서 도시·군 관리계획으로 결정하여야 할 사항이 포함되어 있는 경우

2. 결정권자

① 원칙 : 시·도지사 또는 대도시 시장
② 예외 : 국토교통부장관

> 1. 국토교통부장관이 입안한 도시·군 관리계획
> 2. 개발제한구역의 지정·변경
> 3. 국가계획과 연계된 시가화조정구역의 지정·변경
>   ↳ 수산자원보호구역은 해양수산부장관이 입안하여 해양수산부장관이 직접 지정

③ 다음의 도시·군관리계획은 시장 또는 군수가 직접 결정한다.

> 1. 시장 또는 군수가 입안한 지구단위계획구역의 지정·변경과 지구단위계획에 관한 도시·군관리계획
> 2. 지구단위계획으로 대체하는 용도지구 폐지에 관한 도시·군관리계획

❹ 입안절차

1. **입안** : 입안권자는 입안할 때 도시·군 관리계획도서(계획도 및 계획조서)와 이를 보조하는 계획설명서를 작성하여야 한다.

2. **기초조사** : 광역도시계획의 기초조사를 준용하며, 아래의 사항이 추가된다.

   ① 환경성 검토와 토지적성평가와 재해취약성분석을 포함하여야 한다.

② 기초조사의 생략사유

---

1. 기초조사 공통 생략사유
① 해당 지구단위계획구역이 도심지(상업지역과 상업지역에 연접한 지역을 말한다)에 위치하는 경우
② 해당 지구단위계획구역 안의 나대지면적이 구역면적의 2퍼센트에 미달하는 경우
③ 해당 지구단위계획구역 또는 도시·군계획시설부지가 다른 법률에 따라 지역·지구 등으로 지정되거나 개발계획이 수립된 경우
④ 해당 지구단위계획구역의 지정목적이 해당 구역을 정비 또는 관리하고자 하는 경우로서 지구단위계획의 내용에 너비 12미터 이상 도로의 설치계획이 없는 경우
⑤ 기존의 용도지구를 폐지하고 지구단위계획을 수립 또는 변경하여 그 용도지구에 따른 건축물이나 그 밖의 시설의 용도·종류 및 규모 등의 제한을 그대로 대체하려는 경우
⑥ 해당 도시·군계획시설의 결정을 해제하려는 경우

2. 환경성 검토를 생략하는 사유
① 위 1의 ①부터 ⑥까지의 어느 하나에 해당하는 경우
② 「환경영향평가법」에 따른 전략환경영향평가 대상인 도시·군관리계획을 입안하는 경우

3. 토지적성평가 생략사유
① 1.의 ①부터 ⑥까지의 어느 하나에 해당하는 경우
② 도시·군관리계획 입안일부터 5년 이내에 토지적성평가를 실시한 경우
③ 주거지역·상업지역 또는 공업지역에 도시·군관리계획을 입안하는 경우
④ 법 또는 다른 법령에 따라 조성된 지역에 도시·군관리계획을 입안하는 경우
⑤ 개발제한구역에서 조정 또는 해제된 지역에 대하여 도시·군관리계획을 입안하는 경우
⑥ 「도시개발법」에 따른 도시개발사업의 경우
⑦ 지구단위계획구역 또는 도시·군계획시설부지에서 도시·군관리계획을 입안하는 경우

4. 재해취약성분석 생략사유
① 1의 ①부터 ⑥까지의 어느 하나에 해당하는 경우
② 도시·군관리계획 입안일부터 5년 이내에 재해취약성분석을 실시한 경우

---

3. 주민의 의견청취

① 방법 : 입안권자는 14일 이상 일반에 열람시키며 의견이 있는 자는 열람기간 내에 입안권자에게 의견서를 제시할 수 있으며 제출된 의견에 대해 열람기간 종료된 날로부터 60일내 통보해야 한다.

② 생략 : 국가기밀(관계 중앙행정기관의 장이 요청이 있는 경우)이거나 경미한 사항은 주민의 의견을 생략 할 수 있다.

4. 의회의 의견청취

① 입안권자는 특별시·광역시·특별자치시·특별자치도 또는 시·군의회의 의견을 들어야 하며, 국토교통부장관과 도지사는 송부를 통하여 의회의 의견을 청취한다.

② 의회의 의견을 들어야 하는 도시·군 관리계획

> 1. 용도지역·용도지구·용도구역의 지정·변경결정
> 2. 광역도시계획에 포함된 광역시설의 설치·정비·개량에 관한 도시관리계획
> 3. 대통령령이 정하는 일부 기반시설의 설치·정비·개량에 관한 도시관리계획

❺ 주민의 입안제안

1. 주민의 입안제안사항 및 동의요건

주민의 입안제안 사항	동의 요건
1. 기반시설의 설치·정비·개량에 관한 사항	면적 4/5의 동의
2. 지구단위계획 구역의 지정·변경과 지구단위계획 수립	면적 2/3의 동의
3. 산업유통개발진흥지구의 지정 및 변경	
4. 용도지구 행위제한을 지구단위계획으로 대체하기 위한 용도지구	※ 면적을 계산하는 경우 국·공유지는 제외한다.
5. 입지규제최소구역지정과 입지규제최소구역계획 수립	

2. 주민이 입안을 제안할 경우에도 제안자는 제안서에 도시·군 관리계획도서와 이를 보조하는 계획설명서를 작성하여 이를 첨부하여야 한다.

3. **자문** : 도시계획위원회 자문을 거쳐 제안일로 부터 45일 이내에 반영여부를 통보하며, 부득이한 사유가 있는 경우 30일 연장할 수 있다.

4. **비용부담** : 제안자와 협의하여 비용의 전부 또는 일부를 제안자에게 부담시킬 수 있다.

> **참고** 산업·유통개발진흥지구의 지정을 제안할 수 있는 대상지역의 요건
>
> 1. 지정 대상 지역의 면적은 1만㎡ 이상 3만㎡ 미만일 것
> 2. 지정 대상 지역이 자연녹지지역·계획관리지역 또는 생산관리지역일 것.
> 3. 지정 대상 지역의 전체 면적에서 계획관리지역의 면적이 차지하는 비율이 50% 이상일 것. 이 경우 자연녹지지역 또는 생산관리지역 중 도시·군기본계획에 반영된 지역은 계획관리지역으로 보아 산정한다.

❻ 결정

1. 협의

① **국토교통부장관이 결정** : 관계 중앙행정기관장(30일내 의견제시)과 협의

② 시·도지사 또는 대도시 시장이 결정 : 관계 행정기관장(30일내 의견제시)과 협의

③ 시·도지사 또는 대도시 시장은 다음의 중요한 사항에 관한 도시·군관리계획을 결정하려면 미리 국토교통부장관과 협의하여야 한다.

> 1. 국토교통부장관이 입안하여 결정한 도시·군관리계획을 변경
> 2. 광역도시계획과 관련하여 시·도지사가 입안한 도시·군관리계획
> 3. 개발제한구역이 해제되는 지역에 대하여 해제 이후 최초로 결정되는 도시·군관리계획
> 4. 2 이상의 시·도에 걸치는 기반시설의 설치·정비 또는 개량에 관한 도시·군관리계획 중 국토교통부령이 정하는 도시·군관리계획

2. 심의

① 중앙도시계획위원회 또는 지방도시계획위원회심의를 거쳐야 한다.

② 다만, 시·도지사가 ㉠ 지구단위계획이나 ㉡ 지구단위계획으로 대체하는 용도지구 폐지에 관한 사항을 결정하려면 건축위원회와 도시계획위원회가 공동으로 하는 심의를 거쳐야 한다.

3. 협의나 심의 생략 : 결정권자는 국방상 또는 국가안전보장상 기밀을 지켜야 할 필요가 있다고 인정되면(관계 중앙행정기관의 장이 요청할 때만 해당된다) 그 도시·군관리계획의 전부 또는 일부에 대하여 협의나 심의 절차를 생략할 수 있다.

4. 결정이후의 절차(고시·송부·열람) : 도시·군 관리계획 결정권자는 결정한 도시·군 관리계획을 고시하고 관계서류를 특별시장·광역시장·시장 또는 군수에게 송부하며, 이를 송부 받은 특별시장·광역시장·시장 또는 군수는 이를 일반에게 열람할 수 있도록 한다. (열람기간의 제한이 없음 유의)

> **참고** 주민과 의회의 의견청취, 협의·심의절차를 생략하는 경미한 사항
>
> 1. 단위 도시·군계획시설부지 면적의 5퍼센트 미만의 변경인 경우
> 2. 도시지역의 축소에 따른 용도지역·용도지구·용도구역 또는 지구단위계획구역의 변경인 경우
> 3. 도시지역 외의 지역에서 「농지법」에 의한 농업진흥지역 또는 「산지관리법」에 의한 보전산지를 농림지역으로 결정하는 경우

❼ 도시·군 관리계획의 타당성검토 : 5년마다 타당성을 검토한다.

❽ 지형도면

1. 지형도면의 작성·승인·고시의 권한자 및 열람

작성권자	승인권자	고시
입안권자	도지사 만	도시·군관리계획 결정·고시권자

2. 지형도면은 지적이 표시된 지형도에 도시·군 관리계획사항을 명시한 도면을 작성하여야 한다.

❾ 효력발생 : 도시·군 관리계획은 지형도면을 고시한 날에 효력이 발생한다.

1. 기득권보호 : 도시·군 관리계획결정 당시 이미 착수한 자(허가·인가·승인을 얻어야하는 경우 허가·인가·승인을 받아 착수한 자)는 도시·군 관리계획결정에 관계없이 공사를 계속할 수 있다.

2. 시가화조정구역·수산자원보호구역에서의 특례

① 시가화조정구역과 수산자원보호구역 결정당시 이미 착수한 사업을 계속 하고자 하는 경우 : 시가화조정구역이나 수산자원보호구역의 결정·고시일로부터 3월내 신고하고 계속 할 수 있다.

② 신고한 행위가 건물 건축을 위한 토지 형질변경인 경우 : 형질변경공사 완료 후 3월내 건축허가 신청해야 허가를 받아 건축할 수 있다.

---

3 대표 기출문제

제34회 출제

01 국토의 계획 및 이용에 관한 법령상 주민이 도시·군관리계획의 입안권자에게 그 입안을 제안할 수 있는 사항이 <u>아닌</u> 것은?

① 입지규제최소구역의 지정 및 변경과 입지규제최소구역 계획의 수립 및 변경에 관한 사항

② 지구단위계획구역의 지정 및 변경과 지구단위계획의 수립 및 변경에 관한 사항

③ 기반시설의 설치·정비 또는 개량에 관한 사항

④ 산업·유통개발진흥지구의 변경에 관한 사항

⑤ 시가화조정구역의 지정 및 변경에 관한 사항

해설

⑤ 주민은 다음 사항에 대하여 도시·군관리계획의 입안권자에게 입안을 제안할 수 있다.

> 1. 기반시설의 설치·정비 또는 개량에 관한 사항
> 2. 지구단위계획구역의 지정 및 변경과 지구단위계획의 수립 및 변경에 관한 사항
> 3. 산업·유통개발진흥지구의 지정 및 변경에 관한 사항
> 4. 용도지구 중 해당 용도지구에 따른 건축물이나 그 밖의 시설의 용도·종류 및 규모 등의 제한을 지구단위계획으로 대체하기 위한 용도지구
> 5. 입지규제최소구역의 지정 및 변경과 입지규제최소구역계획의 수립 및 변경에 관한 사항

답 ⑤

02 국토의 계획 및 이용에 관한 법령상 도시·군관리계획에 관한 설명으로 틀린 것은?

① 국토교통부장관은 국가계획과 관련된 경우 직접 도시·군관리계획을 입안할 수 있다.

② 주민은 산업·유통개발진흥지구의 지정에 관한 사항에 대하여 도시·군관리계획의 입안권자에게 도시·군관리계획의 입안을 제안할 수 있다.

③ 도시·군관리계획으로 입안하려는 지구단위계획구역이 상업지역에 위치하는 경우에는 재해취약성분석을 하지 아니할 수 있다.

④ 도시·군관리계획결정의 효력은 지형도면을 고시한 다음 날부터 발생한다.

⑤ 인접한 특별시·광역시·특별자치시·특별자치도·시 또는 군의 관할 구역에 대한 도시·군관리계획은 관계 특별시장·광역시장·특별자치시장·특별자치도지사·시장 또는 군수가 협의하여 공동으로 입안하거나 입안 할 자를 정한다.

해설

④ 도시·군관리계획결정의 효력은 지형도면을 고시한 날부터 효력이 발생한다.

답 ④

4 출제 예상문제

01 국토의 계획 및 이용에 관한 법령상 도시·군관리계획을 입안할 때 기초조사를 실시하지 않아도 되는 경우에 해당하는 것은 모두 몇 개 인가?

> ㉠ 해당 지구단위계획구역이 도심지(상업지역과 상업지역에 연접한 지역을 말한다)에 위치하는 경우
> ㉡ 해당 지구단위계획구역 안의 나대지면적이 구역면적의 5퍼센트에 미달하는 경우
> ㉢ 해당 지구단위계획구역 또는 도시·군계획시설부지가 다른 법률에 따라 지역·지구 등으로 지정되거나 개발계획이 수립된 경우
> ㉣ 해당 지구단위계획구역의 지정목적이 해당 구역을 새로이 개발하는 경우로서 지구단위계획의 내용에 너비 12미터 이상 도로의 설치계획이 없는 경우
> ㉤ 기존의 용도지구를 폐지하고 지구단위계획을 수립 또는 변경하여 그 용도지구에 따른 건축물이나 그 밖의 시설의 용도·종류 및 규모 등의 제한을 그대로 대체하려는 경우
> ㉥ 해당 도시·군계획시설의 결정을 해제하려는 경우

① 2개   ② 3개   ③ 4개   ④ 5개   ⑤ 6개

해설 ✦ ㉡과 ㉣은 기초조사 생략사유에 해당하지 않는다.
　　㉡ 해당 지구단위계획구역 안의 나대지면적이 구역면적의 2퍼센트에 미달하는 경우
　　㉣ 해당 지구단위계획구역의 지정목적이 해당 구역을 정비 또는 관리하고자 하는 경우로서 지구단위계획의 내용에 너비 12미터 이상 도로의 설치계획이 없는 경우

정답 ✦ ③

02 **국토의 계획 및 이용에 관한 법령상 도시·군관리계획에 관한 설명으로 옳은 것은?**

① 용도구역의 변경지정을 입안하려는 경우 지방의회의 의견을 들어야 한다.

② 인접한 특별시·광역시·특별자치시·특별자치도·시 또는 군의 관할 구역 전부 또는 일부를 포함하여 도시·군관리계획을 입안하는 경우 국토교통부장관이 입안할 자를 정한다.

③ 시장이 입안한 지구단위계획구역의 변경에 관한 도시·군관리계획은 도지사가 결정·고시한다.

④ 둘 이상의 시·군에 걸쳐 이루어지는 사업의 계획 중 도시·군관리계획으로 결정하여야 할 사항이 포함되어 있는 경우 국토교통부장관이 도시·군관리계획을 입안할 수 있다.

⑤ 국방상 또는 국가안전보장상 기밀(관계 중앙행정기관의 장이 요청하는 것만 해당한다)을 지켜야 할 필요가 있는 사항에 관하여 도시·군관리계획을 입안하는 경우 주민의 의견을 들어야 한다.

해설 ✦ ② 관계 특별시장·광역시장·특별자치시장·특별자치도지사·시장 또는 군수가 협의하여 공동으로 입안하거나 입안할 자를 정한다.

③ 시장 또는 군수가 입안한 지구단위계획구역의 지정·변경과 지구단위계획의 수립·변경에 관한 도시·군관리계획은 시장 또는 군수가 직접 결정한다.

④ 도지사가 입안할 수 있다.

⑤ 국가기밀인 경우 주민 및 지방의회의 의견청취를 생략할 수 있다.

정답 ✦ ①

03 국토의 계획 및 이용에 관한 법령상 도시·군관리계획의 결정절차에 관한 설명으로 옳은 것은?

① 특별시장·광역시장·특별자치시장·특별자치도지사·시장 또는 군수는 관할 구역에 대하여 도시·군관리계획을 결정하여야 한다.

② 개발제한구역이 해제되는 지역에 대하여 해제 이후 최초로 결정되는 도시·군관리계획을 결정하려면 미리 시·도지사와 협의하여야 한다.

③ 도시·군관리계획 결정의 효력은 지형도면을 고시한 날의 다음 날부터 발생한다.

④ 도시·군관리계획 결정 당시 이미 사업이나 공사에 착수한 자는 3월 이내에 그 사업 또는 공사의 내용을 관할 특별시장·광역시장·특별자치시장·특별자치도지사·시장 또는 군수에게 신고하여야 한다.

⑤ 특별시장·광역시장·특별자치시장·특별자치도지사·시장 또는 군수는 도시·군관리계획결정이 고시되면 지적이 표시된 지형도에 도시·군관리계획에 관한 사항을 자세히 밝힌 도면을 작성하여야 한다.

해설 ✦ ① 도시·군관리계획의 원칙적인 결정권자는 시·도지사 또는 대도시시장이다
② 개발제한구역이 해제되는 지역에 대하여 해제 이후 최초로 결정되는 도시·군관리계획은 국토교통부장관과 협의하는 사항이다.
③ 도시·군관리계획의 효력은 지형도면을 고시한 날부터 효력이 발생한다.
④ 이미 착수한 공사는 공사를 계속할 수 있다. 시가화조정구역이나 수산자원보호구역에서는 3월 이내에 신고하고 계속할 수 있다.

정답 ✦ ⑤

테마 04 용도지역

1 출제예상과 학습포인트

✦ **기출횟수**

매년출제 (34회 시험에서는 처음으로 출제되지 않았음)

✦ **35회 출제 예상**

매년 출제가 이루어지고 있는 부분인데 34회 시험에서는 출제가 되지 않았다. 아주 이례적인 현상으로 부동산공법 공부를 하든지 아니면 실무에서 부동산관련 서류를 보려고 하면 용도지역을 모르면 이해를 할 수 없을 만큼 중요한 파트이다. 통상 매년 2문제 정도의 출제가 이루어지는데 34회 시험에서 출제가 되지 않았기에 35회 시험에서는 출제가능성은 100%이다

✦ **35회 중요도**

★★★

✦ **학습범위와 학습방법**

용도지역은 토지의 이용의 기본개념이다. 용도지역은 보통 본 교재에 언급된 정도의 출제가 이루어지지만 용도지역의 행위제한 중 건축제한은 출제가 되면 수험생들이 약간 어렵게 느끼기도 하기에 이에 대한 대비가 필요하며, 특히 건축제한 중 주택과 근린생활시설의 건축제한을 중심으로 학습할 필요가 있다. 그리고 꾸준하게 출제가 되고 있는 용도지역별 건폐율과 용적률의 숫자도 꼭 암기하고 있어야 한다.

✦ **핵심쟁점**

1. 용도지역 상호간의 중복여부
2. 용도지역의 종류와 각 용도지역의 개념
3. 용도지역지정절차의 특례 입안 ~ 결정의 특례와 입안 ~ 결정·고시의 특례를 구분
4. 도시지역으로 의제되는 것 5가지와 관리지역 에서의 특례 2개를 암기
5. 건축제한의 원칙(대통령령)의 정리
6. 용도지역별 건폐율의 구체적 숫자
7. 용도지역별 용적률의 구체적 숫자
8. 도시지역에서 적용하지 않는 규정

2 핵심 내용

❶ 용도지역의 분류 및 개념

1. 도시지역

국계법	용도지역의 구체적 내용		
주거지역	거주의 안녕을 위하여 필요한 지역		
	전용 주거지역	제1종 전용주거	단독주택 중심의 양호한 주거환경을 보호하기 위하여
		제2종 전용주거	공동주택 중심의 양호한 주거환경을 보호하기 위하여
	일반 주거지역	제1종 일반주거	저층주택(4층 이하)을 중심으로 편리한 주거환경
		제2종 일반주거	중층주택을 중심으로 편리한 주거환경
		제3종 일반주거	중·고층주택 중심으로 편리한 주거환경
	준주거지역		주거기능을 위주로 이를 지원하는 일부 상업·업무기능을 보완
상업지역	상업의 업무편익증진을 위하여 필요한 지역		
	중심상업지역		도심·부도심의 기능
	일반상업지역		일반적인 상업 및 업무기능을 담당
	유통상업지역		도시 안 및 지역 간 유통기능의 증진
	근린상업지역		근린지역에서의 일용품 및 서비스 공급
공업지역	공업의 편익증진을 위하여 필요한 지역		
	전용공업지역		주로 중화학공업·공해성 공업을 수용
	일반공업지역		환경을 저해하지 아니하는 일반공업의 배치
	준공업지역		경공업 기타 공업을 수용하되, 주거기능의 보완이 필요한 지역
녹지지역	자연환경·농지 및 산림의 보호, 보건위생·보안과 도시의 무질서한 확산을 방지하기 위하여 녹지의 보전이 필요한 지역		
	보전녹지지역		도시의 자연환경·경관·산림 및 녹지공간을 보전할 필요가 있는 지역
	생산녹지지역		주로 농업적 생산을 위하여 개발을 유보할 필요가 있는 지역
	자연녹지지역		도시의 녹지공간의 확보, 도시확산의 방지, 장래 도시용지의 공급 등을 위하여 보전할 필요가 있는 지역으로 불가피한 경우에 한하여 제한적인 개발이 허용되는 지역

2. 관리지역

계획관리지역	도시로 편입이 예상되는 지역 또는 자연환경을 고려하여 제한적인 이용·개발을 하려는 지역으로서 계획적·체계적관리가 필요한 지역
생산관리지역	농업·임업·어업생산을 위하여 관리가 필요하나 주변의 용도지역과의 관계를 고려할 때 농림지역으로 지정하여 관리하기가 곤란한 지역
보전관리지역	자연환경보호·산림보호·수질오염방지·녹지공간의 확보 및 생태계보전을 위하여 보전이 필요하나 주변 용도지역과의 관계를 고려할 때 자연환경보전지역으로 지정하기가 곤란한 지역

3. 농림지역 : 도시지역에 속하지 않는 농지법에 의한 농업진흥지역 또는 산지관리법에 의한 보전산지 등으로서 농림업의 진흥과 산림보전을 위하여 필요한 지역

4. 자연환경보전지역 : 자연환경·수자원·해안·생태계·상수원 및 국가유산의 보전과 수산자원의 보호·육성을 위하여 필요한 지역

5. 조례에 따른 세분

시·도지사 또는 대도시 시장은 해당 시·도 또는 대도시 조례로 주거지역·상업지역·공업지역·녹지지역을 추가적으로 세분하여 지정할 수 있다.

❷ 용도지역 지정절차의 특례

1. 공유수면매립절차에서 "용도지역"이란 도시지역, 관리지역, 농림지역, 자연환경보전지역을 말한다. 다만, 용도지역이 도시지역에 해당하는 경우에는 대통령령에 따라 세분하여 지정된 용도지역을 말한다.

2. 공유수면(바다)**매립지에 대한 특례**(입안 ~ 결정의 특례 : 고시는 해야한다.)

① 공유수면 매립목적이 매립구역과 이웃한 용도지역과 (완전) 동일해야 한다.

② 입안 ~ 결정절차 까지만 생략한다.

③ 고시는 하여야 한다.

④ **통보** : 관계행정기관장이 → 관할 특별시장·광역시장·특별자치시장·특별자치도지사·시장 또는 군수에게 통보하면, 통보를 받은 관할 특별시장·광역시장·특별자치시장·특별자치도지사·시장 또는 군수가 고시한다.

⑤ 매립준공 인가일에 이웃한 용도지역으로 지정된 것으로 본다. (고시는 해야 한다.)

3. **매립목적이 이웃한 용도지역과 불일치한 경우 또는 매립지역이 2개 이상의 용도지역에 걸치거나 이웃하고 있는 경우** : 도시·군 관리계획 (입안 ~ 결정·고시)의 절차를 거쳐 지정한다.

4. **도시지역으로 결정·고시된 것으로 의제되는 경우 (입안 ~ 결정·고시의 특례)**

> 1. 항만법에 의한 항만구역으로서 도시지역에 연접된 공유수면
> 2. 어촌·어항법에 의한 어항구역으로서 도시지역에 연접된 공유수면
> 3. 국가산업단지·일반산업단지·도시첨단산업단지
> 4. 택지개발지구
> 5. 전원개발사업구역 및 예정구역 (수력발전소 또는 송·변전 설비만을 설치하기 위한 전원개발사업구역 및 예정구역은 제외한다.)

5. **관리지역 안에서 특례**(입안 ~ 결정·고시의 특례)

   ① 관리지역 안에서 농지법에 의한 농업진흥지역으로 지정·고시된 지역은 농림지역으로 결정·고시된 것으로 본다.

   ② 관리지역 안의 산림 중 산지관리법에 의하여 보전산지로 지정·고시된 지역은 당해고시에서 구분하는 바에 의하여 농림지역 또는 자연환경보전지역으로 결정·고시된 것으로 본다.

6. **지형도면에 표시 및 통지**

   관계 행정기관의 장은 지형도면 또는 지형도에 그 지정사실을 표시하여 해당지역을 관할하는 특별시장·광역시장·특별자치시장·특별자치도지사·시장 또는 군수에게 통보하여야 한다.

7. **용도지역 등의 환원 및 기득권보호**

   위의 지역·지구·구역·단지 등이 해제되는 경우(개발사업 완료로 해제되는 경우는 제외) 법률에서 어떤 용도지역인지 따로 정하지 않는 경우 이를 지정하기 이전의 용도지역으로 환원된 것으로 본다. 이 경우 용도지역 환원당시 이미 착수한 사업은 용도지역 환원에 관계없이 공사를 계속할 수 있다.

❸ 용도지역의 행위제한 : 건축제한·건폐율제한·용적률제한

1. 건축제한

① 건축제한의 원칙 : 대통령령으로 정한다.

▶ 용도지역 내 구체적 건축제한 (대통령령에 의할 때)

건축물의 용도	허용 여부
1. 주택금지	유통상업지역, 전용공업지역에서 모든 주택금지
2. 아파트	제1종 전용주거지역, 제1종 일반주거지역, 중심상업지역, 유통상업지역, 전용공업지역, 일반공업지역 모든 녹지지역, 관리지역, 농림지역, 자연환경보전지역에서 금지
3. 1종 근린생활	모든 용도지역 내 가능
4. 2종 근린생활 시설	전용주거지역과 일반주거지역에서 원칙적으로 금지한다. 단, 조례에서 정하는 경우에 한하여 건축가능하며, 준주거지역에서 2종 근생은 단란주점을 제외하고 허용한다.
5. 초등학교	전용공업지역에서만 금지

② 건축제한의 특별규정 : 대통령령으로 건축제한을 하지않고 개별법령에 따른다.

농공단지	산업입지 및 개발에 관한 법률
농림지역 중	농림지역은 원칙적으로 건축제한을 대통령령으로 하지만 ① 농업진흥지역 이면 → 농지법 ② 보전산지 이면 → 산지관리법 ③ 초지 이면 → 초지법
자연환경 보전지역 중	자연환경보전지역은 원칙적으로 건축제한을 대통령령으로 하지만 ① 공원구역 이면 → 자연공원법 ② 상수원보호구역 이면 → 수도법 ③ 지정문화재 이면 → 문화유산의 보존 및 활용에 관한 법률 ④ 천연기념물과 그 보호구역 이면 → 자연유산의 보존 및 활용에 관한 법률 ⑤ 해양보호구역 이면 → 해양생태계보전 및 관리에 관한 법률 ⑥ 수산자원보호구역 이면 → 수산자원관리법
보전관리지역· 생산관리 지역에 관한 다른 법률적용	• 원칙 : 대통령령에서 건축제한을 하지만 • 예외 : 농림부장관·환경부장관 또는 산림청장이 농지·자연환경 또는 산림보전에 필요하다고 인정하는 경우 → 농지법·자연환경보전법·해양생태계 보전 및 관리에 관한 법률 또는 산림자원조성 및 관리에 관한법률 적용가능

2. 건폐율과 용적률 제한

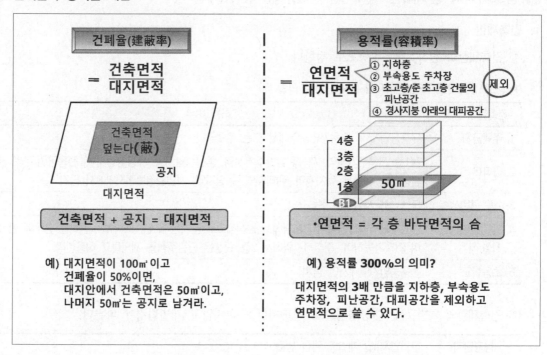

▶ 용도지역별 건폐율·용적률·대지면적 분할 제한면적

용도지역		건폐율		용적률		대지의 분할제한
		법률	시행령	법률	시행령	건축법
주거 지역	제1종 전용	70% 이하	50% 이하	500% 이하	100% 이하	60㎡ 미만
	제2종 전용		50% 이하		150% 이하	
	제1종 일반		60% 이하		200% 이하	
	제2종 일반		60% 이하		250% 이하	
	제3종 일반		50% 이하		300% 이하	
	준 주 거		70% 이하		500% 이하	
상업 지역	중심상업	90% 이하	90% 이하	1500% 이하	1500% 이하	150㎡ 미만
	일반상업		80% 이하		1300% 이하	
	유통상업		80% 이하		1100% 이하	
	근린상업		70% 이하		900% 이하	
공업 지역	전용공업	70% 이하	70% 이하	400% 이하	300% 이하	
	일반공업		70% 이하		350% 이하	
	준 공 업		70% 이하		400% 이하	
녹지 지역	보전녹지	20% 이하	20% 이하	100% 이하	80% 이하	200㎡ 미만
	생산녹지		20% 이하		100% 이하	
	자연녹지		20% 이하		100% 이하	
계획관리지역		40% 이하		100% 이하		기타 60㎡ 미만
생산관리		20% 이하		80% 이하		
보전관리		20% 이하		80% 이하		
농림지역		20% 이하		80% 이하		
자연환경보전지역		20% 이하		80% 이하		

3. 건폐율·용적률의 특별규정

구분	건폐율	용적률
개발진흥지구 (자연녹지지역 내)	30%	100%
개발진흥지구 (비 도시지역)	40%	100%
수산자원보호구역		80%
자연공원 및 공원보호구역	60%	100%
자연취락지구		규정없음
농 공 단 지	70%	150%
공업지역 내 국가·일반산업단지 및 도시첨단산업단지·준산업단지	80%	규정없음

④ 용도지역이 미 지정·미 세분 지역에서의 행위제한

1. 용도지역 미 지정된 지역의 행위제한 : 자연환경보전지역 적용

2. 도시지역 중 미 세분된 지역의 행위제한 : 보전녹지지역 적용

3. 관리지역 중 미 세분된 지역의 행위제한 : 보전관리지역 적용

⑤ 도시지역에서는 아래의 법률규정은 적용하지 않는다.

> 1. 도로법에 의한 접도구역 안에서 건축제한
> 2. 농지취득자격증명 단, 녹지지역안의 농지로서 도시·군 계획시설사업에 필요하지 아니한 농지는 농지취득자격 증명을 발급받아야 한다.

⑥ 도시·군계획시설의 건축제한

용도지역·용도지구(용도구역×) 안에서 도시·군 계획시설에 대하여는 용도지역·용도지구 안에서 건축 제한에 관한규정을 적용하지 않는다.

⑦ 용도지역·지구·구역이 중첩된 경우 행위제한 : 용도구역의 행위제한을 적용한다.

3 대표 기출문제

제33회 출제

01 국토의 계획 및 이용에 관한 법령상 용도지역·용도지구·용도구역에 관한 설명으로 옳은 것은? (단, 조례는 고려하지 않음)

① 대도시 시장은 유통상업지역에 복합용도지구를 지정할 수 있다.

② 대도시 시장은 재해의 반복 발생이 우려되는 지역에 대해서는 특정용도제한지구를 지정하여야 한다.

③ 용도지역 안에서의 건축물의 용도·종류 및 규모의 제한에 대한 규정은 도시·군계획시설에 대해서도 적용된다.

④ 공유수면의 매립 목적이 그 매립구역과 이웃하고 있는 용도지역의 내용과 다른 경우 그 매립준공구역은 이와 이웃하고 있는 용도지역으로 저정된 것으로 본다.

⑤ 「택지개발촉진법」에 따른 택지개발지구로 지정·고시된 지역은 「국토의 계획 및 이용에 관한 법률」에 따른 도시지역으로 결정·고시된 것으로 본다.

> **해설**
>
> ① 복합용도지구는 일반주거지역·일반공업지역·계획관리지역에 지정할 수 있다.
> ② 재해의 반복 발생이 우려되는 지역에 대해서는 특정용도제한지구가 아니라 방재지구로 지정한다.
> ③ 용도지역이나 용도지구 안에서의 건축물의 용도·종류 및 규모의 제한에 대한 규정은 도시·군계획시설에 대해서는 적용하지 않는다.
> ④ 공유수면의 매립 목적이 그 매립구역과 이웃하고 있는 용도지역의 내용과 다른 경우에는 도시·군관리계획의 절차를 생략할 수 없고 도시·군관리계획으로 용도지역을 지정을 하여야 한다.
>
> 답 ⑤

02 국토의 계획 및 이용에 관한 법령상 도시·군계획조례로 정할 수 있는 건폐율의 최대한도가 다음 중 가장 큰 지역은?

① 자연환경보전지역에 있는 자연공원법에 따른 자연공원

② 계획관리지역에 있는 산업입지 및 개발에 관한 법률에 따른 농공단지

③ 수산자원보호구역

④ 도시지역 외의 지역에 지정된 개발진흥지구

⑤ 자연녹지지역에 지정된 개발진흥지구

> **해설**
>
> 건폐율의 특례규정
>
> | 구분 | 건폐율 |
> |---|---|
> | 수산자원보호구역 | 40% |
> | 도시지역외의 개발진흥지구 | 40% |
> | 자연공원 및 공원보호구역 | 60% |
> | 자연취락지구 | 60% |
> | 농 공 단 지 | 70% |
> | 공업지역 내 국가·일반산업단지 및 도시첨단산업단지·준산업단지 | 80% |
>
> 답 ②

4 출제 예상문제

01 국토의 계획 및 이용에 관한 법령상 조례로 정할 수 있는 건폐율의 최대한도가 다음 중 가장 큰 용도지역은?

① 1종전용주거지역   ② 계획관리지역   ③ 생산관리지역

④ 자연녹지지역   ⑤ 1종일반주거지역

해설 ✦ 1종전용(50%), 계획관리지역(40%), 생산관리지역(20%), 자연녹지(20%), 1종일반주거(60%)

정답 ✦ ⑤

02 국토의 계획 및 이용에 관한 법령상 일반음식점을 건축할 수 있는 용도지역은? (단, 건물은 4층 이하이고, 조례는 고려하지 말고 법령에 따른 건축제한을 적용할 때)

① 제1종 전용주거지역   ② 제2종 일반주거지역
③ 자연녹지지역   ④ 생산관리지역
⑤ 일반공업지역

해설 ✦ 일반음식점은 제2종 근린생활시설에 해당하며, 대통령령에서는 전용주거지역과 일반주거지역에서는 제2종 근린생활시설은 허용되지 않는다. 다만 일반주거지역에서는 제2종 근린생활시설을 조례가 정한 범위 안에서 일부시설의 건축을 허용한다.

정답 ✦ ⑤

03 국토의 계획 및 이용에 관한 법령상 용도지역에 관한 설명으로 옳은 것은?

① 계획관리지역에서는 도로법상의 접도구역 안에서의 건축제한 규정은 적용하지 않는다.
② 자연녹지지역의 개발진흥지구는 건폐율은 40%를 적용하고, 용적률은 100%를 적용한다.
③ 농림지역 중 농업진흥지역·보전산지 또는 초지인 경우에는 건축제한을 대통령령이 아니라 각각 농지법·산지관리법 및 초지법에 의한다.
④ 용도지역 중 주거지역, 상업지역, 공업지역, 녹지지역, 관리지역은 조례로 세분할 수 있다.
⑤ 도시지역이 세부 용도지역으로 세분하여 지정되지 아니한 경우에는 아파트를 건축할 수 있다.

해설 ✦ ① 도시지역에서는 접도구역 안에서 건축제한 규정을 적용하지 않는다. 계획관리지역은 도시지역이 아니므로 접도구역안에서 건축제한규정은 적용을 한다.
② 자연녹지지지역의 개발진흥지구는 건폐율과 용적률의 특례가 적용이 되는 데 건폐율은 30% 용적률은 100%를 적용한다.
④ 관리지역은 조례로 세분할 수 없다.
⑤ 도시지역이 세부 용도지역으로 세분하여 지정되지 아니한 경우에는 행위제한을 보전녹지지역의 행위제한을 적용하고 보전녹지지역은 아파트를 건축할 수 없다.

정답 ✦ ③

1 출제예상과 학습포인트

✦ 기출횟수
  제22회, 제23회, 제25회, 제29회, 제30회, 제31회, 33회, 34회

✦ 35회 출제 예상
  매년 출제가 되는 부분은 아니나 최근 5년간 유달리 출제가 많이 이루어진 파트로서 최근 출제빈도가 높은 부분이다.
  29회, 30회, 31회는 연속 출제가 되었고 31회는 2문제가 출제가 되었다. 이런 연유로 32회 시험에서는 출제가
  이루어지지 않았다. 33회 시험에서는 단독출제가 아니고 용도지역과 함께 지문으로만 출제가 되었고 34회 시험에서
  는 2문제가 출제가 되었다. 35회는 출제가능성은 50%정도로 생각을 하는데 용도지구자체가 시험의 출제여부를
  떠나 공법을 공부할 때 모르면 않되는 부분이기에 학습을 하여야 한다.

✦ 35회 중요도
  ★★

✦ 학습범위와 학습방법
  용도지구는 종류 정도를 물어보는 경우는 쉬운 출제가 되기도 하지만 용도지구의 건축제한을 출제하면 어려운 문제도
  출제가 되므로 기본적 개념을 숙지한 이후에는 행위제한을 정확하게 숙지하고 있으면 어려운 문제도 득점을 할 수
  있다. 특히 자연취락지구의 행위제한을 꼭 숙지하면 득점에 도움이 될 듯하다.

✦ 핵심쟁점
  ❶ 용도지구 상호간의 중복여부
  ❷ 용도지구의 종류와 분류
  ❸ 방재지구의 지정요건, 특징
  ❹ 용도지구의 조례에 따른 세분(경, 중, 특)과 조례로 지정 하기위한 요건
  ❺ 용도지구의 행위제한 (원칙 : 조례, 특례 : 고, 취, 개발)
  ❻ 자연취락지구의 행위제한은 별도로 정리 필요

2 핵심 내용

❶ 용도지구의 개념

용도지구란 토지의 이용 및 건축물의 용도·건폐율·용적률·높이 등에 대한 용도지역의 제한을 강화하
거나 완화하여 적용함으로써 용도지역의 기능을 증진시키고 경관·안전 등을 도모하기 위하여 도시·군
관리계획으로 결정하는 지역으로 용도지구 상호간에는 중복하여 지정할 수 있다.

❷ 용도지구 종류

경관지구	경관의 보전·관리 및 형성을 위하여 필요한 지구	
	자연 경관지구	산지·구릉지 등 자연경관을 보호하거나 유지하기 위하여 필요한 지구
	시가지 경관지구	지역 내 주거지, 중심지 등 시가지의 경관을 보호 또는 유지하거나 형성하기 위하여 필요한 지구
	특화 경관지구	지역 내 주요 수계의 수변 또는 문화적 보존가치가 큰 건축물 주변의 경관 등 특별한 경관을 보호 또는 유지하거나 형성하기 위하여 필요한 지구
고도지구	쾌적한 환경 조성 및 토지의 효율적 이용을 위하여 건축물 높이의 최고한도를 규제할 필요가 있는 지구	
방화지구	화재의 위험을 예방하기 위하여 필요한 지구	
방재지구	풍수해, 산사태, 지반의 붕괴, 그 밖의 재해를 예방하기 위하여 필요한 지구	
	시가지 방재지구	건축물·인구가 밀집되어 있는 지역으로서 시설 개선 등을 통하여 재해 예방이 필요한 지구
	자연 방재지구	토지의 이용도가 낮은 해안변, 하천변, 급경사지 주변 등의 지역으로서 건축 제한 등을 통하여 재해 예방이 필요한 지구

1. 시·도지사 또는 대도시 시장은 다음의 지역에 대해서는 방재지구의 지정 또는 변경을 관리계획으로 결정하여야 하며, 관리계획의 내용에는 해당 방재지구의 재해저감대책을 포함하여야 한다.

> 1. 연안침식관리구역으로 지정된 지역
> 2. 풍수해, 산사태등의 동일한 재해가 최근 10년 이내 2회 이상 발생하여 인명피해를 입은 지역으로서 향후 동일한 재해 발생 시 상당한 피해가 우려되는 지역

2. 녹지지역·관리지역·농림지역 및 자연환경보전지역에서 방재지구의 재해저감대책에 부합하게 재해예방시설을 설치한 건축물 : 용도지역별 건폐율의 150퍼센트 이하의 범위에서 조례로 정하는 비율로 완화
3. 주거지역·상업지역·공업지역에서 방재지구의 재해저감대책에 부합하게 재해예방시설을 설치하는 건축물의 경우 해당 용적률의 140퍼센트 이하의 범위에서 조례로 정하는 비율로 완화할 수 있다.

보호지구	국가유산, 중요 시설물 및 문화적·생태적으로 보존가치가 큰 지역의 보호와 보존을 위하여 필요한 지구	
	역사문화환경 보호지구	문화재·전통사찰 등 역사·문화적으로 보존가치가 큰 시설 및 지역의 보호와 보존을 위하여 필요한 지구
	중요시설물 보호지구	중요시설물의 보호와 기능의 유지 및 증진 등을 위하여 필요한 지구
	생태계 보호지구	야생동식물서식처 등 생태적으로 보존가치가 큰 지역의 보호와 보존을 위하여 필요한 지구

취락지구	녹지지역·관리지역·농림지역·자연환경보전지역·개발제한구역 또는 도시자연공원구역의 취락을 정비하기 위한 지구	
	자연 취락지구	녹지지역·관리지역·농림지역 또는 자연환경보전지역안의 취락을 정비하기 위하여 필요한 지구
	집단 취락지구	개발제한구역안의 취락을 정비하기 위하여 필요한 지구
개발진흥 지구	주거기능·상업기능·공업기능·유통물류기능·관광기능·휴양기능 등을 집중적으로 개발·정비할 필요가 있는 지구	
	주거개발 진흥지구	주거기능을 중심으로 개발·정비할 필요가 있는 지구
	산업·유통 개발진흥지구	공업기능 및 유통·물류기능을 중심으로 개발·정비할 필요가 있는 지구
	관광·휴양 개발진흥지구	관광·휴양기능을 중심으로 개발·정비할 필요가 있는 지구
	복합 개발진흥지구	주거기능, 공업기능, 유통·물류기능 및 관광·휴양기능중 2 이상의 기능을 중심으로 개발·정비할 필요가 있는 지구
	특정 개발진흥지구	주거기능, 공업기능, 유통·물류기능 및 관광·휴양기능 외의 기능을 중심으로 특정한 목적을 위하여 개발·정비할 필요가 있는 지구
특정용도 제한지구	주거 및 교육 환경 보호나 청소년 보호 등의 목적으로 오염물질 배출시설, 청소년 유해시설 등 특정시설의 입지를 제한할 필요가 있는 지구	
복합용도 지구	지역의 토지이용 상황, 개발 수요 및 주변 여건 등을 고려하여 효율적이고 복합적인 토지이용을 도모하기 위하여 특정시설의 입지를 완화할 필요가 있는 지구	

❸ 용도지구 중 조례로서 세분 가능한 용도지구

경관지구를 추가적으로 세분(특화경관지구의 세분을 포함한다)하거나 중요시설물보호지구 및 특정용도제한지구를 시·도·대도시 조례로 세분할 수 있다.

❹ 시·도·대도시 조례가 지정하는 용도지구 지정요건

1. 용도지구의 신설은 법에서 정하는 있는 용도지역·용도지구 또는 용도구역만으로 효율적인 토지이용을 달성할 수 없는 부득이한 사유가 있는 경우에 한 할 것
2. 행위제한은 그 지구의 지정목적 달성에 필요한 최소한도에 그칠 것
3. 기존 용도지역 또는 용도구역의 행위제한을 완화하는 새로운 용도지구를 신설하지 아니할 것

❺ 복합 용도지구

1. 시·도지사·대도시시장은 일반주거지역·일반공업지역·계획관리지역에 복합용도지구를 지정할 수
있으며, 그 지정기준 및 방법 등에 필요한 사항은 다음과 같다.

> 1. 용도지역의 변경 시 기반시설이 부족해지는 등의 문제가 우려되어 해당 용도지역의 건축제한만을 완화하는
>   것이 적합한 경우에 지정할 것
> 2. 간선도로의 교차지, 대중교통의 결절지 등 토지이용 및 교통 여건의 변화가 큰 지역 또는 용도지역 간의
>   경계지역, 가로변 등 토지를 효율적으로 활용할 필요가 있는 지역에 지정 할 것
> 3. 용도지역의 지정목적이 크게 저해되지 아니하도록 해당 용도지역 전체 면적의 3분의 1 이하의 범위에서
>   지정할 것

2. 복합용도지구 건축제한

복합용도지구에서는 해당 용도지역에서 허용되는 건축물 외에 다음 각 호에 따른 건축물 중 도시·
군계획조례가 정하는 건축물을 건축할 수 있다.

① **일반주거지역** : 준주거지역에서 허용되는 건축물. 다만, 다음의 건축물은 제외한다.

> 1. 안마시술소   2. 관람장   3. 공장
> 4. 위험물 저장 및 처리 시설   5. 동물 및 식물 관련 시설   6. 장례시설

② **일반공업지역** : 준공업지역에서 허용되는 건축물. 다만 다음의 건축물은 제외한다.

> 1. 아파트   2. 제2종 근린생활시설 중 단란주점 및 안마시술소   3. 노유자시설

③ **계획관리지역** : 다음 각 목의 어느 하나에 해당하는 건축물

> 1. 제2종 근린생활시설 중 일반음식점·휴게음식점·제과점
> 2. 판매시설
> 3. 숙박시설
> 4. 유원시설업의 시설, 그 밖에 이와 비슷한 시설

❻ 용도지구 내의 행위제한

1. 원칙 : 조례에 의함

2. 예외

① 고도지구에서의 건축제한 : 도시·군 관리계획으로 정하는 높이를 초과하는 건축물을 건축할 수
없다.

② 취락지구 안에서의 건축제한

　㉠ 자연취락지구 : 대통령령(국토계획법 시행령)으로 정한다.

> 건축할 수 있는 건축물(4층 이하의 건축물에 한한다. 다만, 4층 이하의 범위 안에서 조례로 따로 층수를 정하는 경우에는 그 층수 이하의 건축물에 한한다)
> 1. 단독주택
> 2. 제1종 근린생활시설
> 3. 제2종 근린생활시설[휴게음식점, 일반음식점, 단란주점, 안마시술소, 제조업소, 수리점 제외]
> 4. 운동시설
> 5. 창고(농업·임업·축산업·수산업용만 해당한다)
> 6. 동물 및 식물관련시설
> 7. 교정 및 국방·군사시설
> 8. 방송통신시설
> 9. 발전시설

　㉡ 집단취락지구 : 개발제한구역 지정 및 관리에 관한 특별조치법령

③ 개발진흥지구 건축제한

지구단위계획 또는 관계 법률에 따른 개발계획을	수립하는 개발진흥지구	지구단위계획 또는 관계 법률에 따른 개발계획에 위반하여 건축물을 건축할 수 없으며, 지구단위계획 또는 개발계획이 수립되기 전에는 개발진흥지구의 계획적 개발에 위배되지 아니하는 범위에서 도시·군계획조례로 정하는 건축물을 건축할 수 있다.
	수립하지 아니하는 개발진흥지구	해당 용도지역에서 허용되는 건축물을 건축할 수 있다.

🄬 용도지구 행위제한의 특례

1. 방재지구

방재지구 안에서는 용도지역 안에서의 건축제한 중 층수 제한에 있어서는 1층 전부를 필로티 구조로 하는 경우 필로티 부분을 층수에서 제외한다.

2. 리모델링이 필요한 건축물

경관지구 또는 고도지구 안에서의 리모델링이 필요한 건축물에 대해서는 건축물의 높이·규모 등의 제한을 완화하여 제한할 수 있다.

3 대표 기출문제

제34회 출제

01 국토의 계획 및 이용에 관한 법령상 시·도지사가 복합용도지구를 지정할 수 있는 용도지역에 해당하는 것을 모두 고른 것은?

> ㄱ. 준주거지역
> ㄴ. 근린상업지역
> ㄷ. 일반공업지역
> ㄹ. 계획관리지역
> ㅁ. 일반상업지역

① ㄱ, ㄴ   ② ㄷ, ㄹ   ③ ㄱ, ㄴ, ㄷ
④ ㄷ, ㄹ, ㅁ   ⑤ ㄱ, ㄴ, ㄹ, ㅁ

해설

시·도지사 또는 대도시 시장은 일반주거지역·일반공업지역·계획관리지역에 복합용도지구를 지정할 수 있다.

답 ②

제34회 출제

02 국토의 계획 및 이용에 관한 법령상 용도지구에 관한 설명이다. ( )에 들어갈 내용으로 옳은 것은?

> • 집단취락지구: (ㄱ)안의 취락을 정비하기 위하여 필요한 지구
> • 복합개발진흥지구: 주거기능, (ㄴ)기능, 유통·물류기능 및 관광·휴양기능중 2 이상의 기능을 중심으로 개발·정비할 필요가 있는 지구

① ㄱ: 개발제한구역,   ㄴ: 공업   ② ㄱ: 자연취락지구,   ㄴ: 상업
③ ㄱ: 개발제한구역,   ㄴ: 상업   ④ ㄱ: 관리지역,   ㄴ: 공업
⑤ ㄱ: 관리지역,   ㄴ: 교통

해설

• 집단취락지구는 개발제한구역안의 취락을 정비하기 위하여 필요한 지구
• 복합개발진흥지구는 주거기능, 공업기능, 유통·물류기능 및 관광·휴양기능 중 2 이상의 기능을 중심으로 개발·정비할 필요가 있는 지구

답 ①

4 출제 예상문제

01 국토의 계획 및 이용에 관한 법령상 용도지구에 관한 설명으로 틀린 것은?

① 「연안관리법」에 따른 연안침식관리구역으로 지정된 지역을 방재지구로 지정하는 경우 도시·군관리계획의 내용에는 해당 방재지구의 재해저감대책을 포함하여야 한다.

② 녹지지역·관리지역·농림지역 및 자연환경보전지역의 건축물로서 방재지구의 재해저감대책에 부합하게 재해예방시설을 설치한 건축물의 경우 해당 용도지역별 건폐율의 150퍼센트 이하의 범위에서 도시·군계획조례로 정하는 비율로 할 수 있다.

③ 일반주거지역에 지정된 복합용도지구에서는 일반상업지역에서 허용되는 건축물을 건축할 수 있다.

④ 특정용도제한지구안에서는 주거기능 및 교육환경을 훼손하거나 청소년 정서에 유해하다고 인정하여 도시·군계획조례가 정하는 건축물을 건축할 수 없다.

⑤ 용도지구안에서의 도시·군계획시설에 대하여는 용도지구 건축제한에 관한 규정을 적용하지 아니한다.

해설 ✦ ③ 일반주거지역에 지정된 복합용도지구에서는 준주거지역에서 허용되는 건축물을 건축할 수 있다.

정답 ✦ ③

02 국토의 계획 및 이용에 관한 법령상 자연취락지구안에서 건축할 수 있는 건축물에 해당하지 <u>않는</u> 것은? (단, 4층 이하의 건축물이고, 조례는 고려하지 않음)

① 동물 전용의 장례식장

② 단독주택

③ 도축장

④ 마을회관

⑤ 한의원

해설 ✦ 자연취락지구 안에서는 동물전용 장례식장은 허용이 되지 않는다. 도축장은 동식물관련시설로서 허용이 가능하다.

자연취락지구에서 대통령령이 정하는 바에 따라서 건축할 수 있는 건축물

> 건축할 수 있는 건축물(4층 이하의 건축물에 한한다. 다만, 4층 이하의 범위 안에서 조례로 따로 층수를 정하는
> 경우에는 그 층수 이하의 건축물에 한한다)
> 1. 단독주택
> 2. 제1종 근린생활시설
> 3. 제2종 근린생활시설[휴게음식점, 일반음식점, 제조업소, 단란주점 및 안마시술소 제외]
> 4. 운동시설
> 5. 창고(농업·임업·축산업·수산업용만 해당한다)
> 6. 동물 및 식물관련시설
> 7. 교정 및 국방·군사시설
> 8. 방송통신시설
> 9. 발전시설

정답 ✦ ①

용도구역

1 출제예상과 학습포인트

✦ 기출횟수

  제20회, 제22회, 제24회, 제28회, 제31회, 제32회, 33회, 34회

✦ 35회 출제 예상

  과거에는 용도지구과 용도구역이 번갈아 가면서 출제가 이루어지는 게 일반적이었는데 요즘은 그렇지만은 않은 것 같다. 통상 2년에 1문제 정도의 출제가 이루어지는 부분인데 입지규제최소구역이 용도구역으로 새로이 편입이 되면서 출제빈도수가 조금 늘었다 31회, 32회, 33회, 34회 연속 출제가 되었고 35회 시험에서는 출제가능성은 50% 정도이다.

✦ 35회 중요도

  ★★

✦ 학습범위와 학습방법

  각 용도구역의 지정권자를 꼭 정리하고 시가화조정구역의 행위제한을 정리하고 있어야 한다. 입지규제최소구역은 최근에 신설된 용도구역으로 생소한 내용이 출제될 수 있기 때문에 이에 대한 대비가 필요할 거 같다.

✦ 핵심쟁점

  ❶ 각 용도구역의 개념
  ❷ 각 용도구역의 지정권자 (특히, 시가화조정구역의 지정권자)
  ❸ 시가화조정구역에서의 유보기간과 행위제한 (도시·군계획사업과 비 도시·군계획사업)
  ❹ 입지규제최소구역의 지정권자와 지정대상지역
  ❺ 입지규제최소구역의 지정대상지역
  ❻ 입지규제최소구역의 지정절차의 특징 (협의기간 10일, 공동심의를 거치는 곳)
  ❼ 입지규제최소구역계획에서 행위제한과 완화

2 핵심 내용

❶ 개발제한구역

1. 지정권자 : 국토교통부장관이 개발제한구역지정 및 관리에 관한 특법조치법상의 도시·군 관리계획으로 지정

2. 목적 : ① 도시의 무질서한 확산을 방지하고
② 도시주변의 자연환경을 보전하여 도시민의 건전한 생활환경을 확보하며
③ 보안상 도시개발을 제한할 필요가 있을 때

3. 행위제한 : 개발제한구역지정 및 관리에 관한 특별조치법 또는 시행령

❷ 시가화 조정구역

1. 지정권자

① 원칙 : 시·도지사가 지정
② 예외 : 국토교통부장관은 국가계획과 연계된 경우에 지정한다.

2. 지정목적 : 도시의 무질서한 시가화를 방지하고 도시의 계획적·단계적 개발을 도모하기 위하여 시가화를 유보할 필요가 있는 지역

3. 유보기간과 실효 : 시가화유보기간은 5년 이상 20년 이내의 범위 안에서 지정하며 유보기간이 만료된 날의 다음날부터 효력을 상실한다. 이 경우 지정권자는 그 사실을 고시하여야 한다.

4. 행위제한

① 도시·군 계획사업은 원칙적으로 금지된다. 그러나 예외적으로
  ㉠ 국방상·공익상 사업시행이 불가피한 것으로
  ㉡ 관계중앙행정기관의 장의 요청에 의해
  ㉢ 국토교통부장관이 시가화조정구역 목적달성에 지장이 없다고 인정하는 도시·군 계획사업은 (그냥)가능
② 비 도시·군 계획사업 – 원칙적으로 금지된다. 일부행위에 한하여 허가를 받으면 가능.
  ✦ 허가 사항을 제외한 행위는 금지된다 : 신고하고 할 수 있는 행위는 없다.

▶ **시가화조정구역에서 허가 받으면 가능한 일부 행위**

---

1. 주택 – 신축금지, 증축만 허용(100㎡ 이하), 부속건축물은 33㎡ 이하로 신축이 가능
2. 종교시설은 기존면적의 2배 까지 증축이 가능 (새로운 부지조성은 허용되지 않는다)
3. 주민의 생업관련시설(축사, 퇴비사, 잠실, 창고, 생산시설, 관리용 건물로서 기존 관리용 건축물의 면적을 포함하여 33㎡ 이하인 것, 양어장)
4. 공동·공용·공익·공공용시설
5. 기존 건축물의 동일한 용도 및 규모 안에서의 개축·재축 및 대수선
6. 경미한 토석채취·형질변경·토지의 합병 및 분할
7. 광공업 등을 위한 건축물 및 공작물의 설치
8. 적법하게 건축된 건물용도를 시가화조정구역 안에서의 신축이 허용되는 건축물로 변경하는 행위
9. 시가화조정구역 안에서의 신축이 금지된 시설의 용도를 근린생활시설 또는 종교시설로 변경하는 행위

---

❸ 도시자연공원구역

1. **지정권자** : 시·도지사 또는 대도시 시장이 도시의 자연환경 및 경관을 보호하고 도시민에게 건전한 여가·휴식공간을 제공하기 위하여 도시지역 안 식생이 양호한 산지의 개발을 제한 할 필요가 있는 경우에 지정

2. **행위제한** : 도시공원 및 녹지에 관한 법 또는 시행령

❹ 수산자원보호구역

1. **지정권자** : 해양수산부장관이 수산자원을 보호하기 위하여 지정

2. **행위제한** : 수산자원관리법으로 행위제한

❺ 입지규제최소구역 지정과 입지규제최소구역계획

1. 입지규제최소구역 지정

① 도시·군 관리계획 결정권자는 다음 각 호의 어느 하나에 해당하는 지역과 그 주변지역의 전부 또는 일부를 입지규제최소구역으로 지정할 수 있다.

> 1. 도시·군기본계획에 따른 도심·부도심 또는 생활권의 중심지역
> 2. 철도역사, 터미널, 항만, 공공청사, 문화시설 등의 기반시설 중 지역의 거점 역할을 수행하는 시설을 중심으로 주변지역을 집중적으로 정비할 필요가 있는 지역
> 3. 세 개 이상의 노선이 교차하는 대중교통 결절지로부터 1km 이내에 위치한 지역
> 4. 「도시 및 주거환경정비법」에 따른 노후·불량건축물이 밀집한 주거지역 또는 공업지역으로 정비가 시급한 지역
> 5. 「도시재생 활성화 및 지원에 관한 특별법」에 따른 도시재생활성화지역 중 도시경제기반형 활성화계획을 수립하는 지역 또는 근린재생형 활성화계획을 수립하고 있는 지역
> 6. 도시첨단산업단지
> 7. 소규모주택 정비사업 구역

② 입지규제최소구역지정 시 협의기간의 특례

도시·군 관리계획 결정권자가 입지규제최소구역지정에 따른 도시·군관리계획을 결정하기 위하여 관계 행정기관의 장과 협의하는 경우 협의 요청을 받은 기관의 장은 그 요청을 받은 날부터 10일(근무일 기준) 이내에 의견을 회신하여야 한다.

③ 입지규제최소구역에서 다른 법률적용의 특례

입지규제최소구역에 대하여는 다음 각 호의 법률 규정을 적용하지 아니할 수 있다.

> 1. 「주택법」에 따른 주택의 배치, 부대시설·복리시설의 설치기준 및 대지조성기준
> 2. 「주차장법」에 따른 부설주차장의 설치
> 3. 「문화예술진흥법」에 따른 건축물에 대한 미술작품의 설치
> 4. 「건축법」에 따른 공개공지확보

④ 다른 법률에서 관리계획의 의제

다른 법률에서 도시·군관리계획의 결정을 의제하고 있는 경우에도 이 법에 따르지 아니하고 입지규제최소구역의 지정과 입지규제최소구역계획을 결정할 수 없다.

⑤ 입지규제최소구역으로 지정된 지역은 「건축법」에 따른 특별건축구역으로 지정된 것으로 본다.

2. 입지규제최소구역계획

① 입지규제최소구역계획에는 입지규제최소구역 목적을 이루기 위하여 다음 사항이 포함되어야 한다.

> 1. 건축물의 용도·종류 및 규모 등에 관한 사항
> 2. 건축물의 건폐율·용적률·높이에 관한 사항
> 3. 간선도로 등 주요 기반시설의 확보에 관한 사항
> 4. 용도지역·용도지구, 도시·군계획시설 및 지구단위계획의 결정에 관한 사항

② 입지규제최소구역계획수립 시 행위제한의 완화와 기반시설의 설치비용

입지규제최소구역계획 수립 시 행위제한 완화는 기반시설의 확보 현황 등을 고려하여 적용할 수 있도록 계획하고, 시·도지사, 시장, 군수 또는 구청장은 입지규제최소구역에서의 개발사업 또는 개발행위에 대하여 기반시설 확보를 위하여 필요한 부지 또는 설치비용의 전부 또는 일부를 부담시킬 수 있다. 이 경우 비용의 부담은 건축제한의 완화에 따른 토지가치상승분(감정평가법인이 건축제한 완화 전·후에 대하여 각각 감정평가한 토지가액의 차이를 말한다)을 초과하지 아니하도록 한다.

③ 입지규제최소구역 계획수립 시 공동심의와 행위제한의 완화

입지규제최소구역계획에 대한 도시계획위원회 심의 시 학교환경위생정화위원회 또는 따른 문화재위원회와 공동심의를 개최하고, 그 결과에 따라 법률 규정을 완화하여 적용할 수 있다. 이 경우 다음 각 호의 완화 여부는 각각 학교환경위생정화위원회와 문화재위원회의 의결에 따른다.

---

3 대표 기출문제

제33회 출제

01 국토의 계획 및 이용에 관한 법령상 시가화조정구역 안에서 특별시장·광역시장·특별자치시장·특별자치도지사·시장 도는 군수의 허가를 받아 할 수 있는 행위에 해당하지 않는 것은?
(단, 도시·군계획사업은 고려하지 않음)

① 농업·임업 또는 어업을 영위하는 자가 관리용건축물로서 기존 관리용건축물의 면적을 제외하고 33제곱미터를 초과하는 것을 건축하는 행위

② 주택의 증축(기존 주택의 면적을 포함하여 100제곱미터이하에 해당하는 면적의 증축을 말한다)

③ 마을공동시설로서 정자 등 간이휴게소의 설치

④ 마을공동시설로서 농로·제방 및 시방시설의 설치

⑤ 마을공동시설로서 농기계수리소 및 농기계용 유류판매소(개인소유의 것을 포함한다)의 설치

> **해설**
>
> ① 농업·임업 또는 어업을 영위하는 자가 관리용건축물로서 기존 관리용건축물의 면적을 제외하고 33제곱미터를 초과가 아니라 33제곱미터를 이하로 건축하는 행위가 허용되는 사항이다.
>
> 답 ①

제34회 출제

02 국토의 계획 및 이용에 관한 법령상 입지규제최소구역의 지정 대상으로 명시되지 <u>않은</u> 것은?

① 「산업입지 및 개발에 관한 법률」에 따른 도시첨단산업단지

② 「도시재정비 촉진을 위한 특별법」에 따른 고밀복합형 재정비촉진지구로 지정된 지역

③ 「빈집 및 소규모주택 정비에 관한 특례법에 따른 소규모주택정비사업의 시행구역

④ 「도시재생 활성화 및 지원에 관한 특별법」에 따른 근린재생형 활성화계획을 수립하는 지역

⑤ 「도시 및 주거환경정비법」에 따른 노후불량건축물이 밀집한 주거지역 또는 공업지역으로 정비가 시급한 지역

해설

도시·군관리계획의 결정권자는 다음 각 호의 어느 하나에 해당하는 지역과 그 주변지역의 전부 또는 일부를 입지규제최소구역으로 지정할 수 있다.

1. 도시·군기본계획에 따른 도심·부도심 또는 생활권의 중심지역
2. 철도역사, 터미널, 항만, 공공청사, 문화시설 등의 기반시설 중 지역의 거점 역할을 수행하는 시설을 중심으로 주변지역을 집중적으로 정비할 필요가 있는 지역
3. 세 개 이상의 노선이 교차하는 대중교통 결절지로부터 1km 이내에 위치한 지역
4. 「도시 및 주거환경정비법」에 따른 노후·불량건축물이 밀집한 주거지역 또는 공업지역으로 정비가 시급한 지역
5. 「도시재생 활성화 및 지원에 관한 특별법」에 따른 도시재생활성화지역 중 도시경제기반형 활성화계획을 수립하는 지역 또는 근린재생형 활성화계획을 수립하는 지역
6. 도시첨단산업단지
7. 소규모주택정비사업의 시행구역

정답 ②

4 출제 예상문제

01 국토의 계획 및 이용에 관한 법령상 시가화조정구역 행위제한에 대한 설명이다. 옳은 것은?

① 시가화조정구역 안에서 도시·군 계획사업은 국방상·공익상 사업시행이 불가피한 것으로서 관계 중앙행정기관의 장의 요청에 의하여 국토교통부장관이 시가화조정구역 지정목적달성에 지장이 없다고 인정하는 경우에 허가받으면 할 수 있다.

② 시가화조정구역 안에서 축사 등 농어업에 직접 이용되는 경미한 간이건축물을 건축하고자 할 때에는 허가를 받지 않아도 된다.

③ 시가화조정구역에서 100㎡ 이하에 해당하는 면적의 주택신축은 허가를 받으면 할 수 있다.

④ 시가화조정구역에서 기존 건축물의 동일한 용도 및 규모 안에서의 개축·재축 및 대수선은 허가 받으면 가능하다.

⑤ 소규모의 축사·퇴비사·잠실·창고 등 농어업에 직접 이용되는 간이건축물을 건축할 때에는 신고하고 건축할 수 있다.

해설 ✦ ① 시가화조정구역에서 도시·군 계획사업은 대통령령이 인정하는 사업은 허가 없이 할 수 있다.
② 농어업에 직접 이용되는 경미한 간이건축물의 건축이어도 허가 받아야 한다.
③ 주택의 신축은 허용되지 않는다.
⑤ 간이건축물을 건축하는 경우에도 신고하는 게 아니라 허가 받아야 한다.

정답 ✦ ④

02 국토의 계획 및 이용에 관한 법령상 입지규제최소구역에 대한 다음 설명 중 **틀린** 것은?

① 3개 이상의 노선이 교차하는 대중교통결절지로부터 1km 이내에 위치하는 지역에 입지규제 최소구역으로 지정할 수 있다.

② 시·도지사, 시장, 군수 또는 구청장은 입지규제최소구역에서의 개발사업 또는 개발행위에 대하여 입지규제최소구역계획에 따른 기반시설 확보를 위하여 필요한 부지 또는 설치비용 의 전부 또는 일부를 부담시킬 수 있다.

③ 입지규제최소구역에서의 행위 제한은 용도지역 및 용도지구에서의 토지의 이용 및 건축물 의 용도·건폐율·용적률·높이 등에 대한 제한을 강화하거나 완화하여 따로 입지규제최소구 역계획으로 정한다.

④ 입지규제최소구역에서는 주차장법에 따른 부설주차장의 설치규정을 완화할 수 있다.

⑤ 입지규제최소구역에서는 학교환경위생 정화구역과 역사문화환경 보존지역에서의 행위제한 을 완화할 수 있다.

해설 ✦ 입지규제최소구역에서는 ① 「주택법」에 따른 주택의 배치, 부대시설·복리시설의 설치기준 및 대지조성기준과 ② 「주차장법」에 따른 부설주차장의 설치, ③ 「문화예술진흥법」에 따른 건축물에 대한 미술작품의 설치규정 ④ 건축 법에 따른 공개공지규정을 적용하지 아니할 수 있다. 완화하는 게 아니다.

정답 ✦ ④

1 출제예상과 학습포인트

✦ **기출횟수**

제25회, 제26회, 제27회, 제28회, 제29회, 제31회, 제32회, 33회

✦ **35회 출제 예상**

꾸준하게 출제가 되고 있는 테마이다. 도시·군계획시설은 도시·군계획시설의 일반적인 설치와 관리, 광역시설, 공동구가 있는데 특히, 공동구중심의 출제가 되고 있으며, 34회 시험에서는 출제되지 않았다. 35회 시험에서는 출제가능성이 70% 정도로 상당히 높은 편으로 보인다.

✦ **35회 중요도**

★★★

✦ **학습범위와 학습방법**

기반시설의 종류를 먼저 정리를 하고, 공동구에 대한 내용을 꼼꼼히 정리할 필요가 있다. 광역시설도 지문으로 자주 출제가 되므로 광역시설의 예외적 설치와 관리를 정리하면 좋겠다.

✦ **핵심쟁점**

❶ 도시·군 계획시설의 일반적인 설치와 관리의 기준
❷ 광역시설의 특징, 광역시설의 예외적 설치와 관리
❸ 공동구의 설치의무대상과 면적
❹ 공동구설치비용과 관리비용
❺ 공동구 관리주체와 관리방법, 공동구안전유지관리계획의 수립기간

2 핵심 내용

❶ 도시·군 계획시설의 설치·관리

1. 기반시설의 종류

교통시설	도로·철도·항만·공항·주차장·자동차정류장·궤도·차량검사 및 면허시설,
공간시설	광장·공원·녹지·유원지·공공공지
유통·공급시설	유통업무설비,수도·전기·가스·열공급설비, 방송·통신시설, 공동구·시장, 유류저장 및 송유설비
공공·문화체육시설	학교·공공청사·문화시설·공공성이 인정되는 체육시설·연구시설·사회복지시설·공공직업훈련시설·청소년수련시설
방재시설	하천·유수지·저수지·방화설비·방풍설비·방수설비·사방설비·방조설비
보건위생시설	장사시설·도축장·종합의료시설
환경기초시설	하수도·폐기물처리시설 및 재활용시설·빗물저장 및 이용시설·수질오염방지시설·폐차장

2. 도시·군 계획시설의 의의 : 도시·군 계획시설이란 기반시설 중 도시·군 관리계획으로 결정된 시설을 말한다.

3. 설치

① 원칙 : 기반시설을 설치할 경우 미리 도시·군 관리계획 결정으로 설치하여야 한다.

② 예외 : 대통령령으로 정하는 다음 기반시설은 도시·군 관리계획절차를 생략 할 수 있다.

> 1. 도시지역 또는 지구단위계획구역에서 다음의 기반시설 설치하는 경우 생략
>   ① 기반시설 중 일부 대통령령으로 즉각 설치하는 기반시설 (예 : 사회복지시설)
>   ② 점용허가대상이 되는 공원안의 기반시설
> 2. 도시지역과 지구단위계획구역 외에서 다음의 기반시설을 설치하는 경우 생략
>   ① 1의 ①,②의 기반시설
>   ② 궤도 및 전기공급시설

③ 도시·군 계획시설의 설치기준 : 국토교통부령으로 정한다.

④ 보상 : 따로 법률로 정한다.

4. 도시·군 계획시설의 관리방법

국가가 관리 하는 경우	국유재산법에 의한 중앙관서의 장이 관리한다.
지방자치단체가 관리	조례로 정함

❷ 도시·군계획시설의 타당성검토

도시·군계획시설결정의 고시일부터 3년 이내에 해당 도시·군계획시설의 설치에 관한 도시·군계획시설사업의 전부 또는 일부가 시행되지 아니한 경우 해당 도시·군계획시설결정의 타당성을 검토하여 그 결과를 도시·군관리계획입안에 반영하여야 한다.

❸ 도시·군계획시설의 건축제한

용도지역·용도지구(용도구역×) 안에서 도시·군 계획시설에 대하여는 용도지역·용도지구 안에서 건축제한에 관한규정을 적용하지 않는다.

❹ 광역시설의 설치·관리 등

1. 의의 : 광역시설이란 기반시설 중 2 이상의 시·군에 걸치는 시설이거나 2 이상의 시·군이 공동으로 이용하는 시설을 말한다.

2. 원칙적 설치·관리방법 : 도시·군계획시설의 일반적 설치·관리규정을 준용한다.

3. 예외적 설치·관리방법

① 광역시설은 예외적으로 협약을 체결하거나 협의체를 구성하여 광역시설을 설치·관리 할 수 있다. 다만 협약의 체결이나 협의회구성이 이루어지지 아니하는 경우 당해 시 또는 군이 동일한 도에 속하는 때에는 관할 도지사가 (직접)광역시설을 설치·관리할 수 있다.
② 국가계획으로 설치하는 광역시설 : 다른 법률에 의하여 설립된 법인이 설치·관리할 수 있다.

❺ 공동구의 설치·관리

1. 공동구 설치

① 공동구 설치의무 : 다음 각 호에 해당하는 지역·지구·구역 등이 200만㎡를 초과하는 경우에는 해당 지역에서 개발사업을 시행하는 자는 공동구를 설치하여야 한다.

| 1. 도시개발구역 | 2. 택지개발지구 | 3. 경제자유구역 |
| 4. 정비구역 | 5. 공공주택지구 | 6. 도청이전 신도시 |

② **공동구 설치계획에 포함의무** : 공동구설치의무가 있는 개발사업의 개발계획을 수립할 경우에는 공동구설치에 관한 계획을 포함하여야 한다.

③ **공동구에의 수용의무** : 공동구가 설치된 경우 당해 공동구에 수용되어야할 시설을 빠짐없이 수용되도록 하여야 하며, 공동구가 설치된 경우에는 제1호부터 제6호까지의 시설을 공동구에 수용하여야 하며, 제7호 및 제8호의 시설은 공동구협의회의 심의를 거쳐 수용할 수 있다.

| 1. 전선로 | 2. 통신선로 | 3. 수도관 | 4. 열수송관 |
| 5. 중수도관 | 6. 쓰레기수송관 | 7. 가스관 | 8. 하수도관 |

④ **공동구 설치비용부담** : 점용예정자와 사업시행자가 부담한다. 이 경우 공동구 점용예정자는 해당 시설을 개별적으로 매설할 때 필요한 비용의 범위에서 대통령령으로 정하는 바에 따라 부담하며, 국가·지방자치단체는 공동구의 원활한 설치를 위하여 그 비용의 일부를 보조 또는 융자할 수 있다.

2. 공동구 수용절차

① 사업시행자는 공동구의 설치공사를 완료한 때에는 공동구에 수용될 시설의 점용공사 기간, 공동구 설치위치 및 설계도면등을 지체 없이 공동구 점용예정자에게 개별적으로 통지하여야 한다.

② 공동구 점용예정자는 공동구에 수용될 시설을 공동구에 수용함으로써 용도가 폐지된 종래의 시설은 사업시행자가 지정하는 기간 내에 철거하여야 하고, 도로는 원상으로 회복하여야 한다.

3. 공동구 관리 및 관리비용

① **원칙적 관리의무자** : 특별시장·광역시장·시장 또는 군수가 관리한다.

② **공동구의 관리비용** : 공동구를 점용하는 자가 함께 부담하되, 부담비율은 점용면적을 고려하여 공동구관리자가 정한다.

③ **공동구의 안전 및 유지관리계획** : 5년마다 수립·시행하여야 한다.

④ **안전점검** : 공동구관리자는 1년에 1회 이상 공동구의 안전점검을 실시하여야 한다.

⑤ 공동구 설치비용을 부담하지 아니한 자(부담액을 완납하지 아니한 자를 포함한다)가 공동구를 점용하거나 사용하려면 그 공동구를 관리하는 공동구관리자의 허가를 받아야 한다.

⑥ 공동구를 점용하거나 사용하는 자는 점용료 또는 사용료를 납부하여야 한다.

3 대표 기출문제

01 국토의 계획 및 이용에 관한 법령상 기반시설의 종류와 그 해당 시설의 연결이 틀린 것은?

① 교통시설 – 차량 검사 및 면허시설

② 공간시설 – 녹지

③ 유통·공급시설 – 방송·통신시설

④ 공공·문화체육시설 – 학교

⑤ 보건위생시설 – 폐기물처리 및 재활용시설

> **해설**
>
> ⑤ 폐기물처리 및 재활용시설은 환경기초시설이다.
>
> 답 ⑤

02 국토의 계획 및 이용에 관한 법령상 사업시행자가 공동구를 설치하여야 하는 지역등을 모두 고른 것은? (단, 지역등의 규모는 200만 제곱미터를 초과함)

> ㄱ. 「공공주택 특별법」에 따른 공공주택지구
>
> ㄴ. 「도시 및 주거환경정비법」에 따른 정비구역
>
> ㄷ. 「산업입지 및 개발에 관한 법률」에 따른 일반 산업단지
>
> ㄹ. 「도청이전을 위한 도시건설 및 지원에 관한 특별법」에 따른 도청이전신도시

① ㄱ, ㄴ, ㄷ   ② ㄱ, ㄴ, ㄹ   ③ ㄱ, ㄷ, ㄹ

④ ㄴ, ㄷ, ㄹ   ⑤ ㄱ, ㄴ, ㄷ, ㄹ

> **해설**
>
> 다음 각 호에 해당하는 지역·지구·구역 등이 200만㎡를 초과하는 경우에는 해당 지역등에서 개발사업을 시행하는 사업시행자는 공동구를 설치하여야 한다.
>
> | 1. 도시개발구역 2. 택지개발지구 3. 경제자유구역 4. 정비구역 5. 공공주택지구 6. 도청이전신도시 |
> | --- |
>
> 답 ②

4 출제 예상문제

01 국토계획법령상 도시·군계획시설에 대한 설명 중 옳은 것은?

① 도시지역에서 사회복지시설을 설치하는 경우 도시·군관리계획으로 결정하지 아니하고 도시· 군관리계획의 절차를 생략할 수 있다.

② 도시·군계획시설 결정·고시일로부터 5년 이내에 도시·군계획시설사업이 시행되지 않는 경우 도시·군계획시설에 대하여 타당성을 검토하여야 한다.

③ 도시·군계획시설의 설치에 따른 보상은 공익사업을 위한 토지 등의 취득 및 보상에 관한 법률 규정에 따른다.

④ 도시·군계획시설결정이 고시일로부터 20년이 경과될 때까지 사업이 시행되지 아니하는 경우 그 고시일부터 20년이 되는 날에 그 효력을 상실한다.

⑤ 도시·군계획시설을 국가가 관리하는 경우에는 국유재산법에 따른 중앙관서의 장이 이를 관리 하며 지방자치단체가 관리하는 경우에는 대통령령으로 이를 관리한다.

해설 ✦ ② 도시·군계획시설에 대한 타당성검토는 5년이 아니라 3년이다.
③ 도시·군계획시설설치에 따른 보상은 공.취.법이 아니라 따로 법률에 따른다.
④ 20년이 되는 날의 다음날에 효력을 상실한다.
⑤ 지방자치단체가 관리하는 경우에는 대통령령이 아니라 조례로 관리에 관한 사항을 정한다.

정답 ✦ ①

02 **국토의 계획 및 이용에 관한 법령상 공동구에 관한 설명으로 옳은 것은?**

① 「도시개발법」에 따른 도시개발구역이 330만제곱미터를 초과하는 경우 해당 구역에서 개발 사업을 시행하는 자는 공동구를 설치하여야 한다.

② 공동구관리자는 10년마다 해당 공동구의 안전 및 유지관리계획을 수립·시행하여야 한다.

③ 사업시행자는 공동구의 설치공사를 완료한 때에는 지체없이 공동구에 수용할 수 있는 시설의 종류와 공동구 설치위치를 일간신문에 공고하여야 한다.

④ 공동구 점용예정자는 공동구에 수용될 시설을 공동구에 수용함으로써 용도가 폐지된 종래의 시설은 사업시행자가 지정하는 기간 내에 철거하여야 하고, 도로는 원상으로 회복하여야 한다.

⑤ 공동구는 사업시행자와 그 공동구를 점용하는 자가 함께 관리하며, 관리비용도 공동부담한다.

해설 ✦ ① 공동구는 200만㎡를 초과하는 경우에 설치하여야 한다.

② 공동구의 안전 및 유지관리계획은 10년이 아니라 5년마다 수립·시행하여야 한다.

③ 일간신문에 공고하는 게 아니라 점용예정자에게 개별통지한다.

⑤ 공동구관리는 지방자치단체장이 관리하고 관리비용은 점용하는 자가 점용하는 면적에 비례하여 납부한다.

정답 ✦ ④

테마 08 권리구제 (매수청구권, 의회보고, 소유자신청)

1 출제예상과 학습포인트

✦ 기출횟수

제21회, 제22회, 제23회, 제25회, 제26회, 제27회, 제29회, 제30회, 제32회

✦ 35회 출제 예상

매수청구권과 다른 권리구제수단은 꾸준하게 출제가 되고 있는 부분이다. 특히, 매수청구권 외의 새로운 권리구제로서 토지활용이나 의회보고, 소유자의 해제신청 등이 중요한데 33회와 34회 시험에서 출제되지 않았기에 35회 시험에서는 출제가능성은 70% 정도이다.

✦ 35회 중요도

★★★

✦ 학습범위와 학습방법

매수청구권이 탄생하게 된 배경을 먼저 이해를 하고, 새로운 권리구제가 왜 신설이 되었는지를 이해하면 암기가 되지 않아도 이해로서 쉽게 접근할 수 있는 파트이다. 하지만 학습방향을 암기로 맞추면 많이 헷갈리는 파트이다. 그러므로 이해위주의 정리가 필요한 테마이다.

✦ 핵심쟁점

❶ 매수청구권의 일반적 절차
❷ 매수를 거부하는 경우와 매수가 지연되는 경우의 권리구제방법으로 토지활용
❸ 장기미집행시설부지의 의회보고와 의회에서 해제권고절차
❹ 토지소유자의 해제신청(입안권자에게, 결정권자에게, 국토교통부장관에게)과 이행

2 핵심 내용

[제1절] 매수청구권

❶ 청구대상 토지

도시·군 계획시설 결정·고시일로부터 10년간 무단방치된(실시계획의 인가 또는 그에 상당하는 절차가 행하여진 경우는 제외) 지목이 대(垈)인 토지(당해 토지에 있는 건축물 및 정착물 포함)

❷ 청구권자 및 상대방

1. 원칙적으로 특별시장·광역시장·시장 또는 군수에게 매수를 청구할 수 있다.

2. 예외적으로 ① 도시·군 계획시설 사업시행자가 정해져 있으면 사업시행자 ② 설치의무자·관리의무자 있으면 그 의무자, 양자가 서로 다른 경우는 설치의무자가 매수하여야 한다.

❸ 매수절차

10년 경과된 지목이 대(垈)인 토지 → 매수청구 → 6월내 매수여부 결정 → 2년 내 매수해야

❹ 매수방법

1. 준용법규 : 매수청구된 토지의 매수가격·매수절차 등은 공·취·법 준용

2. 대금지급방법

　① 현금매수가 원칙이나 예외적으로 채권을 발행 할 수 있다.
　② 채권(도시·군 계획시설채권) 발행요건
　　㉠ 채권은 매수의무자가 지방자치단체인 경우로서
　　㉡ 토지소유자가 원해야
　　㉢ 부재부동산 소유자 토지 또는 비업무용 토지로서 매수대금이 3천만원 초과 시 그 초과금액에 대하여 지급하는 경우에 발행할 수 있다(이 경우는 소유자가 원하지 않아도 가능).
　　㉣ 채권의 상환기간 : 10년 이내에서 조례로 정함
　　㉤ 채권 발행절차 : 지방재정법 준용

❺ 새로운 권리구제방법 : **토지를 활용하자 ! ! ! !**

매수를 거부하거나 매수를 지연하는 경우 - 개발행위 허가를 받아

　1. 3층 이하의 단독주택
　2. 3층 이하의 제1종 근린생활시설
　3. 3층 이하의 제2종 근린생활시설(단란주점·노래연습장·안마시술소·다중생활시설은 제외)
　4. 공작물을 설치할 수 있다.

❻ 실효

도시·군 계획시설결정·고시 후 20년이 지날 때까지 그 시설의 설치에 관한 도시·군계획시설사업이 시행되지 아니하는 경우 그 도시·군계획시설결정은 그 고시일부터 20년이 되는 날의 다음날에 그 효력을 잃는다. 이 경우 그 사실을 고시하여야 한다.

[제 2 절] 장기미집행 도시·군 계획시설의 의회보고 및 해제권고

❶ 해제를 위한 의회 보고(지방자치단체장이 → 의회에 보고)

지방자치단체장은 국토교통부장관이 결정·고시한 도시·군계획시설 중 관계중앙행정기관의 장이 직접 설치하기로 한 시설은 제외하고,

① 도시·군계획시설결정이 고시된 도시·군계획시설을 설치할 필요성이 없어진 경우 또는

② 그 고시일부터 10년이 지날 때까지 해당 시설의 설치에 관한 도시·군계획시설사업이 시행되지 아니하는 경우에는 지방의회의 정례회의 또는 임시회기간 중에 보고하여야 한다.

❷ 해제권고(의회 → 지방자치단체장에게) 및 해제결정

1. 보고를 받은 의회는 지방자치단체의 장에게 도시·군계획시설결정의 해제를 권고할 수 있고, 해제를 권고하는 경우에는 보고가 지방의회에 접수된 날부터 90일 이내에 해제를 권고하는 서면을 지방자치단체의 장에게 보내야 한다.

2. 해제를 권고받은 지방자치단체의 장은 해제권고를 받은 날부터 1년 이내에 해제를 위한 도시·군관리계획을 결정하여야 한다. 이 경우 지방자치단체의 장은 지방의회에 해제할 수 없다고 인정하는 특별한 사유를 해제권고를 받은 날부터 6개월 이내에 소명하여야 한다.

3. 시장 또는 군수는 도지사가 결정한 도시·군관리계획의 해제가 필요한 경우에는 도지사에게 그 결정을 신청하여야 하며, 도지사는 특별한 사유가 없으면 신청을 받은 날부터 1년 이내에 해당 도시·군계획시설의 해제를 위한 도시·군관리계획결정을 하여야 한다.

[제 3 절] 장기미집행 도시·군 계획시설의 토지소유자의 해제 신청

❶ 토지소유자의 해제신청의 요건

도시·군계획시설결정·고시일부터 10년 이내에 도시·군계획시설사업이 시행되지 아니한 경우로서 단계별 집행계획상 도시·군계획시설 실효 시(20년)까지 집행계획이 없는 경우

❷ 토지소유자의 입안권자와 결정권자에 대한 해제신청절차

1. 토지소유자는 관리계획 입안권자에게 해제를 위한 관리계획 입안을 신청할 수 있고, 입안권자는 신청을 받은 날부터 3개월 이내에 입안 여부를 결정하여 토지 소유자에게 알려야 하며, 특별한 사유가 없으면 해제를 위한 도시·군관리계획을 입안하여야 한다.

2. 토지 소유자는 해당 도시·군계획시설결정의 해제를 위한 도시·군관리계획이 입안되지 아니하는 경우에는 도시·군관리계획 결정권자에게 그 도시·군계획시설결정의 해제를 신청할 수 있고, 결정권자는 신청을 받은 날부터 2개월 이내에 결정 여부를 정하여 토지 소유자에게 알려야 하며, 특별한 사유가 없으면 그 도시·군계획시설결정을 해제하여야 한다.

3. 토지 소유자는 해당 도시·군계획시설결정이 해제되지 아니하는 경우에는 국토교통부장관에게 그 도시·군계획시설결정의 해제 심사를 신청할 수 있고, 신청을 받은 국토교통부장관은 도시·군관리계획 결정권자에게 도시·군계획시설결정의 해제를 권고할 수 있다. 이 경우 해제를 권고받은 결정권자는 특별한 사유가 없으면 그 도시·군계획시설 결정을 해제하여야 한다.

❸ 해제절차의 이행

도시·군계획시설의 해제결정은

1. 해제입안하기로 통지한 날부터	
2. 해제결정하기로 통지한 날부터	6개월 이내에 이행되어야 한다.
3. 국토교통부장관으로부터 해제권고 받은날부터	

3 대표 기출문제

제32회 출제

01 국토의 계획 및 이용에 관한 법령상 도시·군계획시설에 관한 설명으로 틀린 것은? (단, 조례는 고려하지 않음)

① 도시·군계획시설 부지의 매수의무자인 지방공사는 도시·군계획시설채권을 발행하여 그 대금을 지급할 수 있다.

② 도시·군계획시설 부지의 매수의무자는 매수하기로 결정한 토지를 매수 결정을 알린 날부터 2년 이내에 매수하여야 한다.

③ 200만제곱미터를 초과하는 '도시개발법'에 따른 도시개발구역에서 개발사업을 시행하는 자는 공동구를 설치하여야 한다.

④ 국가계획으로 설치하는 광역시설은 그 광역시설의 설치·관리를 사업종목으로 하여 다른 법률에 따라 설립된 법인이 설치·관리를 할 수 있다.

⑤ 도시·군계획시설채권의 상환기간은 10년 이내로 한다.

해설

① 도시·군계획시설 부지의 매수의무자가 도시·군계획시설채권을 발행하려면 매수의무자가 지방자치단체인 경우이다 지방공사는 채권을 발행할 수 없다.

답 ①

제27회 출제

02 甲 소유의 토지는 A광역시 B구에 소재한 지목이 대(垈)인 토지로서 한국토지주택공사를 사업시행자로 하는 도시·군계획시설 부지이다. 甲의 토지에 대해 국토의 계획 및 이용에 관한 법령상 도시·군계획시설 부지의 매수청구권이 인정되는 경우, 이에 관한 설명으로 옳은 것은? (단, 도시·군계획시설의 설치의무자는 사업시행자이며, 조례는 고려하지 않음)

① 甲의 토지의 매수의무자는 B구청장이다.

② 甲이 매수청구를 할 수 있는 대상은 토지이며, 그 토지에 있는 건축물은 포함되지 않는다.

③ 甲이 원하는 경우 매수의무자는 도시·군계획시설채권을 발행하여 그 대금을 지급할 수 있다.

④ 매수의무자는 매수청구를 받은 날부터 6개월 이내에 매수여부를 결정하여 甲과 A광역시장에게 알려야 한다.

⑤ 매수청구에 대해 매수의무자가 매수하지 아니하기로 결정한 경우 甲은 자신의 토지에 2층의 다세대주택을 건축할 수 있다.

해설

① 甲의 토지의 매수의무자는 사업시행자인 한국토지주택공사이다.

② 甲이 매수청구를 할 수 있는 대상은 토지이며, 그 토지에 있는 건축물도 포함된다.

③ 매수의무자가 지방자치단체인 경우에만 도시·군계획시설채권을 발행하여 그 대금을 지급할 수 있다.

⑤ 매수청구에 대해 매수의무자가 매수하지 아니하기로 결정한 경우 개발행위허가를 받아 甲은 자신의 토지에 다음의 건축물 및 공작물을 설치할 수 있다.

> • 단독주택으로서 3층 이하인 것
> • 제1종 근린생활시설로서 3층 이하인 것
> • 제2종 근린생활시설(단란주점, 다중생활시설, 안마시술소 노래연습장은 제외)로서 3층 이하인 것
> • 공작물

정답 ④

4 출제 예상문제

01 국토의 계획 및 이용에 관한 법령상 도시·군계획 시설부지에서 매수청구를 받은 매수의무자가 매수하지 아니하기로 결정한 경우 지목이 대(垈)인 토지소유자가 개발행위허가를 받아 설치할 수 있는 것을 모두 고른 것은?

> ㄱ. 다가구주택으로서 2층 인 것
> ㄴ. 바닥면적 합계가 300제곱미터인 체육도장
> ㄷ. 바닥면적 합계가 400제곱미터인 다중생활시설
> ㄹ. 양수장, 정수장

① ㄱ   ② ㄴ, ㄷ   ③ ㄴ, ㄹ   ④ ㄷ, ㄹ   ⑤ ㄴ, ㄷ, ㄹ

해설 ✦ 개발행위허가를 받아 설치할 수 있는 건축물 또는 공작물

> 1. 단독주택(협의의 단독주택)으로서 3층 이하인 것
> 2. 제1종근린생활시설로서 3층 이하인 것
> 3. 제2종 근린생활시설(다중생활시설, 안마시술소, 노래연습장, 단란주점은 제외)로서 3층 이하인 것
> 4. 공작물

정답 ✦ ③

02 국토의 계획 및 이용에 관한 법령상 지방자치단체 장은 도시·군계획시설결정·고시일부터 10년이 지날 때까지 시설사업이 시행되지 아니하는 경우에는 그 현황과 단계별 집행계획을 해당 지방의회에 보고하여야 한다. 이에 관한 설명으로 옳은 것은?

① 지방자치단체의 장은 국토교통부장관이 결정·고시한 도시·군 계획시설 중 관계 중앙행정기관의 장이 직접 설치하기로 한 시설을 설치할 필요성이 없어진 경우 해당 지방의회에 보고하여야 한다.

② 지방자치단체의 장은 지방의회에 보고한 장기미집행 도시·군 계획시설 중 도시·군계획시설결정이 해제되지 아니한 장기미집행 도시·군계획시설등에 대하여 최초로 지방의회에 보고한 때부터 2년마다 지방의회에 보고하여야 한다.

③ 지방의회는 보고가 지방의회에 접수된 날부터 60일 이내에 해제를 권고하는 서면을 지방자치단체의 장에게 보내야 한다.

④ 지방자치단체의 장은 지방의회에 해제할 수 없다고 인정하는 사유가 있는 경우 특별한 사유를 해제권고를 받은 날부터 3개월 이내에 소명하여야 한다.

⑤ 지방의회로부터 도지사가 결정한 도시·군계획시설결정의 해제를 권고받은 군수는 특별한 사유가 없으면 해제권고를 받은 날부터 1년 이내에 해제를 위한 도시·군관리계획을 결정하여야 한다.

해설 ✦ ① 국토교통부장관이 결정·고시한 도시·군계획시설 중 관계 중앙행정기관의 장이 직접 설치하기로 한 시설은 보고에서 제외한다.
③ 의회는 최초로 의회에 보고한 때부터 90일 이내 해제권고하는 서면은 지방자치단체 장에게 보내야 한다.
④ 해제할 수 없는 경우 6개월 이내 소명하여야 한다.
⑤ 시장 또는 군수는 도지사가 결정한 도시·군관리계획의 해제가 필요한 경우에는 도지사에게 그 결정을 신청하여야 한다. 시장 또는 군수는 직접 해제할 수 없다.

정답 ✦ ②

테마 09 도시·군 계획시설사업

1 출제예상과 학습포인트

✦ 기출횟수

제21회, 제22회, 제23회, 제24회, 제27회, 제28회, 제29회, 제32회, 34회

✦ 35회 출제 예상

도시·군 계획시설사업은 꾸준하게 출제가 이루어지고 있는 영역이다. 도시·군 계획시설사업의 전체범위가 번갈아 가면서 전체 논점을 출제를 하고 있다. 34회 시험에서 2문제의 출제가 되었다. 35회 시험에서는 출제가능성은 50% 정도로 예상된다.

✦ 35회 중요도

★★

✦ 학습범위와 학습방법

지금까지 출제된 기출문제를 보면 도시·군 계획시설사업은 전체 내용을 번갈아 가면서 시험지문으로 출제를 하고 특정부분에 집중하지 않고 전체를 골고루 출제하는 출제경향을 보이고 있다. 특히, 도시·군 계획시설사업의 민간사업 시행자의 지정요건과 행정심판의 상대방이 누구인지, 실시계획의 생략사유 등은 자주 출제되는 지문이고, 최근 신설된 규정인 실시계획의 실효부분도 정리가 필요하다. 도시·군 계획시설사업의 수용의 경우 공.취.법의 특례도 정확히 이해를 하여야 한다.

✦ 핵심쟁점

❶ 단계별집행계획의 수립기간, 수립권자, 수립이 없는 경우의 권리구제
❷ 민간사업시행자의 요건과 행정심판의 상대방
❸ 실시계획의 특징 (실시계획의 인가권자, 조건부인가, 실시계획 실효)
❹ 토지수용 (특히 공.취.법의 특례)
❺ 타인의 토지등 출입절차 (출입과 일시사용의 차이점)

2 핵심 내용

❶ 단계별 집행계획

1. 단계별 집행계획의 의의

단계별집행계획이란 도시·군 관리계획결정·고시일로부터 3월 이내 수립하는 사업의 연차별계획으로 재원조달계획과 보상계획을 포함하여 도시·군 관리계획의 입안권자가 수립한다. 다만, 대통령령으로 정하는 다음의 법률에 따라 도시·군관리계획의 결정이 의제되는 경우에는 해당 도시·군계획시설결정의 고시일부터 2년 이내에 단계별 집행계획을 수립할 수 있다.

> 1. 「도시 및 주거환경정비법」
> 2. 「도시재정비 촉진을 위한 특별법」
> 3. 「도시재생 활성화 및 지원에 관한 특별법」

> ✦ 단계별 집행계획은 기간 안에 수립되지 않더라도 당해 도시·군 관리계획은 실효되지 않고, 토지의 활용방안이 모색되어 있다.

2. 단계별집행계획의 수립권자(= 사업시행자 = 도시·군 관리계획 입안권자)

① 원칙 : 특별시장·광역시장·특별자치시장·특별자치도지사·시장 또는 군수
② 예외 : 국토교통부장관 또는 도지사

3. 종류 및 조정

① 제1단계 집행계획 : 3년 이내에 시행하는 사업
　제2단계 집행계획 : 3년 이후에 시행하는 사업
② 단계별 집행계획의 조정 : 매년 제2단계 집행계획을 검토하여 3년 이내에 시행할 도시·군 계획시설을 선정하여 이를 1단계 집행계획에 포함시킬 수 있다.

4. 단계별 집행계획의 수립절차 (절차는 협, → 의,→ 수립 후 공고)

특별시장·광역시장·시장 또는 군수는 단계별집행계획을 수립하고자 하는 경우 미리 관계행정기관의 장과 협의하며, 해당 지방의회 의견을 들어 수립한 후 경우에는 직접 공고하고, 국토교통부장관·도지사가 수립한 단계별집행계획은 이를 송부받아 직접 공고한다.

5. 단계별 집행계획의 수립이 없는 경우 권리구제 (토지를 활용하자!!!)

① 개발행위 허가의 요건

도시·군 계획시설의 결정·고시일 부터 2년이 경과할 때까지 당해시설의 설치에 관한 사업이 시행되지 아니한 도시·군 계획시설 중

> 1. 단계별 집행계획이 수립되지 아니하였거나
> 2. 단계별 집행계획에서 제1단계 집행계획에 포함되지 아니한 도시·군 계획시설의 부지에 대하여 다음의 개발행위를 허가 할 수 있다.

② 허가받으면 가능한 행위

가능 행위	원상회복 시 보상여부
㉠ 가설건축물의 건축과 ㉡ 도시·군 계획시설 설치에 지장 없는 공작물 설치와 토지형질변경	보상 × (소유자 부담으로 철거)
㉢ 기존 건축물의 개축·재축과 형질변경	보상 ○

❷ 도시·군 계획시설사업의 시행자

1. 행정청인 사업시행자 : 도시·군 관리계획 입안권자

① 원칙 : 특별시장·광역시장·특별자치시장·특별자치도지사 또는 시장·군수

② 예외 : 국토교통부장관·도지사

③ 2이상의 시·군에 걸쳐서 시설사업을 시행하는 경우 사업시행자 : 협의해서 도시·군 계획시설사업 시행자를 지정하며 (협의공동 ×) → 협의가 불성립 시 → 관할이 동일하면 관할 도지사가, 관할이 다르면 국토교통부장관이 시행자를 지정한다.

2. 비 행정청 : 행정청인 사업시행자가 지정하며, 비행정청 중에서 민간사업시행자자가 도시·군계획시설사업의 시행자로 지정을 받으려면 도시·군계획시설사업 대상인 토지(국·공유지는 제외한다)면적의 3분의 2 이상에 해당하는 토지를 소유하고, 토지소유자 총수의 2분의 1 이상에 해당하는 자의 동의를 얻어야 한다.

3. 행정심판

도시·군계획시설사업의 시행자의 처분에 대하여는 「행정심판법」에 의하여 행정심판을 제기할 수 있다. 이 경우 행정청이 아닌 시행자의 처분에 대하여는 당해 시행자를 지정한 자에게 행정심판을 제기하여야 한다.

❸ 실시계획

1. 실시계획 작성의 주체(모든 시행자)

(모든)사업시행자는 도시·군계획시설사업에 관한 실시계획을 작성하여야 한다.

2. 비행정청인 시행자의 실시계획 작성

비 행정청으로서 시설사업의 시행자로 지정을 받은 자는 실시계획을 작성하고자 하는 때에는 미리 당해 특별시장·광역시장·시장 또는 군수의 의견을 들어야 한다.

3. 시설사업을 분할 시행하는 경우의 실시계획의 작성

도시·군계획시설사업의 시행자는 분할하여 도시·군계획시설사업을 시행할 수 있다. 도시·군계획시설사업을 분할하여 시행하는 때에는 분할된 지역별로 실시계획을 작성할 수 있다.

4. 실시계획의 인가권자

사업시행자는 실시계획을 작성하면 국토교통부장관이 지정한 시행자는 국토교통부장관의 인가를 받아야 하며, 그 밖의 시행자는 시·도지사와 대도시 시장의 인가를 받아야 한다. 다만 다음의 경미한사항의 변경의 경우에는 생략할 수 있다.

> **참고** 경미한사항의 변경으로 실시계획인가 생략사유
>
> 1. 사업명칭을 변경하는 경우
> 2. 구역경계의 변경이 없는 범위 안에서 행하는 건축물 또는 공작물의 연면적 10% 미만의 변경과 「학교시설사업촉진법」에 의한 학교시설의 변경인 경우
> 3. 기존 시설의 용도변경을 수반하지 아니하는 대수선·재축 및 개축인 경우
> 4. 도로의 포장 등 기존 도로의 면적·위치 및 규모의 변경을 수반하지 아니하는 도로의 개량인 경우

5. 실시계획의 조건부인가

국토교통부장관, 시·도지사 또는 대도시 시장은 실시계획이 도시·군계획시설의 결정·구조 및 설치의 기준 등에 맞다고 인정하는 경우에는 실시계획을 인가하여야 한다. 이 경우 국토교통부장관, 시·도지사 또는 대도시 시장은 기반시설의 설치나 그에 필요한 용지의 확보, 위해 방지, 환경오염 방지, 경관 조성, 조경 등의 조치를 할 것을 조건으로 실시계획을 인가할 수 있다.

6. 실시계획의 실효

① **실효사유** : 도시·군계획시설결정의 고시일부터 10년 이후에 실시계획을 작성하거나 인가 받은 장기미집행 도시·군계획시설사업의 시행자가

사유	효력상실시점
실시계획 고시일부터 5년 이내에 「공.취.법」에 따른 재결신청을 하지 아니한 경우	실시계획 고시일부터 5년이 지난 다음 날에 그 실시계획은 효력을 잃는다.
사업시행자가 재결신청을 하지 아니하고 실시계획 고시일부터 5년이 지나기 전에 시설사업에 필요한 토지 면적의 3분의 2 이상을 소유하거나 사용할 수 있는 권원을 확보하고 실시계획 고시일부터 7년 이내에 재결신청을 하지 아니한 경우	실시계획 고시일부터 7년이 지난 다음 날에 그 실시계획은 효력을 잃는다.
사업시행자가 재결신청 없이 시설사업에 필요한 모든 토지·건축물 또는 그 토지에 정착된 물건을 소유하거나 사용할 수 있는 권원을 확보한 경우	실시계획은 효력을 유지한다.

② **도시·군관리계획의 실효시기** : 실시계획이 폐지되거나 효력을 잃은 경우 해당 도시·군계획시설결정은 도시·군관리계획결정·고시일로부터 20년이 경과하면 효력을 상실한다는 규정에도 불구하고 다음 각 호에서 정한 날 효력을 잃는다.

> 1. **도시·군계획시설결정의 고시일부터 20년이 되기 전에 실시계획이 폐지되거나 효력을 잃고 다른 도시·군계획시설사업이 시행되지 아니하는 경우** : 도시·군계획시설결정의 고시일부터 20년이 되는 날의 다음 날
> 2. **도시·군계획시설결정의 고시일부터 20년이 되는 날의 다음 날 이후 실시계획이 폐지되거나 효력을 잃은 경우** : 실시계획이 폐지되거나 효력을 잃은 날

④ 도시·군 계획시설 사업시행자의 보호조치

1. 사업의 분할시행 가능

2. 관계서류의 무상열람청구

3. 공시송달제도 : 비행정청인 도시·군 계획시설사업시행자는 국토교통부장관 또는 시·도지사 대도시 시장의 승인을 받아야 한다.

4. 국·공유지 처분 제한

국·공유지로서 도시·군 계획시설사업에 필요한 토지는 당해 도시·군 관리계획으로 정하여진 목적 외의 목적으로 이를 매각하거나 양도 할 수 없다. → 위반 시 당연 무효

5. 토지 등의 수용·사용권

① 주체 : 모든 사업시행자 (비행정청도 수용할 수 있다.)

② 대상 : 토지·건축물·물건·권리

③ 수용의 방법

   ㉠ 당해 토지(도시·군 계획시설부지) : 수용·사용의 대상

   ㉡ 인접 토지 : 수용불가, 사용의 대상

   ㉢ 법적용 : 공·취·법 준용

④ 공·취·법 특례

   ㉠ 사업인정고시의 특례 : 실시계획의 인가·고시가 있는 때 사업인정을 받은 것으로 본다.

   ㉡ 재결기간(사업인정으로부터 1년)의 특례 : 사업시행 기간 내 재결신청을 하면 된다.

⑤ 공법에서 공·취·법 특례 정리

	시설사업	개발사업	정비사업	주택법
사업인정 고시의 특례	실시계획을 고시	토지세부목록을 고시	사업시행인가 ·고시	사업계획승인
재결기간의 특례	← 사업 시행 기간 안에 →			
수용의 주체	모든 사업시행자	모든 사업시행자 (민간사업시행자는 면적 2/3를 소유하고 + 소유자 1/2동의)	재건축 원칙불가 예외적으로 천재, 지변발생 시 가능	공공사업주체가 국민주택건설시 (공공택지)
사전현금보상의 예외		토지상환채권	준공인가이후 사후·현물보상	

6. 타인의 토지출입 등

	타인의 토지출입	토지일시사용, 장애물제거, 변경
절차	7일전 통지 • 행정청 : 허가없이 • 비행정청 : 허가 받아서 (증표를 휴대하여 제시)	3일 전 통지 + 소유자·점유자·관리인의 동의를 받아야 한다. 동의를 받을 수 없으면 • 행정청 : 통지 • 비행정청 : 허가 받아야 한다.
	일출 전, 일몰 후 → 점유자의 승낙 있으면 가능	손실보상은 행위자가 아니라 행위자를 시킨 사업시행자나 행정 청이 보상에 대한 협상을 하고 보상을 한다. ✦ 행위자가 보상하는 것 아님 유의

제34회 출제

01 국토의 계획 및 이용에 관한 법령상 도시·군계획시설사업의 시행에 관한 설명으로 옳은 것은?

① 「도시 및 주거환경정비법」에 따라 도시·군관리계획의 결정이 의제되는 경우에는 해당 도시·군계획시설결정의 고시일부터 3개월 이내에 도시·군계획시설에 대하여 단계별 집행계획을 수립하여야 한다.

② 5년 이내에 시행하는 도시·군계획시설사업은 단계별 집행계획 중 제1단계 집행계획에 포함되어야 한다.

③ 한국토지주택공사가 도시·군계획시설사업의 시행자로 지정을 받으려면 토지소유자 총수의 3분의 2 이상에 해당하는 자의 동의를 얻어야 한다.

④ 국토교통부장관은 국가계획과 관련되거나 그 밖에 특히 필요하다고 인정되는 경우에는 관계 특별시장·광역시장·특별자치시장·특별자치도지사·시장 또는 군수의 의견을 들어 직접 도시·군계획시설사업을 시행할 수 있다.

⑤ 사업시행자는 도시·군계획시설사업 대상시설을 둘 이상으로 분할하여 도시·군계획시설사업을 시행하여서는 아니 된다.

해설

① 「도시 및 주거환경정비법」에 따라 도시·군관리계획의 결정이 의제되는 경우에는 해당 도시·군계획시설결정의 고시일부터 3개월이 아니라 2년 이내에 단계별 집행계획을 수립하여야 한다.

② 1단계 집행계획은 3년 이내에 시행하는 사업이다.

③ 한국토지주택공사가 도시·군계획시설사업의 시행자로 지정을 받으려는 경우에는 동의가 필요없다.

⑤ 사업시행자는 둘 이상으로 분할하여 도시·군계획시설사업을 시행할 수 있다.

답④

제34회 출제

02 국토의 계획 및 이용에 관한 법령상 도시·군계획시설사업 시행을 위한 타인의 토지에의 출입 등에 관한 설명으로 옳은 것은?

① 타인의 토지에 출입하려는 행정청인 사업시행자는 출입하려는 날의 7일 전까지 그 토지의 소유자·점유자 또는 관리인에게 그 일시와 장소를 알려야 한다.

② 토지의 소유자. 점유자 또는 관리인의 동의 없이 타인의 토지를 재료 적치장 또는 임시통로로 일시 사용한 사업시행자는 사용한 날부터 14일 이내에 시장 또는 군수의 허가를 받아야 한다.

③ 토지 점유자가 승낙하지 않는 경우에도 사업시행자는 시장 또는 군수의 허가를 받아 일몰 후에 울타리로 둘러싸인 타인의 토지에 출입할 수 있다.

④ 토지에의 출입에 따라 손실을 입은 자가 보상에 관하여 국토교통부장관에게 조정을 신청하지 아니하는 경우에는 관할 토지수용위원회에 재결을 신청할 수 없다.

⑤ 사업시행자가 행정청인 경우라도 허가를 받지 아니하면 타인의 토지에 출입할 수 없다.

> **해설**
>
> ② 동의없이 일시사용한 경우 행정청인 사업시행자는 관할 특별시장·광역시장·시장 또 는 군수에게 그 사실을 통지하여야 하며, 행정청이 아닌 사업시행자는 미리 관할 특별시장·광역시장·시장 또는 군수의 허가를 받아야 한다.
> ③ 일출전 일몰후에는 점유자의 승낙을 받아야 한다.
> ④ 토지수용위원회에 재결신청은 국토교통부장관에게 조정이 필수요건인 것은 아니다.
> ⑤ 행정청은 허가없이 타인의 토지에 출입할 수 있다.
>
> 정답 ①

4 출제 예상문제

01 국토의 계획 및 이용에 관한 법령상 도시·군계획시설사업의 토지수용에 관한 다음 설명 중 옳은 것은?

> ㄱ. 사업시행자는 사업시행을 위하여 특히 필요하다고 인정되면 도시·군계획시설부지인 당해토지와 인접토지는 수용 및 사용이 가능하다.
> ㄴ. 수용의 대상은 토지, 건물, 물건, 권리가 수용의 대상이 된다.
> ㄷ. 도시·군계획시설에 대한 도시·군관리계획이 결정·고시된 경우 공익사업을 위한 토지 등의 취득 및 보상에 관한 법률에 의한 사업인정·고시가 있은 것으로 본다.
> ㄹ. 도시·군계획시설사업의 사업시행 기간이 지나면 재결신청을 할 수 없다.

① ㄱ, ㄴ, ㄷ, ㄹ   ② ㄱ, ㄴ, ㄷ   ③ ㄱ, ㄴ
④ ㄱ, ㄷ   ⑤ ㄴ, ㄹ

해설 ✦ ㄱ. 당해토지는 수용과 사용이 가능한데 인접토지는 수용은 않되고, 사용만 가능하다.
        ㄷ. 공취법상의 사업인정·고시가 있은 것으로 보는 시기는 도시·군관리계획이 결정·고시된 때가 아니라 실시계획 인가·고시가 있는 경우이다.

정답 ✦ ⑤

02 **국토의 계획 및 이용에 관한 법령상 도시·군계획시설결정·고시일부터 10년 이후에 실시계획을 작성하거나 인가**(다른 법률에 따라 의제된 경우는 제외한다) **받은 도시·군계획시설사업의 시행자의 실시계획 실효에 관한 설명으로 틀린 것은?**

① 실시계획 고시일부터 5년 이내에 재결신청을 하지 아니한 경우에는 실시계획 고시일부터 5년이 지난 다음 날에 그 실시계획은 효력을 잃는다.

② 재결신청을 하지 아니하고 실시계획 고시일부터 5년이 지나기 전에 해당 도시·군계획시설사업에 필요한 토지 면적의 3분의 2 이상을 소유하거나 사용할 수 있는 권원을 확보하고 실시계획 고시일부터 7년 이내에 재결신청을 하지 아니한 경우 실시계획 고시일부터 7년이 지난 다음 날에 그 실시계획은 효력을 잃는다.

③ 재결신청 없이 도시·군계획시설사업에 필요한 모든 토지·건축물 또는 그 토지에 정착된 물건을 소유하거나 사용할 수 있는 권원을 확보한 경우 실시계획 고시일부터 10년이 지난 다음 날에 그 실시계획은 효력을 잃는다.

④ 도시·군계획시설결정의 고시일부터 20년이 되기 전에 실시계획이 폐지되거나 효력을 잃고 다른 도시·군계획시설사업이 시행되지 아니하는 경우에는 도시·군계획시설결정의 고시일부터 20년이 되는 날의 다음 날에 해당 도시·군계획시설결정은 효력을 잃는다.

⑤ 도시·군계획시설결정의 고시일부터 20년이 되는 날의 다음 날 이후 실시계획이 폐지되거나 효력을 잃은 경우에는 실시계획이 폐지되거나 효력을 잃은 날에 해당 도시·군계획시설결정은 효력을 잃는다.

해설 ✦ ③ 모든 토지·건축물 또는 그 토지에 정착된 물건을 소유하거나 사용할 수 있는 권원을 확보한 경우 그 실시계획은 효력을 유지한다.

정답 ✦ ③

테마 10 비용부담

1 출제예상과 학습포인트

✦ 기출횟수

시설사업비용부담 제21회, 제22회, 제24회 / 도시개발사업 비용부담 27회, 31회

✦ 35회 출제 예상

자주출제가 되는 것은 아니지만 출제가 되면 많은 수험생들이 정리가 않되어 있는 경우가 많아서 많이 틀리는 대표적인 문제이다. 시험에서 출제가 되면 의외의 문제로 분류되는 경우도 많은데 시설사업에서 비용부담을 정리하면 도시개발 사업에서 비용부담과 거의 동일하므로 도시개발법의 비용부담을 같이 정리하는 효과가 있으므로 정리를 하면 좋겠다. 35회 시험에서는 출제가능성은 30% 정도이다.

✦ 35회 중요도

★

✦ 학습범위와 학습방법

비용을 누가 부담하는 게 원칙이고 이 비용을 통하여 이익을 본 지방자치단체가 부담하는 비율은 어떻게 되는지 이 비용은 얼마나 보조를 받을 수 있는지 등이 중요논점이다.

✦ 핵심쟁점

❶ 누가 비용을 부담하는 게 원칙인가? (국가, 지방자치단체, 비 행정청)

❷ 행정청이 비용을 부담하는 경우에 다른 이익을 받은 지방자치단체에 비용을 부담 시키는 경우 방법과 부담시키는 비용의 범위

❸ 행정청의 비용부담 시 보조받는 범위

❹ 비 행정청의 비용부담 시 보조받는 범위

2 핵심 내용

[제 1 절] 도시·군계획시설사업 비용부담

❶ 도시·군 계획시설사업의 비용부담

1. 원칙 : 사업시행자가 부담하는 게 원칙

① 국가가 하는 경우에는 국가예산에서

② 지방자치단체가 하는 경우에는 해당 지방자치단체가,

③ 행정청이 아닌 자가 하는 경우에는 그 자가 부담함을 원칙으로 한다.

2. 예외 : 행정청이 비용을 부담한 경우 다른 지방자치단체에 비용부담

사업시행자	비용부담 (협의하여 부담)	협의가 성립되지 않는 경우
국토교통부장관	국토교통부장관은 그가 시행한 도시·군계획시설사업으로 현저히 이익을 받는 시·도·시 또는 군이 있으면 그 도시·군계획시설사업에 든 비용의 일부를 그 이익을 받는 시·도·시 또는 군에 부담시킬 수 있다.	국토교통부장관이 비용을 부담시키는 경우 국토교통부장관은 시·도, 시 또는 군에 비용을 부담시키기 전에 행정안전부장관과 협의하여야 한다.
시·도지사	시·도지사는 그 시·도에 속하지 아니하는 지방자치단체에 비용을 부담시키려면 해당 지방자치단체의 장과 협의하여야 한다.	협의가 성립되지 아니하는 경우에는 행정안전부장관이 결정하는 바에 따른다.
시장·군수	시장이나 군수는 현저히 이익을 받는 다른 지방자치단체가 있으면 비용의 일부를 그 이익을 받는 다른 지방자치단체와 협의하여 그 지방자치단체에 부담시킬 수 있다.	협의가 성립되지 아니하는 경우 같은 도에 속할 때에는 관할 도지사가, 다른 시·도에 속할 때에는 행정안전부장관이 결정하는 바에 따른다.

위의 비용의 총액은 당해 시설사업에 소요된 비용의 50%를 넘지 못한다. 이 경우 시설사업에 소요된 비용에는 당해 도시·군계획시설사업의 설계비·관리비·조사·측량비를 포함하지 아니한다.

❷ 국가 또는 지방자치단체의 비용의 보조 또는 융자

행정청	기초조사·지형도면 작성비용	80% 이하 범위에서 국가예산으로 보조할 수 있다.
	시설사업의 비용(조사·측량비, 설계비 및 관리비를 제외한 공사비와 감정비를 포함한 보상비를 말한다)	50% 이하의 범위에서 국가예산으로 보조 또는 융자할 수 있다.
비행정청	도시·군시설사업의 비용	사업에 소요되는 비용의 3분의 1 이하 범위에서 국가 또는 지방자치단체가 보조 또는 융자할 수 있다.

[제2절] 도시개발사업 비용부담

❶ 비용부담의 원칙과 예외

1. 원칙 : 도시개발사업에 필요한 비용은 이 법이나 다른 법률에 특별한 규정이 있는 경우 외에는 사업시행자가 부담한다.

2. 예외

① 지정권자가 사업시행자인 경우

지정권자가 시행한 도시개발사업으로 이익을 얻는 시·도 또는 시·군·구가 있으면 그 도시개발사업에 든 비용의 일부를 그 이익을 얻는 시·도 또는 시·군·구에 부담시킬 수 있다. 이 경우 지정권자가 국토교통부장관인 경우 행정안전부장관과 협의하여야 하고, 시·도지사 또는 대도시 시장이 지정권자인 경우 관할 외의 시·군·구에 비용을 부담시키려면 그 시·군·구를 관할하는 시·도지사와 협의하여야 하며, 시·도지사 간의 협의가 성립되지 아니하는 경우에는 행정안전부장관의 결정에 따른다.

② 시장·군수·구청장이 사업시행자인 경우

시장·군수 또는 구청장은 그가 시행한 도시개발사업으로 이익을 얻는 다른 지방자치단체가 있으면 도시개발사업에 든 비용의 일부를 그 이익을 얻는 다른 지방자치단체와 협의하여 그 지방자치단체에 부담시킬 수 있다. 이 경우 협의가 성립되지 아니하면 관할 시·도지사의 결정에 따르며, 그 시·군·구를 관할하는 시·도지사가 서로 다른 경우에는 시·도지사와 협의하여야 하며, 시·도지사 간의 협의가 성립되지 아니하는 경우에는 행정안전부장관의 결정에 따른다.

3. 공공시설관리자의 비용부담

시행자는 공동구를 설치하는 경우에는 다른 법률에 따라 그 공동구에 수용될 시설을 설치할 의무가 있는 자에게 공동구의 설치에 드는 비용을 부담시킬 수 있다. 이 경우 공동구의 설치 방법·기준 및 절차와 비용의 부담 등에 관한 사항은 「국토의 계획 및 이용에 관한 법률」 제44조를 준용한다.

❷ 도시개발구역의 시설설치 및 비용부담

1. 시설설치의무자

시설의 설치비용은 아래의 구분에 따른 설치의무자가 이를 부담한다.

① **도로와 상하수도시설의 설치** : 지방자치단체
② **전기시설·가스·지역난방·통신시설의 설치** : 전기·가스·난방·통신을 공급하는 자

2. 지중선로 설치비용

① 다만, 도시개발구역 안의 전기시설을 사업시행자가 지중선로로 설치할 것을 요청하는 경우에는 전기를 공급하는 자와 지중에 설치할 것을 요청하는 자가 각각 2분의 1의 비율로 그 설치비용을 부담한다.

② 다만, 전부 환지 방식으로 도시개발사업을 시행하는 경우에는 전기시설을 공급하는 자가 3분의 2, 지중에 설치할 것을 요청하는 자가 3분의 1의 비율로 부담한다.

3. 설치시기

특별한 사유가 없으면 준공검사 신청일(지정권자가 시행자인 경우에는 도시개발사업의 공사를 끝내는 날을 말한다)까지 끝내야 한다.

❸ 보조 또는 융자

도시개발사업의 시행에 드는 비용은 대통령령으로 정하는 바에 따라 그 비용의 전부 또는 일부를 국고에서 보조하거나 융자할 수 있다. 다만, 시행자가 행정청이면 전부를 보조하거나 융자할 수 있다.

---

3 대표 기출문제

제22회 출제

01 甲은 행정청이 아닌 자로서 도시·군계획시설사업을 시행하는 자이다. 국토의 계획 및 이용에 관한 법령상 甲의 사업비용에 관한 설명으로 옳은 것은?

① 국가 또는 지방자치단체는 법령에서 정한 소요비용의 3분의 1 이하의 범위 안에서 甲의 사업비용을 보조 또는 융자할 수 있다.

② 甲이 현저한 이익을 받는 지방자치단체에게 비용을 부담하게 하는 경우 당해 사업의 설계비도 소요비용에 포함된다.

③ 甲의 사업이 다른 공공시설의 정비를 주된 내용으로 하는 경우에는 甲은 자신의 사업으로 현저한 이익을 받은 공공시설의 관리자에게 그 사업에 든 비용의 2분의 1까지 부담시킬 수 있다.

④ 국가 또는 지방자치단체는 甲의 도시·군계획시설사업에 소요되는 조사·측량비를 보조할 수 있다.

⑤ 甲은 자신의 사업으로 현저한 이익을 받는 지방자치단체에게 그 사업에 든 비용의 일부를 부담시킬 수 있다.

②, ③, ⑤ 甲은 행정청이 아닌 시행자이므로 도시·군계획시설사업에 드는 비용의 일부를 이익을 받은 지방자치단체나 공공시설의 관리자에게 부담시킬 수 없다.

④ 조사·측량비는 보조하지 않는다.

답 ①

제31회 출제

02 도시개발법령상 도시개발사업의 비용 부담 등에 관한 설명으로 옳은 것을 모두 고른 것은?

> ㄱ. 지정권자가 시행자가 아닌 경우 도시개발구역의 통신시설의 설치는 특별한 사유가 없
> 으면 준공검사 신청일까지 끝내야 한다.
> ㄴ. 전부 환지 방식으로 사업을 시행하는 경우 전기시설의 지중선로설치를 요청한 사업시
> 행자와 전기공급자는 각각 2분의 1의 비율로 그 설치비용을 부담한다.
> ㄷ. 지정권자인 시행자는 그가 시행한 사업으로 이익을 얻는 시·도에 비용의 전부 또는
> 일부를 부담시킬 수 있다.

① ㄱ   ② ㄴ   ③ ㄱ, ㄷ   ④ ㄴ, ㄷ   ⑤ ㄱ, ㄴ, ㄷ

ㄴ. 전기시설을 지중선로로 설치하는 경우 전부 환지 방식으로 도시개발사업을 시행하는 경우에는 전기시설을 공급
하는 자가 3분의 2, 지중에 설치할 것을 요청하는 자가 3분의 1의 비율로 부담한다.

ㄷ. 지정권자가 시행자인 경우 그 시행자는 그가 시행한 도시개발사업으로 이익을 얻는 시·도 또는 시·군·구가 있으
면 대통령령으로 정하는 바에 따라 그 도시개발사업에 든 비용의 일부를 그 이익을 얻는 시·도 또는 시·군·구에
부담시킬 수 있다. 전부가 아니라 일부이다.

답 ①

4 출제 예상문제

01 국토의 계획 및 이용에 관한 법령상 비용부담에 관한 설명으로 옳은 것은?

① 도시·군계획시설사업에 관한 비용은 지방자치단체가 사업을 하는 경우에는 해당 국가예산에서 부담함을 원칙으로 한다.

② 행정청이 아닌 자가 시행한 도시·군계획시설사업으로 현저히 이익을 받는 시·도, 시 또는 군이 있으면 그 도시·군계획시설사업에 든 비용의 일부를 그 이익을 받는 시·도, 시 또는 군에 부담시킬 수 있다.

③ 시·도지사는 그 시·도에 속하지 아니하는 지방자치단체에 비용을 부담시키려면 해당 지방자치단체의 장과 협의하여야 한다. 협의가 성립되지 아니하는 경우에는 국토교통부장관이 결정하는 바에 따른다.

④ 국토교통부장관은 그가 시행한 도시·군계획시설사업으로 현저히 이익을 받는 시·도 또는 시·군이 있으면 그 사업에 든 비용의 일부를 그 이익을 받는 시·도 또는 시·군에 부담시킬 수 있다. 이 경우 국토교통부장관은 시·도, 시 또는 군에 비용을 부담시키기 전에 기획재정부장관과 협의하여야 한다.

⑤ 비용을 부담시키는 경우 비용의 총액은 당해 시설사업에 소요된 비용의 50%를 넘지 못한다. 이 경우 시설사업에 소요된 비용에는 당해 도시·군계획시설사업의 설계비·관리비·조사비·측량비를 포함하지 아니한다.

해설 ✦ ① 지방자치단체가 하는 경우에는 지방자치단체가 비용을 부담한다.
② 행정청이 아닌 자가 시행한 사업의 경우 이익을 본 지방자치단체에 비용을 부담 시킬 수 없다.
③ 시·도지사가 비용에 관하여 협의가 않되는 경우에는 행정안전부장관이 결정한다.
④ 국토교통부장관은 지방자치단체에 비용을 부담시키기 전에 행전안전부장관과 협의 한다.

정답 ✦ ⑤

테마 11 지구단위계획

1 출제예상과 학습포인트

✦ 기출횟수
제20회, 제21회, 24회, 제25회, 제26회, 제27회, 제28회, 제29회, 제30회, 제32회, 34회

✦ 35회 출제 예상
꾸준하게 출제가 이루어지고 있는 테마로서 전체 논점을 출제를 하고 있다. 33회 시험에서 출제가 되지 않았기에 34회에서 2문제가 출제가 되었다. 35회 시험에서는 출제가능성은 80% 정도로 출제가능성이 굉장히 높은 테마이다.

✦ 35회 중요도
★★★

✦ 학습범위와 학습방법
이 테마의 구성은 지구단위계획구역지정과 지구단위계획으로 되어 있는데 전체논점을 지문으로 출제를 하고 있다. 지구단위계획은 논점을 빠뜨리지 말고 전체에 대한 정리가 필요한 테마이다.

✦ 핵심쟁점
❶ 지구단위계획의 개념 : 이쁘게 개발하자
❷ 재량적지정대상지역과 의무적지정대상지역의 구분, 특히 의무적지정대상지역의 암기
❸ 비도시지역에서 지구단위계획이 어디에 지정되는지와 지정하는 경우 면적의 기준과
❹ 개발진흥지구에 지구단위계획구역 지정하는 경우의 용도지역은?
❺ 지구단위계획에 반드시 포함되어야 할 내용 2개 (용, 기)
❻ 지구단위계획에서 행위제한의 완화내용과 구체적 완화범위
❼ 지구단위계획구역의 실효규정 2가지

2 핵심 내용

❶ 의의

도시·군 계획수립대상 지역안의 일부에 대하여 토지이용을 합리화하고 그 기능을 증진시키며 미관을 개선하고 양호한 환경을 확보하며 당해지역을 체계적·계획적으로 관리하기 위하여 수립하는 도시·군 관리계획을 말한다.

❷ 지정권자 및 지정절차

국토교통부장관·시·도지사·시장 또는 군수가 도시·군 관리계획으로 결정한다.

❸ 지구단위계획구역의 지정 (어디의 토지이용을 합리와 할 것인가)

1. 재량적 지정대상지역 : 다음 지역의 전부 또는 일부에 지정할 수 있다.

1. 용도지구
2. 도시개발구역
3. 정비구역
4. 택지개발지구
5. 대지조성사업지구
6. 산업단지와 준 산업단지
7. 관광단지와 관광특구
8. 개발제한구역·도시자연공원구역·시가화조정구역·공원에서 해제되는 구역
   녹지지역에서 주거·상업·공업지역으로 변경되는 지역
   새로이 도시로 편입되는 구역 중 계획적인 개발 또는 관리가 필요한 지역
9. 도시지역 내 주거·상업·업무 등의 기능을 결합하는 등 복합적인 토지 이용을 증진시킬 필요가 있는 일반 주거지역, 준주거지역, 준공업지역 및 상업지역에서 낙후된 도심 기능을 회복하거나 도시균형발전을 위한 중심지 육성이 필요하여 도시·군기본계획에 반영된 다음의 경우 (이하 역세권 복합용도개발형 지구단위계획구역으로 칭한다)
   ① 주요 역세권, 고속버스·시외버스 터미널, 간선도로의 교차지 등 양호한 기반시설을 갖추고 있어 대중교통 이용이 용이한 지역
   ② 역세권의 체계적·계획적 개발이 필요한 지역
   ③ 세 개 이상의 노선이 교차하는 대중교통 결절지로부터 1km 이내에 위치한 지역
   ④ 역세권개발구역, 고밀복합형 재정비촉진지구로 지정된 지역
10. 도시지역 내 유휴토지를 효율적으로 개발하거나 교정시설, 군사시설, 그 밖에 대통령령으로 정하는 시설을 이전 또는 재배치하여 토지이용을 합리화하고, 그 기능을 증진시키기 위하여 집중적으로 정비가 필요한 지역
11. 도시지역의 체계적·계획적인 관리 또는 개발이 필요한 지역

2. 의무적 지정 대상지역 : 다음의 지역은 지구단위계획구역으로 지정하여야 한다.

1. 정비구역		에서 시행되는 사업이 완료된 후 10년이 경과된 지역
2. 택지개발지구		
3. 시가화조정구역	에서 해제되는 지역	으로서 그 면적이 30만㎡ 이상인 지역
4. 공원		
5. 녹지지역에서 주거·상업 또는 공업지역으로 변경되는 지역		

3. 비 도시지역을 지구단위계획구역으로 지정하려는 경우

① 계획관리지역 : 지정하려는 면적의 50% 이상이 계획관리지역으로서 나머지 용도지역은 생산관리지역 또는 보전관리지역일 것

> 1. 보전관리지역의 지정요건
>
> | 전체 지구단위계획구역면적이 10만㎡이하인 경우 | 전체면적의 20% 이내 |
> |---|---|
> | 전체 지구단위계획구역면적이 10만㎡초과 20만㎡ 이하 | 2만㎡ |
> | 전체 지구단위계획구역면적이 20만㎡초과인 경우 | 전체면적의 10% 이내 |
>
> 2. 토지의 면적이 다음 어느 하나에 규정된 면적 요건에 해당할 것
>
> > (1) 원칙적인 토지면적은 3만㎡ 이상일 것
> > (2) 지정하고자 하는 지역에 공동주택 중 아파트 또는 연립주택의 건설계획이 포함되는 경우에는 30만㎡ 이상일 것.
> > (3) 지정하고자 하는 지역에 공동주택 중 아파트 또는 연립주택의 건설계획이 포함되는 경우로서 다음의 어느 하나에 해당하는 경우에는 10만㎡이상일 것
> > > ① 지구단위계획구역이 자연보전권역인 경우
> > > ② 지구단위계획구역 안에 초등학교 용지를 확보하여 관할 교육청의 동의를 얻거나 지구단위계획구역 안 또는 지구단위계획구역으로부터 통학이 가능한 거리에 초등학교가 위치하고 학생수용이 가능한 경우로서 관할 교육청의 동의를 얻은 경우
>
> 3. 당해 지역에 도로·수도공급설비·하수도 등 기반시설을 공급할 수 있을 것
> 4. 자연환경·경관·미관 등을 해치지 아니하고 문화재의 훼손우려가 없을 것

② 개발진흥지구로서 대통령령으로 정하는 요건에 해당하는 지역

> 1. 계획관리지역의 요건 중 2.부터 4.까지의 요건에 해당할 것
> 2. 당해 개발진흥지구가 다음 각 목의 용도지역에 위치할 것
>
> | ① 주거개발진흥지구, 복합개발진흥지구
(주거기능이 포함된), 특정개발진흥지구 | 계획관리지역 |
> |---|---|
> | ② 산업·유통개발진흥지구 및 복합개발진흥지구
(주거기능이 포함되지 아니한 경우) | 계획관리지역·생산관리지역 또는 농림지역 |
> | ③ 관광·휴양개발진흥지구 | 도시지역 외의 지역 |

4. 기존의 용도지구를 폐지하고 그 용도지구에서 행위제한을 지구단위계획으로 대체하려는 지역에 지정할 수 있다.

❹ 지구단위계획의 내용(어떻게 토지이용을 합리화 할 것인가)

지구단위계획구역의 지정목적을 이루기 위하여 지구단위계획에는 다음 각 호의 사항 중 제1호와 제2호의 사항을 포함한 둘 이상의 사항이 포함되어야 한다. 다만, 8.을 내용으로 하는 지구단위계획의 경우에는 그러하지 아니하다.

1. 건축물의 용도제한·건폐율 및 용적률과 높이의 최고한도 및 최저한도
2. 기반시설의 배치와 규모
3. 용도지역·용도지구의 대통령령이 정하는 범위에서 세분·변경 (지정 ×)
4. 도로로 둘러쌓인 일단의 지역(가로구역) 및 계획적인 개발·정비를 위하여 구획된 토지의 규모와 조성계획
5. 건축물의 배치·행태·색채와 건축선에 관한 계획
6. 환경관리계획, 경관계획
7. 보행안전등을 고려한 교통처리계획
8. 기존의 용도지구를 폐지하고 그 용도지구에서의 건축물이나 그 밖의 시설의 용도·종류 및 규모 등의 제한을 대체하는 사항

❺ 법률적용의 완화 : 지구단위계획구역 안에서는 다음의 규정을 완화 적용할 수 있다.

국토계획법	1. 용도지역 및 용도지구 안에서의 건축물의 건축제한 2. 용도지역 안에서의 건폐율 3. 용도지역 안에서의 용적률
건축법	4. 대지안의 조경 5. 대지와 도로의 관계 6. 건축물의 일반적 높이제한(가로구역에 따른 높이제한) 7. 일조권 등의 확보를 위한 건축물의 높이제한 8. 공개공지의 확보
주차장법	9. 부설주차장 설치기준

❻ 지구단위계획구역에서 완화적용 범위

1. 행위제한의 완화 범위

	건축제한	건폐율	용적률	높이	주차장설치
도시지역	완화적용	150%	200%	120%	100%
비 도시지역	완화적용	150%	200%	없다	없다.

2. 다만, 개발진흥지구(계획관리지역에 지정된 개발진흥지구를 제외한다)에 지정된 지구단위계획구역에 대하여는 공동주택 중 아파트 및 연립주택은 허용되지 아니한다.

3. **역세권 복합용도개발형 지구단위계획구역의 준주거지역의 행위제한 완화**

역세권 복합용도개발형 지구단위계획구역에 따라 지정된 지구단위계획구역 내 준주거지역에서 건축물을 건축하려는 자가 그 대지의 일부를 공공시설등의 부지로 제공하거나 공공시설등을 설치하여 제공하는 경우에는 다음 범위에서 완화할 수 있다.

준주거지역 내	용적률 완화	높이 완화
	140% 이내	200% 이내

⑧ 지구단위계획구역 지정에 관한 도시관리계획결정의 실효 및 실효고시

1. **지구단위계획구역결정·고시일로부터 3년 이내 지구단위계획결정·고시되지 않는 경우**

→ 3년이 되는 날의 다음날 지구단위계획구역 지정에 관한 도시관리계획결정은 실효된다.

2. 주민이 입안 제안한 지구단위계획에 관한 도시·군 관리계획결정의 고시일부터 5년 이내에 사업이나 공사에 착수하지 아니하면 그 5년이 된 날의 다음날에 그 지구단위계획에 관한 도시·군관리계획결정은 효력을 잃는다.

3. 효력을 상실한 경우 지체없이 그 사실을 고시 하여야 한다.

⑨ 지구단위계획구역 안에서의 건축 등

지구단위계획구역에서 다음의 건축물을 제외한 건축물을 건축 또는 용도변경하거나 공작물을 설치하려면 그 지구단위계획에 맞게 하여야 한다. 다만, 지구단위계획이 수립되어 있지 아니한 경우에는 그러하지 아니하다.

> **보충** 지구단위계획의 규제를 받지 않는 건축물
>
> 1. 존치기간(연장된 존치기간을 포함한 총 존치기간을 말한다)이 3년이내 범위에서 조례로 정한 존치기간 이내인 가설건축물 다만, 일부 가설건축물은 존치기간을 연장할 수 있다.
> 2. 재해복구기간 중 이용하는 재해복구용 가설건축물
> 3. 공사기간 중 이용하는 공사용 가설건축물은 지구단위계획의 규제를 받지 않는다.

3 대표 기출문제

제34회 출제

01 국토의 계획 및 이용에 관한 법령상 도시·군관리계획결정의 실효에 관한 설명이다. (　　)에 들어갈 공통된 숫자로 옳은 것은?

> 지구단위계획 (주민이 입안을 제안한 것에 한정한다)에 관한 도시·군관리계획결정의 고시일부터(　)년 이내에 「국토의 계획 및 이용에 관한 법률」또는 다른 법률에 따라 허가·인가·승인 등을 받아 사업이나 공사에 착수하지 아니하면 그(　)년이 된 날의 다음날에 그 지구단위계획에 관한 도시·군관리계획결정은 효력을 잃는다.

① 2　　　　　　② 3　　　　　　③ 5　　　　　　④ 10　　　　　　⑤ 20

해설

주민이 입안을 제안한 지구단위계획에 관한 도시·군관리계획결정의 고시일부터 5년 이내에 이 법 또는 다른 법률에 따라 허가·인가·승인 등을 받아 사업이나 공사에 착수하지 아니하면 그 5년이 된 날의 다음날에 그 지구단위계획에 관한 도시·군관리계획결정은 효력을 잃는다.

답 ③

제34회 출제

02 국토의 계획 및 이용에 관한 법령상 지구단위계획구역의 지정에 관한 설명으로 옳은 것은?
(단, 조례는 고려하지 않음)

① 「산업입지 및 개발에 관한 법률」에 따른 준 산업단지에 대하여는 지구단위계획구역을 지정할 수 없다

② 도시지역 내 복합적인 토지 이용을 증진시킬 필요가 있는 지역으로서 지구단위계획구역을 지정할 수 있는 지역에 일반공업지역은 해당하지 않는다.

③ 택지개발촉진법에 따라 지정된 택지개발지구에서 시행되는 사업이 끝난 후 5년이 지나면 해당 지역은 지구단위계획구역으로 지정하여야 한다.

④ 도시지역 외의 지역을 지구단위계획구역으로 지정하려면 지정하려는 구역 면적의 3분의2 이상이 계획관리지역이어야 한다.

⑤ 농림지역에 위치한 산업·유통개발진흥지구는 지구단위계획구역으로 지정할 수 있는 대상 지역에 포함되지 않는다.

해설

① 산업단지나 준 산업단지의 전부 또는 일부에 지구단위계획구역을 지정할 수 있다.

③ 택지개발지구에서 시행되는 사업이 끝난 후 5년이 아니라 10년 지나면 해당 지역은 지구단위계획구역으로 지정하여야 한다.

④ 도시지역 외의 지역을 지구단위계획구역으로 지정하려면 계획관리지역이 전체면적의 50%이상 이어야 한다.

⑤ 산업·유통개발진흥지구는 계획관리지역, 생산관리지역, 농림지역에 지구단위계획구역으로 지정할 수 있다.

정답 ②

4 출제 예상문제

01 **국토의 계획 및 이용에 관한 법령상 지구단위계획과 관련된 내용으로 옳은 것은?**

① 생산관리지역에 산업유통개발진흥지구가 지정된 토지로 면적이 5만㎡인 경우 지구단위계획 구역으로 지정할 수 있다.

② 「도시개발법」에 의하여 지정된 도시개발구역이 지정된 지역으로서 그 시행되는 사업이 완료된 후 10년이 경과된 지역은 지구단위계획구역으로 의무적으로 지정하여야 한다.

③ 주민이 입안 제안한 지구단위계획에 관한 도시·군 관리계획 결정의 고시일부터 3년 이내에 공사에 착수하지 아니하면 그 3년이 된 날의 다음날에 그 지구단위계획에 관한 도시·군 관리 계획결정은 효력을 잃는다.

④ 계획관리지역에 지정된 주거개발진흥지구에서는 아파트를 건축할 수 없다.

⑤ 택지개발지구로 지정된 날로부터 10년이 경과된 지역은 지구단위계획구역으로 지정을 하여야 한다.

해설 ✦ ② 지구단위계획구역으로 의무적으로 지정하여야하는 지역은 정비구역이나 택지개발지구에서 사업이 완료된 후 10년이 경과된 지역이다. 도시개발구역은 아니다.
　　 ③ 주민이 입안 제안한 지구단위계획구역에서 3년이 아니라 5년이내에 공사에 착수해야 한다.
　　 ④ 개발진흥지구(계획관리지역에 지정된 개발진흥지구를 제외한다)에 지정된 지구단위계획구역에 대하여는 공동 주택 중 아파트 및 연립주택은 허용되지 아니한다.
　　 ⑤ 택지개발지구로 지정된 날로부터 10년이 경과된 지역에 지구단위계획구역에 지정하여야 하는 것이 아니고 사업이 완료된 후 10년이 경과된 지역이다.

정답 ✦ ①

02 **국토계획법령상 일반상업지역 내 지구단위계획구역에서 건폐율이 60%이고 대지면적이 400㎡ 인 부지에 건축물을 건축하려는 자가 그 부지 중 100㎡를 공공시설의 부지로 제공하는 경우, 지구단위계획으로 완화하여 적용할 수 있는 건폐율의 최대한도(%)는 얼마인가?** (단, 조례는 고려 하지 않으며, 건축주가 용도폐지되는 공공시설을 무상양수 받은 경우가 아님)

① 60%　　　　② 65%　　　　③ 70%　　　　④ 75%　　　　⑤ 80%

해설 ✦ 최대 완화 가능한 건폐율은 : 60% × (1 + 100/400) ⇨ 75%

정답 ✦ ④

테마 12 개발행위허가대상과 허용사항

1 출제예상과 학습포인트

✦ 기출횟수

  제20회, 제23회, 제24회, 제25회, 제30회, 제32회

✦ 35회 출제 예상

  개발행위허가사항과 허용사항은 빈번하게 출제가 이루어지는 영역이다. 다만 국토계획법, 도시개발법, 정비법 어디에서 출제가 될지 모를 뿐이다. 과거 빈번하게 출제가 이루어지는 곳으로 최근 시험에서 2년간 출제가 되지 않았기에 35회 시험에서는 출제가능성은 70% 정도이다.

✦ 35회 중요도

  ★★★

✦ 학습범위와 학습방법

  국토계획법의 개발행위허가와 허용상황이 도시개발법과 정비법의 개발행위허가와 허용사항에도 유사한 내용을 가지고 있어 어디에서 출제가 이루어질지 모르기에 국토계획법에서 정리를 하고 있어야 도시개발법과 정비법도 대비가 가능하다. 정리를 하는 경우 국토계획법을 먼저 정리한 다음에 도시개발법의 개발행위와 정비법의 개발행위를 정리하여 3개를 한꺼번에 학습을 해야 양을 줄이면서 학습을 할 수 있고, 헷갈리는 것도 미리 정리를 할 수 있다.

✦ 핵심쟁점

  ❶ 개발행위허가대상

  ❷ 개발행위 허용사항 (난개발이 아닌 것 : 생업, 경미한 행위, 공익관련행위)

  ❸ 도시·군 계획사업은 개발행위허가대상에서 제외한다.

  ❹ 도시개발구역에서 개발행위허가와 국토계획법상의 개발행위허가의 차이

  ❺ 정비구역에서 개발행위허가와 국토계획법이나 도시개발구역의 개발행위의 차이점

  ❻ 도시개발구역과 정비구역에서 기득권보호

2 핵심 내용

[제1절] 국토계획법 개발행위허가사항·허용사항

❶ 허가사항과 허용사항

도시·군계획사업으로 하는 행위는 개발행위허가를 받지 않는다.	
개발행위 허가사항	**개발행위 허용사항**
1. 건축물의 건축	1. 신고하고 설치할 수 있는 건축물의 증축·개축·재축과 토지의 형질변경 2. 건축법에 의한 허가대상도 신고대상도 아닌 건축물 또는 허가 신고대상이 아닌 가설건축물 (협의대상 건축물 = 공용건축물)
2. 공작물의 설치	농림어업용 비닐하우스 설치 (① 양식업을 하기 위하여 비닐하우스 안에 설치하는 양식장 ② 자연환경보전지역의 비닐하우스는 개발행위허가대상)
3. 토지의 형질변경 (공유수면 매립도 형질변경)	1. 경작을 위한 경우로서 대통령령이 정하는 경우(아래 핵심정리 참고) 2. 공익상 필요에 의한 형질변경 3. 조성이 완료된 기존 대지에서의 건축물·공작물 설치를 위한 토지형질변경 (절토 및 성토는 제외한다)
4. 토석의 채취(토지형질변경 목적의 토석채취는 제외한다.)	일정면적 이하
5. 토지분할 (건축물이 없는 토지) ① 녹지·관리·농림·자연환경보전지역 안에서 인·허가를 받지 않고 토지분할 ② 건축법상 분할제한면적 미만의 분할 ③ 관계법령에 의해 인·허가 받지 않고 행하는 너비 5m 이하로 토지분할	1. 토지의 일부를 공공용지·공용지·공공시설로 사용하기위한 분할 2. 행정재산 중 용도폐지되는 부분을 분할하거나 일반재산을 매각·교환·양여하기 위한 분할 3. 사도개설 허가받아 토지분할하는 경우 4. 토지의 일부가 도시·군 계획시설로 지형도면 고시된 경우 5. 너비 5m 이하로 이미 분할된 토지에 건축법상 분할 제한면적 이상으로 분할 ▶ **건축법상 대지의 분할제한 면적 : 건축법 제 57조 1항** 1. 주거지역 → 60㎡ 미만 2. 상업·공업지역 → 150㎡ 미만 3. 녹지지역 → 200㎡ 미만 4. 기타 → 60㎡ 미만 ／ • 건물이 있는 대지는 건축법의 규제 • 건물이 없는 대지는 개발행위허가에서 규제
6. 녹지·관리·자연환경보전지역(농림지역 제외) 안에서 건축법에 따른 사용승인을 받은 건축물의 울타리 밖에서 물건을 1개월 이상 쌓아놓는 행위	

> **참고** 경작을 위한 경우로서 대통령령으로 정하는 토지의 형질 변경
>
> 조성이 끝난 농지에서 농작물 재배, 농지의 지력 증진 및 생산성 향상을 위한 객토(새 흙 넣기)·환토(흙 바꾸기)·정지(땅고르기) 또는 양수·배수시설의 설치·정비를 위한 토지의 형질변경으로서 다음 각 호의 어느 하나에 해당하지 아니하는 경우의 형질변경을 말한다.
> 1. 인접토지의 관개·배수 및 농작업에 영향을 미치는 경우
> 2. 재활용 골재, 사업장 폐토양, 무기성 오니 등 수질오염 또는 토질오염의 우려가 있는 토사 등을 사용하여 성토하는 경우
> 3. 지목의 변경을 수반하는 경우 (전·답 사이의 변경은 제외한다)
> 4. 옹벽 설치 또는 2미터 이상의 절토·성토가 수반되는 경우.

❷ 개발행위 신고사항(선 응급 후 신고)

재해복구 또는 재난수습을 위한 응급조치 (응급조치 후 1개월 이내에 신고)

❸ 허가를 받은 사항의 변경(허가) 및 경미한 사항변경(통지)

개발행위허가를 받은 사항을 변경하는 경우에는 허가권자의 변경의 허가를 받아야 한다. 다만 경미한 다음의 사항을 변경하는 경우에는 지체없이 그 사실을 허가권자에게 통지하여야 한다.

> 1. 사업기간을 단축하는 경우
> 2. 사업면적을 5% 범위 안에서 축소(공작물의 무게, 부피 또는 수평투영면적을 5퍼센트 범위에서 축소하는 경우를 포함한다)하는 경우
> 3. 관계 법령의 개정 또는 관리계획의 변경에 따라 허가받은 사항을 불가피하게 변경하는 경우
> 4. 「공간정보의 구축 및 관리 등에 관한 법률」 및 「건축법」에 따라 허용되는 오차를 반영하기 위한 변경

[제 2 절] 도시개발구역의 개발행위허가와 허용사항

❶ 도시개발구역 안에서 개발행위 허가

1. 허가사항

특별시장·광역시장·특별자치도지사·시장 또는 군수의 허가를 받아야 하는 행위로는

> 1. 건축물의 건축 : 건축법상의 건물(가설건축물을 포함한다)건축, 대수선, 용도변경을 포함한다.
> 2. 공작물의 설치
> 3. 토지의 형질변경
> 4. 토석의 채취 (토지형질변경을 목적으로 하는 경우는 제외한다.)
> 5. 토지분할
> 6. 물건을 쌓아놓는 행위 : 옮기기 쉽지 아니한 물건을 1월 이상 쌓아올리는 행위
> 7. 죽목의 벌채·식재

2. 허용사항

다만, 다음의 행위는 도시개발구역 안에서 허가를 받지 않고 할 수 있다.

> 1. 응급조치 (신고조차도 필요 없음)
> 2. 농림수산물의 생산에 직접 이용되는 것으로서 국토교통부령이 정하는 간이공작물의 설치
> 3. 경작을 위한 토지의 형질변경
> 4. 도시개발구역의 개발에 지장을 주지 아니하고 자연경관을 손상하지 아니하는 범위 안에서 토석채취
> 5. 도시개발구역 안의 남겨두기로 결정된 대지 안에서 물건을 쌓아 놓는 행위
> 6. 관상용 죽목의 임시식재(경작지에서 임시식재는 제외)

3. **도시개발 사업시행자의 의견청취** : 허가권자는 도시개발구역 안에서 개발행위를 하려는 경우 사업시행자가 정하여져 있으면 미리 사업시행자의 의견을 청취하여야 한다.

4. **기득권보호** : 도시개발구역지정 당시 이미 개발행위허가를 받았거나, 허가받을 필요가 없는 행위에 관하여 공사나 사업에 착수한 자는 도시개발구역이 지정·고시된 날로부터 30일 이내에 신고서를 허가권자에게 제출하고 사업을 계속할 수 있다.

5. **벌칙** : 위반자에 대하여는 3년 이하의 징역이나 3천만원 이하의 벌금

[제 3 절] 정비구역의 개발행위허가와 허용사항

❶ 정비구역 안에서 개발행위허가

1. 허가사항 : 정비구역 안에서 다음의 개발행위는 시장 또는 군수의 허가를 받아야 한다.

> 1. 건축물의 건축 : 건축법상 건축물 건축 (가설건축물을 포함한다)·용도변경을 포함
>   (도시개발법과 달리 대수선은 허가사항 아님 유의)
> 2. 공작물의 설치
> 3. 토지의 형질변경
> 4. 토석의 채취(다만, 토지형질변경을 목적으로 하는 경우는 제외한다.)
> 5. 토지분할
> 6. 물건을 쌓아놓는 행위 : 이동이 용이하지 않은 물건을 1월 이상 쌓아두는 것
> 7. 죽목의 벌채·식재

2. 허용사항 : 다만, 다음의 행위는 정비구역 안에서 허가를 받지 않고 할 수 있다.

> 1. 응급조치 (신고도 필요 없음)
> 2. 농림수산물 생산에 직접 이용되는 것으로서 국토교통부령이 정하는 간이공작물의 설치
> 3. 경작을 위한 토지의 형질변경
> 4. 정비구역의 개발에 지장을 주지 아니하고 자연경관을 손상하지 아니하는 범위 안에서 토석채취
> 5. 정비구역 안의 남겨두기로 결정된 대지 안에서 물건을 쌓아놓는 행위
> 6. 관상용 죽목의 임시식재(경작지에서 임시식재는 제외)
> 7. 기존건물의 붕괴등 안전사고의 우려 있는 경우 안전조치

3. 사업시행자의 의견청취 : 허가권자는 정비구역 안에서 개발행위를 하는 경우 사업시행자가 정하여져 있으면 미리 사업시행자의 의견을 청취하여야 한다.

4. 기득권보호 : 정비구역지정 당시 이미 개발행위허가를 받았거나, 허가받을 필요가 없는 행위에 관하여 공사나 사업에 착수한자는 정비구역이 지정·고시된 날로부터 30일 이내에 시장·군수에게 신고하고 사업을 계속할 수 있다.

5. 벌칙 : 2년 이하의 징역 또는 2천만원 이하의 벌금

❷ 정비구역지정 전 개발행위허가 제한(정비구역지정 전 지분쪼개기 제한)

1. 누가(허가 제한권자) : 국토교통부장관·시·도지사 또는 시장·군수·구청장

2. 언제 : 정비기본계획을 공람 중인 정비예정구역 또는 정비계획을 수립 중인 지역

3. 무엇 : 아래 사항은 (지분쪼개기 제한) 시장·군수의 허가를 받아야 한다.

1. 건축물의 건축	2. 토지의 분할

4. 얼마나 : 3년 이내의 기간동안(1번에 1년 연장할 수 있다)

5. 어떻게 : 허가를 제한하려는 자가 국토교통부장관 시·도지사인 경우 도시계획위원회심의를 거치기 전에 시장·군수의 의견을 들어야 한다.

3 대표 기출문제

제25회 출제

01 도시 및 주거환경정비법령상 정비구역 안에서의 행위 중 시장·군수 등의 허가를 받아야 하는 것을 모두 고른 것은? (단, 재해복구 또는 재난수습과 관련 없는 행위임)

> ㄱ. 가설건축물의 건축
> ㄴ. 죽목의 벌채
> ㄷ. 공유수면의 매립
> ㄹ. 이동이 용이하지 아니한 물건을 1월 이상 쌓아놓는 행위

① ㄱ, ㄴ   ② ㄷ, ㄹ   ③ ㄱ, ㄴ, ㄷ   ④ ㄴ, ㄷ, ㄹ   ⑤ ㄱ, ㄴ, ㄷ, ㄹ

해설

ㄱ, ㄴ, ㄷ, ㄹ 모두 개발행위허가대상에 해당한다.

답 ⑤

02 도시개발법령상 도시개발구역에서 허가를 받아야 할 행위로 명시되지 <u>않은</u> 것은?

① 토지의 합병
② 토석의 채취
③ 죽목의 식재
④ 공유수면의 매립
⑤ '건축법'에 따른 건축물의 용도 변경

해설

① 도시개발구역에서 개발행위허가를 받아야 할 행위는 다음과 같다.

1. 건축물의 건축 : 건축법상의 건물(가설건축물을 포함한다)건축, 대수선, 용도변경을 포함한다.
2. 공작물의 설치
3. 토지의 형질변경
4. 토석의 채취 (토지형질변경을 목적으로 하는 경우는 제외한다.)
5. 토지분할
6. 물건을 쌓아놓는 행위 : 옮기기 쉽지 아니한 물건을 1월 이상 쌓아올리는 행위
7. 죽목의 벌채·식재

답 ①

4 출제 예상문제

01 국토의 계획 및 이용에 관한 법령상 개발행위허가를 요하는 것은?

> ㄱ. 자연환경보전지역에서 비닐하우스 설치
> ㄴ. 도시·군계획사업으로 공유수면을 매립하는 경우
> ㄷ. 토지의 형질변경을 목적으로 하지 않는 토석의 채취
> ㄹ. 조성이 완료된 기존 대지에서 건물의 설치를 위한 토지의 굴착(절토나 성토는 제외)

① ㄱ, ㄷ   ② ㄱ, ㄹ   ③ ㄴ, ㄷ   ④ ㄷ, ㄹ   ⑤ ㄱ, ㄴ

해설 ✦ ㄱ. 녹지지역, 관리지역, 농림지역에서 농림어업용비닐하우스는 허가를 받지 않는다.
       ㄷ. 토지의 형질변경허가를 받아 이루어지는 토석의 채취는 토지형질변경으로 개발행위허가를 받아야 한다.

정답 ✦ ①

02 도시 및 주거환경정비법령상 정비구역 안에서의 행위 제한에 관한 설명으로 틀린 것은?

① 이동이 용이하지 아니한 물건을 1월 이상 쌓아놓는 행위는 시장·군수등의 허가를 받아야 한다.
② 허가권자가 행위허가를 하고자 하는 경우로서 시행자가 있는 경우에는 미리 그 시행자의 의견을 들어야 한다.
③ 허가받은 사항을 변경하고자 하는 때에는 시장·군수등에게 신고하여야 한다.
④ 허가를 받아야 하는 행위로서 정비구역의 지정·고시 당시 이미 관계법령에 따라 행위허가를 받아 공사에 착수한자는 정비구역이 지정·고시된 날부터 30일 이내에 시장·군수등에게 신고한 후 이를 계속 시행할 수 있다.
⑤ 정비구역에서는 「주택법」에 따른 지역주택조합의 조합원을 모집해서는 아니 된다.

해설 ✦ 허가 받은 사항을 변경하고자 하는 때에도 시장·군수등의 허가를 받아야 한다.

정답 ✦ ③

테마 13 개발행위허가 절차

1 출제예상과 학습포인트

✦ **기출횟수**

제22회, 제23회, 제24회, 제25회, 제26회, 제29회, 제30회, 제31회, 제32회, 33회, 34회

✦ **35회 출제 예상**

개발행위허가절차는 최근 연속하여 출제가 이루어지고 있는 테마이다. 개발행위허가에서는 가장 중요한 테마이다. 35회 시험에서도 출제가능성은 90% 이다.

✦ **35회 중요도**

★★★

✦ **학습범위와 학습방법**

개발행위허가절차에서는 허가의 전반적인 절차를 중심으로 파악을 하되, 개발행위허가의 기준과 허가기준의 적용에 있어 시가화용도, 유보용도, 보전용도에 대한 해당 용도지역의 정확한 이해를 하여야 하며, 2021년에 신설된 내용인 성장관리계획구역에 대한 테마가 시험에서 계속하여 출제가 되고 있으니 반드시 정리를 하여야 하며, 개발행위 허가제 한도 꾸준히 출제가 되고 있는 테마이다.

✦ **핵심쟁점**

❶ 개발행위허가의 기준 (5개)
❷ 성장관리계획구역(지정대상지역)과 성장관리계획의 수립절차 정리
❸ 성장관리계획으로 행위제한 완화의 완화 정도에 대한 암기
❹ 개발행위허가 제한 대상지역과 허가제한 기간
❺ 이행보증금(금액, 누구는 예치하지 않는가?)
❻ 준공검사를 받는 것과 받지 않는 것의 구분

2 핵심 내용

❶ 개발행위 절차

1. **개발행위허가 신청서 제출**: 개발행위를 하려는 자는 그 개발행위에 따른 ① 환경오염 방지 ② 경관·조경 ③ 위해방지 ④ 기반시설의 설치나 그에 필요한 용지의 확보 등에 관한 계획서를 첨부한 신청서를 개발행위허가권자에게 제출하여야 한다. 이 경우 개발밀도관리구역 안에서는 기반시설의 설치나 그에 필요한 용지의 확보에 관한 계획서를 제출하지 아니한다.

2. **허가권자** : 특별시장·광역시장·특별자치시장·특별자치도지사·시장 또는 군수

3. **허가기간** : 허가권자는 허가신청에 대하여 15일(협의나 심의를 거치는 경우에는 협의나 심의기간은 제외한다) 이내에 허가 또는 불허가의 처분을 하여야 한다.

4. **조건부허가 및 의견청취** : 허가권자는 개발행위허가를 하는 경우 환·경·위·기에 관한 조치를 할 것을 조건으로 개발행위허가를 할 수 있고, 조건을 붙이고자하는 경우 미리 허가 신청한 자의 의견을 들어야 한다.

5. **개발행위 허가기준**

> 1. 토지형질변경 면적에 적합할 것
>
> > ① 주거·상업·자연녹지·생산녹지 : 10,000㎡ 미만
> > ② 자연환경보전·보전녹지 : 5,000㎡ 미만
> > ③ 공업지역·관리지역·농림지역 : 30,000㎡ 미만
> >   (관리지역과 농림지역은 3만㎡ 범위 안에서 조례로 따로 정할 수 있다.)
> > ✎ 면적산정방법 : 2 이상의 용도지역에 걸치는 경우 토지형질변경 규모의 적용기준
> > 개발행위허가의 대상인 토지가 2 이상의 용도지역에 걸치는 경우에는 각각의 용도지역에 위치하는 토지부분에 대하여 각각의 용도지역의 개발행위의 규모에 관한 규정을 적용한다. 다만, 개발행위허가의 대상인 토지의 총면적이 당해 토지가 걸쳐 있는 용도지역 중 개발행위규모가 가장 큰 용도지역의 개발행위의 규모를 초과하여서는 아니된다.
>
> 2. 도시·군 관리계획 및 성장관리계획의 내용에 배치되지 않을 것
> 3. 도시·군 계획사업시행에 지장이 없을 것(그러므로 도시·군 계획 사업시행자의 의견을 들어야 한다)
> 4. 주변 환경과의 조화
> 5. 개발에 따른 기반시설의 설치 및 용지확보계획이 적정할 것

❷ 개발행위허가의 세부기준

1. 시가화 용도	개발행위허가 기준을 (100%) 적용하는 주거지역·상업지역 및 공업지역
2. 유보 용도	개발행위허가의 기준을 강화 또는 완화하여 적용할 수 있는 계획관리지역·생산관리지역·자연녹지지역
3. 보전 용도	개발행위허가의 기준을 강화하여 적용할 수 있는 보전관리지역·농림지역·자연환경보전지역·보전녹지지역

❸ 도시계획위원회 심의생략

관계행정기관의 장이 일정규모이상의 개발행위를 하는 경우 도시계획위원회심의를 거쳐야 한다. 그러나 다음의 경우는 도시계획위원회심의를 생략할 수 있다.

1. 다른 법률에 따라 도시계획위원회의 심의를 받는 구역에서 하는 개발행위
2. 지구단위계획 또는 성장관리계획을 수립한 지역에서 하는 개발행위
3. 주거지역·상업지역·공업지역에서 시행하는 개발행위 중 특별시·광역시·시 또는 군의 조례로 정하는 규모·위치 등에 해당하지 아니하는 개발행위
4. 「환경영향평가법」에 따라 환경영향평가를 받은 개발행위
5. 「도시교통정비 촉진법」에 따라 교통영향분석·개선대책에 대한 검토를 받은 개발행위
6. 「농어촌정비법」에 따른 농어촌정비사업 중 대통령령으로 정하는 사업을 위한 개발행위
7. 「산림자원의 조성 및 관리에 관한 법률」에 따른 산림사업 및 「사방사업법」에 따른 사방사업을 위한 개발행위

❹ 성장관리계획구역지정과 성장관리계획

1. 성장관리계획구역의 지정

허가권자는 녹지지역, 관리지역, 농림지역 및 자연환경보전지역 중 다음 각 호의 어느 하나에 해당하는 지역의 전부 또는 일부에 대하여 성장관리계획구역을 지정할 수 있다.

1. 개발수요가 많아 무질서한 개발이 진행되고 있거나 진행될 것으로 예상되는 지역
2. 주변의 토지이용이나 교통여건 변화 등으로 향후 시가화가 예상되는 지역
3. 주변지역과 연계하여 체계적인 관리가 필요한 지역
4. 「토지이용규제 기본법」에 따른 지역·지구등의 변경으로 토지이용에 대한 행위제한이 완화되는 지역
5. 인구 감소 또는 경제성장 정체 등으로 압축적이고 효율적인 도시성장관리가 필요한 지역
6. 공장 등과 입지 분리 등을 통해 쾌적한 주거환경 조성이 필요한 지역

2. 성장관리계획구역 지정과 성장관리계획의 수립절차(의견청취 → 협의 → 심의)

① 주민의 의견청취

　　허가권자는 주민의 의견을 들으려면 이를 공고하고, 14일 이상 일반이 열람할 수 있도록 해야 한다.

② 의회의 의견청취

　　허가권자는 의회의 의견을 들어야 하는 경우 해당 의회는 특별한 사유가 없으면 60일 이내에 개발행위허가권자에게 의견을 제시하여야 하며, 그 기한까지 의견을 제시하지 아니하면 의견이 없는 것으로 본다.

③ 협의와 심의

허가권자는 관계 행정기관의 장과 협의하는 경우 협의 요청을 받은 관계 행정기관의 장은 특별한 사유가 없으면 요청을 받은 날부터 30일 이내에 개발행위허가권자에게 의견을 제시하여야 하며, 지방도시계획위원회의 심의를 거쳐야 한다. 다만, 다음의 경우에는 주민과 해당 지방의회의 의견 청취, 관계 행정기관과의 협의 및 지방도시계획위원회의 심의를 거치지 않고 변경할 수 있다.

> "경미한 사항을 변경하는 경우"란 성장관리계획구역의 면적을 10퍼센트 이내에서 변경하는 경우(성장관리계획구역을 변경하는 부분에 둘 이상의 읍·면 또는 동의 일부 또는 전부가 포함된 경우에는 해당 읍·면 또는 동 단위로 구분된 지역의 면적을 각각 10퍼센트 이내에서 변경하는 경우로 한정한다)를 말한다.

3. 성장관리계획의 수립 : 성장관리계획에는 다음의 사항이 포함되어야 한다.

> 1. 건축물의 용도제한, 건축물의 건폐율 또는 용적률
> 2. 도로, 공원 등 기반시설의 배치와 규모에 관한 사항
> 3. 건축물의 배치·형태·색채·높이
> 4. 환경관리계획 또는 경관계획

4. 행위제한의 완화

	계획관리지역	생산관리지역·농림지역·자연녹지지역·생산녹지지역
건폐율	50퍼센트 이하	30퍼센트 이하
용적률	125퍼센트 이하	

5. 재검토

허가권자는 성장관리계획에 대하여 5년마다 그 타당성 여부를 전반적으로 재검토하여 정비하여야 한다.

⑤ 이행보증금

1. 허가권자는 환·경·위·기를 위하여 필요하다고 인정되는 경우 이행보증금을 예치하게 할 수 있다. 다만, 국가·지방자치단체·공공기관·공공단체가 개발행위를 하는 경우에는 이행보증금을 예치하지 않는다.

2. 이행보증금예치금액 및 반환

이행보증금의 예치금액은 총공사비의 20% 이내에서 현금으로 납입하며, 개발행위허가를 받은 자가 준공검사를 받은 때에는 즉시 이를 반환하여야 한다.

❻ 관련 인·허가 의제 및 협의

개발행위허가를 할 때에 허가권자가 그 개발행위에 대한 인가·허가 등에 관하여 미리 관계 행정기관의 장과 협의한 사항에 대하여는 그 인·허가 등을 받은 것으로 본다. 이 경우 협의 요청을 받은 관계 행정기관의 장은 요청을 받은 날부터 20일 이내에 의견을 제출하여야 하며, 그 기간 내에 의견을 제출하지 아니하면 협의가 이루어진 것으로 본다.

❼ 준공검사

다음의 개발행위는 허가권자의 준공검사를 받아야 한다. 다만, 건축물의 건축 행위에 대하여 「건축법」에 따른 건축물의 사용승인을 받은 경우에는 그러하지 아니하다.

> 1. 건축물의 건축(「건축법」에 의한 사용승인을 얻은 경우에는 준공검사를 받지 아니하다)
> 2. 공작물의 설치
> 3. 토지형질변경
> 4. 토석채취의 행위
>   ※ 토지분할이나 물건을 쌓아올리는 행위는 준공검사대상이 아니다.

❽ 개발행위 허가제한

1. 누가(허가 제한권자) : 국토교통부장관·시·도지사 또는 시장·군수

2. 허가 제한사유 및 기간

제한사유	제한기간
1. 녹지지역이나 계획관리지역으로서 수목이 집단적으로 자라고 있거나 조수류 등이 집단적으로 서식하고 있는 지역 또는 우량 농지 등으로 보전할 필요가 있는 지역 2. 개발행위로 인하여 주변의 환경·경관·미관·문화재 등이 크게 오염되거나 손상될 우려가 있는 지역	한차례만 3년 이내의 기간 동안 개발행위허가를 제한할 수 있다.

3. 도시·군기본계획이나 도시·군관리계획을 수립하고 있는 지역
4. 지구단위계획구역으로 지정된 지역
   (→ 3년 이내에 계획을 수립할 예정이므로)
5. 기반시설부담구역으로 지정된 지역
   (→ 1년 이내에 계획을 수립할 예정이므로)
	한차례만 3년 이내의 기간 동안 개발행위허가를 제한할 수 있다. 다만 3. 4. 5.의 경우에는 도시계획위원회의 심의를 거치지 아니하고 한 차례만 2년 이내의 기간 동안 개발행위허가의 제한을 연장할 수 있다.

3. **개발행위허가제한의 해제** : 개발행위를 제한할 사유가 없어진 경우에는 그 제한기간이 끝나기 전이라도 지체 없이 개발행위허가의 제한을 해제하여야 한다.

4. **허가제한의 절차** : 중앙 또는 지방도시계획위원회 심의를 거쳐 지정한다. 그런데 허가를 제한 하고자 하는 자가 국토교통부장관·시·도지사인 경우 도시계획위원회 심의 전 시장·군수의 의견을 들어야 한다.

3 대표 기출문제

제34회 출제

01 국토의 계획 및 이용에 관한 법령상 개발행위허가에 관한 설명으로 틀린 것은?

① 농림지역에 물건을 1개월 이상 쌓아놓는 행위는 개발행위허가의 대상이 아니다.

② 「사방사업법」에 따른 사방사업을 위한 개발행위에 대하여 허가를 하는 경우 중앙도시계획 위원회와 지방도시계획위원회의 심의를 거치지 아니한다.

③ 일정 기간 동안 개발행위허가를 제한할 수 있는 대상지역에 지구단위계획구역은 포함되지 않는다.

④ 기반시설부담구역으로 지정된 지역에 대해서는 중앙도시계획위원회나 지방도시계획위원회의 심의를 거치지 아니하고 개발행위허가의 제한을 연장할 수 있다.

⑤ 개발행위허가의 제한을 연장하는 경우 그 연장 기간은 2년을 넘을 수 없다.

> **해설**
>
> 개발행위허가를 제한 할 수 있는 지역은 다음과 같다.
>
> | 제한사유 및 대상지역 | 제한기간 |
> |---|---|
> | 1. 녹지지역이나 계획관리지역으로서 수목이 집단적으로 자라고 있거나 조수류 등이 집단적으로 서식하고 있는 지역 또는 우량 농지 등으로 보전할 필요가 있는 지역
2. 개발행위로 인하여 주변의 환경·경관·미관· 국가유산 등이 크게 오염되거나 손상될 우려가 있는 지역 | 한차례 3년 |
> | 3. 도시·군기본계획이나 도시·군관리계획을 수립하고 있는 지역
4. 지구단위계획구역으로 지정된 지역
5. 기반시설부담구역으로 지정된 지역 | 한차례만 3년 + 2년 연장 |
>
> 답③

제33회 출제

02 국토의 계획 및 이용에 관한 법령상 성장관리계획에 관한 설명으로 옳은 것은? (단, 조례, 기타
강화·완화조건은 고려하지 않음)

① 시장 또는 군수는 공업지역 중 향후 시가화가 예상되는 지역의 전부 또는 일부에 대하여 성장
관리계획구역을 지정할 수 있다.

② 성장관리계획구역 내 생산녹지지역에서는 30퍼센트 이하의 범위에서 성장관리계획으로 정하는
바에 따라 건폐율을 완화하여 적용할 수 있다.

③ 성장관리계획구역 내 보전관리지역에서는 125퍼센트 이하의 범위에서 성장관리계획으로
정하는 바에 따라 용적률을 완화하여 적용할 수 있다.

④ 시장 또는 군수는 성장관리계획구역을 지정할 때에는 도시·군관리계획의 결정으로 하여야
한다.

⑤ 시장 또는 군수는 성장관리계획구역을 지정하려면 성장관리계획구역안을 7일간 일반이 열람할
수 있도록 해야 한다.

해설

① 성장관리계획구역은 공업지역에는 지정할 수 없고, 녹지지역, 관리지역, 농림지역 및 자연환경보전지역에 지정된다.

③ 성장관리계획구역 내 용적률의 완화는 보전관리지역이 아니라 계획관리지역에서 125퍼센트가 완화된다.

④ 성장관리계획구역은 도시·군관리계획으로 결정하는 것이 아니다.

⑤ 성장관리계획구역을 지정하는 경우 일반에게 열람시키는 기간은 7일이 아니라 14일간 일반이 열람할 수 있도록
해야 한다.

 정답 ②

4 출제 예상문제

01 국토의 계획 및 이용에 관한 법령상 개발행위허가에 관한 설명으로 틀린 것은?

① 「도시 및 주거환경정비법」에 따른 정비사업에 의해 토지형질변경을 하는 경우에는 개발행위허가를 필요로 하지 않는다.

② 허가권자가 개발행위허가에 조건을 붙이려는 때에는 미리 개발행위허가를 신청한 자의 의견을 들어야 한다.

③ 토석의 채취에 대하여 개발행위허가를 받은 자가 개발행위를 마치면 준공검사를 받아야 한다.

④ 기반시설부담구역으로 지정된 지역으로서 도시·군관리계획상 특히 필요하다고 인정하는 지역에 대해서는 최장 5년의 기간동안 개발행위허가를 제한할 수 있다.

⑤ 환경오염 방지, 위해 방지 등을 위하여 필요한 경우 지방공사가 시행하는 개발행위에 대해서 이행보증금을 예치하게 할 수 있다.

해설✦ ⑤ 지방공사인 공공주체가 시행하는 개발행위에 대해서는 이행보증금을 예치하지 않는다.

정답✦ ⑤

02 국토의 계획 및 이용에 관한 법령상 성장관리계획에 관한 설명으로 옳은 것은?

① 주변의 토지이용이나 교통여건 변화 등으로 향후 시가화가 예상되는 상업지역에서는 성장 관리계획구역을 지정할 수 있다.

② 성장관리계획구역 내 계획관리지역에서는 성장관리계획으로 건폐율을 50%와 용적률 125% 범위에서 조례가 정하는 비율로 완화 적용 할 수 있다.

③ 성장관리계획구역 내 생산관리지역이나 농림지역에서는 성장 관리계획으로 건폐율 50%를 완화 적용 할 수 있다.

④ 성장관리계획을 수립한 경우 1년마다 그 타당성 여부를 전반적으로 재검토하여 정비하여야 한다.

⑤ 성장관리계획구역을 지정하는 경우 주민과 의회의 의견을 들어야 한다. 이 경우 의회는 30일 이내에 의견을 제시하여야 하며, 그 기간까지 의견제시가 없는 경우 이의가 없는 것으로 본다.

해설 ✦ ① 성장관리계획구역은 녹지지역, 관리지역, 농림지역 및 자연환경보전지역에 지정된다. 사업지역은 아니다.
③ 성장관리계획구역 내 생산관리지역이나 농림지역에서는 성장관리계획으로 건폐율 50%가 아니라 30%를 완화 적용 할 수 있다.
④ 성장관리계획의 타당성검토는 5년마다 한다.
⑤ 의회는 30일이 아니라 60일 이내에 의견을 제시하여야 한다.

정답 ✦ ②

14 개발행위에 따른 공공시설의 귀속

1 출제예상과 학습포인트

✦ 기출횟수

제30회, 제32회, 33회

✦ 35회 출제 예상

개발행위에 따른 공공시설의 귀속은 과거 출제가 자주 이루어지는 것은 아니었지만 최근 들어 출제가 자주 이루어 지고 있는 테마로서 이례적으로 32회, 33회 시험에서 연속으로 출제가 되었다. 35회 시험에서는 출제가능성은 30%이다.

✦ 35회 중요도

★

✦ 학습범위와 학습방법

개발행위에 따른 공공시설의 귀속은 소유권귀소군제가 핵심이 되는 데 특히, 행정청이 아닌 자가 공공시설을 설치한 경우 종래 시설의 소유권 귀속범위를 정확히 숙지하여야 한다. 기출문제를 보면 이 지문이 답이 되는 경우가 많다

✦ 핵심쟁점

❶ 새로운 공공시설의 소유권귀속
❷ 행정청이 공공시설을 설치한 경우 종래의 공공시설 소유권 귀속
❸ 비 행정청이 공공시설을 설치한 경우 종래의 공공시설 소유권 귀속
❹ 소유권 귀속시기

2 핵심 내용

❶ 공공시설의 귀속

개발행위허가를 받은 자가 새로이 공공시설을 설치하거나 기존의 공공시설에 대체되는 새로운 공공시설을 설치한 경우 국유재산법 규정에도 불구하고 다음에 따른다.

	행정청인 시행자	비 행정청인 시행자
새로 설치되는 공공시설	그 시설을 관리할 관리청에 무상귀속	
종전의 공공시설	허가받은 행정청에게 무상으로 귀속	새로 설치한 공공시설의 설치비용 범위 내에 무상으로 양도할 수 있다.
소유권 귀속시기	준공검사 후 공공시설의 종류나 토지세목을 통지한 날	허가권자의 준공검사일에 각각 귀속·양도된 것으로 본다.

❷ 공공시설의 귀속에 따른 관리청의 의견청취

허가권자는 공공시설의 귀속에 관한 사항이 포함된 개발행위허가를 하려면 미리 해당 공공시설이 속한 관리청의 의견을 들어야 한다.

관리청이 지정되지 아니한 경우	관리청이 지정된 후 준공되기 전에 관리청의 의견을 들어야	
관리청이 불분명한 경우	도로	국토교통부장관을 관리청으로 본다.
	하천	환경부장관을 관리청으로 본다.
	그 외의 재산	기획재정부장관을 관리청으로 본다.

3 대표 기출문제

제33회 출제

01 **국토의 계획 및 이용에 관한 법령상 개발행위허가를 받은 자가 행정청인 경우 개발행위에 따른 공공시설의 귀속에 관한 설명으로 옳은 것은?** (단, 다른 법률은 고려하지 않음)

① 개발행위허가를 받은 자가 새로 공공시설을 설치한 경우, 새로 설치된 공공시설은 그 시설을 관리할 관리청에 무상으로 귀속된다.

② 개발행위로 용도가 폐지되는 공공시설은 새로 설치한 공공시설의 설치비용에 상당하는 범위에서 개발행위허가를 받은 자에게 무상으로 양도할 수 있다.

③ 공공시설의 관리청이 불분명한 경우 하천에 대하여는 국토교통부장관을 관리청으로 본다.

④ 관리청에 귀속되거나 개발행위허가를 받은 자에게 양도될 공공시설은 준공검사를 받음으로써 관리청과 개발행위허가를 받은 자에게 각각 귀속되거나 양도된 것으로 본다.

⑤ 개발행위허가를 받은 자는 국토교통부장관의 허가를 받아 그에게 귀속된 공공시설의 처분으로 인한 수익금을 도시·군계획사업 외의 목적에 사용할 수 있다.

해설

② 개발행위로 용도가 폐지되는 기존의 공공시설은 개발행위허가를 받은 행정청에게 귀속된다.

③ 공공시설의 관리청이 불분명한 경우 하천에 대하여는 국토교통부장관이 아니라 환경부장관을 관리청으로 본다.

④ 개발행위허가 받은 자가 행정청인 경우 소유권귀속은 준공검사일이 아니라 준공검사 후 공공시설의 종류나 토지 세목을 통지한 날 소유권이 귀속된다.

⑤ 귀속된 공공시설의 처분으로 인한 수익금을 도시·군계획사업 외의 목적에 사용할 수 없다.

답 ①

4 출제 예상문제

01 국토의 계획 및 이용에 관한 법령상 개발행위에 따른 공공시설의 귀속에 관한 설명으로 <u>틀린</u> 것은?

① 개발행위허가를 받은 자가 행정청인 경우 개발행위허가를 받은 자가 기존의 공공시설에 대체되는 새로운 공공시설을 설치한 경우에는 새로 설치된 공공시설은 그 시설을 관리할 관리청에 무상으로 귀속된다.

② 개발행위허가를 받은 자가 행정청이 아닌 경우 개발행위허가를 받은 자가 기존의 공공시설에 대체되는 새로운 공공시설을 설치한 경우에는 새로 설치된 공공시설은 그 시설을 관리할 관리청에 무상으로 귀속된다.

③ 공공시설의 관리청이 불분명한 경우로서 도로나 하천이 아닌 그 외의 재산인 경우에는 기획재정부장관이 관리청이 된다.

④ 공공시설의 관리청이 불분명한 경우에는 하천 등에 대하여는 기획재정부장관을 관리청으로 본다.

⑤ 개발행위허가를 받은 자가 행정청이 아닌 경우 공공시설의 소유권 귀속시기는 허가권자의 준공검사일에 각각 귀속·양도된 것으로 본다.

해설 ✦ ④ 하천은 환경부장관을 관리청으로 본다.

정답 ✦ ④

125

기반시설부담구역과 개발밀도관리구역

1 출제예상과 학습포인트

✦ 기출횟수

　매년출제

✦ 35회 출제 예상

　매년 출제가 되고 있다. 35회 시험에서도 출제가능성은 100%이다.

✦ 35회 중요도

　★★★

✦ 학습범위와 학습방법

　대부분의 문제가 기반시설부담구역에서 출제가 되고 있는데 34회 시험에서는 오랜만에 개발밀도관리구역이 출제가
되었다. 기반시설부담구역을 중심으로 정리를 하면 된다. 특히 최근 기반시설부담구역에서 출제가 되면 지문에 기반시
설유발계수가 꾸준히 출제되고 있어 정리가 필요한 파트이다.

✦ 핵심쟁점

❶ 개발밀도관리구역의 개념과 지정권자,

❷ 개발밀도관리구역의 지정기준과 효과로서 용적률 50% 강화

❸ 기반시설부담구역의 개념과 지정권자,

❹ 기반시설부담구역의 지정대상지역과 지정기준

❺ 기반시설설치계획과 기반시설설치비용

❻ 기반시설유발계수

2 핵심 내용

❶ 개발밀도 관리구역

1. 의의 : 개발행위로 인하여 기반시설의 처리·공급 또는 수용능력이 부족할 것으로 예상되는 지역 중 기반시설의 설치가 곤란한 지역

2. 지정기준

> 1. 개발밀도관리구역은 기반시설의 용량이 부족할 것으로 예상되는 지역 중 다음 각목의 1에 해당하는 지역에 대하여 지정할 수 있도록 할 것
>   ① 당해지역의 도로서비스 수준이 매우 낮아 차량통행이 현저하게 지체되는 지역.
>   ② 당해 지역의 도로율이 국토교통부령이 정하는 용도지역별 도로율에 20% 이상 미달하는 지역
>   ③ 향후 2년 이내에 당해 지역의 수도에 대한 수요량 또는 하수발생량이 시설용량을 초과할 것으로 예상되는 지역
>   ④ 향후 2년 이내에 당해 지역의 학생수가 학교수용능력을 20% 이상 초과할 것으로 예상되는 지역
> 2. 개발밀도관리구역의 경계는 지형지물이나 용도지역의 경계선을 따라 설정하는 등 경계선이 구분되도록 하여야 한다.
> 3. 용적률 강화범위는 기반시설 부족정도를 감안하여 결정할 것
> 4. 용적률의 강화·완화·해제는 개발밀도관리구역안의 기반시설의 변화를 주기적으로 검토할 것

3. 누가 : 개발행위 허가권자가 지정

4. 어디에 : 주거·상업·공업지역에 지정 (녹지지역은 아님)

5. 어떻게 : 도시계획위원회 심의 → 지정 → 고시

개발행위허가권자는 개발밀도관리구역을 지정하거나 변경하려면 다음 사항을 포함하여 지방도시계획위원회의 심의를 거쳐 지정하고 이를 고시하여야 한다.

> 1. 개발밀도관리구역의 명칭
> 2. 개발밀도관리구역의 범위
> 3. 건폐율 또는 용적률의 강화 범위

6. 효과 : 당해 용도지역에 적용되는 용적률 최대한도의 50%범위 안에서 건폐율 또는 용적률을 강화하여 적용한다.

❷ 기반시설부담구역

1. 기반시설부담구역이란 개발밀도관리구역 외의 지역으로 개발로 인하여 기반시설의 설치가 필요한 지역을 대상으로 다음의 기반시설을 설치하거나, 그에 필요한 용지를 확보하기 위하여 지정하는 구역을 말한다.

> 1. 도로(인근의 간선도로로부터 기반시설부담구역까지의 진입도로를 포함한다)
> 2. 공원
> 3. 녹지
> 4. 학교(「고등교육법」 제2조에 따른 대학은 제외한다)
> 5. 수도(인근의 수도로부터 기반시설부담구역까지 연결하는 수도를 포함한다)
> 6. 하수도(인근의 하수도로부터 기반시설부담구역까지 연결하는 하수도를 포함한다)
> 7. 폐기물처리시설 및 재활용시설

2. **누가 지정** : 개발행위 허가권자가 지정

3. **어디에** : 아래의 지역은 기반시설부담구역으로 지정하여야 한다.

> 1. 이 법 또는 다른 법령의 제정·개정으로 인하여 행위 제한이 완화되거나 해제되는 지역
> 2. 이 법 또는 다른 법령에 따라 지정된 용도지역 등이 변경되거나 해제되어 행위 제한이 완화되는 지역
> 3. 해당 지역의 전년도 개발행위건수가 전전년도 건수보다 20% 이상 증가한 지역
> 4. 해당 지역의 전년도 인구증가율이 그 지역이 속하는 특별시·광역시·시 또는 군의 인구증가율보다 20% 이상 높은 지역

4. **지정기준**

> 1. 기반시설부담구역은 기반시설이 적절하게 배치되는 규모로서 최소 10만㎡ 이상의 규모가 되도록 할 것
> 2. 소규모개발행위가 연접하여 시행될 것으로 예상되는 지역의 경우에는 하나의 단위구역으로 묶어서 기반시설부담구역을 지정 할 것
> 3. 기반시설부담구역의 경계는 도로, 하천, 그 밖의 지형지물을 이용하는 등 경계선이 분명하게 구분되도록 할 것

5. **지정절차** : 주민의 의견청취 → 지방도시계획위원회 심의 → 지정 → 고시

6. 기반시설설치계획

① 기반시설부담구역이 지정된 경우 1년 이내 기반시설설치계획을 수립하여야 하며, 1년이 되는 날까지 기반시설설치계획을 수립하지 않는 경우 그 1년이 되는 날의 다음날 기반시설부담구역 은 해제된 것으로 본다.

② 기반시설부담구역 안에서 지구단위계획을 수립한 경우에는 기반시설설치계획을 수립한 것으로 본다.

7. 기반시설의 설치비용

① 비용납부의무자

> 1. 건축행위를 위탁 또는 도급한 경우에는 그 위탁이나 도급을 한 자
> 2. 타인 소유의 토지를 임차하여 건축행위를 하는 경우에는 그 건축행위자
> 3. 건축행위를 완료하기 전에 건축주의 지위를 승계하는 경우에는 그 지위를 승계한 자

② 부과대상 : 기반시설부담구역 안에서 기반시설부과대상인 건축행위는 $200m^2$(기존건축물의 연면 적 포함)를 초과하는 건물의 신축·증축행위로 한다. 다만, 기존건축물을 철거하고 신축하는 경우 에는 기존건축물의 연면적을 초과하는 건축행위에 대하여만 부과대상으로 한다.

③ 부과시기 : 허가권자는 납부의무자가 건축허가를 받은 날로부터 2개월 안에 기반시설 설치비용 을 부과 하여야 한다.

④ 납부시기 : 납부의무자는 사용승인 신청 시까지 이를 납부하여야 한다.

⑤ 물납 : 기반시설의 설치비용은 현금납부·신용카드 또는 체크카드로 납부하도록 하되 부과대상 토지 및 이와 비슷한 토지로 납부 (물납)할 수 있다.

⑥ 기반시설비용부과 시 유발계수

> 1. 단독주택, 공동주택, 업무시설, 교육연구시설, 장례시설 : 0.7
> 2. 의료시설 : 0.9   3. 숙박시설 : 1.0
> 4. 제1종 근린생활시설, 판매시설 : 1.3   5. 종교시설 : 1.4
> 6. 문화 및 집회시설 : 1.4   7. 제2종 근린생활시설 : 1.6
> 8. 관광휴게시설 : 1.9   9. 위락시설 : 2.1

⑦ 민간개발사업자의 부담률 : 민간 개발사업자가 부담하는 부담률은 100분의 20으로 하며, 특별시 장·광역시장·특별자치시장·특별자치도지사·시장 또는 군수가 건물의 규모, 지역 특성 등을 고 려하여 100분의 25의 범위에서 부담률을 가감할 수 있다.

⑧ 설치비용의 감면 : 납부의무자가 직접 기반시설을 설치하거나 그에 필요한 용지를 확보한 경우에 는 기반시설설치비용에서 직접 기반시설을 설치하거나 용지를 확보하는 데 든 비용을 공제한다.

3 대표 기출문제

제34회 출제

01 국토의 계획 및 이용에 관한 법령상 개발밀도관리구역에 관한 설명으로 틀린 것은?

① 도시·군계획시설사업의 시행자인 시장 또는 군수는 개발밀도관리구역에 관한 기초조사를 하기 위하여 필요하면 타인의 토지에 출입할 수 있다.

② 개발밀도관리구역의 지정기준, 개발밀도관리구역의 관리 등에 관하여 필요한 사항은 대통령령으로 정하는 바에 따라 국토교통부장관이 정한다.

③ 개발밀도관리구역에서는 해당 용도지역에 적용되는 용적률의 최대한도의 50퍼센트 범위에서 용적률을 강화하여 적용한다.

④ 시장 또는 군수는 개발밀도관리구역을 지정하거나 변경하려면 해당 지방자치단체에 설치된 지방도시계획위원회의 심의를 거쳐야 한다.

⑤ 기반시설을 설치하거나 그에 필요한 용지를 확보하게 하기 위하여 개발밀도관리구역에 기반시설부담구역을 지정할 수 있다.

해설

⑤ 개발밀도관리구역과 기반시설부담구역은 동일한 지역에 지정될 수 없다.

정답 ⑤

제33회 출제

02 국토의 계획 및 이용에 관한 법령상 개발행위에 따른 기반시설의 설치에 관한 설명으로 틀린 것은? (단, 조례는 고려하지 않음)

① 개발밀도관리구역에서는 해당 용도지역에 적용되는 용적률의 최대한도의 50퍼센트 범위에서 강화하여 적용한다.

② 기반시설의 설치가 필요하다고 인정하는 지역으로서, 해당 지역의 전년도 개발행위허가 건수가 전전년도 개발행위허가 건수보다 20퍼센트 이상 증가한 지역에 대하여는 기반시설부담구역으로 지정하여야 한다.

③ 기반시설부담구역이 지정되면 기반시설설치계획을 수립하여야 하며, 이를 도시·관리계획에 반영하여야 한다.

④ 기반시설설치계획은 기반시설부담구역의 지정·고시일부터 3년이 되는 날까지 수립하여야 한다.

⑤ 기반시설설치비용의 관리 및 운용을 위하여 기반시설부담구역별로 특별회계를 설치하여야 한다.

해설

④ 기반시설설치계획은 기반시설부담구역의 지정·고시일부터 3년이 아니라 1년 되는 날까지 수립하여야 한다.

답 ④

4 출제 예상문제

01 국토의 계획 및 이용에 관한 법령상 기반시설부담구역 등에 관한 설명으로 옳은 것은?

① 기반시설설치비용은 현금 납부를 원칙으로 하되, 부과대상 토지 및 이와 비슷한 토지로 하는 납부를 인정할 수 없다.

② 「고등교육법」에 따른 대학은 기반시설부담구역에 설치가 필요한 기반시설에 해당한다.

③ 기반시설부담구역에서 제2종 근린생활시설이 판매시설보다 기반시설유발계수가 크다.

④ 기반시설부담구역으로 지정된 지역에 대해 개발행위허가를 제한하였다가 이를 연장하기 위해서는 중앙도시계획위원회의 심의를 거쳐야 한다.

⑤ 기반시설부담구역 지정·고시일부터 2년이 되는 날까지 기반시설 설치계획을 수립하지 않는 경우 그 다음날에 구역의 지정은 해제된 것으로 본다.

해설 ✦ ① 기반시설설치비용은 현금납부가 원칙이나 물납도 가능하다.

② 대학은 기반시설부담구역에서 필요로 하는 기반시설이 아니다.

④ 기반시설부담구역으로 지정된 곳은 개발행위허가제한을 연장할 때 도시계획위원회 심의를 거치지 않고 2년을 연장할 수 있다.

⑤ 기반시설부담구역 지정·고시일부터 2년이 아니라 1년 되는 날까지 기반시설 설치계획을 수립하여야 한다.

정답 ✦ ③

02 국토의 계획 및 이용에 관한 법령상 기반시설부담 구역에서 유발계수가 낮은 순서에서 높은 순서로 옳게 연결된 것은?

ㄱ. 숙박시설	ㄴ. 의료시설
ㄷ. 공동주택	ㄹ. 제 2종 근린생활시설
ㅁ. 문화집회시설	

① ㄷ → ㄴ → ㄱ → ㅁ → ㄹ ② ㄷ → ㄱ → ㄴ → ㅁ → ㄹ

③ ㄱ → ㄴ → ㄷ → ㄹ → ㅁ ④ ㄹ → ㅁ → ㄴ → ㄱ → ㄷ

⑤ ㄱ → ㄷ → ㄴ → ㄹ → ㅁ

해설 ✦ 기반시설유발계수는 ㄷ. 공동주택 (0.7) → ㄴ. 의료시설 (0.9) → ㄱ. 숙박시설 (1.0) → ㅁ. 문화집회시설 (1.4) → ㄹ. 제 2종 근린생활시설 (1.6)

정답 ✦ ①

PART 2
도시개발법

테마 01 개발계획

✦ 기출횟수

제21회, 제22회, 제26회, 제28회, 제33회, 34회

✦ 35회 출제 예상

통상적으로 매년 출제가 이루어지는 테마는 아니지만 2~3년에 한 번 정도 출제가 이루어지고 있으며, 도시개발구역지정 테마를 출제하는 경우 개발계획의 테마는 도시개발구역지정 테마에 포함되어서 지문으로 출제가 되기도 한다. 최근 2년 연속으로 출제가 되었고 33회는 킬러급문제가 출제가 되었고, 34회는 쉽게 출제가 되었다. 35회 시험에서는 단독출제보다는 도시개발구역지정에 섞여서 출제될 가능성이 높아 보이며 가능성은 50%정도로 보인다.

✦ 35회 중요도

★★

✦ 학습범위와 학습방법

개발계획은 일반적인 내용 중심으로 학습을 하면 좋겠다. 개발계획은 도시개발구역 지정 후 개발계획에 포함되는 것 4개와 개발계획수립 시 동의요건과 동의요건을 계산하는 방법, 도시개발구역 지정 후 개발계획을 수립할 수 있는 곳은 숙지를 해야한다.

✦ 핵심쟁점

❶ 개발계획의 개념
❷ 개발구역지정 후 개발계획에 포함될 수 있는 4가지
❸ 환지방식에서 개발계획수립 시 동의요건과 동의요건 산정방식
❹ 도시개발구역지정 후 개발계획을 수립하는 지역
❺ 개발계획과 광역도시계획, 도시·군기본계획의 관계
❻ 복합기능도시의 규모

2 핵심 내용

❶ 개발계획의 내용

개발계획에는 다음 각 호의 사항이 포함되어야 한다. 다만 14 및 17에 해당하는 사항은 도시개발구역의 지정 후에 이를 개발계획에 포함시킬 수 있다.

1. 도시개발구역의 명칭·위치와 면적
2. 도시개발구역의 지정목적 및 도시개발사업의 시행기간
3. 도시개발구역의 분할이나 결합에 관한 사항
4. 도시개발사업의 시행자에 관한 사항
5. 도시개발사업의 시행방식
6. 인구수용계획
7. 토지이용계획
8. 제25조의2에 따라 원형지로 공급될 대상 토지 및 개발 방향
9. 교통처리계획
10. 환경보전계획
11. 보건의료 및 복지시설 설치계획
12. 도로·상·하수도 등 주요 기반시설의 설치계획
13. 재원조달계획

14. 도시개발구역 밖의 지역에 기반시설을 설치하여야 하는 경우에는 당해 기반시설의 설치에 필요한 비용의 부담계획
15. 수용 또는 사용의 대상이 되는 토지. 건축물 또는 토지에 정착한 물건과 이에 관한 소유권외의 권리·광업권·어업권·물의 사용에 관한 권리가 있는 경우에는 그 세부목록
16. 임대주택건설계획 등 세입자 등의 주거 및 생활 안정 대책
17. 순환개발 등 단계적 사업추진이 필요한 경우 사업추진 계획 등에 관한 사항

❷ 개발계획의 수립권자와 시기

1. 개발계획은 지정권자가 수립한다.

2. 수립의 시기 : 원칙적으로 도시개발구역을 지정하기 전 개발계획을 수립한다.

3. 개발계획을 공모하거나 다음의 지역은 도시개발구역 지정 후 개발계획수립 할 수 있다.

1. 자연녹지지역
2. 생산녹지지역(면적이 도시개발구역 면적의 30% 이하인 경우)
3. 도시지역 이외의 지역
4. 도시개발구역에 포함되는 주거·상업·공업지역 면적이 전체 토지면적의 30% 이하인 지역
5. 국토교통부장관이 국가균형발전을 위해 관계중앙행정기관의 장과 협의하여 도시개발구역을 지정하고자 하는 지역(자연환경보전지역은 제외한다.)

❸ 개발계획의 동의

1. 원칙 : 도시개발사업 전부를 환지방식으로 시행하고자 하는 경우 개발계획 수립 시 동의요건
→ 면적 2/3 + 소유자 총수 1/2

2. 예외 : 사업시행자가 국가 또는 지방자치단체인 경우에는 토지소유자의 동의를 받을 필요가 없다.

3. 동의자수 산정방법

1. 토지면적을 산정함에 있어서는 국·공유지를 포함하여 산정 할 것
2. 공유인 경우 : 대표자 1인을 토지소유자로 본다. 다만, 구분소유자는 각. 각을 토지소유자 1인으로 본다.
3. 1인이 둘 이상의 필지의 토지를 단독 소유한 경우 : 필지 수에 상관없이 1인으로 본다.
4. 둘이상의 필지의 토지를 소유한 공유자가 동일한 경우 : 대표자 1인을 토지소유자로 본다.
5. 공람·공고일 이후 구분소유권을 분할한 경우 : 공람·공고일 전의 소유자 수를 기준으로 산정
6. 도시개발구역의 지정이 제안되기 전 또는 도시개발구역에 대한 개발계획의 변경을 요청받기 전에 동의를 철회하는 사람이 있는 경우 : 그 사람은 동의자 수에서 제외할 것
7. 도시개발구역지정이 제안된 후부터 개발계획이 수립되기 전까지 토지 소유자가 변경된 경우 또는 개발계획의 변경을 요청받은 후부터 개발계획이 변경되기 전까지의 사이에 토지소유자가 변경된 경우 : 기존 토지소유자의 동의서를 기준으로 할 것
8. 소유자에 대한 동의는 사유토지면적 및 사유토지소유자의 동의를 먼저 받은 후 면적 및 소유자수가 동의요건에 미달할 경우에는 국·공유지 관리청의 동의를 받을 것
9. 동의나 동의 철회 시 인감을 날인하되 인감증명서를 첨부 할 것

❹ 개발계획의 공모

지정권자는 개발계획안을 공모할 수 있고, 이 경우 선정된 자가 사업시행자의 요건을 갖춘 경우에는 해당 응모자를 우선하여 시행자로 지정할 수 있다.

❺ 개발계획의 작성기준 및 방법은 국토교통부장관이 이를 정한다.

❻ 개발계획은 광역도시계획과 도시·군기본계획에 부합되어야 한다.

❼ **복합기능도시** : 면적이 330만m² 이상인 개발구역에 대한 개발계획을 수립할 때

3 대표 기출문제

제34회 출제

01 도시개발법령상 개발계획에 따라 도시개발구역을 지정한 후에 개발계획에 포함시킬 수 있는 사항은?

① 환경보전계획

② 보건의료시설 및 복지시설의 설치계획

③ 원형지로 공급될 대상 토지 및 개발 방향

④ 임대주택건설계획 등 세입자 등의 주거 및 생활 안정 대책

⑤ 도시개발구역을 둘 이상의 사업시행지구로 분할하여 도시개발사업을 시행하는 경우 그 분할에 관한 사항

해설

도시개발구역을 지정한 후에 개발계획에 포함시킬 수 있는 사항.

1. 도시개발구역 밖의 지역에 기반시설을 설치하여야 하는 경우에는 그 시설의 설치에 필요한 비용의 부담 계획
2. 수용 또는 사용의 대상이 되는 토지·건축물 또는 토지에 정착한 물건과 이에 관한 소유권 외의 권리, 광업권, 어업권, 양식업권, 물의 사용에 관한 권리가 있는 경우에는 그 세부목록
3. 임대주택건설계획 등 세입자 등의 주거 및 생활 안정 대책
4. 순환개발 등 단계적 사업추진이 필요한 경우 사업추진 계획 등에 관한 사항

답 ④

4 출제 예상문제

01 도시개발법령상 도시개발사업의 개발계획에 관한 설명 중 옳은 것은?

① 특별시장·광역시장·특별자치시장·특별자치도지사·시장 또는 군수는 도시개발구역을 지정하려면 해당 도시개발구역에 대한 개발계획을 수립하여야 한다.

② 면적이 100만 제곱미터 이상인 도시개발구역에 관한 개발계획을 수립할 때에는 해당 구역에서 주거, 생산, 교육, 유통, 위락 등의 기능이 서로 조화를 이루도록 노력하여야 한다.

③ 환지 방식의 도시개발사업에 대한 개발계획을 수립하려면 환지 방식이 적용되는 지역의 토지 소유자 총수의 3분의 2 이상에 해당하는 토지 소유자와 그 지역의 토지 면적의 2분의 1 이상의 동의를 받아야 한다.

④ 도시개발구역의 지정이 제안된 후부터 개발계획이 수립되기 전까지의 사이에 토지 소유자가 변경된 경우에는 기존 토지 소유자의 동의서를 기준으로 동의자 수를 산정한다.

⑤ 개발계획은 실시계획에 들어맞도록 작성하여야 한다.

해설 ✦ ① 지정권자는 도시개발구역을 지정하려면 해당 도시개발구역에 대한 개발계획을 수립하여야 한다.
② 복합기능도시는 면적이 330만 제곱미터 이상인 경우
③ 토지면적의 3분의 2 이상에 해당하는 토지 소유자와 그 지역의 토지 소유자 총수의 2분의 1 이상의 동의를 받아야 한다.
⑤ 광역도시계획이나 도시·군기본계획이 수립되어 있는 지역에 대하여 개발계획을 수립하려면 개발계획의 내용이 해당 광역도시계획이나 도시·군기본계획에 들어맞도록 하여야 한다.

정답 ✦ ④

1 출제예상과 학습포인트

✦ **기출횟수**

제20회, 제23회, 제24회, 제25회, 제26회, 제29회, 제30회, 제31회, 제32회, 33회

✦ **35회 출제 예상**

도시개발구역의 지정은 도시개발법에서 거의 매년 출제가 이루어지는 테마이다. 34회 시험에서 출제가 되지않아 35회는 상당히 출제 가능성이 높다고 보아야 하는데 출제가능성은 80%이다.

✦ **35회 중요도**

★★★

✦ **학습범위와 학습방법**

도시개발구역의 지정권자와 절차는 지정권자를 중심으로 제안은 누가 누구에게 하며, 요청은 누가 누구에게 하는지, 지정권자가 누구인지? 도시개발구역 지정절차가 도시·군관리계획 절차와 동일하다는 것을 이해한 다음에 도시·군관리계획 절차를 가져와서 이해를 하면 된다. 그 다음에 도시개발구역 지정규모나 도시개발구역지정의 효과등도 정리를 하여야 하며, 해제사유에 대한 암기가 필요한 테마이다.

✦ **핵심쟁점**

❶ 도시개발구역 지정절차와 지정권자 = 도시·군관리계획의 결정권자와 결정절차
❷ 도시개발구역을 누가 누구에게 제안 하고, 누가 누구에게 요청 하는지
❸ 절차에서 면적이 50만㎡ / 100만㎡이상인 경우 특이한 점을 숙지해야 한다.
❹ 도시개발구역 지정의 면적기준
❺ 도시개발구역지정의 효과와 효과가 발생하지 않는 취락지구와 지구단위계획구역
❻ 도시개발구역의 분할과 결합의 요건
❼ 도시개발구역지정의 해제 사유와 해제의 효과
❽ 부동산정보 누설한 경우 벌칙

2 핵심 내용

[제1절] 도시개발구역 지정, 지정요청, 지정제안

❶ 도시개발구역의 지정권자

1. 원칙 : 시·도지사 또는 대도시 시장

2. 도시개발구역이 2 이상의 시·도 또는 대도시에 걸치는 경우 → 협의하여 지정할 자를 정한다.
→ 협의 불성립 시 → 국토교통부장관이 직접 지정한다.

3. 예외 : 국토교통부장관 지정

> 1. 2이상의 시·도·대도시간에 협의 불성립 시
> 2. 국가가 도시개발사업을 실시할 필요가 있는 경우
> 3. 천재·지변 그 밖의 사유로 긴급히 도시개발사업의 필요가 있는 경우
> 4. 지정제안 (← 공공기관·정부출연기관의 장이 면적이 30만㎡ 이상으로서 국가계획과 밀접한 관련이 있는 경우)
> 5. 요청 (← 관계 중앙행정기관의 장)

❷ 지정요청

시장·군수·구청장은 도시계획위원회 자문을 거쳐 시·도지사에게 도시개발구역지정을 요청할 수 있다.

❸ 지정제안

1. 지정제안 : 국가·지자체·조합을 제외한 사업시행자는 특별자치도지사·시장·군수·구청장에게 도시개발구역지정을 제안 할 수 있다.

2. 공공기관의 장 또는 정부출연기관의 장

① 면적이 30만㎡ 이상으로 국가계획과 밀접관련 → 국토교통부장관에게 제안
② 나머지 → 시장·군수·구청장에게 도시개발구역 지정제안

3. 민간사업시행자 지정제안 시 동의요건

(조합 제외한)민간사업시행자는 도시개발구역 지정을 제안하는 경우 면적 2/3 이상(지상권자 포함)의 동의를 얻어야 한다.

4. 도시개발구역의 지정을 제안하고자 하는 지역이 2 이상의 시·군·구의 행정구역에 걸치는 경우에는 그 지역에 포함된 면적이 큰 지역의 시장·군수·구청장에게 서류를 제출한다.

5. **통보** : 도시개발구역 지정제안을 받은 자는 제안의 수용여부를 1월 이내에 제안자에게 통보하여야 한다.

6. **비용** : 특별자치도지사·시장·군수·구청장은 제안자와 협의해서 지정에 필요한 비용의 전부 또는 일부를 제안자에게 부담시킬 수 있다.

[제 2 절] 도시개발구역 지정절차

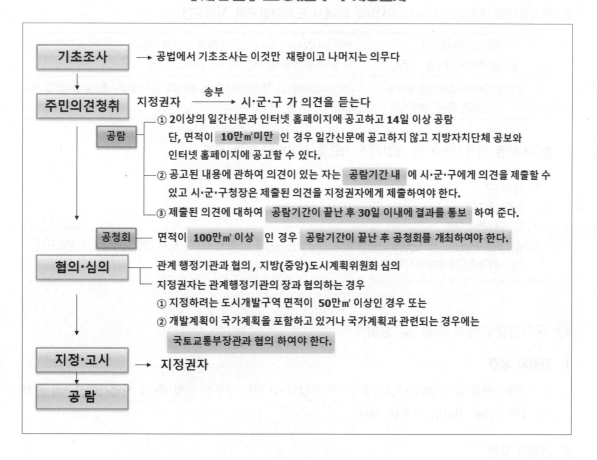

[제 3 절] 도시개발구역 지정

❶ 도시개발구역의 규모 및 미개발지역의 요건

1. 도시개발구역의 규모

> • 도시지역 안
> ① 주거·상업·자연녹지·생산녹지(전체면적의 30% 이하인 경우) : 1만㎡ 이상
> ② 공업지역 : 3만㎡ 이상 (보전녹지는 도시개발구역으로 지정하지 않는다.)
> • 도시지역 밖 : 30만㎡ 이상

2. 미개발지역(자연녹지·생산녹지·도시지역 외)에서 도시개발구역 지정요건

광역도시계획·도시·군기본계획이 수립된 경우	광역도시계획·도시·군기본계획에 의하여 개발이 가능한 용도로 지정된 지역에 한하여 지정 할 수 있다.
광역도시계획·도시기본계획이 수립되지 않은 경우	자연녹지지역 및 계획관리지역에 한하여 도시개발구역으로 지정할 수 있다.

3. 용도지역별 면적기준과 미 개발지역 기준을 적용하지 않는 지역

> 1. 취락지구
> 2. 개발진흥지구
> 3. 지구단위계획구역
> 4. 국토교통부장관이 국가균형발전을 위하여 중앙행정기관의 장과 협의하여 도시 개발구역으로 지정하고자 하는 지역(자연환경보전지역을 제외한다)

❷ 도시개발구역의 분할 및 결합

1. 분할의 요건

도시개발구역을 둘 이상의 사업시행지구로 분할할 수 있는 경우는 분할 후 각 사업시행지구의 면적이 각각 1만㎡ 이상인 경우로 한다.

2. 결합의 요건

서로 떨어진 둘 이상의 지역을 결합하여 하나의 도시개발구역으로 지정할 수 있는 경우는 면적이 1만㎡ 이상인 지역이 도시개발구역에 하나 이상 포함된 경우로 한다.

❸ 도시개발구역 지정의 효과

1. 도시개발구역으로 지정되면 도시지역과 지구단위계획구역으로 결정·고시된 것으로 본다.

2. 단, 지구단위계획구역으로 지정된 지역과 취락지구로 지정된 지역인 경우에는 그러하지 않다.

3. 지형도면의 고시 : 도시개발사업 시행기간 안에 지형도면을 고시할 수 있다.

❹ 도시개발구역 해제

1. 개발계획수립 후 도시개발구역을 지정하는 경우 : 다음 사유의 그 다음날 해제

> 1. 도시개발구역 지정·고시일로부터 3년 내에 실시계획의 인가를 신청하지 아니하는 경우에는 그 3년이 되는 날의 그 다음날
> 2. 도시개발사업의 공사완료(환지방식에 의한 사업인 경우에는 그 환지처분)의 공고일 그 다음날

2. 도시개발구역 지정 후 개발계획을 수립하는 경우 : 다음 사유의 그 다음날 해제

> 1. 도시개발구역 지정·고시일로부터 2년이 되는 날까지 개발계획 수립·고시하지 않는 경우
>   (면적이 330만㎡ 이상인 경우는 5년) 그 다음날
> 2. 개발계획수립·고시일 로부터 3년이 되는 날까지 실시계획인가신청이 없는 경우
>   (면적이 330만㎡ 이상인 경우는 5년) 그 다음날

3. 해제의 효과

도시개발구역이 해제되면 용도지역은 환원되며, 지구단위계획구역은 폐지된 것으로 본다.

→ 다만, 공사완료로 인하여 해제된 경우에는 그러하지 않다.

[제 4 절] 도시개발구역지정의 보안관리 및 부동산투기 방지대책

❶ 도시개발관련정보 누설관련 조치

다음 각 호에 해당하는 자는 도시개발구역지정에 따른 주민의견청취를 위한 공람 전까지는 도시개발구역의 지정을 위한 조사, 관계 서류 작성, 관계기관 협의, 도시계획위원회 심의 등의 과정에서 관련정보가 누설되지 아니하도록 필요한 조치를 하여야 한다.

1. 지정권자
2. 도시개발구역의 지정을 요청하거나 요청하려는 관계 중앙행정기관의 장 또는 시장·군수·구청장
3. 시행자 또는 시행자가 되려는 자 및 도시개발구역의 지정을 제안하거나 제안하려는 자
4. 도시개발구역을 지정하거나 도시개발구역의 지정을 요청 또는 제안하기 위한 자료의 제출을 요구받은 자
5. 도시개발구역 지정 시 협의하는 관계 행정기관의 장 또는 자문·심의기관의 장

❷ 미 공개정보 타인 누설금지

다음 각 호의 기관 또는 업체에 종사하였거나 종사하는 자는 업무 처리 중 알게 된 도시개발구역 지정 또는 지정의 요청·제안과 관련한 정보로서 불특정 다수인이 알 수 있도록 공개되기 전의 미공개정보를 도시개발구역의 지정 또는 지정 요청·제안 목적 외로 사용하거나 타인에게 제공 또는 누설해서는 아니 된다.

1. 지정권자가 속한 기관
2. 도시개발구역의 지정을 요청하거나 또는 요청하려는 관계 중앙행정기관 또는 시·군·구
3. 시행자 또는 시행자가 되려는 자 및 도시개발구역의 지정을 제안하거나 제안하려는 자(토지 소유자를 포함한다)
4. 도시개발구역을 지정하거나 도시개발구역의 지정을 요청 또는 제안하기 위한 자료의 제출을 요구받은 기관
5. 도시개발구역 지정 시 협의하는 관계 기관 또는 자문·심의 기관
6. 도시개발사업의 시행자 또는 시행자가 되려는 자가 도시개발구역의 지정 또는 지정 요청·제안에 필요한 조사·측량을 하거나 관계 서류 작성 등을 위하여 용역 계약을 체결한 업체

❸ 미공개정보 누설한 자에 대한 벌칙

미공개정보 누설금지를 위반하여 미공개정보를 목적 외로 사용하거나 타인에게 제공 또는 누설한 자는 5년 이하의 징역 또는 그 위반행위로 얻은 재산상 이익 또는 회피한 손실액의 3배 이상 5배 이하에 상당하는 벌금에 처한다. 다만, 얻은 이익 또는 회피한 손실액이 없거나 산정하기 곤란한 경우 또는 그 위반행위로 얻은 재산상 이익의 5배에 해당하는 금액이 10억원 이하인 경우에는 벌금의 상한액을 10억원으로 한다.

3 대표 기출문제

제33회 출제

01 도시개발법령상 국토교통부장관이 도시개발구역을 지정할 수 있는 경우에 해당하지 않는 것은?

① 국가가 도시개발사업을 실시할 필요가 있는 경우
② 관계 중앙행정기관의 장이 요청하는 경우
③ 한국토지주택공사 사장이 20만 제곱미터의 규모로 국가계획과 밀접한 관련이 있는 도시개발구역의 지정을 제안하는 경우
④ 천재재변, 그 밖의 사유로 인하여 도시개발사업을 긴급하게 할 필요가 있는 경우
⑤ 도시개발사업이 필요하다고 인정되는 지역이 둘 이상의 도의 행정구역에 걸치는 경우에 도시개발 구역을 지정할 자에 관하여 관계 도지사 간에 협의가 성립되지 아니하는 경우

해설

③ 국토교통부장관은 다음 어느 하나에 해당하면 도시개발구역을 지정할 수 있다.

1. 국가가 도시개발사업을 실시할 필요가 있는 경우
2. 관계중앙행정기관의 장이 요청하는 경우
3. 대통령령이 정하는 공공기관의 장 또는 정부출연기관의 장이 30만㎡ 이상으로서 국가계획과 밀접한 관련이 있는 도시개발구역의 지정을 제안하는 경우
4. 둘 이상의 시·도 또는 대도시의 행정구역에 걸치는 경우에 협의가 성립되지 아니하는 경우
5. 천재지변, 그 밖의 사유로 인하여 도시개발사업을 긴급하게 할 필요가 있는 경우

답 ③

02 도시개발법령상 도시개발구역의 지정에 관한 설명으로 옳은 것은? (단, 특례는 고려하지 않음)

① 대도시 시장은 직접 도시개발구역을 지정할 수 없고, 도지사에게 그 지정을 요청하여야 한다.

② 도시개발사업이 필요하다고 인정되는 지역이 둘 이상의 도의 행정구역에 걸치는 경우에는 해당 면적이 더 넓은 행정구역의 도지사가 도시개발구역을 지정하여야 한다.

③ 천재지변으로 인하여 도시개발사업을 긴급하게 할 필요가 있는 경우 국토교통부장관이 도시개발구역을 지정할 수 있다.

④ 도시개발구역의 총 면적이 1만제곱미터 미만인 경우 둘 이상의 사업시행지구로 분할하여 지정할 수 있다.

⑤ 자연녹지지역에서 도시개발구역을 지정한 이후 도시개발사업의 계획을 수립하는 것은 허용되지 아니한다.

해설

① 도시개발구역은 원칙적으로 시·도지사 또는 대도시시장이 지정한다.

② 도시개발사업이 필요하다고 인정되는 지역이 둘 이상의 도의 행정구역에 걸치는 경우 면적이 큰 곳이 아니라 협의하여 지정할 자를 정한다.

④ 도시개발구역을 둘이상의 사업시행지구로 분할하려면 1만㎡ 미만이 아니라 분할 후 1만㎡ 이상이 포함되어야 한다.

⑤ 자연녹지지역은 도시개발구역을 먼저 지정하고 나중에 개발계획을 수립할 수 있다.

답 ③

03 도시개발법령상 도시개발구역 지정권자가 속한 기관에 종사하는 자로부터 제공받은 미공개정보를 지정목적 외로 사용하여 1억5천만원 상당의 재산상 이익을 얻은 자에게 벌금을 부과하는 경우 그 상한액은?

① 2억 5천만원   ② 4억 5천만원   ③ 5억원

④ 7억 5천만원   ⑤ 10억원

해설

⑤ 미공개정보 누설금지를 위반하여 미공개정보를 목적 외로 사용하거나 타인에게 제공 또는 누설한 자는 5년 이하의 징역 또는 그 위반행위로 얻은 재산상 이익 또는 회피한 손실액의 3배 이상 5배 이하에 상당하는 벌금에 처한다. 다만, 얻은 이익 또는 회피한 손실액이 없거나 산정하기 곤란한 경우 또는 그 위반행위로 얻은 재산상 이익의 5배에 해당하는 금액이 10억원 이하인 경우에는 벌금의 상한액을 10억원으로 한다.

정답 ⑤

---

4 출제 예상문제

01 도시개발구역의 지정에 대한 설명이다. 옳은 것은?

① 시장(대도시시장은 제외)·군수·구청장은 도시계획위원회 심의를 거쳐 시·도지사에게 도시개발구역지정을 요청할 수 있다.

② 지방공사 장은 면적이 30만m² 이상인 경우 도시개발구역의 지정을 국토교통부장관에게 제안할 수 있다.

③ 지방공사가 도시개발구역 지정을 제안할 때에는 토지면적의 3분의 2 이상에 해당하는 토지 소유자의 동의를 얻어야 한다. 단, 여기서의 토지소유자에는 지상권자를 포함한다.

④ 국가나 지방자치단체는 도시개발구역지정 제안을 할 수 있다.

⑤ 지구단위계획구역 및 취락지구로 지정된 지역에 도시개발구역이 지정·고시된 경우 당해 도시개발구역은 도시지역과 지구단위 계획구역으로 결정·고시된 것으로 보지 아니한다.

해설 ✦ ① 도시계획위원회 심의를 거쳐 시·도지사에게 도시개발구역지정을 요청하는 게 아니라 도시계획위원회 자문을
거친 후 요청한다.
② 국토교통부장관에게 도시개발구역지정을 제안하는 경우는 공공기관·정부출연기관의 장이 면적이 30만㎡ 이상
으로서 국가계획과 밀접한 관련이 있는 경우이다. 지방공사 장은 국토교통부장관에게 제안할 수 없다.
③ 도시개발구역지정을 제안하는 경우 면적 3분의 2이상의 동의를 받는 경우는 민간사업시행자가 제안하는 경우
이다. 그러므로 지방공사는 제안하는 경우 동의를 받지 않는다.
④ 국가, 지방자치단체, 조합은 도시개발구역지정 제안을 할 수 없다.

정답 ✦ ⑤

02 도시개발법령상 도시개발구역의 지정에 관한 설명으로 옳은 것은?

① 도시개발사업의 시행자나 시행자가 되려는 자는 도시개발구역을 지정하거나 도시개발구역의
지정을 요청 또는 제안하려고 할 때에는 도시개발구역으로 지정될 구역의 토지, 건축물,
공작물, 주거 및 생활실태, 주택수요, 그 밖에 필요한 사항에 관하여 조사하거나 측량할 수
있다.

② 도시개발구역의 면적이 10만 제곱미터 미만인 경우에는 도시개발구역 지정을 위한 공람·
공고를 하지 아니할 수 있다.

③ 국토교통부장관, 시·도지사, 시장·군수 또는 구청장은 도시개발사업을 시행하려는 구역의
면적이 100만 제곱미터 이상인 경우에는 공람기간이 끝난 후에 공청회를 개최할 수 있다.

④ 지정하려는 도시개발구역 면적이 100만 제곱미터 이상인 경우 국토교통부장관과 협의하여야
한다.

⑤ 도시개발구역의 지정은 환지 방식에 따른 사업인 경우에는 그 환지처분의 공고일에 해제된
것으로 본다.

해설 ✦ ② 도시개발구역의 면적이 10만 제곱미터 미만인 경우에는 일간신문에 공고하지 아니하고 지방자치단체 공보와
해당 시·군 또는 구의 인터넷 홈페이지에 공고할 수 있다. 공고를 하지 않는 것은 아니다.
③ 면적이 100만 제곱미터 이상인 경우 공청회를 개최하여야 한다.
④ 면적이 50만 제곱미터 이상인 경우 국토교통부장관과 협의하여야 한다.
⑤ 환지 방식에 따른 사업인 경우에는 그 환지처분의 공고일의 다음 날에 해제된 것으로 본다.

정답 ✦ ①

사업시행자(지자체등, 시행자변경, 대행)

1 출제예상과 학습포인트

✦ **기출횟수**

제22회, 제25회, 제27회, 제28회, 제30회, 33회, 34회

✦ **35회 출제 예상**

사업시행자로서 최근 5년 이내에 출제가 빈번한 부분이다. 통상적으로 2년을 넘기지 않고 2년에 한번 정도는 출제가 이루어지는 부분인데 33회, 34회 연속으로 출제가 이루어 졌다. 최근 출제빈도가 많으므로 35회 시험에서도 학습이 되어야 할 것으로 보인다. 35회 출제가능성이 50% 정도로 보인다.

✦ **35회 중요도**

★★

✦ **학습범위와 학습방법**

사업시행자를 공공부분과 민간부분으로 먼저 나누어 기억하고, 지자체등이 사업시행자가 되는 사유의 암기, 사업시행자변경사유의 암기, 대행의 경우 암기보다는 어떤 경우에 왜 대행을 하는지에 대하여 수업을 듣고 이해를 하면 암기를 하지 않아도 된다.

✦ **핵심쟁점**

❶ 민간부분의 사업시행자와 공공부분 사업시행자의 구분, 특히 공공부분 사업시행자 암기필요
❷ 도시개발사업전부를 환지방식으로 하는 경우 지자체 등이 시행자 되는 사유 3개 암기
❸ 사업시행자 변경사유 4개 암기
❹ 대행의 경우 누가 누구에게 무엇에 대하여 대행을 시키는지

2 핵심 내용

❶ **사업시행자 지정** : 다음의 자 중 지정권자가 지정

공공사업 시행자	1. 국가 또는 지방자치단체
	2. 대통령령이 정하는 공공기관 (~~ 공사)
	3. 정부출연기관 (국가철도공단 → 역세권개발사업을 하는 경우만 해당, 제주국제자유도시 개발센터 → 제주특별자치도에서 개발사업을 하는 경우만 해당)
	4. 지방공사

민간사업 시행자	1. 토지소유자 (수용방식의 경우 국·공유지를 제외한 면적 2/3 소유한자)
	2. 조합 (환지방식에서만 시행자)
	3. 과밀억제권역에서 수도권 외로 이전하는 법인
	4. 주택법상 등록사업주체
	5. 건설산업기본법상 도시개발사업을 시행할 능력이 있다고 인정되는 자
	5. 부동산개발업자
	6. (자기관리·위탁관리) 부동산투자회사

공동출자법인 (민간, 공공이 2이상 출자하여 설립한 법인)

❷ 도시개발구역의 전부를 환지방식으로 하는 경우 사업시행자

1. 원칙 : 토지소유자나 조합이 원칙

2. 다음의 경우 지방자치단체 등(토지주택공사·지방공사·신탁업자)을 사업시행자로 지정할 수 있다.

> 1. 도시개발구역 안의 국·공유지를 제외한 토지면적의 2분의 1 이상에 해당하는 토지의 소유자 및 토지소유자 총수의 2분의 1 이상이 지방자치단체 등의 시행에 동의한 때
> 2. 토지소유자 또는 조합이 개발계획수립·고시일로부터 1년 내에 시행자지정을 신청하지 아니하거나 신청된 내용이 위법 또는 부당하다고 인정한 때
> 3. 지방자치단체의 장이 집행하는 공공시설에 관한 사업과 병행하여 시행할 필요가 있다고 인정한 때

❸ 사업시행자 변경 : 지정권자는 다음의 경우 시행자를 변경 할 수 있다.

> 1. 도시개발구역의 전부를 환지방식으로 시행하는 경우로서 도시개발구역 안의 토지소유자 또는 조합으로서 시행자로 지정된 자가 도시개발구역의 지정·고시일로부터 1년 동안 도시개발사업에 관한 실시계획의 인가를 신청하지 아니하는 경우
> 2. 도시개발사업에 관한 실시계획인가를 받은 후 2년 이내에 사업을 착수하지 않는 경우
> 3. 행정처분에 의하여 시행자의 지정 또는 실시계획의 인가가 취소된 경우
> 4. 시행자의 부도·파산 기타 이와 유사한 사유로 인하여 도시개발사업의 목적을 달성하기 어렵다고 인정되는 경우

❹ 도시개발사업의 대행

공공사업시행자는 도시개발사업을 효율적으로 시행하기 위하여 필요한 경우에는 설계·분양 등 도시개발사업의 일부를 주택건설사업자 등으로 하여금 대행하게 할 수 있다. 이 경우 대행자 선정은 경쟁입찰 방식으로 선정하여야 한다.

> **참고** 주택건설사업자 등에게 대행하게 할 수 있는 도시개발사업의 범위
>
> 1. 실시설계   2. 부지조성공사
> 3. 기반시설공사   4. 조성된 토지의 분양

❺ 규약 등의 작성 : 토지소유자 2인 이상이 도시개발사업을 하는 경우 작성 (조합제외)

❻ 시행규정의 작성 : 공공사업시행자가 2 이상이 사업을 하는 경우 작성

❼ 도시개발사업의 위탁 및 신탁

위탁업무	수탁자
시행자는 항만·철도, 그 밖에 대통령령으로 정하는 공공시설의 건설과 공유수면의 매립에 관한 업무	국가·지방자치단체·공공기관·정부출연기관·지방공사에 위탁하여 시행할 수 있다
시행자는 도시개발사업을 위한 기초조사, 토지 매수 업무, 손실보상 업무, 주민 이주대책 사업	지방자치단체·공공기관·정부출연기관·정부출자기관·지방공사에 위탁할 수 있다.다만, 정부출자기관에 주민 이주대책 사업을 위탁하는 경우에는 이주대책의 수립·실시 또는 이주정착금의 지급, 그 밖에 보상과 관련된 부대업무만을 위탁할 수 있다

❽ 도시개발사업의 신탁

민간사업시행자(부동산투자회사 및 공동출자법인은 제외)는 지정권자의 승인을 받아 신탁업자와 신탁계약을 체결하여 도시개발사업을 시행할 수 있다

3 대표 기출문제

제33회 출제

01 도시개발법령상 도시개발사업 시행자로 지정될 수 있는 자에게 해당하지 <u>않는</u> 것은?

① 국가

② 「한국부동산원법」에 따른 한국부동산원

③ 「한국수자원공사법」에 따른 한국수자원공사

④ 「한국관광공사법」에 따른 한국관광공사

⑤ 「지방공기업법」에 따라 설립된 지방공사

해설

② 사업시행자에서 대통령령이 정하는 공공기관에는 한국부동산원은 포함되지 않는다.

답 ②

제34회 출제

02 도시개발법령상 도시개발사업의 시행자인 지방자치 단체가 「주택법」 제4조에 따른 주택건설사업자 등으로 하여금 대행하게 할 수 있는 도시개발사업의 범위에 해당하지 <u>않는</u> 것은?

① 실시설계   ② 부지조성공사

③ 기반시설공사   ④ 조성된 토지의 분양

⑤ 토지상환채권의 발행

해설

주택건설사업자 등에게 대행하게 할 수 있는 도시개발사업의 범위

1. 실시설계
2. 부지조성공사
3. 기반시설공사
4. 조성된 토지의 분양

답 ⑤

4 출제 예상문제

01 도시개발법령상 도시개발사업의 시행자에 관한 설명으로 <u>틀린</u> 것은?

① 지방공사는 도시개발사업의 시행자가 될 수 있다.

② 한국철도공사는 「역세권의 개발 및 이용에 관한 법률」에 따른 역세권개발사업을 시행하는 경우에만 도시개발사업의 시행자가 된다.

③ 조합은 환지방식에서만 시행자가 될 수 있다.

④ 토지소유자는 사업시행자가 될 수 있다. 다만, 수용방식의 경우 국·공유지를 제외한 면적 2/3 소유한자를 말한다.

⑤ 사업주체인 지방자치단체는 조성된 토지의 분양을 「주택법」에 따른 주택건설사업자에게 대행하게 할 수 있다.

해설 ✦ ② 한국철도공사가 아니라 국가철도공단인 경우에 역세권개발사업을 시행하는 경우에만 시행자가 될 수 있다.

정답 ✦ ②

02 도시개발법령상 지정권자가 시행자를 변경할 수 있는 사유에 해당하는 것을 모두 몇 개인가?

> ㉠ 도시개발사업에 관한 실시계획인가 후 2년 이내에 사업을 착수하지 아니하는 경우
> ㉡ 토지 소유자나 조합이 개발계획 수립·고시일부터 1년 이내에 시행자 지정을 신청하지 아니한 경우
> ㉢ 행정처분으로 시행자의 지정이 취소된 경우
> ㉣ 행정처분으로 실시계획의 인가가 취소된 경우
> ㉤ 시행자의 부도·파산 등으로 도시개발사업의 목적을 달성하기 어렵다고 인정되는 경우
> ㉥ 도시개발구역 전부를 환지방식으로 시행하는 경우, 시행자로 지정된 자가 도시개발구역 지정·고시일부터 1년 이내에 실시계획의 인가를 신청하지 아니하는 경우

① 2개   ② 3개   ③ 4개   ④ 5개   ⑤ 6개

해설 ✦ 사업시행자 변경사유는 ㉠, ㉢, ㉣, ㉤, ㉥

> 1. 도시개발구역의 전부를 환지방식으로 시행하는 경우로서 도시개발구역 안의 토지소유자 또는 조합으로서 시행자로 지정된 자가 도시개발구역의 지정·고시일로부터 1년 동안 도시개발사업에 관한 실시계획의 인가를 신청하지 아니하는 경우
> 2. 도시개발사업에 관한 실시계획인가를 받은 후 2년 이내에 사업을 착수하지 않는 경우
> 3. 행정처분에 의하여 시행자의 지정 또는 실시계획의 인가가 취소된 경우
> 4. 시행자의 부도·파산 기타 이와 유사한 사유로 인하여 도시개발사업의 목적을 달성하기 어렵다고 인정되는 경우

정답 ✦ ④

1 출제예상과 학습포인트

✦ 기출횟수

제20회, 제21회, 제22회, 제23회, 제24회, 제25회, 제27회, 제29회, 제31회, 33회, 34회

✦ 35회 출제 예상

조합은 거의 매년 출제가 되는 부분이다 5년에 4문제 정도의 출제가 되며 35회 시험에서도 출제가능성은 90%이다.

✦ 35회 중요도

★★★

✦ 학습범위와 학습방법

부동산공법에서 조합은 도시개발법, 정비법, 주택법에 조합이 있다. 모두 출제가능성이 상당히 높은 테마인데 도시개발법의 조합은 정비법의 조합이나 주택법의 조합을 학습할 때 기본이 되는 내용이다. 그러므로 시험에서도 물론 중요한데 시험의 출제여부를 떠나 도시개발법의 조합은 전반에 대한 이해가 꼭 필요한 테마이다.

✦ 핵심쟁점

❶ 조합설립 시 동의 요건과 동의요건 계산방법
❷ 조합설립 인가권자
❸ 조합의 성립시기
❹ 대의원회에서 대신할 수 없는 것 (총회의 전권사항)
❺ 임원의 결격사유, 겸직금지

2 핵심 내용

❶ 조합설립의 동의 및 인가

1. **구성** : 도시개발구역 안의 토지소유자 7인 이상이 정관을 작성하여 지정권자의 인가를 받아야한다. (설립은 재량사항) 인가받은 사항을 변경하려면 지정권자로부터 변경인가를 받아야 한다. 다만, 다음의 경미한 사항을 변경하려는 경우에는 신고하여야 한다.

> 1. 주된 사무소의 소재지를 변경하려는 경우
> 2. 공고방법을 변경하려는 경우

155

2. 설립의 동의 : 면적 2/3 + 토지소유자 총수의 1/2

3. 동의자수 산정방법 : 개발계획의 계산법과 동일

> 1. 토지면적을 산정함에 있어서는 국·공유지를 포함하여 산정 할 것
> 2. 공유인 경우 : 대표자 1인을 토지소유자로 본다. 다만, 구분소유자는 각. 각을 토지소유자 1인으로 본다.
> 3. 1인이 둘이상의 필지의 토지를 단독 소유한 경우 : 필지 수에 상관없이 1인으로 본다.
> 4. 둘이상의 필지의 토지를 소유한 공유자가 동일한 경우 : 대표자 1인을 토지소유자로 본다.
> 5. 공람·공고일 이후 구분소유권을 분할한 경우 : 공람·공고일 전의 소유자 수를 기준으로 산정한다.
> 6. 조합설립인가신청 전에 동의를 철회하는 사람 : 동의자 수에서 제외할 것
> 7. 소유자에 대한 동의는 사유토지면적 및 사유토지소유자의 동의를 먼저 받은 후 면적 및 소유자수가 동의요
>   건에 미달할 경우에는 국·공유지 관리청의 동의를 받을 것
> 8. 동의나 동의 철회 시 인감을 날인하되 인감증명서를 첨부할 것

❷ 조합원 및 조합원의 권리와 의무

1. 조합원은 도시개발구역 안의 모든 토지소유자(동의 여부 불문)로 한다.

2. 조합원은 보유 토지면적에 상관없이 평등한 결의권을 갖는다. 다만, 다른 조합원으로부터 해당 도시개발구역에 그가 가지고 있는 토지소유권 전부를 이전 받은 조합원은 정관으로 정하는 바에 따라 본래의 의결권과는 별도로 그 토지 소유권을 이전한 조합원의 의결권을 승계할 수 있다.

3. 공유 토지는 공유자의 동의를 받은 대표공유자 1명만 의결권이 있으며, 구분소유자는 구분소유자별로 의결권이 있다. 다만, 공람·공고일 후에 구분소유권을 분할하여 구분소유권을 취득한 자는 의결권이 없다.

❸ 조합의 법인격 취득 및 법적성격

1. 조합의 성립시기 : 조합은 지정권자로 부터 조합설립인가 받는 날로부터 30일 이내에 주된 사무소의 소재지에서 등기함으로써 성립한다.

2. 법 준용 및 성격 : 조합에 관하여 도시개발법에 규정한 것 외에는 민법 중 사단법인에 관한 규정을 준용한다. 하지만, 법적성격은 공법상 비영리 사단법인이다.

❹ 총회 : 필수기관·의결기관

❺ 대의원회 : 임의적 기구

1. 의결권가진 조합원의 수가 50인 이상인 조합은 총회의 권한을 대행하기 위하여 대의원회를 둘 수 있으며 대의원회에 두는 대의원의 수는 의결권가진 조합원 총수의 10/100 이상으로 의결권가진 조합원 중에서 정관이 정하는 바에 따라 선출한다.

2. 대의원회의 권한 : 다음 사항은 대의원회에서 대행할 수 없다.

▶ **총회 전권사항**

1. 정관변경
2. 개발계획의 수립 및 변경
3. 환지계획의 작성
4. 조합임원의 선임
5. 조합의 합병 또는 해산

❻ 조합의 임원

1. 임원은 의결권가진 조합원 중에서 총회에서 선임한다.

2. 조합의 임원은 같은 목적의 사업을 하는 다른 조합의 임원이나 직원을 겸할 수 없다.

3. 조합장 또는 이사의 자기를 위한 조합과의 계약이나 소송에 관하여는 감사가 조합을 대표한다.

4. 다음 각 호의 어느 하나에 해당하는 자는 조합의 임원이 될 수 없으며, 조합의 임원으로 선임된 자가 다음 하나에 해당하게 된 경우에는 그 다음 날부터 임원의 자격을 상실한다.

1. 피 성년후견인, 피 한정후견인 또는 미성년자
2. 파산선고를 받은 자로서 복권되지 아니한 자
3. 금고 이상의 형을 선고받고 집행이 끝나거나 집행을 받지 아니하기로 확정 된 후 2년이 지나지 아니한 자
4. 형의 집행유예 기간 중에 있는 자

참고 행정심판

이 법에 의하여 시행자가 한 처분에 관하여 불복이 있는 자는 행정심판을 제기할 수 있다. 다만 행정청이 아닌 시행자가 한 처분에 관하여는 다른 법률에 특별한 규정이 있는 경우를 제외하고는 지정권자에게 행정심판을 제기하여야 한다.

3 대표 기출문제

제34회 출제

01 도시개발법령상 도시개발사업 조합에 관한 설명으로 옳은 것을 모두 고른 것은?

> ㄱ. 금고 이상의 형을 선고받고 그 형의 집행유예 기간 중에 있는 자는 조합의 임원이 될 수 없다.
>
> ㄴ. 조합이 조합 설립의 인가를 받은 사항 중 공고방법을 변경하려는 경우 지정권자로부터 변경인가를 받아야 한다.
>
> ㄷ. 조합장 또는 이사의 자기를 위한 조합과의 계약이나 소송에 관하여는 대의원회가 조합을 대표한다.
>
> ㄹ. 의결권을 가진 조합원의 수가 50인 이상인 조합은 총회의 권한을 대행하게 하기 위하여 대의원회를 둘 수 있으며, 대의원회에 두는 대의원의 수는 의결권을 가진 조합원 총수의 100분의 10 이상으로 한다.

① ㄱ, ㄷ   ② ㄱ, ㄹ   ③ ㄴ, ㄷ
④ ㄱ, ㄴ, ㄹ   ⑤ ㄴ, ㄷ, ㄹ

해설

ㄴ. 공고방법을 변경하는 경우에는 경미한 사항의 변경으로 변경의 인가를 받는 게 아니라 신고하고 변경할 수 있다.
ㄷ. 조합장 또는 이사의 자기를 위한 조합과의 계약이나 소송에 관하여는 감사가 조합을 대표한다.

답 ②

02 도시개발법령상 도시개발사업 조합에 관한 설명으로 틀린 것은?

① 조합은 그 주된 사무소의 소재지에서 등기를 하면 성립한다.

② 주된 사무소의 소재지를 변경하려면 지정권자로부터 변경인가를 받아야한다.

③ 조합설립의 인가를 신청하려면 해당 도시개발구역의 토지면적의 3분의 2이상에 해당하는 토지 소유자와 그 구역의 토지소유자 총수의 2분의 1이상의 동의를 받아야 한다.

④ 조합의 조합원은 도시개발구역의 토지 소유자로 한다.

⑤ 조합의 설립인가를 받은 조합의 대표자는 설립인가를 받은 날부터 30일 이내에 주된 사무소의 소재지에서 설립등기를 하여야 한다.

해설

② 조합이 인가를 받은 사항을 변경하려면 지정권자로부터 변경인가를 받아야 한다. 다만, 다음의 경미한 사항을 변경하려는 경우에는 신고하여야 한다.

1. 주된 사무소의 소재지를 변경하려는 경우
2. 공고방법을 변경하려는 경우

정답 ②

4 출제 예상문제

01 A도 B군에서 설립하는 「도시개발법령」상 조합과 관련된 설명으로 옳은 것은?

① 조합은 B군수에게 도시개발구역의 지정을 제안할 수 있다.

② 조합은 수용 또는 사용방식과 환지방식을 혼용하는 방식으로 시행할 수 있다.

③ 조합의 임원으로 선임된 자가 징역형의 선고를 받은 경우에는 그 다음 날부터 임원의 자격을 상실한다.

④ 조합은 민법상 사단법인에 해당한다.

⑤ 조합은 B군수로부터 설립인가를 받아 성립한다.

해설 ✦ ① 조합은 도시개발구역의 지정을 제안할 수 없다.
　　② 조합은 수용방식의 도시개발사업은 시행할 수 없고, 전부를 환지방식으로만 시행할 수 있다.
　　④ 조합은 공법상 비 영리 사단법인에 해당한다.
　　⑤ 조합은 지정권자로부터 인가를 받으며, 군수는 지정권자가 아니다. 또한 인가받은 날로부터 30일 이내 등기함으로써 성립하며, 이 때 법인격을 취득한다.

정답 ✦ ③

02 도시개발법령상 도시개발조합 총회의 의결사항 중 대의원회가 총회의 권한을 대행할 수 <u>없는</u> 사항은?

① 자금의 차입과 그 방법·이율 및 상환방법

② 체비지의 처분방법

③ 환지계획의 작성

④ 부과금의 금액 또는 징수방법

⑤ 환지예정지의 지정

해설 ✦ ③ 대의원회에서는 정관의 작성, 개발계획의 수립과 변경, 환지계획의 수립과 변경, 임원의 선임 등, 조합의 합병과 해산에 대하여는 대행할 수 없다.

정답 ✦ ③

실시계획과 사업시행방식

1 출제예상과 학습포인트

✦ **기출횟수**

　제23회, 제25회, 제29회, 제30회, 제31회

✦ **35회 출제 예상**

　실시계획은 도시개발법에서 출제되는 비중이 매년은 아니지만 2년에 한번 정도가 출제가 된다. 이례적으로 29회, 30회, 31회는 연속으로 출제를 하였는데 그 이후 32회, 33회, 34회에서는 연속으로 출제가 되지 않았다. 35회 시험에서는 출제가능성이 70%이다.

✦ **35회 중요도**

　★★★

✦ **학습범위와 학습방법**

　실시계획은 내용이 많지 않은 테마이다 그러므로 범위를 확대하지 말고 논점중심의 이해가 필요하고, 특히, 실시계획 변경 시 변경의 인가를 생략하는 사유는 정확이 숙지하여야 한다.

✦ **핵심쟁점**

　❶ 실시계획에 포함하여야 하는 것
　❷ 실시계획의 인가권자
　❸ 실시계획인가 시 의견청취하는 경우
　❹ 실시계획고시의 효과
　❺ 사업시행방식의 종류를 구분

2 핵심 내용

❶ 실시계획의 작성(개발계획에 부합해야 한다.)

1. 작성의 주체 : 사업시행자는 개발계획에 적합하게 실시계획을 작성하여야 한다.

2. 포함사항 : 실시계획에는 지구단위계획이 포함되어야 한다.

3. 인가권자 : 실시계획은 도시개발구역 지정권자의 인가를 받아야 한다. 다만, 다음의 경미한 사항의 변경인 경우에는 그러하지 않다.

> 1. 사업시행지역의 변동이 없는 범위에서의 착오·누락 등에 따른 사업시행면적의 정정
> 2. 사업시행면적의 100분의 10의 범위에서의 면적의 감소
> 3. 사업비의 100분의 10의 범위에서의 사업비의 증감
> 4. 「공간정보구축 및 관리에 관한 법률」에 따른 지적측량 결과를 반영하기 위한 부지 면적 등의 변경

4. 의견청취 : 지정권자가 실시계획을 작성하거나 인가하는 경우

① 국토교통부장관인 지정권자 → 시·도지사 또는 대도시 시장의 의견청취
② 시·도지사인 지정권자 → 시장(대도시 시장은 제외한다)·군수 또는 구청장의 의견청취

② 실시계획 고시의 효과

1. 도시·군 관리계획의 결정·고시 간주 : 실시계획을 고시한 경우 그 고시된 내용 중 국토계획법에 의하여 도시·군 관리계획으로 결정 하여야 하는 사항은 도시·군 관리계획이 결정·고시된 것으로 본다. 이 경우 종전에 도시·군 관리계획으로 결정된 사항 중 실시계획의 고시내용에 저촉되는 사항은 실시계획 고시된 내용으로 도시·군 관리계획이 변경된 것으로 본다.

2. 지형도면의 고시 : 도시·군 관리계획으로 결정·고시된 사항에 대한 지형도면의 고시는 도시개발사업 사업시행기간 안에 할 수 있다.

③ 실시계획인가 시 의제

지정권자는 실시계획을 작성하거나 이를 인가함에 있어서 그 내용에 의제사항이 있는 때에는 미리 관계 행정기관의 장과 협의하여야 한다. 이 경우 관계 행정기관의 장은 협의요청을 받은 날부터 20일 이내에 의견을 제출하여야 하며, 그 기간 내에 의견을 제출하지 아니하면 협의한 것으로 본다.

❹ 사업시행방식의 종류

1. 환지 방식	1. 대지로서의 효용증진 2. 공공시설의 정비를 위하여 토지의 교환·분할 또는 합병 기타 구획변경 지목 또는 형질변경이나 공공시설의 설치·변경이 필요한 경우 3. 도시개발사업을 시행하는 지역의 지가가 인근 다른 지역에 비하여 현저히 높아 수용 또는 사용방식으로 시행하는 것이 어려운 경우
2. 수용 방식	계획적이고, 체계적인 도시개발 등 집단적인 조성과 공급이 필요한 경우
3. 혼용 방식	도시개발구역으로 지정하려는 지역이 부분적으로 환지방식 또는 수용 또는 사용방식에 해당하는 경우 ① 분할 혼용방식 ② 미분할 혼용방식 ③ 사업시행지구를 분할하여 시행하는 경우에는 각 사업지구에서 부담하여야 하는 기반시설의 설치비용 등을 명확히 구분하여 실시계획에 반영하여야 한다.

지정권자는 지가상승 등 지역개발 여건의 변화로 도시개발사업 시행방식 지정 당시의 요건을 충족하지 못하나 위 각 호 어느 하나의 요건을 충족하는 경우에는 해당 요건을 충족하는 도시개발사업 시행방식으로 변경할 수 있다.

❺ 사업시행방식의 변경 : 사업시행자는 도시개발구역지정 이후 시행방식을 변경할 수 있다.

주체	변경 전	변경 후
공공 사업시행자	수용방식	환지방식
공공 사업시행자	혼용방식	환지방식
모든 사업시행자 (조합제외)	수용방식	혼용방식

3 대표 기출문제

제31회 출제

01 도시개발법령상 도시개발사업의 실시계획에 관한 설명으로 <u>틀린</u> 것은?

① 시행자가 작성하는 실시계획에는 지구단위계획이 포함되어야 한다.

② 지정권자인 국토교통부장관이 실시계획을 작성하는 경우 시·도지사 또는 대도시 시장의 의견을 미리 들어야 한다.

③ 지정권자가 시행자가 아닌 경우 시행자는 작성된 실시 계획에 관하여 지정권자의 인가를 받아야 한다.

④ 고시된 실시계획의 내용 중 「국토의 계획 및 이용에 관한 법률」에 따라 도시·군관리계획으로 결정하여야 하는 사항이 종전에 도시·군관리계획으로 결정된 사항에 저촉되면 종전에 도시·군관리계획으로 결정된 사항이 우선하여 적용된다.

⑤ 실시계획의 인가에 의해 「주택법」에 따른 사업계획의 승인은 의제될 수 있다.

> **해설**
>
> ④ 실시계획을 고시한 경우 그 고시된 내용 중 「국토의 계획 및 이용에 관한 법률」에 따라 도시·군관리계획(지구단위계획을 포함한다. 이하 같다)으로 결정하여야 하는 사항은 같은 법에 따른 도시·군관리계획이 결정되어 고시된 것으로 본다. 이 경우 종전에 도시·군관리계획으로 결정된 사항 중 고시 내용에 저촉되는 사항은 고시된 내용으로 변경된 것으로 본다.
>
> 답 ④

4 출제 예상문제

01 도시개발법령상 실시계획에 관한 설명으로 틀린 것은?

① 시행자는 지구단위계획이 포함된 실시계획을 작성하여야 한다.

② 시행자는 사업비의 100분의 10의 범위에서의 사업비의 증감 하는 경우 인가받은 실시계획에 관하여 변경인가를 받아야 한다.

③ 지정권자가 실시계획을 작성하거나 인가하는 경우 시·도지사가 지정권자이면 시장(대도시 시장은 제외)·군수 또는 구청장의 의견을 미리 들어야 한다.

④ 실시계획에는 사업 시행에 필요한 설계 도서, 자금 계획, 시행 기간, 그 밖에 대통령령으로 정하는 사항과 서류를 명시하거나 첨부하여야 한다.

⑤ 실시계획을 고시한 경우 그 고시된 내용 중 「국토의 계획 및 이용에 관한 법률」에 따라 도시·군관리계획(지구단위계획을 포함)으로 결정하여야 하는 사항은 같은 법에 따른 도시·군관리계획이 결정·고시된 것으로 본다.

해설 ✦ 인가를 받은 실시계획을 변경하거나 폐지하는 경우에 지정권자의 인가를 받아야 한다. 다만, 다음의 경미한 사항을 변경하는 경우에는 그러하지 아니하다.

> ① 사업시행지역의 변동이 없는 범위에서의 착오·누락 등에 따른 사업시행면적의 정정
> ② 사업시행면적의 100분의 10의 범위에서의 면적의 감소
> ③ 사업비의 100분의 10의 범위에서의 사업비의 증감
> ④ 「공간정보구축 및 관리에 관한 법률」에 따른 지적측량 결과를 반영하기 위한 변경

정답 ✦ ②

PART 2 도시개발법

테마 06 수용

1 출제예상과 학습포인트

✦ 기출횟수

제20회, 제22회, 제23회, 제24회, 제25회, 제26회, 제30회, 제32회, 제33회, 34회

✦ 35회 출제 예상

수용은 3년에 2문제 정도가 출제가 되는 테마로서 최근 3년 연속하여 출제가 되었다. 35회 시험에서도 여전히 중요한 테마인데 35회 출제가능성은 50% 정도이다

✦ 35회 중요도

★★

✦ 학습범위와 학습방법

수용은 의외로 논점이 많은 파트로서 시험에 출제를 하면 범위는 넓은데 각 파트별로 한 개의 논점을 지문으로 구성하여 폭 넓게 출제하는 경향이 있다. 그러므로 도시개발법의 수용파트에 어떤 제도가 있는지를 보고 전체에 대한 정리를 한 다음에 각 파트의 중요논점을 파악하고 있으면 좋겠다.

✦ 핵심쟁점

❶ 민간사업시행자 수용하는 경우 동의요건
❷ 공취법의 특례(사업인정고시의 특례, 재결기간의 특례)
❸ 토지상환채권의 발행 시 절차와 특징
❹ 원형지 전체면적에서 차지하는 비중
❺ 원형지 공급방법과 원형지 공급가격
❻ 토지공급의 방법 (경쟁입찰, 추첨, 수의계약의 구분)
❼ 개정된 내용인 조성토지공급계획의 지정권자승인과 의견청취
❽ 공급가격에서 감정가 이하로 주는 경우
❾ 선수금을 받기위한 요건

2 핵심 내용

[제 1 절] 수용과 토지상환채권

❶ 토지 등의 수용 또는 사용

1. 수용 등의 주체 : (조합 제외한 모든) 사업시행자가 수용할 수 있다.

2. 수용의 동의요건

① 민간사업시행자 → 면적 2/3를 소유하고 소유자총수 1/2이상의 동의를 받아야 한다.

② 동의요건 산정기준일은 도시개발구역지정·고시일 기준으로 산정하며, 기준일 이후에 취득한 토지에 대하여는 동의요건에 필요한 소유자총수에는 포함하고 이를 동의한 자의 수로 간주한다.

3. 준용법규 : 공·취·법 준용

4. 공·취·법의 특례

사업인정·고시의 특례	개발계획에서 토지의 세부목록을 고시한때
재결신청 기간의 특례	개발계획에서 정한 도시개발사업의 시행기간 종료일까지
사전현금보상의 특례	토지상환채권

❷ 토지상환채권의 발행

1. 의의 : 토지수용 시 사전·현금보상에 갈음하여 토지 또는 건물로 상환하는 채권으로 소유자가 원하는 경우 토지매수대금의 일부를 지급하기 위해서 발행한다.

2. 발행주체 : 사업시행자가 지정권자의 승인을 얻어 발행한다.

3. 지급보증 : 민간사업시행자의 발행 시 → 금융기관의 지급보증 필요

4. 이율 : 토지상환채권의 이율은 발행당시의 은행의 예금금리 및 부동산 수급상황을 고려하여 발행자가 정한다.

5. 발행방법과 채권의 이전

① **발행방법** : 기명증권으로 발행한다.

② **이전** : 토지상환채권을 이전하는 경우 취득자는 그 성명과 주소를 토지상환채권원부에 기재하여 줄 것을 요청하여야 한다.

③ **대항력** : 취득자의 성명과 주소가 토지상환채권에 기재되지 아니하면 취득자는 발행자 및 그 밖의 제3자에게 대항하지 못한다.

6. 발행규모 : 토지상환채권으로 상환할 토지·건물이 분양할 토지·건축물의 2분의 1을 초과하지 못한다.

[제 2 절] 원형지공급과 개발

❶ 원형지공급대상자와 면적

시행자는 지정권자의 승인을 받아 다음 어느 하나에 해당하는 자에게 도시개발구역 전체 토지 면적의 3분의 1 이내로 원형지를 공급하여 개발하게 할 수 있다.

---

1. 국가 또는 지방자치단체
2. 공공기관
3. 지방공사
4. 국가, 지방자치단체 또는 공공기관이 복합개발 등을 위하여 실시한 공모에서 선정된 자
5. 원형지를 학교나 공장 등의 부지로 직접 사용하는 자

---

❷ 지정권자의 조건부 승인

지정권자는 원형지공급의 승인을 할 때에는 이행조건을 붙일 수 있다.

❸ 원형지 공급계획의 제출 : 사업시행자가 지정권자에게

❹ 시행자는 공급계획에 따라 원형지개발자와 공급계약을 체결한 후 원형지개발자로부터 세부계획을 제출받아 이를 실시계획의 내용에 반영하여야 한다.

⑤ 원형지매각의 제한 : 국가 및 지방자치단체는 매각이 가능하다.

원형지개발자(국가 및 지방자치단체는 제외한다)는 10년의 범위에서 대통령령으로 정하는 기간 안에는 원형지를 매각할 수 없다. 다만, ① 이주용 주택이나 공공·문화 시설 ② 기반시설 용지 ③ 임대주택 용지 ④ 그 밖에 원형지개발자가 직접 조성하거나 운영하기 어려운 시설의 설치를 위한 용지로서 미리 지정권자의 승인을 받은 경우에는 예외로 한다.

"대통령령으로 정하는 기간"이란 다음 각 호의 기간 중 먼저 끝나는 기간을 말한다.
1. 원형지에 대한 공사완료 공고일부터 5년
2. 원형지 공급 계약일부터 10년

---

⑥ 지정권자의 원형지공급의 승인 취소사유

---

1. 시행자가 원형지의 공급 계획대로 토지를 이용하지 아니하는 경우
2. 원형지개발자가 세부계획의 내용대로 사업을 시행하지 아니하는 경우
3. 시행자 또는 원형지개발자가 이행조건을 이행하지 아니하는 경우

---

⑦ 사업시행자의 원형지공급계약 해제사유

시행자는 다음 각 호의 어느 하나에 해당하는 경우 원형지개발자에게 2회 이상 시정을 요구하여야 하고, 원형지개발자가 시정하지 않는 경우 원형지 공급계약을 해제할 수 있다.

---

1. 원형지개발자가 세부계획에서 정한 착수 기한 안에 공사에 착수하지 아니하는 경우
2. 원형지개발자가 공사 착수 후 세부계획에서 정한 사업 기간을 넘겨 사업 시행을 지연하는 경우
3. 공급받은 토지의 전부나 일부를 시행자의 동의 없이 제3자에게 매각하는 경우
4. 그 밖에 공급받은 토지를 세부계획에서 정한 목적대로 사용하지 아니하는 등 제4항에 따른 공급계약의 내용을 위반한 경우

---

⑧ 원형지개발자 선정방법

1. 원칙 : 원형지개발자의 선정은 수의계약의 방법으로 한다.

2. 예외 : 다만, 원형지를 학교나 공장 등의 부지로 직접 사용하는 원형지개발자의 선정은 경쟁입찰방식으로 하며, 경쟁입찰이 2회 이상 유찰된 경우에는 경우 수의계약의 방법으로 할 수 있다.

❾ 원형지공급가격

원형지 공급가격은 개발계획이 반영된 원형지의 감정가격에 시행자가 원형지에 설치한 기반시설 등의 공사비를 더한 금액을 기준으로 시행자와 원형지개발자가 협의하여 결정한다.

[제 3 절] 토지공급과 가격평가

❶ 수용 후 조성된 토지 등의 공급

1. 조성토지 등의 공급계획의 승인

시행자는 조성토지등을 공급하려고 할 때에는 조성토지등의 공급 계획을 작성하여 시장(대도시 시장은 제외한다)·군수 또는 구청장을 거쳐 지정권자에게 제출하여 지정권자의 승인을 받아야 한다. 다만, 국토교통부장관·특별자치도지사 또는 대도시 시장이 지정권자인 경우에는 지정권자에게 직접 제출하여 지정권자의 승인을 받아야 한다.

2. 조성토지 등의 공급계획의 의견청취

지정권자가 조성토지등의 공급 계획을 작성하거나 승인하는 경우
① 국토교통부장관이 지정권자이면 시·도지사 또는 대도시 시장의 의견을,
② 시·도지사가 지정권자이면 시장(대도시 시장은 제외한다)·군수 또는 구청장의 의견을 미리 들어야 한다.

3. 공급조건

시행자는 조성토지 등을 조성토지의 공급계획에 따라 조성토지등을 공급하여야 한다.

4. 조성토지 공급방법

① 원칙 : 경쟁입찰 방법
② 예외 : 추첨의 방법

> 1. 국민주택규모(85㎡) 이하의 주택건설용지 다만, 공공사업시행자가 임대주택 건설용지를 공급하는 경우에는 추첨의 방법으로 분양하여야 한다.
> 2. 공공택지
> 3. 330㎡ 이하의 단독주택용지
> 4. 공장용지

③ 예외 : 수의계약 : 반드시 공급해야할 학교·공공청사 등의 토지를 공급하는 경우

❷ 조성토지의 가격평가

수용	① 원칙 : 조성토지의 가격평가는 감정가격으로 한다. ② 예외 : 학교, 폐기물처리시설, 임대주택용지 등과 같이 공공목적으로 사용되는 토지는 감정평가한 가격이하로 할 수 있다. 다만, 공공사업시행자에게 임대주택 건설용지를 공급하는 경우에는 해당 토지의 가격을 감정평가한 가격 이하로 정하여야 한다.
환지	시행자는 환지방식이 적용되는 도시개발구역 안의 토지 등의 가격을 평가하고자 할 때에는 토지평가협의회 심의를 거쳐 결정하되, 그에 앞서 감정평가법인으로 하여금 평가하게 하여야 한다.

❸ 선수금 : 선수금을 미리 받으려면 지정권자의 승인을 받아야 한다.

1. 공공사업시행자의 선수금 요건 : 개발계획을 수립·고시한 후에 사업시행 토지면적의 100분의 10 이상의 토지에 대한 소유권을 확보할 것(사용동의를 포함한다)

2. 민간사업시행자의 선수금 요건

① 공급하려는 토지에 대한 소유권을 확보하고, 해당 토지에 설정된 저당권을 말소하였을 것.

② 공급하려는 토지에 대한 도시개발사업의 공사진척률이 100분의 10 이상일 것

③ 공급계약의 불이행 시 선수금의 환불을 담보하기 위하여 보증서 등을 지정권자에게 제출할 것.

3 대표 기출문제

제34회 출제

01 도시개발법령상 원형지의 공급과 개발에 관한 설명으로 옳은 것은?

① 원형지를 공장 부지로 직접 사용하는 원형지개발자의 선정은 경쟁입찰의 방식으로 하며, 경쟁입찰이 2회 이상 유찰된 경우에는 수의계약의 방법으로 할 수 있다.

② 지정권자는 원형지의 공급을 승인할 때 용적률 등 개발 밀도에 관한 이행조건을 붙일 수 없다.

③ 원형지 공급가격은 원형지의 감정가격과 원형지에 설치한 기반시설 공사비의 합산 금액을 기준으로 시·도의 조례로 정한다.

④ 원형지개발자인 지방자치단체는 10년의 범위에서 대통령령으로 정하는 기간 안에는 원형지를 매각할 수 없다.

⑤ 원형지개발자가 공급받은 토지의 전부를 시행자의 동의 없이 제3자에게 매각하는 경우 시행자는 원형지개발자에 대한 시정요구 없이 원형지 공급계약을 해제할 수 있다.

해설

② 지정권자는 원형지의 공급을 승인할 때 이행조건을 붙일 수 있다.

③ 원형지 공급가격은 원형지의 감정가격과 원형지에 설치한 기반시설 공사비의 합산 금액을 기준으로 시행자와 원형지개발자가 협의하여 결정한다.

④ 국가나 지방자치단체는 원형지를 매각할 수 있다.

⑤ 원형지개발자의 위반행위에 대하여 2회 이상 시정요구 후 이행하지 않는 경우 공급계약을 해제할 수 있다.

답 ①

제33회 출제

02 도시개발법령상 「지방공기업법」에 따라 설립된 지방공사가 단독으로 토지상환채권을 발행하는 경우에 관한 설명으로 옳은 것은?

① 「은행법」에 다른 은행으로부터 지급보증을 받은 경우에만 토지상환채권을 발행할 수 있다.

② 토지상환채권의 발행규모는 그 토지상환채권으로 상환 할 토지·건축물이 해당 도시개발사업으로 조정되는 분양토지 또는 분양건축물 면적의 2분의 1을 초과하지 아니하도록 하여야 한다.

③ 토지상환채권은 이전할 수 없다.

④ 토지가격의 추산방법은 토지상환채권의 발행계획에 포함되지 않는다.

⑤ 토지등의 매수 대금 일부의 지급을 위하여 토지상환채권을 발행할 수 없다.

해설

① 지방공사는 지급보증을 받지 않고 토지상환채권을 발행할 수 있다.

③ 토지상환채권도 일정한 사유가 있는 경우 이전할 수 있다.

④ 토지가격의 추산방법도 토지상환채권의 발행계획에 포함되는 내용이다.

⑤ 토지상환채권은 토지매수대금 일부를 지급하기 위하여 발행한다.

정답 ②

---

4 출제 예상문제

01 도시개발법령상 도시개발사업을 수용·사용방식에 의하여 시행하는 경우 토지 등의 수용·사용에 관한 설명 중 옳은 것은?

① 사업시행자(조합포함)는 도시개발사업에 필요한 토지를 수용할 수 있다.

② 지방공사가 도시개발사업에 필요한 토지등을 수용하려면 사업대상 토지면적의 3분의 2 이상에 해당하는 토지를 소유하고 토지소유자 총수의 2분의 1 이상에 해당하는 자의 동의를 얻어야 한다.

③ 수용방식의 모든 시행자는 토지소유자가 원하면 토지등의 매수대금의 일부를 지급하기 위하여 사업시행으로 조성된 토지·건축물로 상환하는 토지상환채권을 발행할 수 있다.

④ 토지상환채권은 기명증권 또는 무기명 증권으로 발행한다.

⑤ 도시개발구역의 지정·고시를 공익사업을 위한 토지 등의 취득 및 보상에 관한 법률에 의한 사업인정·고시로 간주한다.

해설 ✦ ① 수용방식의 모든 시행자(조합제외)는 필요한 토지등을 수용할 수 있다.
② 지방공사는 수용하는 경우 동의가 필요없다. 민간사업시행자인 경우 동의를 받는다.
④ 기명증권으로 발행한다.
⑤ 개발계획에서 토지 등의 세부목록을 고시한 때 공·취·법의 사업인정고시가 있는 것으로 본다.

정답 ✦ ③

02 도시개발법령상 수용방법으로 시행하는 사업에서 조성된 토지의 공급에 대한 다음 설명 중 틀린 것은?

① 행정청이 아닌 시행자는 조성토지 등을 공급하려고 할 때에는 조성토지 등의 공급 계획을 작성하거나 변경하여 시장(대도시 시장을 제외)·군수 또는 구청장을 거쳐 지정권자에게 제출하여 지정권자의 승인을 받아야 한다.

② 지정권자가 조성토지 공급계획을 승인하는 경우 국토교통부장관인 지정권자는 시·도지사 또는 대도시시장의 의견을 시·도지사는 시장·군수·구청장의 의견을 들어야 한다.

③ 시행자는 조성토지등을 공급계획에 따라 공급하여야 한다. 이 경우 시행자는 필요하면 공급 대상자의 자격을 제한하거나 공급조건을 부여할 수 있다.

④ 조성토지등의 공급은 경쟁입찰의 방법에 따르며, 조성토지의 가격 평가는 감정가격으로 한다.

⑤ 공공사업시행자에게 임대주택 건설용지를 공급하는 경우에는 해당토지 가격을 감정평가가격 이하로 정할 수 있다.

해설 ✦ ⑤ 공공사업시행자에게 임대주택 건설용지를 공급하는 경우에는 해당토지 가격을 감정평가가격이하로 정할 수 있는 게 아니라 감정평가 가격 이하로 정하여야 한다.

정답 ✦ ⑤

테마 07 환지계획과 환지처분

1 출제예상과 학습포인트

✦ 기출횟수

매년출제

✦ 35회 출제 예상

환지계획과 환지처분은 두 개를 합쳐서 출제는 매년 이루어지는 파트이다. 2문제의 출제가 이루어진 경우도 많았는데 35회 시험에서도 출제가능성은 100%이다

✦ 35회 중요도

★★★

✦ 학습범위와 학습방법

환지계획은 환지처분을 위한 전제조건으로 환지처분의 기준이 되므로 환지계획의 내용을 중심으로 학습을 하면서 환지계획 작성방법의 특례를 정리하고, 토지부담률 등에 대한 이해도를 높이면 좋겠다.

이와 더불어 환지예정지는 사용과 수익의 관점에서 종전토지와 환지예정지를 구분하면서 이해를 하여야 한다. 환지계획에서 만약에 문제가 어렵게 출제가 된다면 환지계획변경을 변경하는 경우 변경의 인가를 생략하는 사유와 국토교통부령(시행규칙)에 있는 환지계획 작성기준을 공부하면 득점에 도움이 될 것이다.

환지처분은 물권변동이 이루어진 이후에 발생하는 문제이므로 권리변동관계를 이해하고 있어야 한다. 민법의 일부 내용이 이해에 도움을 주는 경우가 많다. 암기의 테마라고 하기 보다는 완전히 이해를 하면 그렇게 어렵지 않은 파트이다.

✦ 핵심쟁점

❶ 환지계획 작성의 원칙과 특례
❷ 환지계획을 변경하는 경우 변경의 인가를 생략하는 경미한 사항
❸ 환지계획 작성의 기준(국토교통부 령인 시행규칙을 학습)
❹ 토지부담률
❺ 환지예정지 효력발생기간, 용익권자 보호규정, 체비지목적의 예정지
❻ 환지처분 시 따라가는 권리와 따라가지 않는 권리를 명확히 구분
❼ 청산금의 결정시기와 확정시기, 청산금의 소멸시효
❽ 등기는 누가? 언제? 환지등기 전에 다른 등기여부?

2 핵심 내용

[제 1 절] 환지계획

❶ 환지계획의 작성

1. 작성주체 : 사업시행자

2. 인가 : 행정청이 아닌 시행자가 환지계획 작성한 경우는 특별자치도지사·시장·군수·구청장의 인가를 받아야 한다. 인가받은 내용을 변경하려는 경우에도 변경의 인가를 받아야 한다. 다만, 다음의 경미한 사항을 변경하는 경우에는 변경의 인가를 생략할 수 있다.

> 1. 종전 토지의 합필 또는 분필로 환지명세가 변경되는 경우
> 2. 토지 또는 건축물 소유자(체비지인 경우에는 시행자 또는 체비지 매수자를 말한다)의 동의에 따라 환지계획을 변경하는 경우. 다만, 다른 토지 또는 건축물 소유자에 대한 환지 계획의 변경이 없는 경우로 한정한다.
> 3. 「공간정보의 구축 및 관리 등에 관한 법률」에 따른 지적측량의 결과를 반영하기 위하여 환지 계획을 변경하는 경우
> 4. 환지로 지정된 토지나 건축물을 금전으로 청산하는 경우

3. 도시개발사업 일부를 환지방식으로 해도 환지계획은 작성해야 한다.

✦ 환지계획은 고시하지 않는다(환지계획의 인가로서 효력이 발생하고, 개별통지가 이루어지기 때문).

❷ 환지계획의 내용

> 1. 환지설계(↳ 환지설계는 평가식을 원칙으로 한다.)
> 2. 필지별로 된 환지명세
> 3. 필지별과 권리별로 된 청산대상 토지명세
> 4. 체비지 또는 보류지의 명세
> 5. 입체환지를 계획하는 경우에는 입체 환지용 건축물의 명세와 입체환지에 따른 주택공급에 관한 사항

❸ 환지계획 작성의 기준 : 국토교통부령으로 정한다.

1. 시행자는 환지 계획을 작성할 때에는 환지계획구역별로 작성하여야 하며, 실시계획 인가 사항, 환지계획구역의 시가화 정도, 토지의 실제 이용 현황과 경제적 가치 등을 종합적으로 고려하여야 한다.
2. 환지설계는 평가식(도시개발사업 시행 전후의 토지의 평가가액에 비례하여 환지를 결정하는 방법을 말한다. 이하 같다)을 원칙으로 하되, 환지지정으로 인하여 토지의 이동이 경미하거나 기반시설의 단순한 정비 등의 경우에는 면적식(도시개발사업 시행 전의 토지 및 위치를 기준으로 환지를 결정하는 방식을 말한다. 이하 같다)을 적용할 수 있다. 이 경우 하나의 환지계획구역에서는 같은 방식을 적용하여야 하며, 입체 환지를 시행하는 경우에는 반드시 평가식을 적용하여야 한다.
3. 토지 또는 건축물은 필지별, 건축물 별로 환지한다. 이 경우 하나의 대지에 속하는 동일인 소유의 토지와 건축물은 분리하여 입체 환지를 지정할 수 없다.
4. 시행자는 과소 토지 등에 대하여 2 이상의 토지 또는 건축물 소유자의 신청을 받아 환지 후 하나의 토지나 구분건축물에 공유로 환지를 지정할 수 있다. 이 경우 환지를 지정받은 자는 다른 환지를 지정받을 수 없다.
5. 시행자는 「집합건물의 소유 및 관리에 관한 법률」에 해당하는 건축물을 건축할 용도로 계획된 토지에 대하여 2 이상의 토지 소유자의 신청을 받아 공유로 환지를 지정할 수 있다.
6. 시행자는 동일인이 소유한 2 이상의 환지 전 토지 또는 건축물에 대하여 환지 후 하나의 토지 또는 구분건축물에 환지를 지정할 수 있다.
7. 시행자는 하나의 환지 전 토지에 대하여 2 이상의 환지 후 토지 또는 구분건축물에 환지를 지정(이하 "분할환지"라 한다)할 수 있다. 이 경우 분할환지로 지정되는 각각의 권리면적은 과소토지 규모 이상이어야 한다.
8. 7.에도 불구하고, 「집합건물의 소유 및 관리에 관한 법률」에 따른 대지사용권에 해당하는 토지지분은 분할환지 할 수 없다.
9. 시행자는 환지 계획을 변경하는 경우에는 환지계획 당시의 방식 및 기준에 따라야 한다. 다만, 환지계획구역이 변동되는 등의 사유로 당초의 방식 또는 기준을 따를 수 없는 경우에는 그러하지 아니하다.
10. 환지설계 시 적용되는 토지·건축물의 평가액은 최초 환지계획인가 시를 기준으로 하여 정하고 변경할 수 없으며, 환지 후 토지·건축물의 평가액은 실시계획의 변경으로 평가 요인이 변경된 경우에만 환지 계획의 변경 인가를 받아 변경할 수 있다.

❹ 환지계획의 작성의 방법

1. 원칙 : 위치·지목·면적·토질·수리·이용상황·환경을 종합고려 ⇒ 적용환지 원칙

2. 특례

① **동의에 의한 환지부지정** : 임차권자가 있으면 임차권자의 동의를 얻어야

② **공공시설용지 등의 특례** : 공공시설용지에 환지계획을 정함에 있어 그 위치·면적 등에 관한 환지계획 작성기준을 적용하지 아니할 수 있다.

③ **국가·지자체가 소유한 공공시설에 대체되는 새로운 공공시설을 설치한 경우** 종전 공공시설의 전부 또는 일부가 용도폐지 되거나 변경되어 사용하지 않게 될 토지에 대하여 : 환지를 정하지 아니하며 다른 토지의 환지대상으로 하여야 한다.

④ 체비지·보류지 : 시행자는 도시개발사업에 필요한 경비에 충당하거나 규약·정관·시행규정이 정하는 목적을 위하여 일정한 토지를 보류지로 정할 수 있고, 그 중 일부를 체비지로 정하여 도시개발사업에 필요한 경비에 충당할 수 있다.

3. 과소토지의 기준

과소 토지의 기준이 되는 면적은 환지계획상 환지의 면적이 「건축법 시행령」에서 정하는 대지의 분할 제한 면적 범위에서 시행자가 규약·정관 또는 시행규정으로 정한다. 이 경우 과소 토지 여부의 판단은 권리면적을 기준으로 한다.

❺ 토지부담률

1. 시행자는 다음 기준에 따라 토지부담률을 산정하여야 한다.

> 1. 공공시설용지의 면적을 명확히 파악하고, 환지 전후의 지가변동률 및 인근 토지의 가격을 고려하여 체비지를 책정함으로써 토지부담률을 적정하게 할 것
> 2. 기존 시가지·주택밀집지역 등 토지의 이용도가 높은 지역과 저지대·임야 등 토지의 이용도가 낮은 지역에 대하여는 토지부담률을 차등하여 산정하되, 사업시행 전부터 도로·상하수도 등 기반시설이 갖추어져 있는 주택지에 대하여는 토지부담률을 최소화할 것
> 3. 면적식으로 환지 설계를 하는 경우 지목상 전·답·임야이나 사실상 형질변경 등으로 대지가 된 토지와 도로 등 공공시설을 이 지방자치단체에 기부채납 또는 무상귀속시킨 토지는 그에 상당하는 비용을 고려하여 토지부담률을 산정할 것

2. 환지계획구역의 평균 토지부담률은 50%를 초과할 수 없다. 다만, 해당 환지계획구역의 특성을 고려하여 지정권자가 인정하는 경우에는 60%까지로 할 수 있으며, 환지계획구역안의 토지소유자 2/3가 동의하는 경우에는 60%를 초과하여 정할 수 있다.
3. 환지계획구역의 평균 토지부담률은 다음의 계산식에 따라 산정한다.

$$\frac{\text{보류지 면적} - (① \text{ 사업시행자에게 무상귀속되는 공공시설의 면적} + ② \text{ 시행자가 소유하는 토지})}{\text{환지계획구역면적} - (① \text{ 사업시행자에게 무상귀속되는 공공시설의 면적} + ② \text{ 시행자가 소유하는 토지})} \times 100$$

4. 시행자는 사업시행 중 부득이한 경우를 제외하고는 토지 소유자에게 부담을 주는 토지부담률의 변경을 하여서는 아니 된다.
5. 환지계획구역의 외부와 연결되는 환지계획구역안의 도로로서 너비 25m 이상의 간선도로는 토지 소유자가 도로의 부지를 부담하고, 관할 지방자치단체가 공사비를 보조하여 건설할 수 있다.

❻ 입체환지

1. 의의 : 토지 또는 건물소유자의 신청에 따라 건물의 일부와 대지 지분을 부여하는 환지를 말한다.
(용익권자의 동의 × 과소토지에 국한 ×)

2. 입체환지 부지정 : 입체 환지를 신청하는 자의 종전 소유 토지 및 건축물의 권리가액이 도시개발사업으로 조성되는 토지에 건축되는 구분건축물의 최소 공급 가격의 70% 이하인 경우에는 시행자가 신청대상에서 제외할 수 있다. 다만, 환지 전 토지에 주택을 소유하고 있던 토지 소유자는 권리가액과 관계없이 입체 환지를 신청할 수 있다.

3. 입체환지 신청통지 및 신청기간(분양통지 및 분양신청)

① 입체환지의 경우 시행자는 환지계획 작성 전에 토지소유자(건축물 소유자를 포함한다)에게 (분양)통지하고 해당 지역에서 발행되는 일간신문에 (분양)공고하여야 한다.

② 입체환지의 신청기간은 (분양)통지한 날부터 30일 이상 60일 이하로 한다. 다만, 시행자는 환지계획의 작성에 지장이 없다고 판단하는 경우 20일의 범위에서 연장할 수 있다.

4. 입체 환지에 따른 주택 공급 : 1세대 1주택공급의 원칙

① 1세대 1주택공급의 특례 : 다음은 소유한 주택의 수만큼 공급할 수 있다.

> 1. 과밀억제권역에 위치하지 아니하는 도시개발구역의 토지 소유자
> 2. 근로자(공무원인 근로자를 포함한다) 숙소나 기숙사의 용도로 주택을 소유하고 있는 토지 소유자
> 3. 공공부분의 사업시행자

② 일반공급의 우선순위 : 시행자는 입체 환지에 따른 주택 등을 공급하고 남은 건축물은 일반에게 공급하되, 환지대상에서 제외되어 도시개발사업으로 새로 조성된 토지를 환지받지 못하고 금전으로 청산을 받은 자 또는 도시개발사업으로 철거되는 건축물의 세입자에게 우선적으로 공급할 수 있다.

❼ 환지에서 토지 등의 가격평가

시행자는 환지방식이 적용되는 도시개발구역 안의 토지 등의 가격을 평가하고자 할 때에는 토지평가협의회 심의를 거쳐 결정하되, 그에 앞서 감정평가법인으로 하여금 평가하게 하여야 한다.

[제 2 절] 환지예정지

❶ 환지예정지 지정방법

사업시행자가 환지예정지를 지정하며, 임차권자 등이 있을 때에는 임차권자의 권리를 함께 지정하여야 한다. 환지예정지 지정의 공고는 소유자나 임차권자에게 환지예정지지정의 효력발생시기를 알려야 한다. (그러므로 별도로 공고하지는 않는다 ⇨ 개별통지를 하기 때문에)

❷ 환지예정지 지정효과

1. 효력발생기간 : 환지예정지 지정 효력발생일부터 ~ 환지처분 공고일까지

	환지예정지를 지정받은 토지소유자나 임차권자의 권리	환지예정지의 종전 토지소유권자나 임차권자의 권리
환지예정지	사용·수익권능 취득	사용·수익권능 상실 → 수인의무
종전토지	처분 ×	처분할 수 있다.

2. 체비지 목적의 환지예정지

   ① 체비지에 환지예정지가 지정된 경우 → 사용·수익뿐만 아니라 처분도 가능

   ② 처분된 체비지의 소유권 : 매수인이 소유권 이전등기 시 소유권 취득

3. 용익권자 권리조정

   ① 임대료 등의 증감청구권 발생

   ② 권리의 포기·계약의 해지

   ③ 손실보상청구권 : 시행자에게 청구할 수 있다. → 시행자는 토지, 건물의 소유자나 그로 인해 이익을 받을 자에게 사후구상권을 행사 할 수 있다.

   ④ 용익권자 권리행사기간 : 환지예정지 효력발생일로부터 60일 이내

   ✦ 환지처분 시 에는 환지처분공고일부터 60일 이내에 권리행사

4. 환지예정지 지정으로 사용·수익이 정지된 토지의 관리

   → 환지처분 공고일까지 사업시행자가 관리한다.(시·군·구 아님 유의)

[제3절] 환지처분

❶ 환지처분

1. 절차 : 환지계획 → 인가 → 착수, 완료 → 공사완료 공고 → 준공검사 → (60일내)환지처분

2. 환지처분의 효과

① 권리의 이전 : 소유권자는 환지처분공고일 다음날 (00시) 소유권을 취득(종전토지로 본다)하며, 종전토지의 저당권·용익권은 공고일 다음날 환지위로 자동으로 이전한다.

② 환지부지정 토지에 존재하던 권리 : 환지처분공고일이 종료(24시)할 때 소멸한다.

③ 입체환지 : 환지처분공고일 다음날 건축물의 일부와 대지의 공유지분 취득한다. 이 경우 종전토지의 대한 저당권은 새로운 건물과 대지지분 위로 이전한다.

④ 체비지 : 사업시행자가 소유권 취득

보류지 : 환지계획에서 정한 자가 소유권취득

⑤ 지역권은 종전 토지에 그대로 존속하며, 행사할 이익이 없는 지역권의 경우 환지처분 공고일이 종료하는 때 소멸

⑥ 행정상·재판상의 처분으로 종전 토지에 전속하는 권리는 종전토지에 그대로 존속(예 : 용도지역·지구의 지정·증거보전처분 등)

❷ 청산금

1. 청산금 결정시기 : 청산금은 환지처분을 하는 때 결정하여야 한다. 다만 환지대상에서 제외한 토지 등에 하여는 청산금을 교부하는 때에 이를 결정할 수 있다.

2. 청산금 확정시기 : 환지처분 공고가 있는 날의 다음 날 확정

3. 청산금의 징수·교부시기 : 청산금은 환지처분 공고 후 확정된 청산금 징수하거나 교부하여야 한다. 그러나 예외적으로 환지부지정 토지는 환지처분 전 이라도 미리 청산금을 교부 할 수 있다.

4. 청산금의 교부와 징수 : 분할징수·교부 / 강제징수 / 공탁가능

5. 소멸시효 : (환지처분공고 다음날부터) 5년간 행사하지 않으면 소멸한다.

❸ 환지등기

1. 등기주체 및 방법 : 사업시행자가 단독 또는 촉탁등기하며 일괄등기 한다.

2. 시기 : 환지처분 공고 후 14일 이내에 등기의무 (정비법은 지체없이)

3. 다른 등기 여부 : 환지등기 전에는 다른 등기는 할 수 없다. 단, 다른 등기 원인 있음을 증명한 경우에는 그러하지 않다.

❹ 조성토지의 준공 전 사용

준공검사 전 또는 공사완료 공고 전에는 조성토지 등(체비지는 제외한다)을 사용할 수 없다. 다만, 사업시행의 지장 여부를 확인받는 등 그 범위를 정하여 준공 전 지정권자로부터 사용허가를 받은 경우에는 그러하지 아니하다.

3 | 대표 기출문제

제31회 출제

01 도시개발법령상 환지 방식에 의한 사업 시행에 관한 설명으로 틀린 것은?

① 지정권자는 도시개발사업을 환지 방식으로 시행하려고 개발계획을 수립할 때에 시행자가 지방자치단체이면 토지 소유자의 동의를 받을 필요가 없다.

② 시행자는 체비지의 용도로 환지 예정지가 지정된 경우에는 도시개발사업에 드는 비용을 충당하기 위하여 이를 처분할 수 있다.

③ 도시개발구역의 토지에 대한 지역권은 도시개발사업의 시행으로 행사할 이익이 없어지면 환지처분이 공고된 날이 끝나는 때에 소멸한다.

④ 지방자치단체가 도시개발사업의 전부를 환지 방식으로 시행하려고 할 때에는 도시개발사업의 시행규정을 작성하여야 한다.

⑤ 행정청이 아닌 시행자가 인가받은 환지 계획의 내용 중 종전 토지의 합필 또는 분필로 환지 명세가 변경되는 경우에는 변경인가를 받아야 한다.

해설

인가받은 환지계획 중 다음의 경미한 사항의 경우에는 변경의 인가를 받지 않는다.

1. 종전 토지의 합필 또는 분필로 환지명세가 변경되는 경우
2. 토지 또는 건축물 소유자(체비지인 경우에는 시행자 또는 체비지 매수자를 말한다)의 동의에 따라 환지 계획을 변경하는 경우. 다만, 다른 토지 또는 건축물 소유자에 대한 환지 계획의 변경이 없는 경우로 한정한다.
3. 「공간정보의 구축 및 관리 등에 관한 법률」에 따른 지적측량의 결과를 반영하기 위하여 환지 계획을 변경하는 경우
4. 환지로 지정된 토지나 건축물을 금전으로 청산하는 경우

답 ⑤

제34회 출제

02 도시개발법령상 환지 설계를 평가식으로 하는 경우 다음 조건에서 환지 계획에 포함되어야 하는 비례율은? (단, 제시된 조건 이외의 다른 조건은 고려하지 않음)

- 총 사업비 : 250억원
- 환지 전 토지·건축물의 평가액 합계: 500억원
- 도시개발사업으로 조성되는 토지·건축물의 평가액합계: 1,000억원

① 100%   ② 125%   ③ 150%   ④ 200%   ⑤ 250%

해설

비례율은 개발사업 후 자산가액(1,000억) – 사업비(250억) / 환지 전 자산가액 (500억) = 150% 이다.

답 ③

제33회 출제

03 도시개발법령상 환지처분에 관한 설명으로 틀린 것은?

① 도시개발구역의 토지 소유자나 이해관계인은 환지 방식에 의한 도시개발사업 공사 관계 서류의 공람 기간에 시행자에게 의견서를 제출 할 수 있다.

② 환지를 정하거나 그 대상에서 제외한 경우 그 과부족분(過不足分)은 금전으로 청산하여야 한다.

③ 시행자는 지정권자에 의한 준공검사를 받은 경우에는 90일 이내에 환지처분을 하여야한다.

④ 시행자가 환지처분을 하려는 경우에는 환지 계획에서 정한 사항을 토지 소유자에게 알리고 관보 또는 공보에 의해 이를 공고하여야 한다.

⑤ 환지 계획에서 정하여진 환지는 그 환지 처분이 공고된 날의 다음 날부터 종전의 토지로 본다.

> **해설**
> ③ 시행자는 지정권자에 의한 준공검사를 받은 경우에는 90일이 아니라 60일 이내에 환지처분을 하여야 한다.
>
> 답 ③

제34회 출제

04 도시개발법령상 환지 방식에 의한 사업 시행에서의 청산금에 관한 설명으로 틀린 것은?

① 시행자는 토지 소유자의 동의에 따라 환지를 정하지 아니하는 토지에 대하여는 환지처분 전이라도 청산금을 교부할 수 있다.

② 토지 소유자의 신청에 따라 환지 대상에서 제외한 토지에 대하여는 청산금을 교부하는 때에 청산금을 결정할 수 없다.

③ 청산금을 받을 권리나 징수할 권리를 5년간 행사하지 아니하면 시효로 소멸한다.

④ 청산금은 대통령령으로 정하는 바에 따라 이자를 붙여 분할징수하거나 분할교부할 수 있다.

⑤ 행정청이 아닌 시행자가 군수에게 청산금의 징수를 위탁한 경우 그 시행자는 군수가 징수한 금액의 100분의 4에 해당하는 금액을 해당 군에 지급하여야 한다.

> **해설**
> 청산금은 환지처분을 하는 때에 이를 결정하여야 한다. 다만 환지대상에서 제외한 토지 등에 하여는 청산금을 교부하는 때에 이를 결정할 수 있다.
>
> 답 ②

3 대표 기출문제

01 도시개발법령상 환지계획에 변경에 관한 내용 중 환지계획의 변경인가를 생략할 수 있는 경미한 경우는?

ㄱ. 종전 토지의 합필 또는 분필로 환지명세가 변경되는 경우
ㄴ. 토지 또는 건축물 소유자(체비지인 경우에는 시행자 또는 체비지 매수자를 말한다)의 동의에 따라 환지 계획을 변경하는 경우. 다만, 다른 토지 또는 건축물 소유자에 대한 환지 계획의 변경이 없는 경우로 한정한다.
ㄷ. 「공간정보의 구축 및 관리 등에 관한 법률」에 따른 지적측량의 결과를 반영하기 위하여 환지 계획을 변경하는 경우
ㄹ. 환지로 지정된 토지나 건축물을 금전으로 청산하는 경우

① ㄱ   ② ㄱ, ㄷ   ③ ㄱ, ㄴ
④ ㄱ, ㄴ, ㄷ   ⑤ ㄱ, ㄴ, ㄷ, ㄹ

해설 ✦ 모두 다 경미한 사항의 변경으로 변경의 인가를 받지 않는다.

1. 종전 토지의 합필 또는 분필로 환지명세가 변경되는 경우
2. 토지 또는 건축물 소유자(체비지인 경우에는 시행자 또는 체비지 매수자를 말한다)의 동의에 따라 환지 계획을 변경하는 경우. 다만, 다른 토지 또는 건축물 소유자에 대한 환지 계획의 변경이 없는 경우로 한정한다.
3. 「공간정보의 구축 및 관리 등에 관한 법률」제2조제4호에 따른 지적측량의 결과를 반영하기 위하여 환지 계획을 변경하는 경우
4. 환지로 지정된 토지나 건축물을 금전으로 청산하는 경우

정답 ✦ ⑤

02 **도시개발법령상 환지계획의 기준에 대한 설명이다. 틀린 것은?**

> ㄱ. 환지설계는 평가식을 원칙으로 하되. 환지지정으로 인하여 토지의 이동이 경미하거나 기반시설의 단순한 정비 등의 경우에는 면적식을 적용할 수 있다.
>
> ㄴ. 하나의 환지계획구역에서는 같은 방식을 적용하여야 하며, 입체 환지를 시행하는 경우에는 반드시 면적식을 적용하여야 한다.
>
> ㄷ. 토지[대지사용권에 해당하는 토지지분을 포함한다] 또는 건축물(구분소유권에 해당하는 건축물 부분을 포함 한다)은 필지별, 건축물 별로 환지한다. 이 경우 하나의 대지에 속하는 동일인 소유의 토지와 건축물은 분리하여 입체 환지를 지정할 수 없다
>
> ㄹ. 환지설계 시 적용되는 토지·건축물의 평가액은 실시 계획인가 시를 기준으로 하여 정하고 변경할 수 없는 게 원칙이다.

① ㄱ, ㄴ   ② ㄴ, ㄷ   ③ ㄱ, ㄹ   ④ ㄴ, ㄹ   ⑤ ㄷ, ㄹ

해설 ✦ ㄴ. 입체환지는 반드시 평가식으로 하여야 한다.
　　　ㄹ. 환지설계 시 적용되는 토지·건축물의 평가액은 최초 환지계획인가 시를 기준으로 하여 정하고 변경할 수 없는 게 원칙이다.

정답 ✦ ④

03 도시개발법령상 조합인 시행자가 면적으로 환지 계획을 수립하여 환지 방식에 의한 사업 시행을 하는 경우, 환지계획구역의 평균토지부담률(%)은 얼마인가? (단, 다른 조건은 고려하지 않음)

- 환지계획구역 면적 : 250,000㎡
- 공공시설의 설치로 시행자에게 무상귀속되는 토지면적 : 25,000㎡
- 시행자가 소유하는 토지면적 : 25,000㎡
- 체비지 면적 : 50,000㎡
- 보류지 면적 : 150,000㎡

① 40% ② 45% ③ 50% ④ 55% ⑤ 60%

해설 ✦ ③ 토지부담률

$$\frac{\text{보류지 면적} - (① \text{ 사업시행자에게 무상귀속되는 공공시설의 면적} + ② \text{ 시행자가 소유하는 토지})}{\text{환지계획구역면적} - (① \text{ 사업시행자에게 무상귀속되는 공공시설의 면적} + ② \text{ 시행자가 소유하는 토지})} \times 100$$

150,000㎡ − 50.000㎡ / 250.000㎡ − 50.000㎡ = 50%

정답 ✦ ③

1 출제예상과 학습포인트

✦ 기출횟수

　제21회, 제24회, 제28회, 제29회, 제32회

✦ 35회 출제 예상

　부동산공법에서는 4개의 채권 중 채권이 한 개가 시험에서 출제가 이루어지는 데 32회와 33회 시험에서는 채권에서 2문제가 출제가 되었다. 그런 연유로 34회 시험에서는 채권이 출제가 되지 않았다. 도시개발채권은 35회 시험에서 출제가능성은 34회 시험보다는 조금 높아 보이며, 출제가능성은 50% 정도이다.

✦ 35회 중요도

　★★

✦ 학습범위와 학습방법

　본서에 언급된 정도만 알고 있으면 되는 정도로 시·도지사가 발행하여 통제를 행정안전부장관이 한다는 사실은 꼭 기억하고 있어야 한다. 그 외에 소멸시효와 상환기간, 매입의무자가 자주 지문으로 출제가 이루어진다.

✦ 핵심쟁점

　❶ 누가 발행하여 누구의 통제를 받는지
　❷ 발행방법
　❸ 상환기간과 소멸시효
　❹ 매입의무자는 누구인지

2 핵심 내용

1. **목적** : 도시개발사업 또는 도시·군 계획시설사업에 필요한 자금을 조달

2. **발행권자** : 시·도지사가 행정안전부장관의 승인을 받아서 발행

3. **발행방법** : 등록발행하거나 무기명으로

4. **이율** : 해당 시·도의 조례로 정하되, 행정안전부장관의 승인을 받아야 한다.

5. **상환기간** : 5년 내지 10년의 범위 안에서 지방자치단체의 조례로 정함

6. **소멸시효** : 상환일부터 기산하여 원금은 5년, 이자는 2년

7. **도시개발채권의 매입의무** : 다음의 경우는 도시개발채권을 매입하여야 한다.

> 1. 공공사업시행자와 도시개발사업의 시행을 위한 공사의 도급계약을 체결하는 자
> 2. 토지소유자 및 조합·수도권 외로 이전하는 법인·능력이 있다고 인정되는 자, 공동출자법인 으로서 (민간 사업시행자) 도시개발사업을 시행하는 자
> 3. 국토계획법 개발행위허가 규정에 의한 토지형질변경허가를 받은 자

3 대표 기출문제

제32회 출제

01 도시개발법령상 도시개발채권에 관한 설명으로 옳은 것은?

① '국토의 계획 및 이용에 관한 법률'에 따른 공작물의 설치허가를 받은 자는 도시개발채권을 매입하여야 한다.

② 도시개발채권의 이율은 기획재정부장관이 국채·공채등의 금리와 특별회계의 상황 등을 고려하여 정한다.

③ 도시개발채권을 발행하려는 시·도지사는 기획재정부장관의 승인을 받은 후 채권의 발행총액 등을 고려하여 정한다.

④ 도시개발채권의 상황기간은 5년보다 짧게 정할 수는 없다.

⑤ 도시개발사업을 공공기관이 시행하는 경우 해당 공공기관의 장은 시·도지사의 승인을 받아 도시개발채권을 발행할 수 있다.

해설

① 도시개발채권의 매입의무에 공작물설치허가가 아니라 토지형질변경의 허가를 받은 경우 매입하여야 한다.

② 도시개발채권의 이율은 국채·공채등의 금리와 특별회계의 상황 등을 고려하여 시·도지사가 정하되 행정안전부장관의 승인을 받아야 한다.

③ 도시개발채권을 발행하려는 시·도지사는 기획재정부장관의 승인이 아니라 행정안전부장관의 승인을 받아야 한다.

⑤ 도시개발채권은 공공기관이 발행할 수는 없다. 시·도지사가 발행한다.

정답 ④

4 출제 예상문제

01 도시개발법령상 도시개발채권에 대한 설명 중 옳은 것은?

① 도시개발채권의 상환기간은 2년부터 10년까지의 범위에서 지방자치단체의 조례로 정한다.

② 도시개발채권의 소멸시효는 상환일부터 기산하여 원금과 이자 모두 5년으로 한다.

③ 수용 또는 사용방식으로 시행하는 도시개발사업의 경우 한국토지주택공사와 공사도급계약을 체결하는 자는 도시개발 채권을 매입하여야 한다.

④ 도시개발채권은 지정권자의 승인을 받아 시·도지사가 발행한다.

⑤ 도시개발채권의 매입의무자가 매입하여야 할 금액을 초과하여 도시개발채권을 매입한 경우 중도상환을 신청할 수 없다.

해설 ✦ ① 도시개발채권의 상환기간은 2년이 아니라 5년부터 10년까지의 범위에서 지방자치단체의 조례로 정한다.
② 소멸시효는 상환일부터 기산하여 원금은 5년 이자는 2년으로 한다.
④ 도시개발채권은 지정권자가 아니라 행정안전부장관의 승인을 받아 시·도지사가 발행한다.
⑤ 매입하여야 할 금액을 초과하여 도시개발채권을 매입한 경우 중도상환을 신청할 수 있다.

정답 ✦ ③

PART 3
도시 및
주거환경정비법

1 출제예상과 학습포인트

✦ 기출횟수

제20회, 제23회, 제24회, 제25회, 제27회, 제28회, 제29회, 제32회, 34회

✦ 35회 출제 예상

부동산공법에서 용어정의는 주택법과 정비법이 자주 출제가 이루어지는데 정비법은 매년 출제하기보다는 2년에 한번 정도의 출제가 이루어진다. 34회 시험에서 출제가 이루어졌기에 35회 시험에서는 출제 출제가능성이 50% 정도로 보면 좋겠다.

✦ 35회 중요도

★★

✦ 학습범위와 학습방법

정비사업의 기본용어 이므로 어려운 내용은 아니다. 용어정의 중에서 시험에 자주 출제되는 것은 정비사업의 종류를 정확이 알고 있어야 하며, 토지등소유자의 개념과 정비기반시설과 주민공동이용시설을 구분하는 문제가 자주 출제가 되므로 양자를 구분할 수 있어야 한다.

✦ 핵심쟁점

❶ 3가지 정비사업의 특징
❷ 주거환경개선사업과 재개발, 재건축사업의 토지등 소유자의 차이점
❸ 정비기반시설과 주민공동이용시설의 구분

2 핵심 내용

❶ 정비사업의 종류

1. 주거환경 개선사업	도시저소득주민이 집단으로 거주하는 지역으로서 정비기반시설이 극히 열악하고 노후·불량 건축물이 과도하게 밀집한 지역에서 주거환경을 개선하거나 단독주택 및 다세대주택 등이 밀집한 지역에서 정비기반시설과 공동이용시설의 확충을 통하여 주거환경을 보전·정비·개량하기 위하여 시행하는 사업
2. 재개발사업	정비기반시설이 열악하고 노후·불량 건축물이 밀집한 지역에서 주거환경을 개선하거나 상업지역·공업지역 등에서 도시기능의 회복 및 상권활성화 등을 위하여 도시환경을 개선하기 위한 사업

*공공 재개발	1. 시장·군수등 또는 토지주택공사등(조합과 공동으로 시행하는 경우를 포함)이 주거환경개선사업의 시행자, 재개발사업의 시행자나 **재개발사업의 대행자**(이하 "공공재개발사업 시행자"라 한다)일 것 2. 건설·공급되는 주택의 전체 세대수 또는 전체 연면적 중 토지등소유자 대상 분양분(지분형주택은 제외한다)을 제외한 나머지 주택의 세대수 또는 연면적의 100분의 20 이상 100분의 50 이하의 범위에서 대통령령으로 정하는 기준에 따라 시·도 조례로 정하는 비율 이상을 지분형주택, 공공임대주택 또는 공공지원민간임대주택으로 건설·공급할 것.
3. 재건축사업	정비기반시설은 양호하나 노후·불량 건축물이 밀집한 지역에서 주거환경을 개선하기 위하여 시행하는 사업
*공공 재건축	1. 시장·군수등 또는 토지주택공사등(조합과 공동으로 시행하는 경우를 포함)이 공공재건축사업 시행자일 것 2. 종전의 용적률, 토지면적, 기반시설 현황 등을 고려하여 대통령령으로 정하는 세대수 이상을 건설·공급할 것. 다만, 정비구역의 지정권자가 도시·군기본계획, 토지이용 현황 등 대통령령으로 정하는 불가피한 사유로 해당하는 세대수를 충족할 수 없다고 인정하는 경우에는 그러하지 아니하다.

❷ 토지 등 소유자

주거환경개선사업·재개발사업	정비구역에 위치한 토지 또는 건축물의 소유자 또는 그 지상권자
재건축사업	정비구역에 위치한 건축물 및 그 부속토지의 소유자

❸ 정비기반시설

정비기반시설이라 함은 도로·상하수도·공원·도랑·공용주차장·공동구 그 밖에 주민생활에 필요한 가스 등의 공급시설로서 대통령령이 정하는 다음의 시설을 말한다.

1. 녹지	2. 하천
3. 공공공지	4. 광장
5. 소방용수시설	6. 비상대피시설
7. 가스공급시설 등	8. 지역난방시설

❹ 주민공동이용시설

주민공동이용시설이란 주민이 공동으로 사용하는 놀이터·마을회관·공동작업장 그 밖에 대통령령이 정하는 다음의 시설을 말한다.

> 1. 공동으로 사용하는 구판장·세탁장·화장실 및 수도
> 2. 탁아소·어린이집·경로당 등 노유자시설

❺ 노후 불량 건축물

1. 건축물이 훼손되거나 일부가 멸실·붕괴 그 밖의 안전사고의 우려가 있는 건축물

2. 내진성능이 확보되지 아니한 건축물 중 중대한 기능적 결함 또는 부실 설계·시공으로 인한 구조적 결함 등이 있는 건축물로서 다음이 정하는 건축물

> 건축물을 건축하거나 대수선할 당시 건축법령에 따른 지진에 대한 안전 여부 확인 대상이 아닌 건축물로서 다음 각 호의 어느 하나에 해당하는 건축물을 말한다.
> 1. 급수·배수·오수 설비 등의 설비 또는 지붕·외벽 등 마감의 노후화나 손상으로 그 기능을 유지하기 곤란할 것으로 우려되는 건축물
> 2. 건축물의 내구성·내하력(耐荷力) 등이 국토교통부장관이 정하는 기준에 미치지 못할 것으로 예상되어 구조 안전의 확보가 곤란할 것으로 우려되는 건축물

3. 다음의 요건에 해당하는 건축물로서 대통령령이 정하는 바에 따라 시·도 조례가 정하는 건물

① 주변토지의 이용상황에 비추어 주거환경이 불량한 곳에 소재하고

② 건축물을 철거하고 새로운 건축물을 건축하는 경우 그에 소요되는 비용에 비하여 효용의 현저한 증가가 예상되는 다음의 건축물

> 1. 건축법상 대지의 분할제한면적에 미달되거나 국토계획법상 도시·군 계획시설의 설치로 인하여 효용을 다할 수 없게 된 대지에 있는 건축물
> 2. 공장의 매연·소음 등 위해를 초래할 우려가 있는 지역안의 건축물
> 3. 준공일 기준으로 40년까지 사용하는데 보수·보강의 비용이 새로운 건물을 건설하는 비용보다 더 클 것으로 예상되는 건축물

4. 도시미관의 저해, 노후화된 건물로서 대통령령이 정하는 바에 따라 조례가 정하는 건축물

> 1. 준공된 후 20년 이상 30년 이하 범위에서 조례가 정하는 기간이 지난 건축물
> 2. 국토계획법상 도시기본계획상의 경관에 관한 사항에 저촉되는 건축물

❻ 주택공사 등 : 토지주택공사 + 주택사업을 수행하기 위하여 설립된 지방공사

❼ 정관 등

1. 제40조의 규정에 의한 조합의 정관

2. 토지 등 소유자가 자치적으로 정하여 운영하는 규약

3. 시장·군수·구청장 또는 주택공사 등 또는 신탁업자가 작성한 시행규정

❽ 대지 : 대지란 정비사업에 의하여 조성된 토지를 말한다. (지목불문)

❾ 지분형 주택

사업시행자가 주택공사인 경우 분양대상자와 사업시행자가 공동소유하는 방식의 주택

3 대표 기출문제

제32회 출제

01 도시 및 주거환경정비법령상 다음의 정의에 해당하는 정비사업은?

> 도시저소득 주민이 집단거주하는 지역으로서 정비기반시설이 극히 열악하고 노후·불량건축물이 과도하게 밀집한 지역의 주거환경을 개선하거나 단독주택 및 다세대주책이 밀집한 지역에서 정비기반시설과 공동이용시설 확충을 통하여 주거환경을 보전·정비·개량하기 위한 사업

① 주거환경개선사업   ② 재건축사업   ③ 공공재건축사업
④ 재개발사업   ⑤ 공공재개발사업

해설

① 주거환경개선사업에 대한 설명이다.

답①

제34회 출제

02 도시 및 주거환경정비법령상 정비기반시설에 해당하지 <u>않는</u> 것은? (단, 주거환경개선사업을 위하여 지정·고시된 정비구역이 아님)

① 녹지   ② 공공공지   ③ 공용주차장
④ 소방용수시설   ⑤ 공동으로 사용하는 구판장

해설

⑤ 공동으로 사용하는 구판장은 정비기반시설이 아니라 주민공동이용시설이다.

답⑤

4 출제 예상문제

01 도시 및 주거환경정비법령상 정비사업에 대한 다음 설명 중 틀린 것은?

① 단독주택 및 다세대주택이 밀집한 지역에서 정비기반시설과 공동이용시설 확충을 통하여 주거환경을 보전·정비·개량하기 위한 사업은 주거환경개선사업에 해당한다.

② 공공재개발사업이란 시장·군수등 또는 주택공사등이 사업시행자나 사업대행자이고, 건설· 공급되는 주택의 전체 세대수 또는 전체 연면적 중 토지등소유자 대상 분양분(지분형주택을 포함한다)을 포함하여 전체 주택의 세대수 또는 연면적의 100분의 50 이상을 지분형주택, 공공임대주택 또는 공공지원민간임대주택으로 건설·공급하는 것은 말한다.

③ 재건축사업이란 정비기반시설은 양호하나 노후·불량건축물에 해당하는 공동주택이 밀집한 지역에서 주거환경을 개선하기 위한 사업이다.

④ 공공재건축사업은 시장·군수등 또는 주택공사등이 사업시행자나 사업대행자이고, 종전의 용적률, 토지면적, 기반시설 현황 등을 고려하여 종전세대수의 160%에 해당하는 세대수 이상을 건설·공급하는 경우를 말한다.

⑤ 상업지역·공업지역 등에서 도시기능의 회복 및 상권활성화 등을 위하여 도시환경을 개선하기 위한 사업은 재개발사업이다.

해설 ✦ ② 토지등소유자 대상 분양분(지분형주택은 제외한다)을 제외한 나머지 주택의 세대수 또는 연면적의 100분의 20 이상 100분의 50 이하의 범위에서 대통령령으로 정하는 기준에 따라 시·도 조례로 정하는 비율 이상을 지분형주택, 공공임대주택 또는 공공지원민간임대주택으로 건설·공급하는 것은 공공재개발이다.

정답 ✦ ②

1 출제예상과 학습포인트

✦ 기출횟수

제20회, 제22회, 제26회, 제27회, 제28회, 제29회, 제30회

✦ 35회 출제 예상

정비기본계획과 정비계획은 매년 출제가 되기보다는 두 개의 계획을 합쳐서 2년에 한 개 정도의 출제가 이루어지고 정비계획보다는 정비기본계획의 출제가 조금 더 출제비중이 높으므로 정비기본계획을 정리한 다음에 정비 계획과의 차이점을 공부하면 좋을 듯하다. 31회, 32회, 33회, 34회 시험에서 4년동안 출제가 되지 않았기에 35회 시험에서는 출제가능성은 80% 정도이다.

✦ 35회 중요도

★★★

✦ 학습범위와 학습방법

정비기본계획과 정비계획의 개념을 먼저 정리하고 정비기본계획의 절차와 정비계획의 절차에서 차이점을 잘 숙지하고 있어야 한다. 정비기본계획과 정비계획의 내용도 한번씩 출제가 이루어지므로 정비기본계획에 포함될 사항의 내용과 정비계획에 포함될 사항의 내용을 비교하면서 한번 검토할 필요가 있다.

✦ 핵심쟁점

❶ 정비기본계획의 수립기간, 재검토기간
❷ 정비기본계획의 수립권자와 수립절차
❸ 정비기본계획의 내용과 정비계획의 내용의 차이점
❹ 정비계획의 수립권자
❺ 정비계획의 절차

2 핵심 내용

❶ 정비기본방침

국토교통부장관은 도시 및 주거환경을 개선하기 위하여 10년마다 정비기본방침을 정하고, 5년마다 그 타당성을 검토하여 그 결과를 기본방침에 반영하여야 한다.

❷ 정비기본계획

1. 수립권자

① 의무 : 특별시장·광역시장·대도시 시장은 정비기본계획을 수립을 하여야 하며, 스스로 확정한다.
② 재량 : 도지사가 정비기본계획의 수립이 필요 없다고 인정하는 시(대도시 제외)는 정비기본계획을 수립하지 아니할 수 있으며 수립한 경우에는 도지사의 승인을 바아야 한다.

2. 수립기간 및 재검토 : 10년 단위로 수립하며, 5년마다 타당성 여부를 검토하여야 한다.

3. 작성기준 : 국토교통부장관이 정한다.

4. 정비기본계획내용의 생략

특별시장·광역시장·시장은 정비기본계획에 다음 각 호의 사항을 포함하는 경우에는 정비기본계획의 내용 중 ① 정비예정구역의 개략적 범위 ② 단계별 정비사업추진계획(정비예정구역별 정비계획의 수립시기를 포함하여야 한다)을 생략 할 수 있다.

---
① 생활권의 설정, 생활권별 기반시설 설치계획 및 주택수급계획
② 생활권별 주거지의 정비·보전·관리의 방향
---

5. 수립·승인절차 : 특별시장·광역시장·시장은 기본계획을 수립 또는 변경하고자 하는 때에는

① 14일 이상 주민(세입자를 포함한다)에게 공람하고,
② 지방의회의 의견을 들어야 한다. 이 경우 지방의회는 특별시장·광역시장 또는 시장이 기본계획을 통지한 날부터 60일 이내에 의견을 제시하여야 하며, 의견제시 없이 60일이 지난 경우 이의가 없는 것으로 본다.
③ 관계행정기관의 장과 협의한 후 지방도시계획위원회의 심의(대도시의 시장이 아닌 시장이 기본계획을 수립 또는 변경하는 경우에는 제외한다)를 거쳐야 한다.
④ 대도시 시장이 아닌 시장은 기본계획을 수립 또는 변경한 때에는 도지사의 승인을 얻어야 하며, 도지사가 이를 승인함에 있어서는 협의하고 심의를 거쳐야 한다.

6. 보고 : 정비기본계획의 수립권자는 기본계획을 수립 또는 변경한 때에는 국토교통부장관에게 보고하여야 한다.

❸ 정비기본계획의 내용과 정비계획의 내용 비교

정비기본계획	정비계획
1. 정비사업의 기본방향 2. 정비사업의 계획기간 3. 인구·건축물·토지이용·정비기반시설·지형 및 환경 등의 현황 4. 주거지 관리계획 5. 도시의 광역적 재정비를 위한 기본방향 6. 정비예정구역의 개략적 범위 7. 단계별 정비사업추진계획(정비예정구역별 정비계획의 수립시기를 포함하여야 한다) 8. 토지이용계획·정비기반시설계획·공동이용시설 설치 계획 및 교통계획 9. 녹지·조경·에너지공급·폐기물처리 등에 관한 환경계획 10. 사회복지시설 및 주민문화시설 등의 설치계획 11. 건폐율·용적률 등에 관한 건축물의 밀도계획 12. 세입자에 대한 주거안정대책	1. 정비사업의 명칭 2. 정비구역 및 그 면적 3. 환경보전 및 재난방지에 관한 계획 4. 정비구역 주변의 교육환경 보호에 관한 계획 5. 정비사업시행 예정시기 6. 정비사업을 통하여 공공지원민간임대주택을 공급 하거나 주택임대관리업자에게 임대할 목적으로 주택을 위탁하려는 경우에 그에 관한 사항 7. 도시·군계획시설의 설치에 관한 계획 8. 공동이용시설 설치계획 9. 건축물의 주용도·건폐율·용적률·높이에 관한 계획 10. 세입자 주거대책

❹ 정비계획의 입안

1. 입안권자

① 특별시장·광역시장·시장·군수(광역시의 군수는 제외한다) → 직접 정비계획을 입안하여 직접 정비 구역을 지정한다.

② 구청장 또는 광역시의 군수 → 정비계획을 입안하여 특별시장이나 광역시장에게 정비구역지정을 신청하여야 한다.

2. 입안절차

정비계획입안권자는 정비계획을 수립하여 주민설명회를 거친 후 30일 이상 주민에게 공람하며, 지방의회의 의견청취(이 경우 의회는 60일 이내에 의견을 제시하여야 하며, 의견제시 없이 60일이 지난 경우 이의가 없는 것으로 본다) 후 이를 첨부하여 구청장은 → 특별시장·광역시장에게 정비구역지정을 신청하며, 시장 또는 군수는 직접 정비구역을 지정한다.

❺ 정비계획의 입안제안

1. 토지등소유자(제5.의 경우에는 예외적 공공시행자에 따라 사업시행자가 되려는 자를 말한다)는 다음 사유에 해당하는 경우에 입안권자에게 정비계획의 입안을 제안할 수 있다.

> 1. 단계별 정비사업 추진계획상 정비예정구역별 정비계획의 입안시기가 지났음에도 불구하고 정비계획이 입안되지 아니하거나 정비예정구역별 정비계획의 수립시기를 정하고 있지 아니한 경우
> 2. 토지등소유자가 예외적 공공사업시행자에 따라 주택공사 등을 사업시행자로 요청하는 경우
> 3. 대도시가 아닌 시 또는 군으로서 조례로 정하는 경우
> 4. 정비사업을 통하여 공공지원민간임대주택을 공급하거나, 임대할 목적으로 주택을 주택임대관리업자에게 위탁하려는 경우로서 정비계획의 수립을 요청하고자 하는 경우
> 5. 천재·지변에 따라 정비사업을 시행하려는 경우
> 6. 토지등소유자(조합이 설립된 경우에는 조합원을 말한다)가 3분의 2 이상의 동의로 정비계획의 변경을 요청하는 경우. 다만, 경미한 사항을 변경하는 경우에는 토지등소유자의 동의절차를 거치지 아니한다.
> 7. 토지등소유자가 공공재개발·공공재건축사업을 추진하려는 경우

2. 제안서의 처리절차

① 시장·군수에게 정비계획의 입안을 제안하려는 때에는 토지등소유자의 3분의 2 이하 및 토지면적 3분의 2 이하의 범위에서 시·도 조례로 정하는 비율 이상의 동의를 받은 후 정비계획도서, 계획설명서, 그 밖의 필요한 서류를 첨부하여 정비계획의 입안권자에게 제출하여야 한다.

② 시장·군수는 정비계획의 입안제안이 있는 경우에는 제안일부터 60일 이내에 정비계획에의 반영여부를 제안자에게 통보하여야 한다. 다만, 부득이한 사정이 있는 경우에는 한 차례만 30일을 연장할 수 있다.

③ 시장·군수는 제안을 정비계획에 반영하는 경우에는 제안서에 첨부된 정비계획도서와 계획설명서를 정비계획의 입안에 활용할 수 있다.

❻ 정비구역지정을 위한 정비계획의 입안 요청(토지등소유자 → 정비계획 입안권자)

1. 입안요청 사유

토지등소유자는 다음 각 호의 어느 하나에 해당하는 경우에는 정비계획의 입안권자에게 정비구역의 지정을 위한 정비계획의 입안을 요청할 수 있다.

1. 정비기본계획에 따른 단계별 정비사업 추진계획상 정비예정구역별 정비계획의 입안시기가 지났음에도 불구하고 정비계획이 입안되지 아니한 경우
2. 정비기본계획에 생활권설정으로 정비예정구역의 개략적 범위, 단계별사업추진계획을 생략한 경우
3. 천재지변 등 불가피한 사유로 긴급하게 정비사업을 시행할 필요가 있다고 판단되는 경우

2. 요청서의 처리 등

정비계획의 입안권자는 요청이 있는 경우에는 요청일부터 4개월 이내에 정비계획의 입안 여부를 결정하여 토지등소유자 및 정비구역의 지정권자에게 알려야 한다. 다만, 정비계획의 입안권자는 정비계획의 입안 여부의 결정 기한을 2개월의 범위에서 한 차례만 연장할 수 있다.

3 대표 기출문제

제29회 출제

01 도시 및 주거환경정비법령상 도시·주거환경정비기본계획의 수립에 관한 설명으로 틀린 것은?

① 도지사가 대도시가 아닌 시로서 기본계획을 수립할 필요가 없다고 인정하는 시에 대하여는 기본계획을 수립하지 아니할 수 있다.

② 국토교통부장관은 기본계획에 대하여 5년마다 타당성 여부를 검토하여 그 결과를 기본계획에 반영하여야 한다.

③ 기본계획의 수립권자는 기본계획을 수립하려는 경우 14일 이상 주민에게 공람하여 의견을 들어야 한다.

④ 기본계획에서는 사회복지시설 및 주민문화시설 등의 설치계획이 포함되어야 한다.

⑤ 대도시의 시장이 아닌 시장은 기본계획의 내용 중 정비사업의 계획기간을 단축하는 경우 도지사의 변경승인을 받지 아니할 수 있다.

> **해설**
> ② 정비기본계획은 국토교통부장관이 아니라 정비기본계획 수립권자인 특별시장·광역시장·특별자치시·특별자치도 또는 시장은 10년 단위로 수립하며, 5년마다 타당성 여부를 검토하여야 한다.
>
> 답 ②

제30회 출제

02 도시 및 주거환경정비법령상 도시·주거환경정비기본계획의 수립 및 정비구역의 지정에 관한 설명으로 **틀린** 것은?

① 기본계획의 수립권자는 기본계획을 수립하려는 경우에는 14일 이상 주민에게 공람하여 의견을 들어야 한다.

② 기본계획의 수립권자는 기본계획을 수립한 때에는 지체없이 이를 해당 지방자치단체의 공보에 고시하고 일반인이 열람할 수 있도록 하여야 한다.

③ 정비구역의 지정권자는 정비구역의 진입로 설치를 위하여 필요한 경우에는 진입로 지역과 그 인접지역을 포함하여 정비구역을 지정할 수 있다.

④ 정비구역에서는 「주택법」에 따른 지역주택조합의 조합원을 모집해서는 아니 된다.

⑤ 정비구역에서는 이동이 쉽지 아니한 물건을 14일 동안 쌓아두기 위해서는 시장·군수등의 허가를 받아야 한다.

> **해설**
> ⑤ 정비구역에서는 이동이 쉽지 아니한 물건을 14일이 아니라 1월 이상 쌓아두기 위해서는 시장·군수등의 허가를 받아야 한다.
>
> 답 ⑤

4 출제 예상문제

01 도시 및 주거환경정비법령상 도시·주거환경정비기본계획의 수립에 관한 설명으로 옳은 것은?

① 도지사가 대도시에서 정비기본계획을 수립할 필요가 없다고 인정하는 대도시 시에 대하여는 기본계획을 수립하지 아니할 수 있다.

② 국토교통부장관은 기본계획에 대하여 5년마다 타당성 여부를 검토하여 그 결과를 기본계획에 반영하여야 한다.

③ 대도시시장이 정비기본계획을 수립한 경우 도지사의 승인을 받아야 한다.

④ 정비기본계획에는 사회복지시설 및 주민문화시설 등의 설치계획이 포함되어야 한다.

⑤ 대도시의 시장이 아닌 시장은 기본계획의 내용 중 정비사업의 계획기간을 단축하는 경우 도지사의 변경 승인을 받아야 한다.

해설 ✦ ① 대도시 시는 정비기본계획수립이 의무이다.
② 정비기본계획에 대하여 5년마다 타당성을 검토하는 것은 국토교통부장관이 아니라 정비기본계획의 수립권자인 특별시장·광역시장·특별자치시장·특별자치도지사 또는 시장이 한다.
③ 대도시시장이 정비기본계획을 수립한 경우 도지사의 승인을 받지 않는다.
⑤ 사업계획기간을 단축하는 것은 경미한 사항의 변경으로 도지사의 승인을 받지 아니한다.

정답 ✦ ④

02 다음은 도시 및 주거환경정비법령상 정비계획의 수립과 제안에 대한 설명이다. 틀린 것은?

① 정비계획의 작성기준 및 작성방법은 국토교통부장관이 정한다.
② 입안권자는 정비계획을 입안하거나 변경하려면 주민에게 서면으로 통보한 후 주민설명회 및 30일 이상 주민에게 공람하여 의견을 들어야 한다.
③ 특별자치시장·특별자치도지사·시장 또는 군수는 정비계획을 수립하고 직접 정비구역을 지정한다.
④ 토지등소유자는 단계별 정비사업 추진계획상 정비예정구역별 정비계획의 입안시기가 지났음에도 불구하고 정비계획이 입안되지 아니하는 경우에 특별자치시장, 특별자치도지사, 시장, 군수 또는 구청장 등에게 정비계획의 입안을 제안할 수 있다.
⑤ 입안의 제안이 있는 경우에는 제안일부터 1개월 이내에 정비계획에의 반영여부를 제안자에게 통보하여야 한다. 다만, 부득이한 사정이 있는 경우에는 한 차례만 1개월을 연장할 수 있다.

해설 ✦ ⑤ 제안일부터 60일 이내에 정비계획에의 반영여부를 제안자에게 통보하여야 하며, 차례에 한하여 30일을 연장할 수 있다.

정답 ✦ ⑤

03 정비구역지정

1 출제예상과 학습포인트

✦ 기출횟수
   제20회, 제21회, 제22회, 제24회, 제25회, 제30회

✦ 35회 출제 예상
   정비구역의 지정은 출제가 규칙적이지는 않고 연속 출제하기도 하고 연속하여 출제를 하지 않기도 한다. 31, 32, 33, 34회 시험에서 연속으로 출제가 되지 않았기에 35회 시험에서의 출제가능성은 70% 정도이다.

✦ 35회 중요도
   ★★★

✦ 학습범위와 학습방법
   정비구역지정권자와 정비구역지정의 해제사유, 안전진단을 중심으로 공부하면 좋겠다. 해제사유는 필요적 해제사유와 임의적 해제사유를 구분, 해제하는 경우의 절차와 해제의 효과를 숙지하는 게 중요하다.

✦ 핵심쟁점
   ❶ 정비구역 지정권자
   ❷ 정비구역지정의 해제사유 (필요적 해제사유와 임의적 해제사유를 구분)
   ❸ 정비구역지정 해제의 효과
   ❹ 정비구역 안 개발행위허가와 허용사항 (국토계획법 개발행위허가 테마에서 같이 정리)

2 핵심 내용

❶ 정비구역의 지정절차

1. 정비구역 지정권자

① 특별시장·광역시장·시장 또는 군수 → 직접 정비구역을 지정한다.

② 구청장과 광역시 군수 → 특별시장·광역시장에게 정비구역지정을 신청한다.

③ 천재·지변에 따라 정비사업을 시행하려는 경우에는 기본계획을 수립하거나 변경하지 아니하고 정비구역을 지정할 수 있다.

2. 정비구역지정 시 인접지역의 포함 : 정비구역의 지정권자는 정비구역의 진입로 설치를 위하여 필요한 경우에는 진입로 지역과 그 인접지역을 포함하여 정비구역을 지정할 수 있다.

3. 지정절차

① 심의 : 도시계획위원회의 심의를 거쳐 지정

② 고시·보고·열람 : 정비구역 지정권자는 지방자치단체의 공보에 고시하고 주민설명회를 거친 후 국토교통부장관에게 지정내용 보고하여야 하며, 관계서류를 일반에 열람시킨다.

❷ 정비구역지정의 효과

정비구역의 지정 또는 변경지정에 대한 고시가 있는 경우 당해 정비계획 중 지구단위계획에 해당하는 사항이 있는 경우 정비계획 및 정비구역은 지구단위계획 및 지구단위계획구역으로 결정·고시된 것으로 본다. 또한 국토의 계획 및 이용에 관한 법률에 의한 지구단위계획구역에 대하여 정비계획을 모두 포함한 지구단위계획을 결정·고시하는 경우 당해 지구단위계획구역은 정비구역으로 지정·고시된 것으로 보며, 지구단위계획을 통한 건폐율 등의 완화규정은 정비계획에도 준용한다.

❸ 정비구역의 해제

1. 해제 요청 및 직접 해제 : 다음의 사유 있는 경우 ① 구청장은 특별시장·광역시장에게 ② 정비구역 지정권자는 직접 정비구역을 해제하여야 한다.(필요적 해제사유)

---

1. 정비예정구역에 대하여 기본계획에서 정한 정비구역지정 예정일부터 3년이 되는 날까지 시장·군수가 정비구역 지정하지 아니하거나 구청장등이 정비구역 지정을 신청하지 아니하는 경우
2. 재개발사업·재건축사업[조합이 시행하는 경우로 한정한다]이 다음 하나에 해당하는 경우
   ① 토지등소유자가 정비구역으로 지정·고시된 날부터 2년 되는 날까지 조합설립추진위원회의 승인을 신청하지 아니하는 경우
   ② 추진위원회가 추진위원회 승인일부터 2년 되는 날까지 조합 설립인가를 신청하지 아니하는 경우
   ③ 토지등소유자가 정비구역으로 지정·고시된 날부터 3년이 되는 날까지 조합 설립인가를 신청하지 아니하는 경우(추진위원회를 구성하지 아니하는 경우로 한정한다)
   ④ 조합이 조합 설립인가를 받은 날부터 3년 되는 날까지 사업시행인가를 신청하지 아니하는 경우
3. 토지등소유자가 시행하는 재개발사업으로서 토지등소유자가 정비구역으로 지정·고시된 날부터 5년이 되는 날까지 사업시행계획인가를 신청하지 아니하는 경우

---

2. 정비구역지정 해제의 연장

정비구역지정권자는 다음 각 호의 경우에는 정비구역해제규정에 따른 해당 기간을 2년의 범위에서 연장하여 정비구역 등을 해제하지 아니할 수 있다.

> 1. 정비구역등의 토지등소유자(조합을 설립한 경우에는 조합원을 말한다) 100분의 30 이상의 동의로 해당 기간 도래 전까지 연장을 요청하는 경우
> 2. 정비사업의 추진상황으로 보아 주거환경의 계획적 정비 등을 위하여 정비구역등의 존치가 필요하다고 인정하는 경우

3. 임의적 해제사유

정비구역지정권자는 다음 사유 있는 경우 지방도시계획위원회 심의를 거쳐 정비구역을 해제할 수 있다.

> 1. 정비사업의 시행에 따른 토지등소유자의 과도한 부담이 예상되는 경우
> 2. 정비예정구역 또는 정비구역의 추진 상황으로 보아 지정 목적을 달성할 수 없다고 인정하는 경우
> 3. 토지등소유자의 100분의 30 이상이 정비구역등(추진위원회가 구성되지 아니한 구역에 한한다)의 해제를 요청하는 경우
> 4. 주거환경개선사업(self방식)은 정비구역이 지정·고시된 날부터 10년 이상 경과하고, 추진 상황으로 보아 지정 목적을 달성할 수 없다고 인정되는 경우로서 토지등소유자의 과반수이상이 정비구역의 해제에 동의하는 경우
> 5. 추진위원회 구성 또는 조합 설립에 동의한 토지등소유자의 2분의 1 이상 3분의 2 이하의 범위에서 시·도 조례로 정하는 비율 이상의 동의로 정비구역의 해제를 요청하는 경우(사업시행계획인가를 신청하지 아니한 경우로 한정한다)
> 6. 추진위원회가 구성되거나 조합이 설립된 정비구역에서 토지등소유자 과반수의 동의로 정비구역의 해제를 요청하는 경우(사업시행계획인가를 신청하지 아니한 경우로 한정한다)

4. 해제 및 해제요청절차

① 주민공람 : 30일이상 주민에게 공람
② 지방의회의 의견청취 : 의회는 60일이내 의견을 제시하여야 하며, 의견제시 없이 60일이 지난 경우 이의가 없는 것으로 본다.
③ 지방도시계획위원회 심의를 거쳐 정비구역 등을 해제하여야 한다.
④ 해제이후에는 그 사실을 지방자치단체의 공보에 고시하고 국토교통부장관에게 통보하여야 하며, 관계 서류를 일반인이 열람할 수 있도록 하여야 한다.

❹ 해제의 효과

1. 용도지역의 환원

정비구역 등이 해제된 경우에는 정비계획으로 변경된 용도지역, 정비기반시설 등은 정비구역 지정 이전의 상태로 환원된 것으로 본다. 다만, 스스로 방식의 주거환경개선사업의 경우 정비기반시설의 설치 등 해당 정비사업의 추진상황에 따라 환원되는 범위를 제한할 수 있다.

2. 해제된 정비구역을 주거환경개선구역을 지정가능

정비구역등이 해제된 경우 정비구역의 지정권자는 해제된 정비구역을 스스로(self)방법으로 시행하는 주거환경개선구역으로 지정할 수 있다.

4. 도시재생선도지역으로 지정요청

정비구역이 해제된 경우 정비구역의 지정권자는 해제된 정비구역등을 도시재생선도지역으로 지정하도록 국토교통부장관에게 요청할 수 있다.

5. 정비구역해제로 인한 조합설립인가의 취소 및 고시

정비구역등이 해제·고시된 경우 추진위원회 구성승인 또는 조합설립인가는 취소된 것으로 보고, 공보에 그 내용을 고시하여야 한다.

6. 정비구역에서 지역조합원 모집금지

정비예정구역 또는 정비구역에서는 주택법에 따른 지역주택 조합원을 모집해서는 아니 된다.

3 대표 기출문제

제24회 출제

01 도시 및 주거환경정비법령상 정비구역의 지정권자가 정비예정구역 또는 정비구역을 해제하여야 하며, 구청장등은 특별시장·광역시장에게 정비구역 등의 해제를 요청하여야 하는 경우가 <u>아닌</u> 것은?

① 조합에 의한 재건축사업에서 추진위원회가 추진위원회 승인일부터 2년이 되는 날까지 조합 설립인가를 신청하지 아니하는 경우

② 재개발사업에서 토지등소유자가 정비구역으로 지정·고시된 날부터 3년이 되는 날까지 조합 설립인가를 신청하지 아니하는 경우(추진위원회를 구성하지 아니하는 경우로 한정한다)

③ 조합에 의한 재개발사업에서 토지등소유자가 정비구역으로 지정·고시된 날부터 2년이 되는 날까지 추진위원회의 승인을 신청하지 아니하는 경우

④ 정비예정구역에 대하여 기본계획에서 정한 정비구역지정예정일부터 3년이 되는 날까지 시장 또는 군수가 정비구역을 지정하지 아니하거나 구청장등이 정비구역의 지정을 신청하지 아니하는 경우

⑤ 재개발사업을 토지등소유자가 시행하는 경우로서 토지등소유자가 정비구역으로 지정·고시 된 날부터 4년이 되는 날까지 사업시행계획인가를 신청하지 아니하는 경우

해설

⑤ 재개발사업을 토지등소유자가 시행하는 경우로서 토지등소유자가 정비구역으로 지정·고시된 날부터 5년이 되는 날까지 사업시행계획인가를 신청하지 아니하는 경우 정비구역 등의 해제를 요청하여야 한다.

정답 ⑤

4 출제 예상문제

01 도시 및 주거환경정비법령상 정비구역의 지정효과에 대한 다음 설명 중 옳은 것은?

① 정비구역의 지정 또는 변경 고시가 있는 경우 도시·군관리계획으로 지구단위계획 및 지구단위계획구역으로 결정하여야 한다.

② 지구단위계획구역에 대하여 정비계획의 내용을 모두 포함한 지구단위계획을 결정·고시하는 경우에도 별도로 정비구역으로 지정하여야 한다.

③ 정비구역의 지정권자는 정비사업의 효율적인 추진을 위하여 필요하다고 인정하는 경우에는 하나의 정비구역을 둘 이상의 정비구역으로 분할하여 정비구역을 지정할 수 있다.

④ 정비구역에서는 「주택법」에 따른 리모델링주택조합의 조합원을 모집해서는 아니 된다.

⑤ 정비구역의 지정권자는 서로 연접하지 아니한 둘 이상의 구역을 하나의 정비구역으로 결합하여 지정할 수 없다.

해설 ✦ ① 정비구역의 지정 또는 변경 고시가 있는 경우 당해 정비구역 및 정비계획 중 「국토의 계획 및 이용에 관한 법률」의 지구단위계획의 내용에 해당하는 사항은 지구단위계획 및 지구단위계획구역으로 결정·고시된 것으로 본다.
② 정비계획의 내용을 모두 포함한 지구단위계획을 결정·고시하는 경우에는 정비구역으로 지정된 것으로 본다.
④ 정비구역에서는 리모델링조합이 아니라 지역주택조합원을 모집해서는 않된다.
⑤ 서로 연접하지 아니한 둘 이상의 구역(제8조 제1항에 따라 대통령령으로 정하는 요건에 해당하는 구역으로 한정한다) 또는 정비구역을 하나의 정비구역으로 결합하여 지정할 수 있다.

정답 ✦ ③

테마 **04** 사업시행방법과 사업시행자

1 출제예상과 학습포인트

✦ 기출횟수

제20회, 제26회, 제27회, 제28회, 제29회, 제32회

✦ 35회 출제 예상

정비사업별 사업시행방법과 사업시행자는 시험에서 자주 출제가 이루어지기도 하지만 정비사업을 이해하는데 굉장히 중요한 부분으로 다른 파트를 이해하는데 기본이 되는 부분이다. 32회 시험에서는 단독출제가 아니고 다른 문제와 함께 출제를 하였는데 이후 아직 출제가 되지 않고 있다. 34회 시험에서의 출제가능성은 50% 정도이다.

✦ 35회 중요도

★★

✦ 학습범위와 학습방법

사업시행방법과 사업시행자는 시험의 출제여부를 떠나서 정비사업에서 제일 중요한 부분이다. 3가지 유형의 정비사업에서 사업시행방법의 차이와 공통점에 대한 정확한 구분과 사업시행자에서 공공부분 사업시행자와 민간부분 사업시행자로 구분하여 구분을 하면서 정확히 알고 있어야 한다.

✦ 핵심쟁점

❶ 3가지 정비사업의 사업시행방법의 차이와 공통점
❷ 3가지 정비사업의 사업시행자의 차이와 공통점(공공과 민간으로 구분)
❸ 재개발, 재건축사업에서 공공주도사업으로 전환사유(8개) 암기
❹ 공공주도사업으로 전환 시 효과

2 핵심 내용

[제 1 절] 정비사업 시행방법

❶ 주거환경개선사업

1. 사업시행자가 정비기반시설을 설치하고 토지 등 소유자가 스스로(self 방법) 주택을 개량하는 방법
2. 수용 후 주택공급방법
3. 환지방법
4. 정비구역 안에서 인가받은 관리처분계획에 따라 주택 및 부대시설·복리시설을 건설하여 공급하는 방법

❷ 재개발사업

> 1. 정비구역 안에서 인가받은 관리처분계획에 따라 건물 및 부대 복리시설을 건설하여 공급하는 방법
> 2. 환지방법

❸ 재건축사업

> 정비구역 안에서 관리처분계획에 따라 주택 및 부대·복리시설 및 오피스텔을 건설하여 공급하는 방법 (공용환권)
> ✦ 오피스텔을 건설하여 공급하는 경우에는 준주거지역 및 상업지역에서만 건설할 수 있다. 이 경우 오피스텔의 연면적은 전체 연면적의 30% 이하이어야 한다.

[제 2 절] 정비사업 시행자

❶ 사업시행자

1. 주거환경개선사업의 사업시행자

> 토지등 소유자 2/3 이상의 동의와 세입자과반수 동의를 얻어 시장·군수가 다음 각호에 따라 시행하게 할 수 있다. 단, 천재·지변이 발생한 경우 동의절차를 생략할 수 있다.
> 1. 시장·군수가 직접시행하거나 다음의 자를 지정하는 경우
>   ① 주택공사 등
>   ② 국가, 지방자치단체, 주택공사 등 또는 공공기관이 50%를 초과하여 출자한 법인
> 2. 시장·군수가 위1.에 해당하는 자와 다음에 해당하는 자를 공동시행자로 지정하는 경우
>   ① 건설업자
>   ② 등록사업주체
> ✎ self방식인 경우는 시장·군수등이 직접 시행하되, 토지주택공사등을 사업시행자로 지정하여 시행하게 하려는 경우에는 토지등소유자의 과반수의 동의를 받아야 한다.

> ▶ 주거환경개선사업에서 세입자과반수 동의를 생략 할 수 있는 사유

> 1. 세입자 세대수가 토지등 소유자의 1/2 이하인 경우
> 2. 스스로 주택을 개량하는 방법으로 주거환경개선사업 시행하는 경우
> 3. 환지방법으로 주거환경개선사업 시행하는 경우
> 4. 관리처분계획에 따라 주택 및 부대시설·복리시설을 건설하여 공급하는 방법으로 하는 경우
> 5. 당해 시·군·구에 공공임대주택 등 세입자가 입주가능한 임대주택이 충분하여 임대주택을 건설할 필요가 없다고 시·도지사가 인정하는 경우

> ↳ 세입자는 정비계획입안을 위한 공람공고일 3개월 전부터 해당 정비예정구역에 3개월 이상 거주하고 있는 자를 말한다.
> ↳ 천재·지변 등 불가피한 사유로 긴급히 정비사업 시행할 필요 있는 경우 토지 등 소유자 및 세입자 동의 없이 할 수 있다.

2. 재개발사업의 사업시행자

> 1. 조합이 단독시행 하거나 또는 조합원 과반수동의를 얻어 시장·군수·주택공사 등·건설업자·등록사업자·신탁업자·한국부동산원과 공동시행 할 수 있다.
> 2. 토지등소유자가 20인 미만인 경우에는 토지등소유자가 시행하거나 토지등소유자가 토지등소유자의 과반수의 동의를 받아 시장·군수등, 토지주택공사등, 건설업자, 등록사업자·신탁업자·한국부동산원과 공동시행 할 수 있다.

3. 재건축사업의 사업시행자

> 조합의 단독 또는 조합원 과반수 동의를 얻어 시장·군수·주택공사등 건설업자 또는 등록사업자와 공동으로 시행할 수 있다.

❷ 재개발·재건축사업의 공공시행으로 전환(시장·군수의 예외적 시행)

시장·군수는 다음의 사유가 있는 경우 직접 정비사업을 시행하거나 지정개발자 또는 주택공사 등을 시행자로 지정하여 정비사업을 하게 할 수 있다.

> 1. 천재·지변 등 불가피한 사유로 인하여 긴급히 정비사업을 시행할 필요가 있다고 인정되는 때
> 2. 지방자치단체 장이 시행하는 도시·군계획사업과 병행할 필요가 있는 경우
> 3. 순환정비방식에 의한 정비사업시행
> 4. 정비계획에서 정한 정비사업시행 예정일로 부터 2년 이내에 사업시행인가 신청이 없거나 신청내용이 위법·부당한 경우 (재건축사업의 경우는 제외)
> 5. 조합설립추진위원회가 시장·군수의 구성 승인을 얻은 날부터 3년 이내에 조합의 설립인가를 신청하지 아니하거나, 조합설립 인가를 얻은 날부터 3년 이내에 사업시행인가를 신청하지 아니하는 경우
> 6. 사업시행인가가 취소된 경우
> 7. 국·공유지 면적과 토지주택공사가 소유한 면적을 합한 면적이 전체 토지면적의 1/2 이상인 경우로 토지등 소유자 과반수가 동의한 경우
> 8. 면적 1/2 + 소유자총수 2/3가 요청한 경우
> ✦ 위 사유 중 1과 4의 사유는 지정개발자를 사업시행자로 지정하여 정비사업을 할 수 있다.

| 참고 | 지정개발자의 요건(지정개발자는 토지등소유자, 민관합동법인 또는 신탁업자를 말한다.) |

지정개발자	요건
토지소유자	토지면적의 50% 이상을 소유한 자로서 토지등소유자의 50% 이상의 추천을 받은 자
민간합동법인	토지등소유자의 50% 이상의 추천을 받은 자
신탁업자	정비구역의 토지면적의 3분의 1 이상의 토지를 신탁받은 자

❹ 시장·군수등의 직접시행 및 주공등 사업시행의 효과

시장·군수등이 직접 정비사업을 시행하거나 토지주택공사등을 사업시행자로 지정·고시한 때에는 그 고시일 다음 날에 추진위원회의 구성승인 또는 조합설립인가가 취소된 것으로 본다. 이 경우 시장·군수 등은 해당 지방자치단체의 공보에 해당 내용을 고시하여야 한다.

3 대표 기출문제

제26회 출제

01 도시 및 주거환경정비법령상 군수가 직접 재개발사업을 시행할 수 있는 사유에 해당하지 <u>않는</u> 것은?

① 당해 정비구역 안의 토지면적 2분의 1 이상의 토지소유자와 토지등소유자의 3분의 2 이상에 해당하는 자가 군수의 직접시행을 요청하는 때

② 당해 정비구역 안의 국·공유지 면적이 전체 토지 면적의 3분의 1 이상으로서 토지등소유자의 과반수가 군수의 직접시행에 동의하는 때

③ 순환정비방식에 의하여 정비사업을 시행할 필요가 있다고 인정되는 때

④ 천재·지변으로 인하여 긴급히 정비사업을 시행할 필요가 있다고 인정되는 때

⑤ 고시된 정비계획에서 정한 정비사업 시행 예정일부터 2년 이내에 사업시행계획인가를 신청하지 아니한 때

제32회 출제

02 도시 및 주거환경정비법령상 정비사업의 시행에 관한 설명으로 옳은 것은?

① 세입자의 세대수가 토지등소유자의 3분의 1에 해당하는 경우 시장·군수등은 토지주택공사 등을 주거환경개선사업 시행자로 지정하기 위해서는 세입자의 동의를 받아야 한다.

② 재개발사업은 토지등소유자가 30인인 경우에는 토지등 소유자가 직접 시행할 수 있다.

③ 재건축사업 조합설립추진위원회가 구성승인을 받은 날부터 2년이 되었음에도 조합설립인가 를 신청하지 아니한 경우 시장·군수등이 직접 시행할 수 있다.

④ 조합설립추진위원회는 토지등소유자의 수가 200인인 경우 5명 이상의 이사를 두어야 한다.

⑤ 주민대표회의는 토지등소유자의 과반수의 동의를 받아 구성하며, 위원장과 부위원장 각 1명과 1명 이상 3명 이하의 감사를 둔다.

해설

① 세입자세대수가 토지등소유자의 2분의 1이하인 경우에는 세입자동의를 생략할 수 있는데 3분의 1에 해당하는 경우이므로 세입자동의를 생략할 수 있다.

② 재개발사업에서 토지등 소유자가 직접 시행할 수 있는 경우는 토지등소유자가 30인이 아니라 20인 미만인 경우이다.

③ 2년이 아니고 3년이다.

④ 토지등소유자의 수가 100인 이상인 경우 5명 이상의 이사를 두어야 하는 경우는 추진위원회가 아니고 조합이다.

정답 ⑤

4 출제 예상문제

01 다음은 도시 및 주거환경정비법령상 정비사업 시행방법에 관한 설명이다. 옳은 것은?

① 주거환경개선사업은 시행자가 정비구역에서 인가받은 관리처분계획에 따라 건물을 건설하여 공급하는 방법으로 시행할 수 있다.

② 재개발사업은 정비구역 안에서 인가받은 관리처분계획에 따라 주택 및 부대·복리시설을 건설하여 공급하거나, 환지로 공급하는 방법에 의한다.

③ 재건축사업은 정비구역에서 환지로 공급하는 방법으로 사업을 할 수 있다.

④ 재건축사업의 경우에 주택단지에 있지 아니하는 건축물의 경우에는 사업시행상 불가피한 경우로서 정비구역으로 보는 사업에 한정한다.

⑤ 재건축사업에서 오피스텔을 건설하여 공급하는 경우에는 주거지역 및 상업지역에서 건설할 수 있다. 이 경우 오피스텔의 연면적은 전체 건축물 연면적의 100분의 30 이하이어야 한다.

해설✦ ① 주거환경개선사업은 관리처분계획에 따라 건물이 아니라 주택을 건설하여 공급할 수 있다.
② 재개발사업은 정비구역에서 인가받은 관리처분계획에 따라 건축물을 건설하여 공급하거나 환지로 공급하는 방법으로 한다.
③ 재건축사업은 환지방법으로 사업을 할 수 없다.
⑤ 재건축사업의 오피스텔은 주거지역이 아니라 준주거지역에서 공급한다.

정답✦ ④

02 도시 및 주거환경정비법령상 재개발사업과 재건축사업의 시행에 대한 다음 설명 중 틀린 것은?

① 재개발사업은 조합이 시행하거나 조합이 조합원의 과반수의 동의를 받아 시장·군수등, 토지주택공사등, 건설업자, 등록사업자 또는 신탁업자, 한국부동산원과 공동으로 시행할 수 있다.

② 재개발사업의 토지등소유자가 20인 미만인 경우에는 토지등소유자가 시행하거나 토지등소유자의 과반수의 동의를 받아 시장·군수등, 토지주택공사등, 건설업자, 등록사업자 또는 신탁업자, 한국부동산원과 공동으로 시행할 수 있다.

③ 재건축사업은 조합이 시행하거나 조합이 조합원의 과반수의 동의를 받아 시장·군수등, 토지주택공사등, 건설업자 또는 등록사업자와 공동으로 시행할 수 있다.

④ 시장·군수등은 재개발사업조합이 조합의 설립인가를 얻은 날부터 2년 이내에 사업시행계획인가를 신청하지 아니하는 경우에는 직접 정비사업을 시행할 수 있다.

⑤ 재건축사업조합이 정비사업시행 예정일부터 2년 이내에 사업시행인가를 신청하지 아니하는 경우에는 시장·군수등이 직접 정비사업을 시행할 수 있는 경우는 아니다.

해설 ✦ 조합의 설립인가를 얻은 날부터 2년이 아니라 3년 이내에 사업시행계획인가를 신청하지 아니하는 경우이다.

정답 ✦ ④

1 출제예상과 학습포인트

✦ 기출횟수

매년출제

✦ 35회 출제 예상

정비사업의 조합은 정비법에서 가장 출제가능성이 높은 파트로서 한해에 2문제가 출제된 적도 많았다. 기본적으로 1개는 무조건 출제가 이루어진다. 35회 시험에서도 출제가능성은 100%이다.

✦ 35회 중요도

★★★

✦ 학습범위와 학습방법

정비사업의 재개발, 재건축조합은 전 범위를 출제를 하고 있으므로 어디가 더 중요하다, 덜 중요하다고 할 수 없을 정도로 다양한 문제의 출제가 이루어지고 있는 테마이다. 꼼꼼하게 빠뜨리지 않고 정리하는 게 필요하다. 특히 공부를 할 때 도시개발법 조합과 비교하면서 본다면 도시개발법의 조합과 유사한 내용이 상당히 많이 있으므로 더 효율적으로 공부할 수 있다.

✦ 핵심쟁점

❶ 추진위원회 성립시기와 설립 시 동의요건 및
❷ 추지위원회의 업무
❸ 창립총회 성립시기와 창립총회의 업무
❹ 재개발, 재건축 조합설립 시 동의 요건과 동의방법
❺ 토지등 소유자 동의요건의 계산법
❻ 조합설립인가의 변경의 경우 변경의 인가생략하고 신고하는 사유
❼ 조합원의 자격과 지위양도(자유가 원칙, 투기과열지구에서 금지되는 시기, 가능사유)
❽ 조합총회의 의사결정에 있어 10% 직접출석, 20% 직접출석 / 과반수 찬성, 2/3 찬성
❾ 대의원회
❿ 임원의 자격, 임기, 인원수, 결격사유와 결격사유 시 법률행위의 효과
⓫ 정관변경 시 동의 요건 (조합원 2/3찬성하는 정관변경 암기)

2 핵심 내용

❶ 조합설립추진위원회

1. 조합설립추진위원회의 구성(← 시장·군수의 승인)

정비구역지정·고시 후 위원장을 포함하여 5인 이상의 위원이 토지 등 소유자의 과반수의 동의를 얻어 시장·군수의 승인을 얻어 구성한다.

2. 공공지원을 시행하는 경우에는 추진위원회의 구성하지 아니할 수 있다.

3. 추진위원회의 업무

> 1. 정비사업 전문관리업자의 선정(경쟁입찰 또는 수의계약방법으로 선정하여야 한다.)
> 2. 설계자의 선정 및 변경
> 3. 개략적인 정비사업 시행계획서의 작성
> 4. 추진위원회 운영규정의 작성
> 5. 토지등소유자의 동의서의 접수
> 6. 조합의 설립을 위한 창립총회의 개최
> 7. 조합 정관의 초안 작성

4. 추진위원회구성에 동의한 경우 조합설립에 동의한 것으로 본다. 단, 반대의 의사표시를 한 경우는 그렇지 않다.

5. 추진위원회 업무보고 및 조직

① 추진위원회는 추진위원회가 행한 업무 → 조합총회에 보고
② 추진위원회가 행한 업무와 관련된 권리와 의무 → 조합이 포괄승계 한다.
③ 추진위원회는 위원장 1인과 감사를 두어야 하며, 운영규정을 정하여 관보에 고시한다.

6. 창립총회개최의무

① 시기 : 조합설립인가의 신청 전에 조합설립을 위한 창립총회를 개최하여야 한다.
② 개최통지 : 추진위원회는 창립총회 14일전까지 회의목적·안건·일시·장소 등을 인터넷 홈페이지를 통해 공개하고, 토지등소유자에게 등기우편으로 발송·통지하여야 한다.

③ **소집방법** : 창립총회는 추진위원회 위원장의 직권 또는 토지등소유자 5분의 1 이상의 요구로 추진위원회 위원장이 소집한다. 다만, 토지등소유자 5분의 1 이상의 소집요구에도 불구하고 추진위원회 위원장이 2주 이상 소집요구에 응하지 아니하는 경우 소집요구한 자의 대표가 소집할 수 있다.

④ **창립총회의 업무** : 창립총회에서는 다음 각 호의 업무를 처리한다.

> 1. 조합정관의 확정
> 2. 조합임원의 선임
> 3. 대의원의 선임
> 4. 그 밖에 필요한 사항으로서 사전에 통지한 사항

⑤ **창립총회의 의사결정** : 토지등소유자의 과반수 출석과 출석한 토지등소유자 과반수 찬성으로 결의한다. 다만, 조합임원 및 대의원의 선임은 확정된 정관에서 정하는 바에 따라 선출한다.

❷ 조합

1. 조합설립 시 동의요건

① **재개발사업** : 토지등 소유자3/4 이상의 동의와 면적1/2 이상

② **재건축사업의 동의요건**

주택단지 안	공동주택 각 동별 구분소유자 과반수 및 전체 구분소유자 3/4와 면적 3/4 이상의 동의 (복리시설 전체를 하나의 동으로 간주)
주택단지 밖	토지 또는 건물소유의 3/4 및 면적 2/3 이상의 동의

2. 토지 등 소유자의 동의자수 산정방법

사업의 종류	토지 등 소유자 수 산정
주거환경개선사업 재개발사업	① 공유 → 수인을 대표하는 1인을 소유자로 산정한다. 다만, 재개발사업의 전통시장 및 상점가로서 공유에 속하는 경우 → 4분의 3 이상의 동의를 받아 대표하는 1인 ② 토지소유자와 지상권자가 다른 경우 → 대표자 1인을 소유자로 산정 ③ 1인이 다수의 필지, 다수의 건물 소유 시 → 1인을 소유자로 산정한다. ④ 둘 이상의 토지 또는 건축물을 소유한 공유자가 동일한 경우 → 대표자 1인 ⑤ 토지소유자와 건축물소유자가 다른 경우 → 별개로 토지 등 소유자 인정
재건축사업	① 공유 → 대표자 1인을 소유자로 산정 ② 1인이 2 이상의 소유권, 구분소유권을 소유한 경우 → 1인으로 산정 ③ 둘 이상의 토지 또는 건축물을 소유한 공유자가 동일한 경우 → 대표자 1인

1. 취득자의 동의여부 : 추진위원회 또는 조합의 설립에 동의한 자로부터 토지 또는 건축물을 취득한 자는 추진위원회 또는 조합의 설립에 동의한 것으로 볼 것
2. 소재확인이 안 되는 자 : 토지등소유자 또는 공유자의 수에서 제외할 것
3. 국·공유지 : 그 재산관리청을 토지등소유자로 산정할 것
4. 철회의 시기 : 동의의 철회 또는 반대의사의 표시는 해당 동의에 따른 인·허가 등을 신청하기 전까지 할 수 있다. 다만, 다음 각 목의 동의는 최초로 동의한 날부터 30일까지만 철회할 수 있다. 다만, ②의 동의는 최초로 동의한 날부터 30일이 지나지 아니한 경우에도 조합설립을 위한 창립총회 후에는 철회할 수 없다.

> ① 정비구역의 해제에 대한 동의
> ② 조합설립에 대한 동의

3. 동의 및 철회의 방법

① 서면동의서에 토지등소유자의 성명을 적고 지장을 날인하는 서면동의의 방법으로 한다.

② 서면동의서를 작성하는 경우 검인한 서면동의서를 사용하여야 하며, 검인을 받지 아니한 서면동의서는 그 효력을 발생하지 아니한다.

③ **철회의 방법** : 동의를 철회하거나 반대의 의사표시는 토지등소유자의 지장을 날인하고 자필로 서명한 후 신분증명서 사본을 첨부하여 내용증명의 방법으로 발송하여야 한다. 이 경우 시장·군수가 철회서를 받은 때에는 지체 없이 동의의 상대방에게 철회서가 접수된 사실을 통지하여야 한다.

④ **철회의 효력발생시기** : 동의의 철회나 반대의 의사표시는 철회서가 동의의 상대방에게 도달한 때 또는 시장·군수가 동의의 상대방에게 철회서가 접수된 사실을 통지한 때 중 빠른 때에 효력이 발생한다.

❸ 조합설립인가

1. **조합설립인가** : 조합을 설립하는 경우 시장·군수로부터 인가 받아야 하며 변경의 경우도 총회에서 조합원의 3분의 2 이상의 찬성으로 변경의 인가를 받아야 한다.

2. **변경의 인가** : 다만, 다음의 경미한 사항을 변경하려는 때에는 총회의 의결 없이 시장·군수등에게 신고하고 변경할 수 있다. 이 경우 신고수리여부는 20일내 통지하여야 하며, 통지하지 않는 경우 그 다음날 신고는 수리된 것으로 본다.

> 1. 조합의 명칭 및 주된 사무소의 소재지와 조합장의 주소 및 성명
> 2. 토지 또는 건축물의 매매 등으로 인하여 조합원의 권리가 이전된 경우의 조합원의 교체 또는 신규가입
> 3. 조합임원 또는 대의원의 변경(조합장은 총회의 의결을 거쳐 변경인가를 받아야 한다)

> 4. 건설되는 건축물의 설계 개요의 변경
> 5. 정비사업비의 변경
> 6. 현금청산으로 인하여 정관에서 정하는 바에 따라 조합원이 변경되는 경우
> 7. 법 제4조에 따른 정비구역 또는 정비계획의 변경에 따라 변경되어야 하는 사항.
>   다만, 정비구역 면적이 10퍼센트 이상 변경되는 경우는 제외한다.

❹ 조합의 법인격 등

1. 설립등기 : 인가를 받은 날부터 30일 이내에 주된 사무소의 소재지에 등기함으로서 성립한다.

2. 법적성격 : 공법상의 비영리사단법인

3. '정비사업조합'이라는 명칭을 사용하여야 한다.

4. 법규정 준용 : 이 법에 규정된 것을 제외하고는 민법 중 사단법인 규정을 준용한다.

❺ 조합원의 자격 : 토지등 소유자

1. 재개발사업 : 토지 등 소유자 (조합설립 찬·반 불문)

2. 재건축사업 : 조합설립에 찬성한 토지 등 소유자 → 조합설립에 반대한 자는 조합원이 아님
→ 반대한 자의 토지·건물에 대하여는 매도청구를 할 수 있다.

다음 어느 하나에 해당하는 때에는 대표하는 1인을 조합원으로 본다. 다만, 공공기관지방이전 및 혁신도시 활성화를 위한 시책 등에 따라 이전하는 공공기관이 소유한 토지 또는 건축물을 양수한 경우 양수한 자를 조합원으로 본다.

> 1. 토지 또는 건축물의 소유권과 지상권이 수인의 공유에 속하는 때
> 2. 수인의 토지등소유자가 1세대에 속하는 때
> 3. 조합설립인가 후 1인의 토지등소유자로부터 소유권이나 지상권을 양수하여 여러명이 소유하게 된 때

❻ 투기과열지구 안에서 재개발사업과 재건축사업의 조합원의 지위양도

1. 원칙 : 조합의 설립인가 후에는 조합원의 지위양도는 자유가 원칙이다.

2. 그러나 투기과열지구로 지정된 지역에서

재건축사업	조합설립인가 후	조합원의 지위양도가 금지된다. 단, 상속, 이혼은 양도가능
재개발사업	관리처분계획의 인가 후	

3. 다만, 다음의 사유는 조합원지위양도가 가능하다.

> 1. 세대원의 근무 또는 생업상의 사정이나 질병치료·취학·결혼으로 인하여 세대원 전원이 당해 사업구역이 위치하지 아니한 특별시·광역시·시 또는 군으로 이전하는 경우
> 2. 상속에 의하여 취득한 주택으로 세대원 전원이 이전하는 경우
> 3. 세대원 전원이 해외로 이주하거나 2년 이상의 기간 해외에 체류하는 경우
> 4. 토지등소유자로부터 상속·이혼으로 인하여 토지 또는 건축물을 소유한 자
> 5. 국가·지방자치단체 및 금융기관에 대한 채무를 이행하지 못하여 재개발사업,재건축사업의 토지 또는 건축물이 경매 또는 공매되는 경우
> 6. 투기과열지구로 지정되기 전에 건축물 또는 토지를 양도하기 위한 계약을 체결하고, 투기 과열지구로 지정된 날부터 60일 이내에 부동산 거래의 신고를 한 경우
> 7. 1세대 1주택자로서 양도하는 주택에 대한 소유기간(10년) 및 거주기간(5년)이 이상인 경우
>   ✦ 거주기간은 주민등록표를 기준으로 하며, 소유자가 거주하지 아니하고 소유자의 배우자나 직계존비속이 해당 주택에 거주한 경우에는 그 기간을 합산한다.
> 8. 지분형주택을 공급받기 위하여 건축물 또는 토지를 토지주택공사등과 공유하려는 경우
> 9. 공공임대주택, 「공공주택 특별법」에 따른 공공분양주택의 공급 및 상가를 임대하는 사업을 목적으로 건축물 또는 토지를 양수하려는 공공재개발사업 시행자에게 양도하려는 경우
> 10. 그 밖에 불가피한 사정으로 대통령령이 정하는 경우
>   ① 조합설립인가일부터 3년 이내에 사업시행인가 신청이 없는 재건축사업의 건축물을 3년이상 소유한 자(✦ 소유기간을 산정할 때 상속받아 소유권을 취득한 경우에는 피상속인의 소유기간을 합산한다. 이하 같다)
>   ② 사업시행인가일부터 3년 이내에 착공하지 못한 재건축사업의 토지 또는 건축물을 3년이상 소유한 자
>   ③ 착공일부터 3년 이내에 준공되지 아니한 재개발사업, 재건축사업의 토지를 3년이상 소유한 자

4. 현금청산 : 조합설립인가 후 정비사업의 토지·건물을 양수한자로서 조합원의 자격을 취득할 수 없는 자에 대하여는 손실보상을 하여야 한다.

5. 양도위반 시 조치 : 3년 이하의 징역, 3천만원 이하의 벌금

❼ 총회(필수기구)

1. 총회 소집 절차

원칙	총회는 임원해임을 목적으로 하는 경우를 제외하고 조합장의 직권 또는 조합원 1/5 이상(조합임원의 권리·의무·보수·선임방법· 해임에 관한 사항을 변경하기 위한 총회는 10분의 1 이상)또는 대의원 2/3 이상의 요구로 조합장이 소집하며, 조합원 또는 대의원의 요구로 총회를 소집하는 경우 조합은 소집을 요구하는 자가 본인인지 여부를 대통령령으로 정하는 기준에 따라 정관으로 정하는 방법으로 확인하여야 한다.
예외	조합 임원의 사임, 해임 또는 임기만료 후 6개월 이상 조합 임원이 선임되지 아니한 경우에는 시장·군수가 조합 임원 선출을 위하여 총회를 소집할 수 있다.

2. 총회의 소집 통지 : 총회개최 7일 전까지 조합원에게 통지

3. 총회의 직접 출석

10/100 직접 출석	원칙 : 총회에서 의결을 하는 경우 조합원의 100분의 10 이상이 직접 출석(대리인을 통하여 의결권을 행사하는 경우 직접 출석한 것으로 본다)하여야 한다.
20/100 직접 출석	① 창립총회 ② 시공자선정 취소를 위한총회 ③ 사업시행계획서의 수립 및 변경 ④ 관리처분계획의 수립 및 변경을 의결하는 총회의 경우
조합원과반수 출석	시공자의 선정을 의결하는 총회의 경우에는 조합원의 과반수가 직접 출석하여야 한다.

4. 총회의 의결정족수

총회의 원칙적 동의	조합원 과반이 출석하여 과반이 찬성
조합원 과반수의 동의	① 사업시행계획서의 수립 및 변경 ② 관리처분계획의 수립 및 변경
조합원 3분의 2 이상의 동의	정비사업비가 100분의 10(생산자물가상승률분과 분양신청이 없어 현금청산하는 금액은 제외한다) 이상 늘어나는 경우

5. 대리인을 통한 의결권행사

조합원은 서면 또는 일정한 사유에 해당하는 경우에는 대리인을 통하여 의결권을 행사할 수 있다.

⑧ 대의원회 : 총회의 권한을 대행한다.

1. 대의원은 조합원 중에서 선출하며, 조합원의 수가 100인 이상인 조합은 대의원회를 두어야 한다.

2. 구성 : 대의원은 조합원의 10분의 1 이상으로 하되, 10분의 1 이상이 100인을 넘는 경우 1/10 범위 안에서 100인 이상으로 구성할 수 있다.

3. 자격제한 : 조합장이 아닌 임원은 대의원이 될 수 없다.

4. 다음의 사항은 대의원회에서 대신할 수 없고 총회에서만 의결하여야 한다.

> 1. 정관의 변경에 관한 사항
> 2. 사업시행계획서의 작성 및 변경에 관한 사항
> 3. 관리처분계획의 수립 및 변경에 관한 사항
> 4. 조합임원의 선임 및 해임과 대의원의 선임 및 해임에 관한 사항. 다만, 정관으로 정하는 바에 따라 임기중 궐위된 자(조합장은 제외한다)를 보궐선임하는 경우를 제외한다.
> 5. 조합의 합병 또는 해산에 관한 사항. 다만, 사업완료로 인한 해산의 경우는 제외한다.
> 6. 자금의 차입과 그 방법·이자율 및 상환방법에 관한 사항
> 7. 예산으로 정한 사항 외에 조합원에게 부담이 되는 계약에 관한 사항
> 8. 정비사업비의 변경에 관한 사항
> 9. 시공자·설계자 또는 감정평가법인의 선정 및 변경에 관한 사항
> 10. 정비사업전문관리업자의 선정 및 변경에 관한 사항
> 11. 건설되는 건축물의 설계 개요의 변경에 관한 사항
> 12. 조합원의 동의가 필요한 사항으로 총회에 상정하여야 하는 사항

⑨ 조합의 임원과 임원의 직무

1. 임원의 자격 : 조합은 조합원으로서 정비구역에 위치한 건축물 또는 토지(재건축사업의 경우에는 건축물과 그 부속토지를 말한다.)를 소유한 자[하나의 건축물 또는 토지를 다른 사람과 공유한 경우 → 가장 많은 지분을 소유한 경우로 한정한다] 중 다음 요건을 갖춘 조합장 1명과 이사, 감사를 임원으로 둔다. 이 경우 조합장은 선임일부터 관리처분계획인가를 받을 때까지는 해당 정비구역에서 거주하여야 한다.

> 1. 정비구역에서 거주하고 있는 자로서 선임일 직전 3년 동안 정비구역 내 거주 기간이 1년 이상일 것
> 2. 정비구역에 위치한 건축물 또는 토지를 5년 이상 소유하고 있을 것

2. **임원의 수** : 조합에 두는 이사의 수는 3명 이상으로 하고, 감사의 수는 1명이상 3명 이하로 한다. 다만, 토지 등 소유자 수가 100명을 초과하는 경우에는 이사의 수는 5명 이상으로 한다.

3. **임원의 임기** : 임원의 임기는 3년 이하의 범위에서 정관으로 정하되, 연임할 수 있다.

4. **임원의 선출위탁** : 총회 의결을 거쳐 선거관리를 선거관리위원회에 위탁할 수 있다.

5. **감사의 조합대표** : 조합장 또는 이사의 자기를 위한 조합과의 계약이나 소송은 감사가 조합을 대표한다.

6. **임원의 겸직금지의무** : 조합임원은 같은 목적의 정비사업을 하는 다른 조합의 임원 또는 직원을 겸할 수 없다.

7. **임원의 결격사유** : 다음은 조합의 임원이 될 수 없다.

① 조합임원이 결격사유에 해당하게 되거나 선임당시 그에 해당하는 자 이었음이 판명된 때 또는
② 거주기간의 요건을 충족하지 못한 경우와
③ 전문조합관리인이 업무를 대행하는 경우에는 당연 퇴임하며, 퇴임 전 관여한 행위는 효력을 잃지 않는다.

> 1. 미성년자·피 성년후견인 또는 피 한정후견인
> 2. 파산선고를 받은 자로서 복권되지 아니한 자
> 3. 금고 이상의 실형의 선고를 받고 그 집행이 종료(종료된 것으로 보는 경우를 포함한다)되거나 집행이 면제된 날부터 2년이 경과되지 아니한 자
> 4. 금고 이상의 형의 집행유예를 받고 그 유예기간 중에 있는 자
> 5. 이 법을 위반하여 벌금 100만원 이상의 형을 선고받고 10년이 지나지 아니한 자
> 6. 조합설립 인가권자에 해당하는 지방자치단체의 장, 지방의회의원 또는 그 배우자·직계존속·직계비속

8. **임원업무의 대행** : 시장·군수등은 다음 어느 하나에 해당하는 경우 변호사·회계사·기술사 등으로서 전문조합관리인으로 선정하여 조합임원의 업무를 대행하게 할 수 있다.

> 1. 조합임원이 사임, 해임, 임기만료, 그 밖에 불가피한 사유 등으로 직무를 수행할 수 없는 때부터 6개월 이상 선임되지 아니한 경우
> 2. 총회에서 조합원 과반수의 출석과 출석 조합원 과반수의 동의로 전문조합관리인의 선정을 요청하는 경우

9. **임원의 해임** : 조합원 1/10 이상의 발의로 소집된 총회에서 조합원 과반수 출석과 출석조합원 과반수의 동의를 얻어 할 수 있다. 이 경우 요구자 대표로 선출된 자가 해임총회의 소집 및 진행에 있어 조합장의 권한을 대행한다.

10. 임원선임 시 금품·향응·재산상이익 또는 이의약속 등의 행위를 한자는 5년 이하의 징역 또는 5천만원 이하의 벌금에 처한다.

⑩ 정관의 작성 및 변경

조합이 정관을 변경하고자 하는 경우에는 총회를 개최하여 조합원 과반수의 동의를 얻어 시장·군수의 인가를 받아야 한다. 다만, 다음 사항은 조합원 2/3의 동의를 얻어야 한다.

1. 조합원의 자격에 관한 사항	2. 조합원의 제명·탈퇴 및 교체에 관한 사항
3. 정비구역의 위치 및 면적	4. 조합의 비용부담 및 조합의 회계
5. 정비사업비의 부담시기 및 절차	6. 시공자·설계자의 선정 및 계약서에 포함될 내용

3 대표 기출문제

제34회 출제

01 도시 및 주거환경정비법령상 조합의 임원에 관한 설명으로 틀린 것은?

① 조합임원의 임기만료 후 6개월 이상 조합임원이 선임되지 아니한 경우에는 시장·군수등이 조합임원 선출을 위한 총회를 소집할 수 있다.

② 조합임원이 결격사유에 해당하게 되어 당연 퇴임한 경우 그가 퇴임 전에 관여한 행위는 그 효력을 잃는다.

③ 총회에서 요청하여 시장·군수등이 전문조합관리인을 선정한 경우 전문조합관리인이 업무를 대행할 임원은 당연 퇴임한다.

④ 조합장이 아닌 조합임원은 대의원이 될 수 없다.

⑤ 대의원회는 임기중 궐위된 조합장을 보궐선임할 수 없다.

해설

② 결격사유에 해당되어 퇴임된 임원이 퇴임 전에 관여한 행위는 그 효력을 잃지 아니한다.

답 ②

02 도시 및 주거환경정비법령상 조합의 정관을 변경하기 위하여 총회에서 조합원 3분의 2 이상의 찬성을 요하는 사항이 <u>아닌</u> 것은?

① 정비구역의 위치 및 면적

② 조합의 비용부담 및 조합의 회계

③ 정비사업비의 부담 시기 및 절차

④ 청산금의 징수·지급의 방법 및 절차

⑤ 시공자·설계자의 선정 및 계약서에 포함될 내용

> **해설**
>
> 정관변경 사항 중 조합원 2/3의 동의를 얻어야 하는 사항
>
> 1. 조합원의 자격에 관한 사항
> 2. 조합원의 제명·탈퇴 및 교체에 관한 사항
> 3. 정비구역의 위치 및 면적
> 4. 조합의 비용부담 및 조합의 회계
> 5. 정비사업비의 부담시기 및 절차
> 6. 시공자·설계자의 선정 및 계약서에 포함될 내용
>
> 답 ④

4 출제 예상문제

01 도시 및 주거환경정비법령상 재개발사업의 조합을 설립하고자 할 때 다음 표의 예시에서 몇 명이 동의하면 조합을 설립할 수 있는가?

지번	토지소유자	건축물소유자	지상권자
1	A		
2	B, C		D, E
3	F	G	
4	A	A	

① 3인   ② 4인   ③ 5인   ④ 7인   ⑤ 9인

해설 ✦ 1번지와 4번지를 합하여 : 1명, 2번지 : 1명, 3번지 : 2명 = 토지등 소유자는 4명 재개발조합설립 시동의요건은 토지등소유자 3/4이므로 4명 × 3/4 = 3명이 동의하면 된다.

정답 ✦ ①

02 도시 및 주거환경정비법령에서 조합 총회에 관한 설명으로 틀린 것은?

① 총회는 조합장이 직권으로 소집하거나 조합원 5분의 1(정관의 기재사항 중 조합임원의 권리·의무·보수 등에 관한 사항을 변경하기 위한 총회의 경우는 10분의 1 이상) 이상 또는 대의원 3분의 2 이상의 요구로 조합장이 소집한다.

② 조합임원의 사임, 해임 또는 임기만료 후 6개월 이상 조합임원이 선임되지 아니한 경우에는 시장·군수 등이 조합임원 선출을 위한 총회를 소집할 수 있다.

③ 총회의 의결은 조합원의 100분의 10 이상이 직접 출석하여야 한다. 다만, 시공자선정 취소를 위한총회의 경우에는 100분의 20 이상이 직접 출석하여야 한다.

④ 총회의 의결은 조합원 과반수의 출석과 출석 조합원의 과반수 찬성으로 한다. 그러나 사업시행계획서의 작성 및 변경, 관리처분계획의 수립 및 변경은 조합원 과반수의 출석과 출석 조합원의 3분의 2 이상의 찬성으로 의결한다.

⑤ 시공자의 선정을 의결하는 총회의 경우에는 조합원의 과반수가 직접 출석하여야 한다.

해설 ✦ ④ 사업시행계획과 관리처분계획은 조합원 과반수의 찬성으로 의결한다.

정답 ✦ ④

✦ 기출횟수

　관리처분계획과 공사완료 후 조치와 합쳐서 매년 출제가 되는 테마이다.

✦ 35회 출제 예상

　분양하나만 놓고 본다면 자주 출제가 이루어지는 것은 아니지만 관리처분계획을 이해하기위한 전 단계로 보면 된다.
　33회와 34회 시험에서 연속으로 출제가 되었다. 35회 시험에서 분양신청만 보면 출제가능성은 30% 정도이다.

✦ 35회 중요도

　★

✦ 학습범위와 학습방법

　분양통지와 분양신청의 기간 손실보상청구의 시점 등 시점관련한 날을 중심으로 공부를 하면 좋겠다.

✦ 핵심쟁점

　❶ 분양통지시기와 분양신청기간
　❷ 분양신청 아니한 자의 손실보상협의
　❸ 관리처분계획인가의 시기조정

2 **핵심 내용**

❶ 분양통지·공고 및 분양신청

1. 분양통지·공고

　① 사업시행자는 사업시행계획인가의 고시가 있은 날(사업시행계획인가 이후 시공자를 선정한 경우에는
　시공자와 계약을 체결한 날)부터 120일 이내에 다음 각 호의 사항을 토지등소유자에게 통지한다.

> 1. 분양대상자별 종전의 토지 또는 건축물의 명세 및 사업시행계획인가의 고시가 있은 날을 기준으로
> 한 가격
> 2. 분양대상자별 분담금의 추산액
> 3. 사업시행인가의 내용
> 4. 정비사업의 종류·명칭 및 정비구역의 위치·면적

5. 분양신청기간 및 장소
6. 분양대상 대지 또는 건축물의 내역
7. 분양신청자격
8. 분양신청방법
9. 분양을 신청하지 아니한 자에 대한 조치
10. 분양신청서

② 사업시행자는 분양의 대상이 되는 대지 또는 건축물의 내역 등 다음 사항을 해당 지역에서 발간되는 일간신문에 공고하여야 한다.

1. 사업시행인가의 내용
2. 정비사업의 종류·명칭 및 정비구역의 위치·면적
3. 분양신청기간 및 장소
4. 분양대상 대지 또는 건축물의 내역
5. 분양신청자격
6. 분양신청방법
7. 분양을 신청하지 아니한 자에 대한 조치
8. 토지등소유자외의 권리자의 권리신고방법

2. 분양신청기간 : 통지한 날로부터 30일 이상 60일 이내의 기간(20일의 연장 가능)

3. 분양신청방법 : 분양신청을 하고자 하는 자는 분양신청서에
① 소유권의 내역을 명기하고,
② 등기부등본을 첨부하여 사업시행자에게 제출하여야 하며,
③ 우편의 방법으로 분양신청을 하는 때에는
→ 분양신청기간 내 발송된 것임을 증명할 수 있는 우편으로

4. 재 분양 및 공고

① 재 분양 공고 : 사업시행자는 분양신청기간 종료 후 사업시행계획인가의 변경으로 세대수 또는 주택규모가 달라지는 경우 분양공고 등의 절차를 다시 거칠 수 있다.
② 재 분양신청 : 사업시행자는 정관등으로 정하고 있거나 총회의 의결을 거친 경우에는 ㉠ 분양신청을 하지 아니한 자 및 ㉡ 분양신청을 철회한 자에 해당하는 토지등소유자에게 분양신청을 다시 하게 할 수 있다.

5. 투기과열지구 안에서의 분양신청을 한 경우 재 당첨금지

분양신청기간 안에 분양신청 및 재분양신청규정에도 불구하고 투기과열지구의 정비사업에서 관리처분계획에 따른 분양대상자 및 그 세대에 속한 자는 분양대상자 선정일부터 5년 이내에는 투기과열지구에서 분양신청기간 안에 분양신청 및 재 분양신청을 할 수 없다. 다만, 상속, 결혼, 이혼으로 조합원 자격을 취득한 경우에는 분양신청을 할 수 있다.

② 분양신청을 하지 아니한 자 등에 대한 손실보상의 협의

1. 분양신청을 하지 아니한 자	관리처분계획의 인가·고시된 다음 날부터 90일 이내에 손실보상에 대한 협의를 하여야 한다. 다만, 사업시행자는 분양신청기간 종료일의 다음 날부터 협의를 시작할 수 있다.
2. 분양신청기간 종료 이전에 분양신청을 철회한 자	
3. 투기과열지구 지정으로 분양신청을 할 수 없는 자	
4. 관리처분계획에 따라 분양대상에서 제외된 자	

③ 손실보상 협의가 성립되지 않는 경우의 매도청구

사업시행자는 협의가 성립되지 아니하면 그 기간의 만료일 다음 날부터 60일 이내에 수용재결을 신청하거나 매도청구소송을 제기하여야 한다.

④ 손실보상금의 결정방법(협의)

사업시행자가 현금으로 청산하는 경우 청산금액은 사업시행자와 토지등소유자가 협의하여 산정한다.

⑤ 손실보상되지 않는 경우의 이자지급

사업시행자는 기간(60일)을 넘겨서 수용재결을 신청하거나 매도청구소송을 제기한 경우에는 해당 토지등소유자에게 지연일수에 따른 이자를 지급하여야 한다. 이 경우 이자는 100분의 15 이하의 범위에서 대통령령으로 정하는 이율을 적용하여 산정한다.

⑥ 사업시행인가 및 관리처분계획 인가의 시기조정

시·도지사는 정비사업의 시행으로 인하여 정비구역 주변 지역에 현저한 주택 부족이나 주택시장의 불안정이 발생하는 등 특별시·광역시 또는 도의 조례로 정하는 사유가 발생하는 경우에는 「주택법」에 따른 시·도 주거정책심의위원회의 심의를 거쳐 사업시행인가 또는 관리처분계획 인가의 시기를 조정하도록 해당 시장·군수에게 요청할 수 있으며, 요청을 받은 시장·군수는 특별한 사유가 없으면 그 요청에 따라야 한다. 이 경우 사업시행인가 또는 관리처분계획 인가의 조정 시기는 그 인가 신청일로부터 1년을 넘을 수 없다.

3 대표 기출문제

제34회 출제

01 도시 및 주거환경정비법령상 토지등소유자에 대한 분양신청의 통지 및 분양공고 양자에 공통으로 포함되어야 할 사항을 모두 고른 것은? (단, 토지등소유자 1인이 시행하는 재개발사업은 제외하고, 조례는 고려하지 않음)

ㄱ. 분양을 신청하지 아니한 자에 대한 조치
ㄴ. 토지등소유자외의 권리자의 권리신고방법
ㄷ. 분양신청서
ㄹ. 분양대상자별 분담금의 추산액

① ㄱ   ② ㄱ, ㄴ   ③ ㄴ, ㄷ
④ ㄷ, ㄹ   ⑤ ㄱ, ㄴ, ㄹ

해설

ㄴ. 토지등소유자외의 권리자의 권리신고방법은 분양공고에만 있는 사항
ㄷ. 분양신청서와 ㄹ. 분양대상자별 분담금의 추산액은 토지등소유자에게 분양통지하는 경우에 포함되는 사항

답 ①

4 출제 예상문제

01 도시 및 주거환경정비법령상 분양신청에 대한 다음 설명 중 옳은 것은?

① 사업시행자는 사업시행계획인가의 고시가 있은 날부터 60일 이내에 분양대상자별 분담금의 추산액과 분양신청기간 등을 토지등소유자에게 통지하고, 일간신문에 공고하여야 한다.

② 분양신청기간은 통지한 날부터 30일 이상 60일 이내로 하여야 한다. 단, 관리처분계획수립에 지장이 없다고 판단되면 30일 범위 안에서 연장할 수 있다.

③ 사업시행자는 분양신청기간 종료 후 사업시행계획인가의 변경으로 세대수 또는 주택규모가 달라지는 경우 분양공고 등의 절차를 다시 거칠 수 있다.

④ 투기과열지구의 정비사업에서 관리처분계획에 따라 분양대상자 및 그 세대에 속한 자는 분양대상자 선정일부터 3년 이내에는 투기과열지구에서 분양신청을 할 수 없다.

⑤ 사업시행자는 분양신청을 철회한 자에 대하여 관리처분계획이 인가·고시된 다음 날부터 60일 이내에 손실보상에 관한 협의를 하여야 한다.

해설 ✦ ① 분양통지·공고는 사업시행계획인가의 고시가 있은 날부터 120일 이내이다.

② 연장은 20일 범위 안에서 가능하다.

④ 3년이 아니라 5년 이내에는 투기과열지구에서 분양신청을 할 수 없다.

⑤ 관리처분계획이 인가·고시된 다음 날부터 90일 이내에 손실보상에 관한 협의를 하여야 한다.

정답 ✦ ③

PART 3 도시 및 주거환경정비법

1 출제예상과 학습포인트

✦ 기출횟수

분양과 공사완료 후 조치와 합쳐서 매년출제

✦ 35회 출제 예상

관리처분계획은 정비사업에서 분양자격 있는 자에게 분양권을 주는 제도로서 상당히 중요한 부분이다. 출제가 거의 3년에 2문제 이상 정도가 출제가 되고 있는 파트로서, 35회 시험에서의 출제가능성은 80% 정도이다.

✦ 35회 중요도

★★★

✦ 학습범위와 학습방법

관리처분계획은 분양자격을 주는 제도로서 관리처분계획에 어떤 내용을 포함하는지 관리처분계획 작성의 기준은 무엇인지 주택공급의 원칙과 예외는 어떻게 되는지 권리산정은 어떻게 하는지 등 권리배분의 논점을 중심으로 정리하면 좋을 듯하다.

✦ 핵심쟁점

❶ 관리처분계획의 내용을 숙지할 것
❷ 관리처분계획의 변경의 인가 시 생략사항
❸ 관리처분계획의 일반적 작성기준에서 현금청산시기, 분양설계의 시기
❹ 주택공급기준 (1세대 1주택이 원칙이나 다주택공급이 가능한 경우)
❺ 관리처분계획에서 재산평가방법 (재개발과 재건축의 차이를 중심으로)
❻ 권리산정기준일

2 핵심 내용

❶ 관리처분계획의 인가 등

1. 관리처분계획의 내용

1. 분양설계
2. 분양대상자의 주소 및 성명
3. 분양대상자별 분양예정인 대지 또는 건축물의 추산액
4. 분양대상자별 종전의 토지 또는 건축물의 명세 및 사업시행인가·고시가 있는 날 기준가격

5. 분양대상자의 종전의 토지 또는 건축물에 관한 소유권 외의 권리명세
6. 정비사업비의 추산액(주택재건축사업의 경우에는「재건축 초과이익 환수에 관한 법률」에 따른 재건축부담금에 관한 사항을 포함한다) 및 그에 따른 조합원 부담규모 및 부담시기
7. 세입자별 손실보상을 위한 권리명세 및 그 평가액
8. 보류지 등의 명세와 추산액 및 처분방법. 다만, 기업형임대주택의 경우에는 선정된 기업형임대사업자의 성명 및 주소를 포함한다.

2. 관리처분계획의 인가

① 누가 언제 : 사업시행자는 분양신청기간이 종료 후 기존 건축물을 철거하기 전
② 인가권자 : 관리처분계획은 시장·군수의 인가를 받아야 한다. 다만, 다음의 경미한 사항을 변경하는 경우에는 신고하여야 한다.

1. 계산착오·오기·누락 등에 따른 조서의 단순정정인 경우(불이익을 받는 자가 없는 경우 에만 해당한다)
2. 정관 및 사업시행계획인가의 변경에 따라 관리처분계획을 변경하는 경우
3. 매도청구에 대한 판결에 따라 관리처분계획을 변경하는 경우
4. 사업시행자 변경으로 권리·의무의 변동이 있는 경우로서 분양설계의 변경을 수반하지 아니하는 경우
5. 주택분양에 관한 권리를 포기하는 토지등소유자에 대한 임대주택의 공급에 따라 관리처분계획을 변경하는 경우
6. 임대사업자의 주소(법인인 경우 법인의 소재지와 대표자의 성명 및 주소)를 변경하는 경우

3. 관리처분계획의 인가절차

① 공람·의견청취(사업시행자가 → 30일 이상 토지소유자에게 공람하게하고 의견청취)
② 인가여부의 결정·통보(시장·군수 → 30일 이내 다만, 관리처분계획의 타당성 검증을 요청하는 경우에는 관리처분계획인가의 신청을 받은 날부터 60일 이내)사업시행자에게 인가여부 통보
③ 인가고시·개별통지(관리처분계획인가를 한 경우 사업시행자 → 분양신청을 한 자)

4. 관리처분계획의 타당성검토

시장·군수등은 다음 각 호의 어느 하나에 해당하는 경우에는 대통령령으로 정하는 공공기관에 관리처분계획의 타당성 검증을 요청하여야 한다. 이 경우 시장·군수등은 타당성 검증 비용을 사업시행자에게 부담하게 할 수 있다.

1. 관리처분계획에 따른 정비사업비가 사업시행계획에 따른 정비사업비 기준으로 100분의 10 이상으로서 대통령령으로 정하는 비율 이상 늘어나는 경우
2. 관리처분계획에 따른 조합원 분담규모가 관리처분계획에 따른 분양대상자별 분담금의 추산액 총액 기준으로 100분의 20 이상으로서 대통령령으로 정하는 비율 이상 늘어나는 경우

3. 조합원 5분의 1 이상이 관리처분계획인가 신청이 있은 날부터 15일 이내에 시장·군수등에게 타당성 검증을 요청한 경우
4. 그 밖에 시장·군수등이 필요하다고 인정하는 경우

❷ 관리처분계획의 작성 기준

1. 관리처분계획의 일반적기준

1. 종전의 토지·건축물의 면적·이용상황·환경 등을 종합적으로 고려하여 작성
2. 너무 좁으면 증가, 넓으면 감소할 수 있다.
3. ① 너무 좁은 토지나 건축물
   ② 정비구역 지정 후 분할된 토지를 취득한 자에 대해 현금으로 청산할 수 있다.
4. 현금청산 또는 입체환지 할 수 있음
5. 분양설계 : 분양신청기간이 만료되는 날을 기준으로 하여 수립
6. 잔여분에 대한 처리 : 보류지(건축물을 포함)로 정하거나 일반분양 할 수 있다.
7. 관리처분계획에서 주택공급기준
   ① 원칙 : 1세대 또는 1인이 1이상의 주택을 소유한 경우 1주택을 공급하고, 같은 세대에 속하지 않는 2인 이상이 1주택 또는 1토지를 공유한 경우에는 1주택만 공급한다.
   ② 예외 : 다만, 다음 각 목의 경우 각목의 방법에 따라 공급할 수 있다.

   1. 2인 이상이 1토지를 공유한 경우로서 시·도 조례로 주택공급에 관하여 따로 정하고 있는 경우에는 시·도 조례로 정하는 바에 따라 주택을 공급할 수 있다.
   2. 다음 어느 하나에 해당하는 토지등소유자에게는 소유한 주택 수만큼 공급할 수 있다.

      ① 과밀억제권역에 위치하지 아니한 재건축사업의 토지등소유자 다만, 투기과열지구 또는 조정대상지역에서 사업시행계획인가를 신청하는 토지등소유자는 제외한다. 다만, 조정대상지역 또는 투기과열지구로 지정되기 전에 1명의 토지등소유자로부터 토지 또는 건축물의 소유권을 양수하여 여러 명이 소유하게 된 경우에는 양도인과 양수인에게 각각 1주택을 공급할 수 있다.
      ② 근로자(공무원인 근로자를 포함한다) 숙소, 기숙사 용도로 주택을 소유하고 있는 토지등소유자
      ③ 국가, 지방자치단체 및 주택공사 등
      ④ 공공기관지방이전시책 등에 따라 이전하는 공공기관이 소유한 주택을 양수한 자

   3. 종전토지 또는 건물 가격의 범위 또는 종전주택의 주거전용면적의 범위에서 2주택을 공급할 수 있고, 이 중 1주택은 주거전용면적을 60㎡ 이하로 한다. 다만, 60㎡ 이하로 공급받은 1주택은 종전토지 또는 건물의 이전고시일 다음 날부터 3년이 지나기 전에는 주택을 전매(매매·증여나 그 밖에 권리의 변동을 수반하는 모든 행위를 포함하되 상속의 경우는 제외한다)하거나 이의 전매를 알선할 수 없다.

> 4. 과밀억제권역에 위치한 재건축사업의 경우에는 소유한 주택수 범위에서 3주택까지 공급할 수 있다. 다만, 투기과열지구나 조정대상지역에서 사업시행인가를 신청하는 재건축은 제외한다.

2. 정비사업으로 조성된 대지 및 건축물은 관리처분계획에 의하여 이를 처분 또는 관리하여야 한다.

3. 주거환경개선사업, 재개발사업의 관리처분은 다음 각 호의 방법 및 기준에 의한다.

> ※ 정비구역의 토지등소유자(지상권자를 제외한다.)에게 분양할 것. 다만, 공동주택을 분양하는 경우 시·도 조례로 정하는 금액·규모·취득 시기 또는 유형에 대한 기준에 부합하지 아니하는 토지등소유자는 시·도 조례로 정하는 바에 의하여 분양대상에서 제외할 수 있다.

❸ 관리처분계획의 효과

1. 건물의 철거

사업시행자는 관리처분계획의 인가를 받은 후 기존의 건축물을 철거하여야 한다. 다만, 기존 건축물의 붕괴 등 안전사고의 우려가 있는 경우는 소유자의 동의 및 시장·군수의 허가를 얻어 미리 철거할 수 있다.

2. 사용·수익의 정지

관리처분계획의 인가·고시가 있은 때부터 소유권이전의 고시가 있는 날 까지 종전토지 및 건물은 사용·수익을 정지한다. 다만, ① 사업시행자의 동의를 얻은 경우 ② 손실보상이 완료되지 않은 권리자의 경우에는 그러하지 않다.

3. 용익권자 권리조정

① 계약해지 : 정비사업의 시행으로 인하여 지상권·전세권 또는 임차권의 설정 목적을 달성할 수 없는 때에는 권리자는 계약을 해지 할 수 있다.

② 금전반환청구권 : 계약을 해지할 수 있는 자는 전세금·보증금 기타 계약상의 금전반환청구권을 사업시행자에게 행사할 수 있다.

③ 구상권 및 압류 : 사업시행자가 → 당해 토지 등 소유자에게 구상 → 소유자가 구상에 불응하는 경우 건축물 등을 압류할 수 있으며, 압류한 권리는 저당권과 동일한 효력이 있다.

4. 계약기간 등에 대한 특례

관리처분계획인가 후 체결되는 지상권·전세권설정계약 또는 임대차계약의 계약기간에 대해서는 민법·주택임대차보호법 등의 기간규정은 적용하지 않는다.

❹ 관리처분계획에 따른 재산평가 방법

1. 평가방법

감정평가법인이 평가한 금액을 산술평균하여 산정한다. 다만, 관리처분계획을 변경·중지 또는 폐지하고자 하는 경우에는 분양예정 대상인 대지 또는 건축물의 추산액과 종전의 토지 또는 건축물의 가격은 사업시행자 및 토지등소유자 전원이 합의하여 이를 산정할 수 있다.

> 1. 주거환경개선사업 또는 재개발사업 : 시장·군수가 선정·계약한 2인 이상의 감정평가법인
> 2. 재건축사업 : 시장·군수가 선정·계약한 1인 이상의 감정평가법인과 조합총회의 의결로 정하여 선정·계약한 1인 이상의 감정평가법인

2. 감정평가에 필요한 비용 예치

사업시행자는 감정평가를 하고자 하는 경우 시장·군수에게 감정평가법인의 선정·계약을 요청하고 감정평가에 필요한 비용을 미리 예치하여야 한다. 시장·군수는 감정평가가 끝난 경우 예치된 금액에서 감정평가 비용을 직접 지불한 후 나머지 비용은 사업시행자와 정산하여야 한다.

❺ 주택 등 건축물의 분양받을 권리산정기준일

정비사업을 통하여 분양받을 건축물이 다음 각 호의 어느 하나에 해당하는 경우에는 정비구역지정에 따른 고시가 있은 날 또는 시·도지사가 투기를 억제하기 위하여 기본계획 수립 후 정비구역 지정·고시 전에 따로 정하는 날(이하 이 조에서 "기준일"이라 한다)의 다음 날을 기준으로 건축물을 분양받을 권리를 산정한다.

> **보충** 기준일 적용대상 : "권리자의 증가가 있는 경우"
>
> 1. 1필지의 토지가 수개의 필지로 분할되는 경우
> 2. 단독 또는 다가구주택이 다세대주택으로 전환되는 경우
> 3. 하나의 대지범위 안에 속하는 동일인 소유의 토지와 주택 등 건축물을 토지와 주택 등 건축물로 각각 분리하여 소유하는 경우
> 4. 나대지에 건축물을 새로이 건축하거나 기존 건축물을 철거하고 다세대주택, 그 밖의 공동주택을 건축하여 토지등소유자가 증가되는 경우

❻ 재개발사업으로 건설된 임대주택의 인수

1. 인수자

조합이 재개발사업의 시행으로 건설된 임대주택의 인수를 요청하는 경우 시·도지사 또는 시장, 군수, 구청장이 우선하여 인수하여야 하며, 시·도지사 또는 시장, 군수, 구청장이 예산·관리인력의 부족 등 부득이한 사정으로 인수하기 어려운 경우에는 국토교통부장관에게 토지주택공사등을 인수자로 지정할 것을 요청할 수 있다.

2. 인수가격

재개발임대주택의 인수 가격은 「공공주택 특별법 시행령」에 따라 정해진 분양전환가격의 산정기준 중 건축비에 부속토지의 가격을 합한 금액으로 하며, 부속토지의 가격은 사업시행계획인가 고시가 있는 날을 기준으로 감정평가업자 둘 이상이 평가한 금액을 산술평균한 금액으로 한다. 이 경우 건축비 및 부속토지의 가격에 가산할 항목은 인수자가 조합과 협의하여 정할 수 있다.

3. 인수한 임대주택의 활용

국토교통부장관, 시·도지사, 시장, 군수, 구청장 또는 토지주택공사등은 정비구역에 ① 세입자와 ② 90㎡ 미만의 토지 또는 ③ 바닥면적이 40㎡ 미만의 사실상 주거를 위하여 사용하는 건축물을 소유한 자의 요청이 있는 경우에는 인수한 임대주택의 일부를 「주택법」에 따른 토지임대부 분양주택으로 전환하여 공급하여야 한다.

❼ 지분형주택 등의 공급

1. 의의

지분형주택은 사업시행자가 토지주택공사등인 경우에는 분양대상자와 사업시행자가 공동 소유하는 방식으로 주택을 말한다.

2. 지분형주택의 공급

① 규모 : 지분형주택의 규모는 주거전용면적 60㎡ 이하인 주택으로 한정한다.
② 소유기간 : 지분형주택의 공동 소유기간은 소유권을 취득한 날부터 10년의 범위에서 사업시행자가 정하는 기간으로 한다.
③ 공급가격 : 지분형주택의 공급자격은 종전에 소유하였던 토지 또는 건축물의 가격이 지분형주택의 분양가격 이하에 해당하는 무주택 세대주로서 정비계획의 공람 공고일 당시 해당 정비구역에 2년 이상 실제 거주한 사람

3. 지분형주택의 공급방법·절차, 지분 취득비율, 지분 사용료 및 지분 취득가격 등에 관하여 필요한 사항은 사업시행자가 따로 정한다.

3 대표 기출문제

제34회 출제

01 도시 및 주거환경정비법령상 소규모 토지 등의 소유자에 대한 토지임대부 분양주택 공급에 관한 내용이다. ( )에 들어갈 숫자로 옳은 것은? (단, 조례는 고려하지 않음)

> 국토교통부장관, 시·도지사, 시장, 군수, 구청장 또는 토지주택공사등은 정비구역에 세입자와 다음의 어느 하나에 해당하는 자의 요청이 있는 경우에는 인수한 재개발임대주택의 일부를 「주택법」에 따른 토지임대부 분양주택으로 전환하여 공급하여야 한다.
> 1. 면적이 (ㄱ) 제곱미터 미만의 토지를 소유한 자로서 건축물을 소유하지 아니한 자
> 2. 바닥면적이 (ㄴ) 제곱미터 미만의 사실상 주거를 위하여 사용하는 건축물을 소유한 자로서 토지를 소유하지 아니한 자

① ㄱ: 90, ㄴ: 40　　　　　　　② ㄱ: 90, ㄴ: 50

③ ㄱ: 90, ㄴ: 60　　　　　　　④ ㄱ: 100, ㄴ: 40

⑤ ㄱ: 100, ㄴ: 50

해설

토지임대부 분양주택의 공급
국토교통부장관, 시·도지사, 시장, 군수, 구청장 또는 토지주택공사등은 정비구역에 세입자와 다음에 해당하는 자의 요청이 있는 경우에는 인수한 임대주택의 일부를 「주택법」에 따른 토지임대부 분양주택으로 전환하여 공급하여야 한다.

> 1. 면적이 90제곱미터 미만의 토지를 소유한 자로서 건축물을 소유하지 아니한 자
> 2. 바닥면적이 40제곱미터 미만의 사실상 주거를 위하여 사용하는 건축물을 소유한 자로서 토지를 소유하지 아니한 자

답 ①

02 도시 및 주거환경정비법령상 관리처분계획 등에 관한 설명으로 옳은 것은? (단, 조례는 고려하지 않음)

① 지분형주택의 규모는 주거전용면적 60제곱미터 이하인 주택으로 한정한다.
② 분양신청기간의 연장은 30일의 범위에서 한 차례만 할 수 있다.
③ 같은 세대에 속하지 아니하는 3명이 1토지를 공유한 경우에는 3주택을 공급하여야 한다.
④ 조합원 10분의 1 이상이 관리처분계획인가 신청이 있은 날부터 30일 이내에 관리처분계획의 타당성 검증을 요청한 경우 시장·군수는 이에 따라야 한다.
⑤ 시장·군수는 정비구역에서 면적이 100제곱미터의 토지를 소유한 자로서 건축물을 소유하지 아니한 자의 요청이 있는 경우에는 인수한 임대주택의 일부를 '주택법'에 따른 토지임대부 분양주택으로 전환하여 공급하여야 한다.

> **해설**
>
> ② 분양신청기간은 통지한 날로부터 30일 이상 60일 이내의 기간이며 20일의 범위 이내에서 연장할 수 있다.
> ③ 공유한 경우에는 1주택을 공급한다.
> ④ 관리처분계획의 타당성 검증을 요청은 조합원 10분의 1이 아니라 조합원 5분의 1이다.
> ⑤ 건축물을 소유하지 아니한 자의 요청이 있는 경우에는 인수한 임대주택의 일부를 '주택법'에 따른 토지임대부 분양주택으로 전환하여 공급하는 것이 아니다.
>
> 답 ①

4 출제 예상문제

01 도시 및 주거환경 정비법령상 관리처분계획에 관한 설명 중 옳은 것은?

① 분양설계에 관한 계획은 사업시행인가·고시가 있는 날을 기준으로 하여 수립한다.
② 사업시행자는 기존 건축물을 철거한 후에 관리처분계획을 수립하여 인가를 받아야 한다.
③ 특별시장은 관리처분계획인가의 시기를 조정하도록 해당 구청장에게 요청할 수 있다. 이 경우 요청을 받은 구청장은 그 요청에 따라야 하며, 조정 시기는 인가를 신청한 날부터 1년을 넘을 수 없다.
④ 너무 좁은 토지 또는 건물이나 정비구역지정 후 분할된 토지이어도 현금으로 청산할 수 없다.
⑤ 주거환경개선사업의 관리처분계획에는 지상권자에 대한 분양을 포함한다.

동영상 강의 www.landhana.co.kr

해설 ✦ ① 분양설계에 관한 계획은 사업시행인가·고시가 있는 날이 아니라 분양신청기간이 만료되는 날을 기준으로 하여 수립한다.
② 기존건물은 철거하기 전에 관리처분계획을 수립하여야 한다.
④ 너무 좁은 토지 또는 건물이나 정비구역지정 후 분할된 토지는 현금으로 청산할 수 있다.
⑤ 주거환경개선사업과 재개발사업에서 관리처분계획에는 지상권자에 대한 분양을 제외한다.

정답 ✦ ③

02 도시 및 주거환경정비법령상 사업시행자가 인가받은 관리처분계획을 변경하고자 할 때 시장·군수 등에게 신고하여야 하는 경우가 <u>아닌</u> 것은?

ㄱ. 사업시행자의 변동에 따른 권리·의무의 변동이 있는 경우로서 분양설계의 변경이 필요한 경우
ㄴ. 재건축사업에서의 매도청구에 대한 판결에 따라 관리처분계획을 변경하는 경우
ㄷ. 주택분양에 관한 권리를 포기하는 토지 등 소유자에 대한 임대주택의 공급에 따라 관리처분계획을 변경하는 경우
ㄹ. 계산착오·오기·누락 등에 따른 조서의 단순정정인 경우로서 불이익을 받는 자가 있는 경우
ㅁ. 정관 및 사업시행계획인가의 변경에 따라 관리처분 계획을 변경하는 경우

① ㄱ, ㄹ   ② ㄱ, ㄷ   ③ ㄷ, ㅁ   ④ ㄴ, ㄷ   ⑤ ㄷ, ㄹ

해설 ✦ ① 관리처분계획은 시장·군수의 인가를 받아야 한다. 다만, 다음의 경미한 사항을 변경하는 경우에는 신고하여야 한다.

1. 계산착오·오기·누락 등에 따른 조서의 단순정정인 경우(불이익을 받는 자가 없는 경우 에만 해당한다)
2. 정관 및 사업시행계획인가의 변경에 따라 관리처분계획을 변경하는 경우
3. 매도청구에 대한 판결에 따라 관리처분계획을 변경하는 경우
4. 사업시행자 변경으로 권리·의무의 변동이 있는 경우로서 분양설계의 변경을 수반하지 아니하는 경우
5. 주택분양에 관한 권리를 포기하는 토지등소유자에 대한 임대주택의 공급에 따라 관리처분계획을 변경하는 경우
6. 임대사업자의 주소를 변경하는 경우

정답 ✦ ①

PART 3 도시 및 주거환경정비법

✦ 기출횟수
분양과 관리처분계획등과 합쳐서 매년 출제가 되는 테마이다.

✦ 35회 출제 예상
공사완료 후의 조치는 매년 출제가 되는 곳은 아니지만 3년에 1문제 정도는 꾸준히 출제를 하고 있는 파트인데, 34회 시험에서의 출제가능성은 50% 정도이다.

✦ 35회 중요도
★★

✦ 학습범위와 학습방법
공사완료 후의 조치는 등기와 청산이 중심이 된다. 그리고 여기에 부수하여 공사완료 후 준공인가를 누가하며, 준공인가 전 건물을 사용할 수 있는지 문제, 준공인가의 효과를 중심으로 학습을 하면 좋겠다.

✦ 핵심쟁점
❶ 준공인가를 누가하며, 주택공사가 사업시행자인 경우의 준공인가
❷ 준공인가 전 건물의 사용가능성
❸ 준공인가에 따른 정비구역의 해제와 조합의 존속여부
❹ 소유권변동시기와 등기의 시기
❺ 청산금의 지급시기와 소멸시효

❶ 공사완료에 따른 조치(정비사업의 준공인가)

1. 시장·군수의 준공인가

시장·군수가 아닌 사업시행자는 정비사업에 관한 공사를 완료한 때에는 시장·군수의 준공인가를 받아야 한다.

2. 주택공사 등의 자체적 준공인가 처리

주택공사등인 사업시행자(공동시행자인 경우를 포함한다)가 다른 법률에 의하여 자체적으로 준공인가를 처리한 경우에는 준공인가를 받은 것으로 보며, 이 경우 주택공사등인 사업시행자는 그 내용을 지체없이 시장·군수에게 통보하여야 한다. 또한 사업시행자는 자체적으로 처리한 준공인가결과를 시장·군수에게 통보한 때 또는 준공인가증을 교부받은 때에는 그 사실을 분양대상자에게 지체없이 통지하여야 한다.

3. 준공검사

준공인가신청을 받은 시장·군수는 지체없이 준공검사를 실시하여야 한다. 이 경우 시장·군수는 효율적인 준공검사를 위하여 필요한 때에는 관계행정기관·정부투자기관·연구기관 그 밖의 전문기관 또는 단체에 준공검사의 실시를 의뢰할 수 있다.

4. 공사완료고시

시장·군수는 준공검사의 실시결과 정비사업이 인가받은 사업시행계획대로 완료되었다고 인정하는 때에는 준공인가를 하고 공사의 완료를 당해 지방자치단체의 공보에 고시하여야 한다. (시장·군수가 직접 시행하는 정비사업은 준공검사없이 그 공사의 완료를 당해 지방자치단체의 공보에 고시하여야 한다.)

5. 공사완료에 따른 관련 인·허가 등의 의제

시장·군수등은 준공인가를 하거나 공사완료를 고시하는 경우 그 내용에 의제되는 인·허가등에 따른 준공검사·인가등에 해당하는 사항이 있은 때에는 미리 관계 행정기관의 장과 협의하여야 하며, 관계 행정기관의 장은 협의를 요청받은 날부터 10일 이내에 의견을 제출하여야 하며, 기간 내에 의견을 제출하지 아니하면 협의가 이루어진 것으로 본다.

6. 준공인가 전 완공된 건축물의 사용허가

① 시장·군수는 준공인가를 하기 전이라도 완공된 건축물이 사용에 지장이 없는 등 다음 기준에 적합한 경우에는 입주예정자가 완공된 건축물을 사용할 것을 허가할 수 있다.

> 1. 완공된 건축물에 전기·수도·난방 등이 갖추어져 있어 당해 건축물을 사용하는데 지장이 없을 것
> 2. 완공된 건축물이 인가받은 관리처분계획에 적합할 것
> 3. 입주자가 공사에 따른 차량통행·소음·분진 등의 위해로부터 안전할 것

② 다만, 자신(시장·군수)이 사업시행자인 경우에는 허가를 받지 아니하고 사용하게 할 수 있다.
③ 이 경우 시장·군수는 준공인가 전 사용허가 시 동별·세대별·구획별로 사용허가를 할 수 있다.

7. 준공인가의 효과에 따른 정비구역의 해제

① 정비구역의 해제 : 정비구역의 지정은 준공인가의 고시가 있은 날(관리처분계획을 수립하는 경우에는 이전고시가 있은 때를 말한다)의 다음 날에 해제된 것으로 본다. 이 경우 지방자치단체는 해당 지역을 지구단위계획으로 관리하여야 한다.

② 조합의 존속여부 : 정비구역의 해제는 조합의 존속에 영향을 주지 아니한다.

❷ 소유권이전고시 등

1. 소유권 이전

사업시행자는 공사완료 고시 후 지체없이 대지확정측량 및 토지의 분할절차를 거쳐 관리처분계획에 정한 사항을 분양을 받을 자에게 통지하고, 소유권 이전할 수 있다. 다만, 정비사업의 효율적인 추진을 위하여 필요한 경우 당해 정비사업에 관한 공사가 전부 완료되기 전에 완공된 부분에 대하여 준공인가를 받아 대지 또는 건축물별로 이를 분양 받을 자에게 그 소유권을 이전 할 수 있다.

2. 소유권이전의 고시·보고

사업시행자는 대지 및 건축물의 소유권을 이전한 때에는 그 내용을 당해 지방자치단체의 공보에 고시한 후 이를 시장·군수에게 보고하여야 한다.

3. 소유권변동 : 소유권이전고시일 다음날 소유권이 변동된다.

❸ 대지 및 건축물에 대한 권리의 확정

대지 또는 건축물을 분양 받을 자에게 소유권 이전의 고시규정에 의하여 소유권을 이전한 경우 종전의 토지 또는 건축물에 존재하던 대항력 있는 권리는 → (자동으로) 소유권을 이전받은 대지 또는 건축물에 설정된 것으로 본다.

❹ 소유권이전에 따른 조합의 해산

1. 조합해산총회

조합장은 소유권이전고시가 있은 날부터 1년 이내에 조합 해산을 위한 총회를 소집하여야 하며, 조합장이 1년 이내에 총회를 소집하지 아니한 경우 조합원 5분의 1 이상의 요구로 소집된 총회에서 조합원 과반수의 출석과 출석 조합원 과반수의 동의를 받아 해산을 의결할 수 있다. 이 경우 요구자 대표로 선출된 자가 조합 해산을 위한 총회의 소집 및 진행을 할 때에는 조합장의 권한을 대행한다.

2. 조합설립인가 취소

시장·군수등은 조합이 정당한 사유 없이 해산을 의결하지 아니하는 경우에는 조합설립인가를 취소할 수 있다.

3. 해산조합의 청산인

해산하는 조합에 청산인이 될 자가 없는 경우에는 시장·군수등은 법원에 청산인의 선임을 청구할 수 있다.

❺ 등기절차 및 권리변동의 제한

1. 등기의 주체 : 사업시행자(소유자 ×)

2. 등기의 시기

① 소유권이전의 고시가 있는 때, 지체없이 (↳ 도시개발법 : 14일 이내)
② 다른 등기제한 : 저당권 등의 다른 등기 일체금지
  ✦ 도시개발법은 예외적으로 다른 등기원인 있음을 증명한 경우 다른 등기할 수 있다.

❻ 청산금의 징수방법 등

1. 분할징수·지급

청산금은 원칙적으로 일괄징수·지급함이 원칙이나 정관이나 총회의 의결로 분할징수·지급을 정하고 있으면 분할징수하거나 지급할 수 있다.

2. 청산금의 강제징수

① 시장·군수인 사업시행자는 직접 강제징수 할 수 있다.
② 시장·군수가 아닌 사업시행자 : 시장·군수에게 강제징수·위탁(징수금액의 4%를 수수료지급)

3. 청산금의 공탁 : 청산금을 지급 받을 자가 이를 받을 수 없거나 거부한 때

4. 청산금의 소멸시효 : 소유권 이전의 고시일 다음 날부터 5년간 이를 행사하지 아니하면 시효로 소멸한다.

5. 저당권의 물상대위 : 청산금을 지급하기 전에 압류 → 저당권 행사가능

3 대표 기출문제

제31회 출제

01 도시 및 주거환경정비법령상 공사완료에 따른 조치 등에 관한 설명으로 **틀린** 것을 모두 고른 것은?

> ㄱ. 정비사업의 효율적인 추진을 위하여 필요한 경우에는 해당 정비사업에 관한 공사가 전부 완료되기 전이라도 완공된 부분은 준공인가를 받아 대지 또는 건축물별로 분양받을 자에게 소유권을 이전할 수 있다.
> ㄴ. 준공인가에 따라 정비구역의 지정이 해제되면 조합도 해산된 것으로 본다.
> ㄷ. 정비사업에 관하여 소유권의 이전고시가 있은 날부터는 대지 및 건축물에 관한 등기가 없더라도 저당권 등의 다른 등기를 할 수 있다.

① ㄱ　　　　② ㄴ　　　　③ ㄱ, ㄴ　　　　④ ㄱ, ㄷ　　　　⑤ ㄴ, ㄷ

해설

ㄴ. 준공인가에 따라 정비구역이 해제된 경우에도 조합의 존속에 영향을 주지 아니한다.
ㄷ. 정비사업에 관하여 소유권이전의 고시가 있은 날부터 이전등기가 있을 때까지는 저당권 등의 다른 등기를 하지 못한다.

답 ⑤

4 출제 예상문제

01 도시 및 주거환경정비법령상 정비사업의 완료절차에 대한 다음 설명 중 옳은 것은?

① 시장·군수등이 아닌 사업시행자가 정비사업 공사를 완료한 때에는 국토교통부장관의 준공인가를 받아야 한다.

② 정비사업의 효율적인 추진을 위하여 필요한 경우에는 해당 정비사업에 관한 공사가 전부 완료되기 전에 완공된 부분에 대하여 준공인가를 받아 대지 또는 건축물별로 분양받을 자에게 소유권을 이전할 수 없다.

③ 주택공사인 사업시행자가 다른 법률에 따른 자체적인 준공인가를 받은 경우이어도 시장·군수의 준공인가를 받아야 한다.

④ 정비구역의 지정은 준공인가의 고시가 있는 날(관리처분계획을 수립하는 경우에는 이전고시가 있는 때)의 다음 날에 해제된 것으로 본다.

⑤ 정비구역의 준공인가로 정비구역이 해제된 경우 조합도 해산된다.

해설 ✦ ① 시장·군수등이 아닌 사업시행자가 정비사업 공사를 완료한 때에는 국토교통부장관이 아니라 시장·군수등의 준공인가를 받아야 한다.
② 효율적인 사업의 추진을 위하여 준공인가 전에 미리 소유권을 이전할 수 있다.
③ 주택공사인 사업시행자가 다른 법률에 따른 자체적인 준공인가를 받은 경우에는 시장·군수의 준공인가를 또 받는 게 아니라 시장·군수의 준공인가를 받은 것으로 본다.
⑤ 정비구역의 해제는 조합의 존속에 영향을 주지 아니한다.

정답 ✦ ④

02 정비사업의 청산금에 관한 설명으로 옳은 것은?

① 사업시행자는 정관이나 총회의 결정에도 불구하고 소유권 이전고시 이전에는 청산금을 분양대상자에게 지급할 수 없다.

② 청산금을 지급받을 권리는 소유권 이전고시일 부터 5년간 이를 행사하지 아니하면 소멸한다.

③ 대지 또는 건축물을 분양 받을 자에게 소유권을 이전한 경우 종전의 토지 또는 건축물에 존재하던 대항력 있는 권리는 설정등기를 하여야 소유권을 이전받은 대지 또는 건축물에 설정된다.

④ 정비사업 시행지역 내의 건축물의 저당권자는 그 건축물의 소유자가 지급받을 청산금에 대하여 청산금을 지급하기 전에 압류절차를 거쳐 저당권을 행사할 수 있다.

⑤ 청산금을 납부할 자가 이를 납부하지 아니하는 경우 시장·군수인 사업시행자는 지방세체납처분의 예에 따라 이를 징수할 수 없다.

해설 ✦ ① 정관이나 총회에서 의결한 경우에는 소유권이전고시 전에 청산금을 징수·교부할 수 있다.
② 소유권 이전고시일 다음날부터 5년간 행사하지 않은 경우에 시효로 소멸된다.
③ 대지 또는 건축물을 분양 받을 자에게 소유권을 이전한 경우 종전의 토지 또는 건축물에 존재하던 대항력 있는 권리는 소유권을 이전받은 대지 또는 건축물에 설정된 것으로 본다. 등기가 필요없다.
⑤ 시장·군수는 강제징수 할 수 있다.

정답 ✦ ④

PART 4
주택법

1 출제예상과 학습포인트

✦ 기출횟수

매년출제

✦ 35회 출제 예상

주택법의 용어정의는 매년 1문제 또는 2문제가 꾸준히 출제가 되고 있는 부분이다. 34회 시험에서도 2문제가 출제가 능성은 35회 시험에서 출제가능성은 100%이다.

✦ 35회 중요도

★★★

✦ 학습범위와 학습방법

주택법에 언급된 용어정의는 내용이 어려운 것은 없다. 시험에서는 전체가 출제가 되지 않은 영역이 없을 정도로 자주출제 되는 테마로서 빠뜨리지 않고 공부를 할 필요가 있겠다.

✦ 핵심쟁점

❶ 국민주택과 민영주택의 구분
❷ 주택법상의 단독주택과 공동주택의 구분
❸ 세대구분형 공동주택 (사업계획승인대상과 공동주택관리법의 허가대상을 구분)
❹ 도시형생활주택 (특히 소형주택의 요건과 복합형주택의 요건)
❺ 공구의 개념
❻ 단지의 범위에서 동일한 단지의 요건
❼ 공공택지의 종류 9개
❽ 부대시설, 복리시설, 간선시설의 구분
❾ 증축형 리모델링의 요건

2 핵심 내용

❶ 주택이란

세대의 세대원이 장기간 독립된 주거생활을 영위할 수 있는 구조로 된 건축물의 전부 또는 일부 및 그 부속토지를 말하며 단독주택과 공동주택으로 구분한다.

❷ 주택의 구조상 분류

구조상 분류	주택법	건축법
단독주택	1. 단독주택 2. 다중주택 3. 다가구주택	1. 단독주택 2. 다중주택 3. 다가구주택 4. 공관
공동주택	1. 다세대주택 2. 연립주택 3. 아파트	1. 다세대주택 2. 연립주택 3. 아파트 4. 기숙사

❸ 준주택이란

주택 외의 건축물과 그 부속토지로서 주거시설로 이용가능한 다음의 시설을 말한다.

> ① 기숙사 (학생복지주택을 포함)
> ② 다중생활시설(제2종과 숙박시설을 모두 포함)
> ③ 노인복지주택
> ④ 오피스텔

❹ 자금지원에 따른 주택의 분류

1. **국민주택** : 국민주택이란 다음 각 목의 어느 하나에 해당하는 주택으로서 국민주택규모 이하인 주택을 말한다.

> 1. 국가·지방자치단체, 한국토지주택공사 또는 지방공사가 건설하는 주택
> 2. 국가·지방자치단체의 재정 또는 주택도시기금으로부터 자금지원받아 건설되거나 개량되는 주택

2. **민영주택** : 국민주택이 아닌 주택을 말한다.

❺ 국민주택규모

1. **원칙** : "국민주택규모"란 주거전용면적이 1호 또는 1세대 당 85m² 이하인 주택

2. **예외** : 수도권을 제외한 도시지역이 아닌 읍 또는 면 지역은 1호 또는 1세대당 주거전용 면적이 100m² 이하인 주택을 말한다.

❻ 주택의 규모별 건설비율

국토교통부장관은 주택수급의 적정을 기하기 위하여 필요하다고 인정하는 때에는 사업주체가 건설하는 주택의 75% (주택조합이나 고용자가 건설하는 주택은 100%) 이하의 범위 안에서 일정 비율 이상을 국민주택규모로 건설하게 할 수 있다.

❼ 기간시설과 간선시설

1. "기간시설"이란 도로·상하수도·전기시설·가스시설·통신시설·지역난방시설 등을 말한다.

2. "간선시설"이란 도로·상하수도·전기시설·가스시설·통신시설 및 지역난방시설 등 주택단지 안의 기간시설을 그 주택단지 밖에 있는 같은 종류의 기간시설에 연결시키는 시설을 말한다. 다만, 가스시설·통신시설 및 난방시설의 경우에는 주택단지 안의 기간시설을 포함한다.

❽ 세대구분형 공동주택

공동주택의 주택 내부공간의 일부를 세대별로 구분하여 생활이 가능한 구조로 하되, 그 구분된 공간 일부에 대하여 구분소유를 할 수 없는 주택으로서 다음의 기준에 적합한 주택을 말한다.

주택법상 사업계획의 승인을 받아 건설하는 세대구분형 공동주택	「공동주택관리법」에 따른 행위의 허가를 받거나 신고를 하고 설치하는 세대구분형 공동주택
① 세대별로 구분된 각각의 공간마다 별도의 욕실, 부엌과 현관을 설치할 것	② 세대별로 구분된 각각의 공간마다 별도의 욕실, 부엌과 구분 출입문을 설치할 것
② 하나의 세대가 통합하여 사용할 수 있도록 세대 간에 연결문 또는 경량구조의 경계벽 등을 설치할 것	① 구분된 공간의 세대수는 기존 세대를 포함하여 2세대 이하일 것
③ 세대구분형 공동주택의 세대수가 해당 주택단지 안의 공동주택 전체 세대수의 3분의 1을 넘지 않을 것	③ 세대구분형 공동주택의 세대수가 해당 주택단지 안의 공동주택 전체 세대수의 10분의 1과 해당 동의 전체 세대수의 3분의 1을 각각 넘지 않을 것.
④ 세대별로 구분된 각각의 공간의 주거전용면적 합계가 해당 주택단지 전체 주거전용면적 합계의 3분의 1을 넘지 않을 것	④ 구조, 화재, 소방 및 피난안전 등 관계 법령에서 정하는 안전 기준을 충족할 것

※ 세대구분형 공동주택의 세대수 산정 : 세대구분형 공동주택의 건설과 관련하여 주택건설기준 등을 적용하는 경우 세대구분형 공동주택의 세대수는 그 구분된 공간의 세대에 관계없이 하나의 세대로 산정한다.

❾ 도시형 생활주택

300세대 미만의 국민주택규모에 해당하는 주택으로서 사업계획승인을 받아 도시지역에 건설하는 다음의 주택을 말한다.

1. 단지형 연립주택	연립주택에 해당하는 주택 중 소형 주택을 제외한 주택. 다만, 건축위원회의 심의를 받은 경우에는 주택으로 쓰는 층수를 5층까지 건축할 수 있다.
2. 단지형 다세대주택	다세대주택에 해당하는 주택 중 소형주택을 제외한 주택. 다만, 건축위원회의 심의를 받은 경우에는 주택으로 쓰는 층수를 5층까지 건축할 수 있다.
3. 소형주택	① 세대별 주거전용면적은 60제곱미터 이하일 것 ② 세대별로 독립된 주거가 가능하도록 욕실 및 부엌을 설치할 것 ③ 주거전용면적이 30제곱미터 미만인 경우에는 욕실 및 보일러실을 제외한 부분을 하나의 공간으로 구성할 것. ④ 주거전용면적이 30제곱미터 이상인 경우에는 침실(7제곱미터 이상)을 세 개 이내로 구성할 것. 다만, 침실이 두 개 이상인 세대수는 소형 주택의 전체 세대수의3분의 1 (그 3분의 1을 초과하는 세대 중 세대당 주차대수를 0.7대 이상이 되도록 주차장을 설치하는 경우에는 해당 세대의 비율을 더하여 2분의 1까지로 한다)을 초과하지 않을 것 ⑤ 지하층에는 세대를 설치하지 아니할 것

복합형주택 : 하나의 건축물에는 도시형 생활주택과 그 밖의 주택을 함께 건축할 수 없다. 다만, 다음 각 호의 경우는 예외로 한다.

1. 소형주택과 전용면적이 85㎡ 초과하는 주택 1세대를 함께 건축하는 경우
2. 준주거지역 또는 상업지역에서 소형주택과 도시형 생활주택 외의 주택을 함께 건축하는 경우
3. 하나의 건물에는, 단지형 연립주택 또는 단지형 다세대주택과 소형주택을 함께 건축할 수 없다.

❿ 공공택지

1. 공공사업주체가 국민주택을 건설하기 위하여 토지를 수용·사용하여 조성된 토지
2. 택지개발촉진법에 의한 택지개발사업으로 조성된 토지
3. 산업단지개발사업으로 조성된 토지
4. 공공주택지구 조성사업으로 조성된 토지
5. 「민간임대주택에 관한 특별법」에 따른 공공지원민간임대주택 공급촉진지구 조성사업(시행자가 수용 또는 사용의 방식으로 시행하는 사업만 해당한다)
6. 도시개발사업으로 조성된 토지 (수용·사용방법에 의한 경우만 해당)
7. 경제자유구역개발사업으로 조성된 토지 (수용·사용방식에 의한 경우만 해당)
8. 혁신도시개발사업
9. 행정중심복합도시건설사업
10. 공.취.법에 따른 공익사업으로서 대통령령으로 정하는 사업

⑪ 부대시설과 복리시설 등

1. 부대시설

주차장, 단지안의 도로, 대피시설, 관리사무소, 경비실, 조경시설, 담장, 대문, 옹벽, 축대, 안내표지판, 공중전화, 보안등, 소방설비, 공동시청안테나, 공중화장실 등

2. 복리시설

어린이놀이터, 근린생활시설, 유치원, 주민운동시설, 노유자시설, 교육연구시설, 업무시설 중 금융업소, 사회복지관, 공동작업장, 주민공동시설

⑫ 주택단지

주택단지라 함은 주택건설사업계획 또는 대지조성사업계획의 승인을 얻어 주택과 그 부대시설 및 복리시설을 건설하거나 대지를 조성하는데 사용되는 일단의 토지를 말한다. 다만 다음 각목의 시설로 분리된 토지는 이를 각 각 별개의 주택단지로 본다.

1. 철도·고속도로·자동차전용도로
2. 폭 20m 이상인 일반도로
3. 폭 8m 이상인 도시계획예정도로
4. 1.내지3.의 시설에 준하는 것으로서 일반국도·특별시도·광역시도·지방도

⑬ 공구

"공구"란 하나의 주택단지에서 대통령령으로 정하는 기준에 따라 둘 이상으로 구분되는 일단의 구역으로, 착공신고 및 사용검사를 별도로 수행할 수 있는 구역으로 다음을 충족해야한다.

1. 주택단지 안의 도로, 부설주차장, 용벽 또는 축대, 식재, 조경이 된 녹지, 부대복리시설등 어느 하나에 해당하는 시설을 설치하거나 공간을 조성하여 6m 이상의 폭으로 공구 간 경계를 설정할 것
2. 공구별 세대수는 300세대 이상으로 할 것

⑭ 리모델링 : 건축물의 노후화 억제 또는 기능 향상 등을 위한 다음 행위를 말한다.

1. 대수선
2. 증축
   ① 기간 : 사용검사(임시사용승인 포함) 또는 사용승인일로부터 15년이 경과할 것
   ② 전용면적(전유부분) : 30%증축, 전용면적 85㎡미만인 경우에는 40%증축가능 이 경우 공동주택의 기능향상을 위하여 공용부분에 대하여도 별도의 증축이 가능하다.
   ③ 세대수 : 15%증가의 수평증축과 수직증축이 가능
   ④ 수직증축하는 경우는 3개층 이내에서 가능. 단, 기존층수가 14층 이하의 건물에서는 2개 층을 말한다.
   ⑤ 수직증축 리모델링대상 건축당시 건물의 구조도를 보유하고 있을 것

3 대표 기출문제

제34회 출제

01 주택법령상 용어에 관한 설명으로 틀린 것은?

① 「건축법 시행령」에 따른 다세대주택은 공동주택에 해당한다.
② 「건축법 시행령」에 따른 오피스텔은 준주택에 해당한다.
③ 주택단지에 해당하는 토지가 폭 8미터 이상인 도시계획 예정도로로 분리된 경우, 분리된 토지를 각각 별개의 주택단지로 본다.
④ 주택에 딸린 자전거보관소는 복리시설에 해당한다.
⑤ 도로·상하수도·전기시설·가스시설·통신시설·지역 난방시설은 기간시설(基幹施設)에 해당한다.

해설

④ 주택에 딸린 자전거보관소는 부대시설에 해당한다.

정답 ④

---

02 주택법령상 「공동주택관리법」에 따른 행위의 허가를 받거나 신고를 하고 설치하는 세대구분형 공동주택이 충족하여야 하는 요건에 해당하는 것을 모두 고른 것은? (단, 조례는 고려하지 않음)

> ㄱ. 하나의 세대가 통합하여 사용할 수 있도록 세대 간에 연결문 또는 경량구조의 경계벽 등을 설치할 것
> ㄴ. 구분된 공간의 세대수는 기존 세대를 포함하여 2세대 이하일 것
> ㄷ. 세대별로 구분된 각각의 공간마다 별도의 욕실, 부엌과 구분 출입문을 설치할 것
> ㄹ. 구조, 화재, 소방 및 피난안전 등 관계 법령에서 정하는 안전 기준을 충족할 것

① ㄱ, ㄴ, ㄷ   ② ㄱ, ㄴ, ㄹ   ③ ㄱ, ㄷ, ㄹ
④ ㄴ, ㄷ, ㄹ   ⑤ ㄱ, ㄴ, ㄷ, ㄹ

해설

ㄱ.은 주택법에 따른 사업계획승인을 받은 세대구분형공동주택의 특징이다.
나머지는 공동주택관리법에 따른 허가를 받은 세대구분형공동주택의 특징이다.

답 ④

4 출제 예상문제

01 주택법령상 용어에 대한 다음 설명 중 옳은 것은?

① 주택이란 세대의 구성원이 장기간 독립된 주거생활을 할 수 있는 구조로 된 건축물의 전부 또는 일부를 말하며, 그 부속토지는 포함되지 않는다.

② 국민주택이란 국가·지방자치단체, 한국토지주택공사 또는 등록사업주체가 건설한 주택으로서 주거전용면적이 85㎡ 이하인 주택을 말한다.

③ 주택도시기금으로부터 자금을 지원받아 건설되거나 개량되는 주택으로서 주거전용면적이 85㎡ 이하인 주택은 국민주택이다.

④ 「도시 및 주거환경정비법」에 따른 공공재개발사업에 의하여 개발·조성되는 공동주택이 건설되는 용지는 공공택지에 해당한다.

⑤ 주거전용면적은 산정하는 경우에 공동주택은 외벽의 중심선을 기준으로 산정한다.

해설 ✦ ① 주택에는 건물의 전부 또는 일부로서 그 부속토지도 포함한다.
② 국민주택의 건설의 주체가 되기 위하여는 등록사업주체인 민간부분은 포함되지 않는다.
④ 도시 및 주거환경정비법은 공공택지의 개념에 속하는 것은 없다.
⑤ 공동주택은 외벽의 내부선을 기준으로 주거전용면적을 산정한다.

정답 ✦ ③

02 주택법령상 하나의 주택단지로 보아야 하는 것은?

① 폭 12m의 일반도로로 분리된 주택단지

② 고속도로로 분리된 주택단지

③ 폭 10m의 도시계획예정도로로 분리된 주택단지

④ 자동차 전용도로로 분리된 주택단지

⑤ 보행자 및 자동차의 통행이 가능한 도로로서 「도로법」에 의한 지방도로 분리된 주택단지

해설 ✦ ① 일반도로의 경우에 그 폭이 20m 이상인 경우에 단지가 분리되는 시설로 본다.

정답 ✦ ①

1 출제예상과 학습포인트

✦ 기출횟수

제20회, 제22회, 제26회, 제31회, 34회

✦ 35회 출제 예상

등록은 매년 출제가 되는 곳은 아니지만 3년에 1문제 정도는 꾸준히 출제를 하고 있는 파트인데, 34회 시험에서 출제가 되었다. 그러므로 35회 시험에서의 출제가능성은 30% 정도이다.

✦ 35회 중요도

★

✦ 학습범위와 학습방법

등록과 관련해서 주택건설사업을 하는 경우 등록사업주체와 비 등록사업주체를 구분하여야 하고, 등록사업주체와 사업을 단독으로 하느냐 공동으로 하느냐, 그리고 최근 등록사업주체의 시공기준관련 출제가 되고 있으니 정리가 필요한 부분이다.

✦ 핵심쟁점

❶ 등록의 요건 (자본금요건, 기술자요건)
❷ 등록사업주체와 비 등록사업주체의 구분 (특히 조합과 고용자의 등록여부?)
❸ 등록사업주체와 공동으로 사업을 하는 경우 (의무와 재량은 누가?)
❹ 등록결격사유
❺ 필요적 등록말소사유
❻ 등록사업주체의 시공기준 (자본금, 층수, 실적)

2 핵심 내용

❶ 주택건설사업의 등록

사업주체	연간 20세대·20호·1만㎡ 이상을 하려고 할 때	단독·공동여부
1. 국가·지자체 2. 토지주택공사 3. 지방공사 4. 공익법인	등록 ×	단독으로 주택건설사업 수행가능
5. 조합 →	등록 × (등록사업자와 공동으로 하는 경우)	1. 토지소유자와 조합(세대수를 증가하지 아니하는 리모델링조합은 제외)은 등록사업주체와 공동으로 사업을 할 수 있다. 2. 고용자는 등록사업주체와 공동으로 사업을 하여야 한다.
6. 고용자 →	등록 × (등록사업자와 공동으로 하는 경우)	
7. 법인 (자본금 3억) 　개인(재산평가액 6억) → 　+ 기술자 1명을 확보	등록 ○ (등록사업주체)	

1. 등록결격사유

> 1. 미성년자·피 성년후견인 또는 피 한정후견인
> 2. 파산선고를 받은 자로서 복권되지 아니한 자
> 3. 부정수표단속법 또는 이 법을 위반하여 금고 이상의 실형을 선고받고 그 집행이 끝나거나 집행이 면제된 날부터 2년이 지나지 아니한 자
> 4. 부정수표단속법 또는 이 법을 위반하여 금고 이상의 형의 집행유예를 선고받고 그 유예기간 중에 있는 자
> 5. 등록이 말소된 후 2년이 지나지 아니한 자
> 6. 임원 중에 제1호부터 제5호까지의 규정 중 어느 하나에 해당하는 자가 있는 법인

2. 주택건설사업의 필요적 등록말소 : ① 거짓이나 그 밖의 부정한 방법으로 등록한 경우
　　　　　　　　　　　　　　　　　② 등록증의 대여 등을 한 경우
3. 등록말소 받은 자의 사업시행여부 : 등록말소 또는 영업정지처분을 받더라도 그 처분 전에 사업계획승인을 받은 사업은 계속하여 시행할 수 있다.

❷ 공동사업주체의 요건

토지소유자·주택조합(세대수를 증가하지 아니하는 리모델링주택조합은 제외한다) 또는 고용자와 등록사업자가 공동으로 주택을 건설하려는 경우에는 다음 요건을 갖추어 사업계획승인을 신청하여야 한다.

등록사업자의 요건	등록사업자가 등록사업자의 주택건설공사 시공기준 요건을 갖춘 자이거나 「건설산업기본법」에 의한 건설업의 등록을 한 자일 것. 다만, 지방자치단체·한국토지주택공사 및 지방공사의 경우에는 그러하지 아니하다.
토지소유자등의 요건	토지소유자등이 주택건설대지의 소유권(100%)을 확보하고 있을 것
조합의 요건	조합이 주택건설대지의 소유권을 확보하고 있을 것 단, 지역주택조합 또는 직장주택조합이 지구단위계획의 결정이 필요한 사업으로 등록사업자와 공동으로 사업을 시행하는 경우에는 100분의 95 이상의 소유권을 확보해도 된다.
주택건설대지의 요건	주택건설대지가 저당권등의 목적으로 되어 있는 경우에는 그 저당권등을 말소할 것. 다만, 저당권등의 권리자로부터 해당 사업의 시행에 대한 동의를 받은 경우에는 그러하지 아니하다.
토지소유자등과 등록사업자간 협약	토지소유자등과 등록사업자간에 대지 및 주택(부대시설 및 복리시설을 포함한다)의 사용·처분, 사업비의 부담, 공사기간 그 밖에 사업추진상의 각종 책임 등에 관하여 법 및 대통령령이 정하는 범위 안에서 협약이 체결되어 있을 것

❸ 등록사업주체의 시공기준

등록사업자의 일반적인 시공기준 (5층 시공이 원칙 예외적인 6층)	1. 자본금이 5억원(개인인 경우에는 자산평가액 10억원) 이상일 것 2. 건축 분야 및 토목 분야 기술인 3명 이상을 보유하고 있을 것. 이 경우 　① 건축시공 기술사 또는 건축기사 ② 토목 분야 기술인 각 1명이 포함되어야 한다. 3. 최근 5년간의 주택건설 실적이 100호 또는 100세대 이상일 것
	등록사업자가 건설할 수 있는 주택은 주택으로 쓰는 층수가 5개층 이하인 주택으로 한다. 다만, 각층 거실의 바닥면적 300m² 이내마다 1개소 이상의 직통계단을 설치한 경우에는 주택으로 쓰는 층수가 6개층인 주택을 건설할 수 있다.
6층 이상 시공 요건	1. 주택으로 쓰는 층수가 6개층 이상인 아파트를 건설한 실적이 있는 자 2. 최근 3년간 300세대 이상의 공동주택을 건설한 실적이 있는 자
자본금	주택건설공사를 시공하는 등록사업자는 건설공사비(총공사비에서 대지구입비를 제외한 금액을 말한다)가 자본금과 자본준비금·이익준비금을 합한 금액의 10배(개인인 경우에는 자산평가액의 5배)를 초과하는 건설공사는 시공할 수 없다.

3 대표 기출문제

01 주택법령상 주택건설사업자 등에 관한 설명으로 옳은 것은?

① 「공익법인의 설립·운영에 관한 법률」에 따라 주택건설 사업을 목적으로 설립된 공익법인이 연간 20호 이상의 단독주택 건설사업을 시행하려는 경우 국토교통부장관에게 등록하여야 한다.

② 세대수를 증가하는 리모델링 주택조합이 그 구성원의 주택을 건설하는 경우에는 국가와 공동으로 사업을 시행 할 수 있다.

③ 고용자가 그 근로자의 주택을 건설하는 경우에는 대통령령으로 정하는 바에 따라 등록사업자와 공동으로 사업을 시행하여야 한다.

④ 국토교통부장관은 등록사업자가 타인에게 등록증을 대여한 경우에는 1년 이내의 기간을 정하여 영업의 정지를 명할 수 있다.

⑤ 영업정지 처분을 받은 등록사업자는 그 처분 전에 사업 계획승인을 받은 사업을 계속 수행할 수 없다.

해설

① 공익법인은 등록을 하지 않는다.

② 세대수를 증가하는 리모델링 주택조합이 그 구성원의 주택을 건설하는 경우에는 국가가 아니라 등록사업주체와와 공동으로 사업을 시행 할 수 있다.

④ 등록증을 타인에게 대여한 경우에는 등록을 취소하여야 한다.

⑤ 영업정지 처분을 받기 전에 사업계획승인을 받은 사업은 사업을 계속 수행할 수 있다.

답 ③

4 출제 예상문제

01 주택법령상 등록사업자가 직접 주택건설공사를 시공 능력에 대한 다음 설명 중 옳은 것은?

① 주택건설공사를 시공하려는 등록사업자는 법인사업자인 경우에 자본금이 10억원(개인은 5억원) 이상이어야 한다.

② 주택건설공사를 시공하려는 등록사업자는 최근 3년간의 주택건설 실적이 100호 또는 100세대 이상이어야 하며, 기술자 3명 이상을 보유하여야 한다.

③ 등록사업자가 건설할 수 있는 주택은 주택으로 쓰는 층수가 3개층 이하인 주택으로 한다.

④ 최근 3년간 300세대 이상의 공동주택을 건설한 실적이 있는 등록사업자는 6개층 이상인 주택을 건설할 수 있다.

⑤ 시공하는 법인인 등록사업자는 건설공사비(대지구입비를 제외한 금액)가 자본금과 자본준비금·이익준비금을 합한 금액의 5배(개인은 10배)를 초과하는 공사는 시공할 수 없다.

해설 ✦ ① 등록사업주체가 시공하려는 경우 법인사업자인 경우에 자본금이 5억원(개인은 재산평가액이 10억원) 이상이어야 한다.

② 등록사업주체가 시공하려는 경우 최근 5년간의 주택건설 실적이 100호 또는 100세대 이상이어야 한다.

③ 등록사업자가 건설할 수 있는 주택은 주택으로 쓰는 층수가 5개층 이하인 주택으로 한다.

⑤ 주택건설공사를 시공하는 등록사업자는 건설공사비(총공사비에서 대지구입비를 제외한 금액을 말한다)가 자본금과 자본준비금·이익준비금을 합한 금액의 10배(개인인 경우에는 자산평가액의 5배)를 초과하는 건설공사는 시공할 수 없다.

정답 ✦ ④

테마 03 조합

1 출제예상과 학습포인트

✦ 기출횟수

제20회 ~ 제31회 (제32회, 제33회는 출제되지 않았음), 34회

✦ 35회 출제 예상

원래 매년 출제가 이루어지는 부분인데 32회 시험과 33회 시험에서는 이례적으로 2년 연속으로 출제를 하지 않았다. 34회 시험에서의 출제가능성은 100% 이었는데 출제가 당연히 되었고 35회는 출제가능성이 80%이다.

✦ 35회 중요도

★★★

✦ 학습범위와 학습방법

지역, 직장주택조합원의 지격기준, 모집방법, 소유권이나 권원의 확보, 탈퇴, 지위양도 등 거의 모든 부분이 출제가 이루어지고 있다. 빠뜨리지 말고 공부를 해야하며, 임원의 결격사유나 조합총회의 직접출석 파트는 정비법조합과 유사한 내용이니 정비법을 참고하면서 학습을 하면 양을 줄이고 헷갈리지 않게 학습을 할 수 있다.

✦ 핵심쟁점

❶ 발기인과 조합원의 자격요건 (소유한 주택규모와 거주기간이나)
❷ 국민주택을 공급받기위한 직장조합원의 요건과 인가 또는 신고여부
❸ 조합원의 수
❹ 인가 신청은 어디의 누구에게? 인가 신청하는 경우 대지 소유권이나 권원은?
❺ 조합원 모집방법과 가입의 철회 VS 탈퇴의 차이점
❻ 조합원의 지위양도와 충원
❼ 임원과 발기인의 결격사유
❽ 조합총회 (원칙 : 10% 직접출석, 예외 : 20% 직접출석 사유)
❾ 사업의 종결과 조합의 해산사유 암기

2 핵심 내용

❶ 조합원의 자격과 설립인가

구분		조합원자격	조합원의 수	인가여부
지역 주택 조합		① 조합설립인가 신청일 기준으로 지역조합 설립가능지역에 6월 이상 거주한 자 ② 조합설립인가 신청일로부터 입주가능일까지 무주택자이거나 85㎡이하 주택을 1채 한하여 소유한 세대주인 자	조합설립인가일부터 사용검사일까지 주택건설 예정 세대수 50% 이상의조합원(임대주택은 제외)으로 구성하되 최소 20인 이상이어야 한다.	주택건설 대지소재지 시장·군수·구청장의 인가를 받아야 하며, 인가신청의 경우 주택건설대지 ① 80%이상에 대하여 토지의 사용권원과 ② 15%이상의 소유권을 확보하여야 한다. 단, 설립신고한 직장조합의 경우에는 그러하지 않다. 시장·군수·구청장은 주택조합의 설립인가 여부를 결정하는 경우 그 주택건설대지가 이미 인가를 받은 다른 주택조합의 주택건설대지와 중복되지 아니하도록 하여야 한다.
직장 주택 조합	건설	조합설립인가 신청일로부터 입주가능일까지 무주택자 이거나 85㎡이하 주택을 1채 한하여 소유한 세대주인 자		
	공통	조합설립인가 신청일 기준 동일한 직장에 근무하는 근로자		
	공급	국민주택을 공급받는 경우로 ➔ 무주택세대주만 조합원 가능		신고
리모델링 주택조합		① 사업계획승인을 얻은 주택의 소유자로서 조합설립에 찬성한자 ② 분양목적으로 건축허가 받은 공동주택 소유자로서 조합설립에 찬성한자 ③ 복리시설소유자로서 설립에 찬성한자	20인이 아니어도 됨	인가
조합원의 모집방법		1. 공개모집 : 조합원을 모집하려는 자는 해당 주택건설대지의 50퍼센트 이상에 해당하는 토지의 사용권원을 확보하여 관할 시장·군수·구청장에게 신고하고, 공개모집의 방법으로 조합원을 모집하여야 한다. 2. 충원, 재모집 방법 : 공개모집 이후 결원을 충원하거나 미달된 조합원을 재모집하는 경우에는 신고하지 아니하고 선착순의 방법으로 조합원을 모집할 수 있다. 3. 조합원자격 일시적 상실 : 조합원이 근무·질병치료·결혼 등 부득이한 사유로 인하여 세대주자격을 일시적으로 상실한 경우로서 시·군·구청장이 인정하는 경우에는 조합원자격이 있는 것으로 본다. 4. 조합설립인가와 사업계획승인의 관계 : 주택조합은 조합설립 인가받은 날로부터 2년내 사업계획승인(세대수를 증가하지 않는 리모델링은 허가)을 신청하여야 한다. 5. 주택조합 사업의 시공보증 : 주택조합이 공동사업주체인 시공자를 선정한 경우 그 시공자는 시공보증서를 조합에 제출하여야 한다. 그리고 사업계획승인권자는 착공신고를 받는 경우에는 시공보증서 제출 여부를 확인하여야 한다. 6. 조합설립인가의 취소 : ① 거짓 기타 부정한 방법으로 인가를 받은 경우 ② 주택법에 따른 명령·처분에 위반한 경우 조합설립인가를 취소할 수 있다.

❷ 발기인의 자격

1. 발기인은 조합원모집신고일부터 조합설립인가일까지 85m² 이하 주택을 1채 한하여 소유한 세대주로서

지역주택조합	조합원 모집 신고를 하는 날의 1년 전부터 해당 조합설립인가일까지 계속하여 거주할 것
직장주택조합	조합원 모집 신고를 하는 날 현재 동일한 직장에 근무

2. 발기인은 조합원 모집 신고를 하는 날 주택조합에 가입한 것으로 본다. 이 경우 발기인은 그 주택조합의 가입 신청자와 동일한 권리와 의무가 있다.

❸ 조합가입 및 가입비

1. **가입설명서** : 모집주체는 조합가입계약서를 주택조합 가입 신청자가 이해할 수 있도록 설명하여야 하며, 설명한 내용을 주택조합 가입 신청자가 이해하였음을 서면으로 확인을 받아 가입 신청자에게 교부하여야 하며, 그 사본을 5년간 보관하여야 한다.

2. **가입비 예치** : 모집주체는 가입을 신청한 자가 납부하여야 하는 가입비등을 예치기관에 예치하도록 하여야 한다.

3. **가입철회**
   ① 예치한 날로부터 30일 이내에 주택조합 가입에 관한 청약을 철회할 수 있다. 철회를 서면으로 한 경우 서면을 발송한 날에 그 효력이 발생한다.
   ② 청약 철회를 한 경우 철회 의사가 도달한 날부터 7일 이내에 예치기관의 장에게 가입비등의 반환을 요청하고, 반환 요청을 받은 경우 요청일부터 10일 이내에 그 가입비등을 예치한 자에게 반환하여야 한다.

4. **가입철회와 손해배상** : 모집주체는 주택조합의 가입을 신청한 자에게 청약 철회를 이유로 위약금 또는 손해배상을 청구할 수 없다.

❹ 조합의 탈퇴

조합원은 조합규약으로 정하는 바에 따라 조합에 탈퇴 의사를 알리고 탈퇴할 수 있다. 탈퇴한 조합원(제명된 조합원을 포함한다)은 조합규약으로 정하는 바에 따라 부담한 비용의 환급을 청구할 수 있다.

❺ 조합원 지위양도와 충원·추가모집

1. 지역주택조합과 직장조합에서는 조합원의 교체와 신규가입은 금지가 원칙이다. 하지만

2. 예외적으로 : 사업계획승인 이후 양도하는 경우에는 가능하다. (투기과열지구에서는 금지)

3. 충원 : 다음의 사유가 있는 경우 조합원의 충원도 가능하다.

> ① 조합원이 사망한 경우
> ② 조합원이 탈퇴함으로서 주택건설예정 세대수 미달인 경우
> ③ 사업계획승인과정에서 주택건설수의 변경으로 50%가 안되는 경우
> ④ 무 자격자로 판명된 경우
> ▫ 조합원으로 추가모집과 충원되는 자의 조합원 자격요건 충족여부의 판단은 당해 주택조합의 설립인가신청
>   일을 기준으로 한다. 다만, 조합원의 지위를 상속받는 자는 조합원 자격요건을 필요로 하지 아니한다.

4. 조합원 추가모집 : 조합원수가 주택건설예정세대수를 초과하지 아니하는 범위에서 시·군·구로부터 추가모집의 승인을 받은 경우에는 조합원을 추가로 모집할 수 있으며, 조합원 추가모집의 승인과 조합원 추가모집에 따른 주택조합의 변경인가신청은 사업계획승인신청일까지 하여야 한다.

❻ 조합임원과 발기인의 결격사유

① 다음의 사유가 발생하거나 ② 발기인이 자격기준을 갖추지 아니하게 되거나 ③ 주택조합의 임원이 조합원 자격을 갖추지 아니하게 되는 경우 해당 임원은 당연 퇴직하며, 발기인은 지위를 상실한다. 퇴직된 임원과 지위 상실된 발기인이 퇴직 전에 관여한 행위는 그 효력을 상실하지 아니한다.

> 1. 미성년자·피 성년후견인 또는 피 한정후견인
> 2. 파산선고를 받은 사람으로서 복권되지 아니한 사람
> 3. 금고 이상의 형을 선고받고 그 집행이 종료되거나 집행이 면제된 날부터 2년이 경과되지 아니한 사람
> 4. 금고 이상의 형의 집행유예를 선고받고 그 유예기간 중에 있는 사람
> 5. 금고 이상의 형의 선고유예를 받고 그 선고유예기간 중에 있는 사람
> 6. 법원의 판결 또는 다른 법률에 따라 자격이 상실 또는 정지된 사람
> 7. 해당 주택조합의 공동사업주체인 등록사업자 또는 업무대행사의 임직원

⑦ 조합총회

총회의 의결을 하는 경우에는 조합원의 100분의 10 이상이 직접 출석하여야 한다. 다만, ① 창립총회 또는 ② 다음의 사항을 의결하는 총회의 경우에는 조합원의 100분의 20 이상이 직접 출석하여야 한다.

---

1. 조합규약의 변경
2. 조합임원의 선임 및 해임
3. 조합해산의 결의 및 해산시의 회계 보고
4. 자금의 차입과 그 방법·이자율 및 상환방법
5. 예산으로 정한 사항 외에 조합원에게 부담이 될 계약의 체결
6. 사업비의 조합원별 분담 명세
7. 업무대행자의 선정·변경 및 업무대행계약의 체결
8. 시공자의 선정·변경 및 공사계약의 체결

---

⑧ 조합업무의 대행

1. 조합업무대행 : 주택조합 및 주택조합의 발기인이 업무대행자에게 대행시킬 수 있는 주택조합의 업무는 다음 각 호와 같다.

---

1. 조합원 모집, 토지 확보, 조합설립인가 신청 등 조합설립을 위한 업무의 대행
2. 사업성 검토 및 사업계획서 작성업무의 대행
3. 설계자 및 시공자 선정에 관한 업무의 지원
4. 사업계획승인 신청 등 사업계획승인을 위한 업무의 대행
5. 계약금 등 자금의 보관 및 그와 관련된 업무의 대행(신탁업자만 대행)
6. 그 밖에 총회의 운영업무 지원 등 국토교통부령으로 정하는 사항

---

2. 자금보관업무의 대행 : 주택조합 및 조합의 발기인은 계약금 등 자금의 보관 업무는 신탁업자에게 대행하도록 하여야 한다.

3. 업무대행자의 보고의무 : 업무대행자는 사업연도별로 분기마다 해당 업무의 실적보고서를 작성하여 주택조합 또는 주택조합의 발기인에게 제출하여야 한다.

❾ 회계감사

1. **회계감사의 보고** : 주택조합은 대통령령으로 정하는 바에 따라 회계감사를 받아야 하며, 그 감사결과를 관할 시장·군수·구청장에게 보고하여야 한다.

2. **장부작성 의무** : 주택조합의 임원 또는 발기인은 계약금등의 징수·보관·예치·집행 등 모든 거래행위에 관하여 장부를 월별로 작성하여 그 증빙서류와 함께 주택조합 해산인가를 받는 날까지 보관하여야 한다. 이 경우 주택조합의 임원 또는 발기인은 「전자문서 및 전자거래 기본법」에 따른 정보처리시스템을 통하여 장부 및 증빙서류를 작성하거나 보관할 수 있다.

❿ 사업의 종결과 조합의 해산

1. **사업의 종결** : 주택조합의 발기인은 조합원 모집 신고가 수리된 날부터 2년이 되는 날까지 주택조합 설립인가를 받지 못하는 경우 해당 조합원 모집 신고가 수리된 날부터 2년이 되는 날부터 3개월 이내 주택조합 가입 신청자 전원으로 구성되는 총회의결을 거쳐 주택조합 사업의 종결 여부를 결정하도록 하여야 한다.

2. **조합의 해산** : 주택조합은 주택조합의 설립인가를 받은 날부터 3년이 되는 날까지 사업계획승인을 받지 못하는 경우 해당 설립인가를 받은 날부터 3년이 되는 날부터 3개월 이내 해산 여부를 결정하여야 한다.

3. **통지의무** : 해산 또는 사업종결 총회를 소집하려는 주택조합의 임원 또는 발기인은 총회가 개최되기 7일 전까지 회의 목적, 안건, 일시 및 장소를 정하여 조합원 또는 주택조합 가입 신청자에게 통지하여야 한다.

4. 사업종결 또는 해산 총회는 다음의 요건을 모두 충족해야 한다.

> 1. 주택조합 가입 신청자의 3분의 2 이상의 찬성으로 의결할 것
> 2. 주택조합 가입 신청자의 100분의 20 이상이 직접 출석할 것. 다만, 감염병예방으로 전자적방법으로 의결하는 경우는 제외한다.

5. **청산인 선임** : 해산을 결의하거나 사업의 종결을 결의하는 경우 청산인을 선임하여야 한다.

3 대표 기출문제

제29회 출제

01 주택법령상 지역주택조합에 관한 설명으로 옳은 것은?

① 조합설립에 동의한 조합원은 조합설립인가가 있은 이후에는 자신의 의사에 의해 조합을 탈퇴할 수 없다.

② 총회의 의결로 제명된 조합원은 조합에 자신이 부담한 비용의 환급을 청구할 수 없다.

③ 조합임원의 선임을 의결하는 총회의 경우에는 조합원의 100분의 20 이상이 직접 출석하여야 한다.

④ 조합원을 공개모집한 이후 조합원의 자격상실로 인한 결원을 충원하려면 시장·군수·구청장에게 신고하고 공개모집의 방법으로 조합원을 충원하여야 한다.

⑤ 조합의 임원이 금고 이상의 실형을 받아 당연퇴직을 하면 그가 퇴직 전에 관여한 행위는 그 효력을 상실한다.

해설

③ 총회의 의결을 하는 경우에는 조합원의 100분의 10 이상이 직접 출석하여야 한다. 다만, 다음의 사항을 의결하는 총회의 경우에는 조합원의 100분의 20 이상이 직접 출석하여야 한다.

> 1. 창립총회
> 2. 조합규약의 변경
> 3. 자금의 차입과 그 방법·이자율 및 상환방법
> 4. 예산으로 정한 사항 외에 조합원에게 부담이 될 계약의 체결
> 5. 업무대행자의 선정·변경 및 업무대행계약의 체결
> 6. 시공자의 선정·변경 및 공사계약의 체결
> 7. 조합임원의 선임 및 해임
> 8. 사업비의 조합원별 분담 명세
> 9. 조합해산의 결의 및 해산시의 회계 보고

① 조합에서 탈퇴할 수 있다.
② 비용의 환급을 청구할 수 있다.
④ 최초모집이후 결원 충원은 공개모집이 아니라 선착순으로 모집한다.
⑤ 퇴직을 하면 그가 퇴직 전에 관여한 행위는 그 효력을 상실하지 않는다.

답③

01 주택법령상 지역주택조합의 조합원을 모집하기 위하여 모집주체가 광고를 하는 경우 광고에 포함되어야 하는 내용에 해당하는 것을 모두 고른 것은?

> ㄱ. 조합의 명칭 및 사무소의 소재지
> ㄴ. 조합원의 자격기준에 관한 내용
> ㄷ. 조합설립 인가일
> ㄹ. 조합원 모집 신고 수리일

① ㄱ, ㄴ, ㄷ   ② ㄱ, ㄴ, ㄹ   ③ ㄱ, ㄷ, ㄹ
④ ㄴ, ㄷ, ㄹ   ⑤ ㄱ, ㄴ, ㄷ, ㄹ

해설

모집주체가 주택조합의 조합원을 모집하기 위하여 광고를 하는 경우에는 다음 각 호의 내용이 포함되어야 한다.

1. "지역주택조합 또는 직장주택조합의 조합원 모집을 위한 광고"라는 문구
2. 조합원의 자격기준에 관한 내용
3. 주택건설대지의 사용권원 및 소유권을 확보한 비율
4. 조합의 명칭 및 사무소의 소재지
5. 조합원 모집 신고 수리일

답 ②

4 출제 예상문제

01 주택법령상 주택조합에 관한 설명으로 옳은 것은?

① 세대수를 증가하지 않는 리모델링주택조합은 등록사업자와 공동으로 주택건설사업을 시행할 수 있다.

② 등록사업자와 공동으로 주택건설사업을 하려는 주택조합은 국토교통부장관에게 등록하여야 한다.

③ 리모델링주택조합은 그 리모델링 결의에 찬성하지 아니하는 자의 주택 및 토지에 대하여 매도청구를 할 수 있다.

④ 국민주택을 공급받기 위하여 직장주택조합을 설립하려는 자는 관할 시장·군수·구청장의 인가를 받아야 한다.

⑤ 리모델링주택조합은 주택건설예정세대수의 50% 이상의 조합원으로 구성하되, 조합원은 20명 이상이어야 한다.

해설 ✦ ① 세대수 증가가 없는 리모델링조합은 등록사업자와 공동사업에서 제외한다.
② 주택조합이 등록사업주체와 공동으로 하는 경우 등록하지 않는다.
④ 국민주택을 공급받기 위한 직장주택조합은 신고하고 설립한다.
⑤ 지역주택조합과 직장주택조합에 대한 설명이다.

정답 ✦ ③

02 다음 중 주택법령상 주택조합의 임원 결격사유에 해당하는 것은?

> ㄱ. 피 성년후견인 선고가 취소된 자
> ㄴ. 금고 이상의 실형을 선고받고 그 집행이 종료된 날부터 1년이 경과된 사람
> ㄷ. 형의 선고유예를 받고 그 선고유예기간 중에 있는 사람
> ㄹ. 법원의 판결 또는 다른 법률에 따라 자격이 상실 또는 정지된 사람

① ㄱ, ㄴ, ㄷ   ② ㄴ, ㄷ, ㄹ   ③ ㄱ, ㄷ, ㄹ   ④ ㄱ, ㄴ, ㄹ   ⑤ ㄱ, ㄴ

해설 ✦ 다음의 사유가 발생하게 되는 경우 해당 임원은 당연 퇴직하며, 발기인은 지위를 상실한다.

> 1. 미성년자·피 성년후견인 또는 피 한정후견인
> 2. 파산선고를 받은 사람으로서 복권되지 아니한 사람
> 3. 금고 이상의 형을 선고받고 그 집행이 종료되거나 집행이 면제된 날부터 2년이 경과되지 아니한 사람
> 4. 금고 이상의 형의 집행유예를 선고받고 그 유예기간 중에 있는 사람
> 5. 금고 이상의 형의 선고유예를 받고 그 선고유예기간 중에 있는 사람
> 6. 법원의 판결 또는 다른 법률에 따라 자격이 상실 또는 정지된 사람
> 7. 해당 주택조합의 공동사업주체인 등록사업자 또는 업무대행사의 임직원

정답 ✦ ②

테마 04 리모델링

1 출제예상과 학습포인트

✦ 기출횟수

   제23회, 제24회, 제25회, 제28회, 제31회, 제33회, 34회

✦ 35회 출제 예상

   리모델링은 과거에는 출제가 자주되는 테마는 아닌데 최근 30회 이후에 출제가 자주되고 있다. 31회, 33회, 34회 시험에서 출제가 되었다. 35회 시험에서는 출제가능성은 50% 정도로 보인다.

✦ 35회 중요도

   ★★

✦ 학습범위와 학습방법

   리모델링의 기본개념 중 증축형리모델링을 중심으로 학습을 하여야 하고, 리모델링조합과 지역주택조합의 차이점도 검토하여야 하며, 최근 문제가 자주 출제가 되고 있으므로 출제되지 않았던 안전진단도 한번 정리를 필요로 한다.

✦ 핵심쟁점

   ❶ 증축형 리모델링의 개념
   ❷ 리모델링 기본계획의 수립절차 (정비기본계획과 관련 지어서)
   ❸ 리모델링 주택 조합원의 자격요건
   ❹ 리모델링 주택조합설립 시 동의요건과 리모델링 착수의 동의요건
   ❺ 리모델링 안전진단
   ❻ 세대수증가 리모델링의 권리변동계획

2 핵심 내용

❶ 리모델링 기본계획

1. 리모델링 기본계획 수립권자 및 대상지역

① 특별시장·광역시장 및 대도시의 시장은 리모델링 기본계획을 10년 단위로 수립하여야 하며, 5년 마다 재검토하여야 한다. 다만, 도시과밀의 우려가 적은 경우에는 리모델링 기본계획을 수립하지 아니할 수 있다.

② 대도시가 아닌 시장은 도지사가 리모델링 기본계획수립이 필요하다고 인정한 경우 리모델링 기본계획을 수립하여야 한다.

2. 리모델링 기본계획 수립절차

① **주민과 의회의 의견청취** : 14일 이상 주민에게 공람하고, 지방의회의 의견을 들어야 한다. 이 경우 지방의회는 의견제시를 요청받은 날부터 30일 이내에 의견을 제시하여야 하며, 30일 이내에 의견을 제시하지 아니하는 경우에는 이의가 없는 것으로 본다.

② **협의 및 심의** : 관계 행정기관의 장과 협의(30일내 의견제시)한 후 지방도시계획위원회 심의를 거쳐야 한다.

③ **도지사 승인** : 시장(대도시 포함)은 리모델링 기본계획을 수립하거나 변경하려면 도지사의 승인을 받아야 한다.

❷ 세대수증가 리모델링의 권리변동계획

세대수가 증가되는 리모델링을 하는 경우에는 다음에 대한 권리변동계획을 수립하여 사업계획승인 또는 허가를 받아야 한다.

---

1. 리모델링 전후의 대지 및 건축물의 권리변동 명세
2. 조합원의 비용분담
3. 사업비
4. 조합원 외의 자에 대한 분양계획
5. 그 밖에 리모델링과 관련된 권리 등에 대하여 조례로 정하는 사항

---

❸ 리모델링

1. **주체** : 다음 하나에 해당하는 자는 시·군·구 허가를 받아 리모델링을 할 수 있다.

---

① 입주자 전체의 동의를 받은 입주자·사용자 또는 관리주체
② 주택단지의 주택소유자 전원의 동의를 얻은 입주자대표회의
③ 동별 또는 주택단지별로 설립된 리모델링주택조합

동영상 강의 www.landhana.co.kr

PART 4 주택법

2. 리모델링 주택조합설립 및 허가신청 시 동의요건

	조합설립 동의	리모델링 허가신청 시 동의
단지전체	각 동의 구분소유자와 의결권의 과반수와 전체 구분소유자와 의결권의 3분의 2이상의 동의	각 동별 구분소유자 및 의결권 50% 이상 동의와 전체 구분소유자 및 의결권 75% 이상 동의를 얻어 시장·군수·구청장에게 허가를 신청한다.
동	동의 구분소유자 및 의결권 각 3분의 2 이상 동의	그 동의 구분소유자 및 의결권 75% 이상 동의를 얻어 시장·군수·구청장에게 허가를 신청한다.
매도청구	리모델링 주택조합 설립에 반대한 자는 조합원이 될 수 없으므로 조합설립에 반대한 자에 대하여 시가에 따라 매도할 것을 청구 할 수 있다.	

3. **시공자선정** : 리모델링을 하는 경우 리모델링주택조합의 총회 또는 소유자 전원의 동의를 받은 입주자대표회의에서 건설업자 또는 건설업자로 보는 등록사업자를 시공자로 선정하여야 한다. 이 경우 시공자를 선정하는 경우에는 국토교통부장관이 정하는 경쟁입찰의 방법으로 하여야 한다.

4. **사용검사** : 리모델링에 관하여 공사를 완료하였을 경우에는 시장·군수·구청장의 사용검사를 받아야 한다.

5. **리모델링 지원센터** : 시장·군수·구청장은 리모델링의 원활한 추진을 지원하기 위하여 리모델링 지원센터를 설치하여 운영할 수 있다.

❹ 리모델링 안전진단과 안전성검토

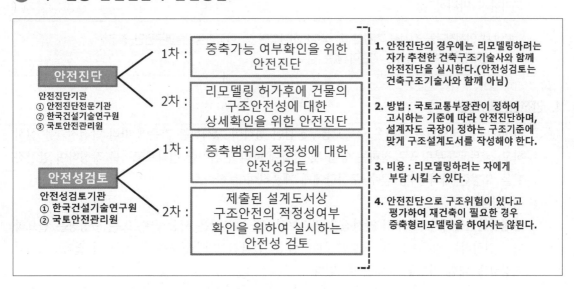

1. 제1차 안전진단(증축가능여부를 위한 안전진단)

증축형리모델링을 하려는 자는 시장·군수·구청장에게 안전진단을 요청하며, 요청받은 시장·군수·구청장은 해당 건물의 증축 가능 여부 확인을 위하여 안전진단을 실시하여야 한다.

2. 안전진단기관

시장·군수·구청장은 안전진단을 실시하는 경우에는 다음 정하는 기관에 안전진단을 의뢰하여야 하며, 안전진단을 의뢰받은 기관은 리모델링을 하려는 자가 추천한 건축구조기술사(구조설계를 담당할 자를 말한다)와 함께 안전진단을 실시하여야 한다.

> 1. 안전진단전문기관   2. 국토안전관리원   3. 한국건설기술연구원

3. 제2차 안전진단(상세안전진단 : 구조안전성에 대한 상세확인을 위하여)

① 시장·군수·구청장은 수직증축형 리모델링을 허가한 후에 해당 건축물의 구조안전성 등에 대한 상세 확인을 위하여 안전진단을 실시하여야 한다. 이 경우 안전진단을 의뢰받은 기관은 리모델링을 하려는 자가 추천한 건축구조기술사와 함께 안전진단을 실시하여야 하며, 리모델링을 하려는 자는 안전진단 후 구조설계의 변경 등이 필요한 경우에는 건축구조기술사로 하여금 이를 보완하도록 하여야 한다.

② 상세안전진단의 방법

시장·군수 또는 구청장은 상세안전진단을 실시하려는 경우에는 1차 안전진단을 실시한 기관 외의 기관에 안전진단을 의뢰하여야 한다. 다만, 다음 각 호의 어느 하나에 해당하는 경우에는 그러하지 아니하다.

> 1. 1차 안전진단을 실시한 기관이 ① 국토안전관리원 ② 한국건설기술연구원인 경우
> 2. 안전진단 의뢰에 응하는 기관이 없는 경우

4. 안전진단의 방법

① 안전진단을 의뢰받은 기관은 국토교통부장관이 정하여 고시하는 기준에 따라 안전진단을 실시하고, 국토교통부령으로 정하는 방법 및 절차에 따라 안전진단 결과보고서를 작성하여 안전진단을 요청한 자와 시장·군수·구청장에게 제출하여야 한다.

② 적정성검토

안전진단전문기관으로부터 안전진단 결과보고서를 제출받은 시장·군수 또는 구청장은 필요하다고 인정하는 경우에는 ① 국토안전관리원 ② 한국건설기술연구원에 안전진단 결과보고서의 적정성에 대한 검토를 의뢰할 수 있다.

5. 안전진단비용의 부담

시장·군수·구청장은 안전진단을 실시하는 비용의 전부 또는 일부를 리모델링을 하려는 자에게 부담하게 할 수 있다.

6. 증축형리모델링 제외

시장·군수·구청장이 안전진단으로 건축물 구조의 안전에 위험이 있다고 평가하여 재건축사업 및 소규모재건축사업의 시행이 필요하다고 결정한 건축물에 대하여는 증축형리모델링을 하여서는 아니 된다.

7. 수직증축형 리모델링의 구조기준

수직증축형 리모델링의 설계자는 국토교통부장관이 정하여 고시하는 구조기준에 맞게 구조설계도서를 작성하여야 한다.

❺ 전문기관의 안전성검토

1. 1차 안전성검토 (증축범위의 적정성에 대한 안정성검토)

시장·군수·구청장은 리모델링을 하려는 자가 건축위원회의 심의를 요청하는 경우 구조계획상 증축범위의 적정성 등에 대하여 다음의 전문기관에 안전성 검토를 의뢰하여야 한다.

> 1. 국토안전관리원
> 2. 한국건설기술연구원

2. 2차 안전성검토(제출된 설계도서상 구조안전의 적정성 여부 등의 확인을 위하여 실시하는 안전성 검토)

시장·군수·구청장은 수직증축형 리모델링을 하려는 자의 허가 신청이 있거나 안전진단(상세안전진단)결과 국토교통부장관이 정하여 고시하는 설계도서의 변경이 있는 경우 제출된 설계도서상 구조안전의 적정성 여부 등에 대하여 ① 국토안전관리원 ② 한국건설기술연구원에 안전성 검토를 의뢰하여야 한다.

3. 안전성검토방법

안전성검토를 의뢰 받은 전문기관은 국토교통부장관이 정하여 고시하는 검토기준에 따라 검토한 결과를 안전성 검토를 의뢰받은 날부터 30일 내에 시장·군수·구청장에게 제출하여야 한다.

4. 안전성검토비용

시장·군수·구청장은 전문기관의 안전성 검토비용의 전부 또는 일부를 리모델링을 하려는 자에게 부담하게 할 수 있다.

❺ 공동주택 리모델링에 따른 특례

1. 대지사용권 : 공동주택의 소유자가 리모델링에 의하여 전유부분의 면적이 늘거나 줄어드는 경우에는 대지사용권은 변하지 아니하는 것으로 본다. 다만, 세대수 증가를 수반하는 리모델링의 경우에는 권리변동계획에 따른다.

2. 공용부분 : 공동주택의 소유자가 리모델링에 의하여 일부 공용부분의 면적을 전유부분의 면적으로 변경한 경우에는 그 소유자의 나머지 공용부분의 면적은 변하지 아니하는 것으로 본다.

3. 대지사용권 및 공용부분의 면적에 관하여는 소유자가 규약으로 달리 정한 경우에는 그 규약에 따른다.

4. 기간규정 배제 : 임대차계약 당시 다음에 해당하여 그 사실을 임차인에게 고지한 경우로서 리모델링 허가를 받은 경우에는 해당 리모델링 건축물에 관한 임대차계약에 대하여 「주택임대차보호법」 및 「상가건물 임대차보호법」의 기간규정은 적용하지 아니한다.

> 1. 임대차계약 당시 리모델링주택조합 설립인가를 받은 경우
> 2. 임대차계약 당시 입주자대표회의가 안전진단을 요청한 경우

5. 법인격 : 리모델링주택조합의 법인격에 관하여는 「도시 및 주거환경정비법」조합을 준용하여 법인으로 보며, 설립인가를 받은 날부터 30일 이내에 등기하면 성립하고, 조합이라는 문자를 사용하여야 한다.

3 대표 기출문제

제34회 출제

01 주택법령상 리모델링에 관한 설명으로 틀린 것은? (단, 조례는 고려하지 않음)

① 세대수 증가형 리모델링으로 인한 도시과밀, 이주수요 집중 등을 체계적으로 관리하기 위하여 수립하는 계획 을 리모델링 기본계획이라 한다.

② 리모델링에 동의한 소유자는 리모델링 결의를 한 리모 델링주택조합이나 소유자 전원의 동의를 받은 입주자대 표회의가 시장·군수·구청장에게 리모델링 허가신청서를 제출하기 전까지 서면으로 동의를 철회할 수 있다.

③ 특별시장·광역시장 및 대도시의 시장은 리모델링 기본계획을 수립하거나 변경한 때에는 이를 지체 없이 해당 지방자치단체의 공보에 고시하여야 한다.

④ 수직증축형 리모델링의 설계자는 국토교통부장관이 정하여 고시하는 구조기준에 맞게 구조 설계도서를 작성하여야 한다.

⑤ 대수선인 리모델링을 하려는 자는 시장·군수·구청장에게 안전진단을 요청하여야 한다.

> **해설**
> ⑤ 대수선인 리모델링을 하려는 경우에는 안전진단을 받지 않는다. 안전진단은 증축형리모델링을 하는 경우에 받는다.
>
> 답 ⑤

제33회 출제

02 주택법령상 리모델링에 관한 설명으로 옳은 것은? (단, 조례는 고려하지 않음)

① 대수선은 리모델링에 포함되지 않는다.

② 공동주택의 리모델링은 동별로 할 수 있다.

③ 주택단지 전체를 리모델링하고자 주택조합을 설립하기 위해서는 주택단지 전체의 구분소유자와 의결권의 각 과반수의 결의가 필요하다.

④ 공동주택 리모델링의 허가는 시·도지사가 한다.

⑤ 리모델링주택조합 설립에 동의한 자로부터 건축물을 취득하였더라도 리모델링 주택조합 설립에 동의한 것으로 보지 않는다.

> 해설
>
> ① 리모델링이란 대수선하거나 증축하는 행위를 말한다.
> ③ 주택조합을 설립하기 위해서는 주택단지 전체의 구분소유자와 의결권의 각 과반수가 아니라 3분의2이상의 동의와 각동 과반수이상의 결의가 필요하다.
> ④ 공동주택 리모델링의 허가논 시·도지사가 아니라 시장·군수·구청장이 한다.
> ⑤ 리모델링주택조합 설립에 동의한 자로부터 건축물을 취득한자는 조합 설립에 동의한 것으로 본다.
>
> 답 ②

4 출제 예상문제

01 주택법령상 리모델링에 관한 설명으로 옳은 것은?

① 기존 14층 건축물에 수직증축형 리모델링이 허용되는 경우 2개층까지 증축할 수 있다.

② 리모델링 주택조합의 설립인가를 받으려는 자는 인가신청서에 해당 주택소재지의 100분의 80 이상의 토지에 대한 토지사용승낙서를 첨부하여 관할 시장·군수 또는 구청장에게 제출하여야 한다.

③ 소유자 전원의 동의를 받은 입주자대표회의는 시장·군수·구청장에게 신고하고 리모델링을 할 수 있다.

④ 수직증축형 리모델링의 경우 리모델링 주택조합의 설립인가신청서에 당해 주택이 사용검사를 받은 후 10년 이상의 기간이 경과하였음을 증명하는 서류를 첨부하여야 한다.

⑤ 리모델링주택조합이 시공자를 선정하는 경우 수의계약의 방법으로 하여야 한다.

해설 ✦ ② 리모델링 주택조합의 경우에는 토지소유자들이 하는 것이므로 토지사용승낙서를 받을 필요가 없다.
　　　③ 입주자대표회의의 리모델링은 시장·군수·구청장에게 허가를 받아야 한다.
　　　④ 증축형 리모델링의 경우에는 사용검사를 받은 후 15년 이상 경과가 필요하다.
　　　⑤ 국토교통부장관이 정하는 경쟁입찰방법으로 시공자를 선정하여야 한다.

정답 ✦ ①

02 주택법령상 리모델링의 1차, 2차 안전진단에 대한 설명 중 옳은 것은?

① 증축형리모델링을 하려는 자는 시장·군수·구청장에게 안전진단을 요청하여야 하며, 안전진단을 요청받은 시장·군수·구청장은 해당 건축물의 증축범위의 적정성 등에 대하여 안전진단을 실시하여야 한다.

② 안전진단을 의뢰받은 기관은 시장·군수·구청장이 추천한 건축구조기술사(구조설계를 담당할 자를 말한다)와 함께 1차 안전진단을 실시하여야 한다.

③ 수직증축형 리모델링을 허가한 후에 해당 건축물의 구조안전성 등에 대한 상세 확인을 위하여 2차 안전진단을 실시하여야 한다. 이 경우 안전진단을 의뢰받은 기관은 시장·군수 또는 구청장이 추천한 건축구조기술사와 함께 안전진단을 실시하여야 한다.

④ 시장·군수 또는 구청장은 상세안전진단을 실시하려는 경우에는 원칙적으로 1차 안전진단을 실시한 기관 외의 기관에 안전진단을 의뢰하여야 한다.

⑤ 안전진단을 의뢰받은 기관은 시장·군수·구청장이 정하여 고시하는 기준에 따라 안전진단을 실시하여야 한다.

해설 ✦ ① 안전진단은 증축 가능 여부의 확인 등을 위하여 안전진단을 실시하여야 한다. 증축범위의 적정성은 안전성검토를 하는 경우이다.
　　 ② ③ 1차 안전진단과 2차 안전진단 모두 시장·군수·구청장이 추천한 자가 아니라 리모델링을 하려는 자가 추천한 건축구조기술사와 함께 안전진단을 실시하여야 한다.
　　 ⑤ 안전진단은 국토교통부장관이 정하여 고시하는 기준에 따라 안전진단을 실시하여야 한다.

정답 ✦ ④

1 출제예상과 학습포인트

✦ 기출횟수

제20회, 제21회, 제26회, 제28회, 제29회, 제30회, 제31회, 제32회

✦ 35회 출제 예상

주택법의 사업계획승인은 상당히 중요한 부분으로 자주 출제가 되는 부분이다. 33회와 34회 시험에서는 출제되지 않았다. 35회 시험의 출제가능성은 조금 높아보이며 80% 정도이다.

✦ 35회 중요도

★★★

✦ 학습범위와 학습방법

사업계획승인의 대상과 사업계획승인권자 그리고 착공시기를 잘 숙지하여야 하며, 특히 착수기간의 연장사유는 출제가 과거에 많았다. 소유권확보관련 매도청구권은 다른 법에 있는 매도청구권과 원리와 내용이 동일하므로 주택법에서 정리를 하여 활용하면 좋겠다.

✦ 핵심쟁점

❶ 사업계획승인대상(30세대, 30호 이상 특히, 50세대, 50호 이상인 경우 사업계획승인)
❷ 사업계획 승인권자(지자체 장과 국토교통부장관이 하는 경우 구분)
❸ 착공시기와 공구별 분할의 경우 착공시기, 착공연장사유
❹ 사업계획승인 시 소유권 확보와 매도청구권

2 핵심 내용

❶ 사업계획승인을 위한 주택의 호수

1. 단독주택 : 30호 이상. 다만, 다음 어느 하나에 해당하는 주택인 경우에는 50호로 한다.

> 1. 공공택지의 어느 하나에 해당하는 공공사업에 따라 조성된 용지를 개별 필지로 구분하지 아니하고 일단의 토지로 공급받아 해당 토지에 건설하는 단독주택
> 2. 「건축법 시행령」에 따른 한옥

2. 공동주택 : 30세대 이상(리모델링은 증가하는 세대수가 30세대인 경우를 말한다)

다만, 다음 어느 하나에 해당하는 주택인 경우에는 50세대로 한다.

> 1. 다음의 요건을 갖춘 도시형생활주택의 단지형 연립주택 또는 단지형 다세대주택
>   ① 세대별 주거전용 면적이 30제곱미터 이상일 것
>   ② 해당 주택단지 진입도로의 폭이 6m 이상일 것
> 2. 주거환경개선사업(self 방식)을 시행하기 위한 정비구역에서 건설하는 공동주택

❷ 분할하여 주택건설 시 사업계획승인여부 여부의 기준(주택건설규모산정)

주택건설규모를 산정함에 있어 동일한 사업주체가 일단의 주택단지를 수 개의 구역으로 분할하여 주택을 건설하려는 경우에는 전체 구역의 주택건설호수 또는 세대수의 규모를 주택건설규모로 산정한다.

❸ 사업계획 승인권자

1. 원칙 : 지방자치단체 장(사용검사는 시장·군수·구청장)

특별시장·광역시장 또는	대지면적이 10만㎡ 미만	시장·군수
대도시 시장	대지면적이 10만㎡ 이상	도지사

2. 예외 : 국토교통부장관(사용검사는 국토교통부장관)은 아래의 사유가 있는 경우

> 1. 국가·주택공사가 주택건설 사업 시(지방공사는 아님)
> 2. 330만㎡ 이상의 규모로 택지개발사업 또는 도시개발사업을 추진하는 지역 중 국토교통부장관이 지정·고시하는 지역 안에서 주택건설사업을 시행하는 경우
> 3. 수도권·광역시 지역의 긴급한 주택난 해소가 필요하거나 광역적 차원의 조정이 필요하여 국토교통부장관이 지정·고시하는 지역 안에서 주택건설사업을 시행하는 경우
> 4. 국가·지자체·주택공사·지방공사에 해당하는 자가 단독 또는 공동으로 총지분의 100분의 50을 초과하여 출자한 부동산투자회사가 주택건설사업을 시행하는 경우

❹ 공구별로 분할하는 경우 사업계획승인

전체 세대수가 600세대 이상인 주택단지는 공구별로 분할하여 주택을 건설·공급할 수 있다.

⑤ 공사착공

1. 공사착수 의무기간 및 승인취소

> 1. 단지 전체에 대한 사업계획승인을 받은 경우 : 승인받은 날부터 5년 이내 착공
> 2. 공구별로 분할하여 사업계획승인을 받은 경우
>   ① 최초로 공사를 진행하는 공구 : 승인받은 날부터 5년 이내
>   ② 최초로 공사를 진행하는 공구 외의 공구 : 단지에 대한 최초 착공신고일 부터 2년 이내

2. 연장사유 : 사업계획승인권자는 다음의 정당한 사유가 있다고 인정하는 경우에는 사업주체의 신청을 받아 그 사유가 없어진 날부터 1년의 범위에서 공사의 착수기간을 연장할 수 있다.

> 1. 문화재청장의 매장문화재 발굴허가를 받은 경우
> 2. 해당 사업시행지에 대한 소유권 분쟁(소송절차가 진행 중인 경우만 해당한다)으로 인하여 공사 착수가 지연되는 경우
> 3. 사업계획승인의 조건으로 부과된 사항을 이행함에 따라 공사 착수가 지연되는 경우
> 4. 천재지변 또는 사업주체에게 책임이 없는 불가항력적인 사유로 인하여 공사 착수가 지연되는 경우
> 5. 공공택지의 개발·조성을 위한 계획에 포함된 기반시설의 설치 지연으로 공사 착수가 지연되는 경우
> 6. 해당 지역의 미분양주택 증가로 사업성이 악화될 우려가 있거나 주택건설경기가 침체되는 등 공사에 착수하지 못할 부득이한 사유가 있다고 사업계획승인권자가 인정하는 경우

3. 착공신고 : 사업계획승인을 받은 사업주체가 공사를 시작하려는 경우에는 사업계획승인권자에게 착공신고하여야 한다.

⑥ 사업계획승인의 취소

사업계획승인권자는 다음 각 호의 어느 하나에 해당하는 경우 그 사업계획의 승인을 취소할 수 있다. 단, 주택분양보증이 된 사업은 취소할 수 없다.

> 1. 사업주체가 공사착수기간(5년)을 위반하여 공사를 시작하지 아니한 경우
>   다만, 최초로 공사를 진행하는 공구 외의 공구는 제외한다. (즉 취소할 수 없다.)
> 2. 사업주체가 경매·공매 등으로 인하여 대지소유권을 상실한 경우
> 3. 사업주체의 부도·파산 등으로 공사의 완료가 불가능한 경우

❼ 매도청구대상 토지에 대한 공사착공

사업주체가 착공신고한 후 공사를 시작하려는 경우 사업계획승인을 받은 해당 주택건설대지에 매도청구 대상이 되는 대지가 포함되어 있으면 해당 매도청구 대상 대지에 대하여는 그 대지의 소유자가 매도에 대하여 합의를 하거나 매도청구에 관한 법원의 승소판결(판결이 확정될 것을 요하지 아니한다)을 받은 경우에만 공사를 시작할 수 있다.

❽ 사업계획승인 시 소유권 확보

1. 원칙 : 사업계획승인을 얻고자 하는 자는 주택건설대지의 소유권을 확보해야 한다.

2. 예외 : 다만, 다음은 그러하지 않다.

> 1. 지구단위계획의 결정이 필요한 주택건설사업으로서 대지면적의 80%(등록사업자와 공동으로 사업을 시행한 주택조합의 경우에는 95%이상 소유권확보)이상 사용 할 수 있는 권원을 확보한 경우
> 2. 사업주체가 당해 대지를 사용할 수 있는 권원을 확보한 경우
> 3. 국가·지자체·토지주택공사·지방공사가 주택건설사업을 하는 경우

❾ 매도청구권

1. 지구단위계획의 결정이 필요한 주택건설사업에서 사용할 수 있는 권원을 확보하지 못한 대지의 소유자에게 그 대지를 시가로 매도할 것을 청구할 수 있다. 이 경우 매도청구 대상이 되는 대지의 소유자와 매도청구를 하기 전에 3개월 이상 협의를 하여야 한다.

1. 80% 이상 ~ 95% 미만 사용권원을 확보한 경우	지구단위계획결정·고시일 10년 이전에 당해대지의 소유권을 취득하여 계속 보유하고 있는 자를 제외한 소유자에게 매도청구를 할 수 있다.
2. 95% 이상에 대하여 사용권원을 확보한 경우	사용권원을 확보하지 못한 대지의 모든 소유자에게 매도청구를 행사할 수 있다.
3. 등록사업자와 공동으로 사업을 하는 지역·직장주택조합의 경우	대지면적의 100분의 95 이상의 소유권을 확보한 경우에는 소유권을 확보하지 못한 대지의 모든 소유자에게 매도청구를 할 수 있다.

2. 리모델링조합 설립 시 조합설립에 반대한 자의 주택 및 토지에 대하여 시가에 따라 매도청구 할 수 있다.

3. 소유자확인이 곤란한 대지는 일간신문에 2회 이상 공고하고 30일이 지난 경우 매도청구 대상이 되는 대지로 본다. 이 경우 공탁하고 주택건설사업을 시행할 수 있다.

❿ 사업계획승인 통보

사업계획승인권자는 사업계획승인신청을 받은 날로부터 60일 내에 승인 여부를 통보하여야 한다.

---

3 대표 기출문제

제30회 출제

01 주택법령상 주택건설 사업계획승인에 관한 설명으로 틀린 것은?

① 사업계획에는 부대시설 및 복리시설의 설치에 관한 계획 등이 포함되어야 한다.

② 주택단지의 전체 세대수가 500세대인 주택건설사업을 시행하려는 자는 주택단지를 공구별로 분할하여 주택을 건설·공급할 수 있다.

③ 「한국토지주택공사법」에 따른 한국토지주택공사는 동일한 규모의 주택을 대량으로 건설하려는 경우에는 국토교통부장관에게 주택의 형별(型別)로 표본설계도서를 작성·제출하여 승인을 받을 수 있다.

④ 사업계획승인권자는 사업계획을 승인할 때 사업주체가 제출하는 사업계획에 해당 주택건설사업과 직접적으로 관련이 없거나 과도한 기반시설의 기부채납을 요구하여서는 아니 된다.

⑤ 사업계획승인권자는 사업계획승인의 신청을 받았을 때에는 정당한 사유가 없으면 신청받은 날부터 60일 이내에 사업주체에게 승인 여부를 통보하여야 한다.

> **해설**
> ② 주택단지의 전체 세대수가 600세대인 주택건설사업을 시행하려는 자는 주택단지를 공구별로 분할하여 주택을 건설·공급할 수 있다.
>
> 답 ②

제32회 출제

02 주택법령상 사업계획승인 등에 관한 설명으로 **틀린** 것은? (단, 다른 법률에 따른 사업은 제외함)

① 주택건설사업을 시행하려는 자는 전체 세대수가 600세대 이상의 주택단지를 공구별로 분할 하여 주택을 건설. 공급할 수 있다.

② 사업계획승인권자는 착공신고를 받은 날부터 20일 이내에 신고수리 여부를 신고인에게 통 지하여야 한다.

③ 사업계획승인권자는 사업계획승인의 신청을 받았을 때에는 정당한 사유가 없으면 신청받은 날부터 60일 이내에 사업주체에게 승인 여부를 통보하여야 한다.

④ 사업주체는 사업계획승인을 받은 날부터 1년 이내에 공사에 착수하여야 한다.

⑤ 사업계획에는 부대시설 및 복리시설의 설치에 관한 계획 등이 포함되어 있어야 한다.

> **해설**
>
> ④ 주택건설공사는 사업계획승인을 받은 날부터 1년이 아니라 5년 이내에 공사에 착수하여야 한다.
>
> 답 ④

4 출제 예상문제

01 주택법령상 주택건설사업계획의 승인에 관한 설명으로 **틀린** 것은?

① 주택건설사업 또는 대지조성사업으로서 해당 대지면적이 10만㎡ 이상인 경우에는 시·도지 사 또는 대도시의 시장에게 사업계획승인을 신청하여야 한다.

② 주택건설사업 또는 대지조성사업으로서 해당 대지면적이 10만㎡ 미만인 경우에는 특별시 장·광역시장·특별자치시장·특별자치도지사 또는 시장·군수에게 사업계획승인을 신청하여 야 한다.

③ 전체 세대수가 600세대 이상인 주택단지에서 사업을 시행하려는 자는 해당 주택단지를 공 구별로 분할하여 건설·공급할 수 있다.

④ 주택단지를 수 개의 구역으로 분할하여 주택을 건설하려는 경우에는 전체 구역의 주택건설 호수 또는 세대수의 규모를 주택건설규모로 산정한다. 이 경우 주택의 건설기준, 부대시설 및 복리시설의 설치기준 등의 적용에 있어서는 전체 구역을 하나의 대지로 본다.

⑤ 공구별로 분할하여 시행하려는 경우에 공구별 최소 건설·공급되는 세대수는 200세대 이상 으로 할 것이며, 공구 간 6미터 이상의 도로·주차장·녹지 등으로 경계를 설정하여야 한다.

02 주택법령상 사업계획승인을 받은 사업주체에게 인정되는 매도청구에 관한 설명으로 옳은 것은?

① 지구단위계획의 결정이 필요한 주택건설사업에서 대지의 소유자 확인이 곤란한 경우에 둘 이상의 일간신문에 두 차례 이상 공고하고, 공고한 날부터 30일 이상이 지났을 때에는 매도 청구대상의 대지로 본다.

② 사업주체는 주택건설대지 중 사용할 수 있는 권원을 확보하지 못한 건축물에 대해서는 매도 청구를 할 수 없다.

③ 사업주체는 매도청구 대상이 되는 대지의 소유자와 매도청구를 하기 전에 6개월 이상 협의 를 하여야 한다.

④ 주택건설대지면적 중 90% 이상에 대하여 사용권원을 확보한 경우에는 사용권원을 확보하 지 못한 대지의 모든 소유자에게 매도청구 할 수 있다.

⑤ 사업주체가 리모델링주택조합인 경우 리모델링 결의에 찬성하지 아니하는 자의 주택에 대 하여는 매도청구를 할 수 없다.

해설 ✦ ②토지뿐만 아니라 권원을 확보하지 못한 건축물에 대해서도 매도청구를 할 수 있다.
　　　③ 소유자와 협의하는 기간은 6개월이 아니라 3개월 이상 협의 하여야 한다.
　　　④ 모든 소유자에게 매도청구가 가능하기 위하여는 90%가 아니라 95%이상에 대한 권원을 확보해야 가능하다.
　　　⑤ 리모델링결의에 찬성하지 아니하는 자의 주택에 대하여 매도청구를 할 수 있다.

정답 ✦ ①

테마 06 주택상환사채

1 출제예상과 학습포인트

✦ 기출횟수

제23회, 제27회, 제31회, 제32회, 제33회

✦ 35회 출제 예상

부동산공법에서 채권은 보통 1문제의 출제가 이루어진다. 31회, 32회, 33회 3년 연속으로 문제가 출제되었다. 35회 시험에서는 출제가능성이 30% 정도이다.

✦ 35회 중요도

★

✦ 학습범위와 학습방법

채권 전반에 대한 정리가 되어야 할 듯하다. 특히 부동산공법에 있는 4개의 채권을 한꺼번에 묶어서 정리하면 헷갈리지 않고 정리할 수 있다.

✦ 핵심쟁점

❶ 주택상환사채는 누가 발행하는가? (등록사업주체의 발행요건)
❷ 만기는?
❸ 기명증권의 특징
❹ 주택상환사채 납입금의 사용용도

2 핵심 내용

❶ **발행자** : 주택공사 또는 등록사업주체(법인)

❷ **발행의 승인** : 국토교통부장관의 승인을 요함

❸ 등록사업주체의 발행요건

1. 법인으로 자본금 5억원 이상
2. 건설업 등록을 한 법인일 것
3. 최근 3년간 300세대 이상의 공동주택을 건설한 실적이 있는 등록사업자 일 것
   ↳ 주택상환사채 발행규모는 최근 3년간 연평균 주택건설 호수 이내로 한다.

❹ 발행방법

1. 액면 또는 할인발행

2. 기명증권(양도·중도상환이 원칙적으로 금지됨)

❺ 명의변경

사채를 취득한 자는 성명과 주소를 채권원부에 기재하는 방법으로 하며,취득자의 성명을 채권에 기재하지 않으면 사채발행자 기타 제3자에게 대항할 수 없다.

❻ 주택상환사채의 사용범위

납입금은 다음 각 호의 용도로만 사용할 수 있다.

1. 택지의 구입 및 조성
2. 주택건설자재의 구입
3. 건설공사비에의 충당
4. 그 밖에 주택상환을 위하여 필요한 비용으로서 국토교통부장관의 승인을 받은 비용에의 충당

❼ 주택상환사채의 효력

1. 등록사업주체는 금융기관으로부터 지급보증을 받은 때 발행할 수 있다.

2. 주택상환사채의 발행에 관하여 이 법에 특별한 규정이 없는 경우에는 상법 중 사채발행에 관한 규정을 준용한다.

3. 등록업자가 발행한 사채는 그 등록이 말소된 때라도 그가 이미 발행한 주택상환사채의 효력에는 영향을 미치지 않는다.

❽ 상환

1. **상환기간** : 3년을 초과할 수 없다. 이 경우 상환기간은 사채발행일로부터 주택의 공급계약 체결일까지의 기간으로 한다.

2. **상환의무** : 주택상환사채를 상환함에 있어 주택상환사채권자가 원하는 경우에는 주택상환사채의 원리금을 현금으로 상환할 수 있다.

---

3 대표 기출문제

제33회 출제

01 주택법령상 주택상환사채에 관한 설명으로 옳은 것은?

① 법인으로서 자본금이 3억원인 등록사업자는 주택상환사채를 발행할 수 있다.

② 발행 조건은 주택상환사채권에 적어야 하는 사항에 포함된다.

③ 주택상환사채를 발행하려는 자는 주택상환사채발행계획을 수립하여 시·도지사의 승인을 받아야 한다.

④ 주택상환사채는 액면으로 발행하고, 할인의 방법으로는 발행할 수 없다.

⑤ 주택상환사채는 무기명증권(無記名證券)으로 발행한다.

> **해설**
> ① 주택상환사채를 발행하는 경우 법인은 자본금이 3억이 아니라 5억이다.
> ③ 주택상환사채를 발행하는 경우 시·도지사가 아니라 국토교통부장관의 승인을 받아야 한다.
> ④ 주택상환사채는 액면 또는 할인의 방법으로 발행한다.
> ⑤ 주택상환사채는 기명증권(記名證券)으로 발행한다.
>
> 예 ②

4 출제 예상문제

01 주택법령상 주택상환사채에 관한 설명 중 옳은 것은?

① 주택건설사업을 시행하는 국가는 국토교통부장관의 승인 없이 주택상환사채를 발행할 수 있다.

② 주택상환사채의 상환기간은 10년으로 정한다.

③ 주택상환사채의 납입금은 주택건설자재의 구입을 위해 사용할 수 있다.

④ 등록사업주체가 발행할 수 있는 주택상환사채의 규모는 최근 5년간의 연평균 주택건설호수 이내로 한다.

⑤ 주택상환사채의 납입금은 국토교통부장관이 지정하는 금융기관에서 관리한다.

해설 ✦ ① 주택상환사채는 주택공사와 법인인 등록사업주체가 발행할 수 있다. 국가는 주택상환사채를 발행할 수 없다.
② 주택상환사채의 상환기간은 3년을 초과할 수 없다.
④ 5년간 연평균 주택건설호수 이내가 아니라 3년간 평균이다.
⑤ 주택상환사채의 납입금은 당해 보증기관과 주택상환사채발행자가 협의하여 정하는 금융기관에서 관리한다.

정답 ✦ ③

테마 07 분양가 상한제

1 출제예상과 학습포인트

✦ 기출횟수

제21회, 제22회, 제24회, 제25회, 제26회, 제27회, 제28회, 제30회, 제32회, 제33회

✦ 35회 출제 예상

분양가상한제는 주택법에서 중요한 제도이다. 34회 출제가 되지 않았기에 35회 시험에서의 출제가능성이 70% 정도이다.

✦ 35회 중요도

★★★

✦ 학습범위와 학습방법

분양가상한제는 기존에 있는 특징 중심으로 학습을 하되 거주의무기간이라든지 거주의무의 예외규정은 꼭 정리하여 숙지할 필요가 있겠다.

✦ 핵심쟁점

❶ 분양가상한제가 적용되지 않는 주택
❷ 민간택지 분양가상한제 적용의 요건
❸ 민간택지 분양가상한제 적용지역의 지정절차
❹ 민간택지 분양가상한제 적용 시 분양가의 구성요소로서 택지비 산정방법
❺ 분양가상한제 거주의무기간과 의무거주 예외사유

2 핵심 내용

❶ **분양가상한제 적용대상** : 분양가상한제는 다음의 지역에 적용한다.

1. 공공택지
2. 공공택지 외의 택지로서 다음 각 목의 어느 하나에 해당하는 지역
   ① 「공공주택 특별법」에 따른 도심 공공주택 복합지구
   ② 「도시재생 활성화 및 지원에 관한 특별법」에 따른 주거재생혁신지구
   ③ 주택가격 상승 우려가 있어 국토교통부장관이 주거정책심의위원회의 심의를 거쳐 지정하는 지역

② 분양가 상한제 적용제외

1. 도시형생활주택
2. 경제자유구역에서 외자유치와 관련 있다고 인정되는 경우
3. 관광특구에서 공급되는 주택으로 50층 이상이거나 높이가 150m 이상
4. 한국토지주택공사 또는 지방공사가 정비사업의 시행자로 참여하는 사업에서 건설·공급하는 주택의 전체 세대수의 10퍼센트 이상을 임대주택으로 건설·공급할 것
   ① 「도시 및 주거환경정비법」에 따른 정비사업으로서 면적이 2만제곱미터 미만인 사업이거나 전체 세대수가 200세대 미만인 사업
   ② 「빈집 및 소규모주택 정비에 관한 특례법」에 따른 소규모주택정비사업
5. 공공재개발사업에서 건설·공급하는 주택
6. 주거재생혁신지구에서 시행하는 혁신지구재생사업 면적이 1만제곱미터 미만인 사업 또는 전체 세대수가 300세대 미만인 사업에서 건설·공급하는 주택

③ 분양가상한제 지정

1. 지정기준

국토교통부장관은 공공택지외 택지에 분양가상한제를 지정하는 경우는 투기과열지구 중 다음 각 호의 어느 하나에 해당하는 지역을 대상으로 지정한다.

1. 분양가상한제적용 직전월부터 소급하여 12개월간의 아파트 분양가격상승률이 물가상승률(해당 지역이 포함된 시·도 소비자물가상승률을 말한다)의 2배를 초과한 지역. 이 경우 해당 지역의 아파트 분양가격상승률을 산정할 수 없는 경우에는 해당 지역이 포함된 특별시·광역시·특별자치시·특별자치도 또는 시·군의 아파트 분양가격상승률을 적용한다.
2. 분양가상한제적용 직전월부터 소급하여 3개월간의 주택매매거래량이 전년 동기 대비 20퍼센트 이상 증가한 지역
3. 분양가상한제적용 직전월부터 소급하여 주택공급이 있었던 2개월 동안 해당 지역에서 공급되는 주택의 월평균 청약경쟁률이 모두 5대 1을 초과하였거나 해당 지역에서 공급되는 국민주택규모 주택의 월평균 청약경쟁률이 모두 10대 1을 초과한 지역

2. 지정절차

국토교통부장관이 → 시·도지사 의견 청취 → 지정·공고 → 시·군·구 통보

3. 분양가상한제 적용지역의 직권해제

국토교통부장관은 분양가상한제 적용 지역으로 계속 지정할 필요가 없다고 인정하는 경우에는 주거정책심의위원회 심의를 거쳐 분양가상한제 적용 지역의 지정을 해제하여야 하며, 해제하는 경우에는 지정절차를 준용한다.

4. 분양가상한제 적용의 해제요청

시·도지사, 시장, 군수 또는 구청장은 분양가상한제 적용 지역의 지정 후 해당 지역의 주택가격이 안정되는 등 분양가상한제 적용 지역으로 계속 지정할 필요가 없다고 인정하는 경우에는 국토교통부장관에게 그 지정의 해제를 요청할 수 있고, 해제를 요청받은 국토교통부장관은 요청받은 날부터 40일 이내에 주거정책심의위원회의 심의를 거쳐 분양가상한제 적용 지역 지정의 해제 여부를 결정하여야 한다.

④ 분양가격의 구성

1. 택지비 산정

① 공공택지의 택지비 산정 : 해당택지의 공급가격 + 가산비
② 공공택지 외의 택지의 택지비 산정
  ㉠ 원칙 : 감정평가 가격 + 가산비
  ㉡ 예외 : 다만, 다음의 경우 감정평가가액에 비용을 가산한 금액의 120%에 상당하는 금액 또는 개별공시지가의 150%에 상당하는 금액이내에서 매입가격을 택지비로 볼 수 있다. 이 경우 택지비는 단지전체에 동일하게 적용하여야 한다.

> 1. 경매·공매 낙찰가격
> 2. 국가·지방자치단체 등 공공기관으로부터 매입한 가격
> 3. 부동산등기부 또는 법인장부에 해당 택지의 가액이 기록되어 있는 경우

2. 건축비 산정

건축비는 국토교통부장관이 정하여 고시하는 건축비(기본형건축비) + 가산비

⑤ 분양가상한제 적용주택의 입주자의 거주의무

1. 거주 의무자

> 1. 사업주체가 수도권에서 건설·공급하는 분양가상한제 적용주택
> 2. 행정중심복합도시 중 투기과열지구에서 건설·공급하는 주택으로서 행정중심복합도시로 이전하거나 신설되는 기관 등에 종사하는 사람에게 별도로 공급되는 주택
> 3. 공공재개발사업(공공주택특별법에 따른 사업계획승인을 받은 지역에 한정한다)에서 건설·공급하는 주택

2. 거주의무기간

주택의 최초 입주가능일부터 아래의 기간동안 계속하여 해당 주택에 거주하여야 한다.

① 수도권에서 공급되는 분양가상한제

분양가격이 인근지역 주택매매가격의	공공택지	민간택지
80% 미만	5년	3년
80% 이상 ~ 100% 미만	3년	2년

② 행정중심복합도시

행정중심복합도시에서 분양가상한제 적용주택의 경우 : 3년 동안 의무거주

③ 공공주택특별법에 따른 사업계획승인을 받은 지역의 공공재개발

민간택지 분양가상한제적용지역에서 공공재개발사업에 따른 주택으로서 분양가격이 인근지역 주택매매가격의 100퍼센트 미만인 주택의 경우 : 2년 동안 의무거주

3. 의무거주 예외

다만, 다음의 부득이한 사유가 있는 경우 그 기간은 해당 주택에 거주한 것으로 본다. 이 경우 제2호부터 제8호까지의 규정에 해당하는지 여부는 한국토지주택공사의 확인을 받아야 한다.

1. 해당 주택에 입주하기 위하여 준비기간이 필요한 경우. 이 경우 해당 주택에 거주한 것으로 보는 기간은 최초 입주가능일부터 90일까지로 한다.
2. 거주의무자가 거주의무기간 중 근무·생업·취학 또는 질병치료를 위하여 해외에 체류하는 경우
3. 거주의무자가 주택의 특별공급을 받은 군인으로서 인사발령에 따라 거주의무기간 중 해당 주택건설지역이 아닌 지역에 거주하는 경우
4. 거주의무자가 거주의무기간 중 세대원의 근무·생업·취학 또는 질병치료를 위하여 세대원 전원이 다른 주택건설지역에 거주하는 경우. 다만, 수도권 안에서 거주를 이전하는 경우는 제외한다.
5. 거주의무자가 거주의무기간 중 혼인 또는 이혼으로 입주한 주택에서 퇴거하고 해당 주택에 계속 거주하려는 거주의무자의 직계존속·비속, 배우자 또는 형제자매가 자신으로 세대주를 변경한 후 거주의무기간 중 남은 기간을 승계하여 거주하는 경우
6. 가정어린이집을 설치·운영하려는 자가 주택에 가정어린이집의 설치를 목적으로 인가를 받은 경우. 이 경우 해당 주택에 거주한 것으로 보는 기간은 가정어린이집을 설치·운영하는 기간으로 한정한다.
7. 전매제한이 적용되지 않는 경우. 다만 배우자증여와 실직,파산등 경제적어려움이 발생한 경우 에 해당하는 경우는 제외한다.
8. 거주의무자의 직계비속이 학교에 재학 중인 학생으로서 주택의 최초 입주가능일 현재 해당 학기가 끝나지 않은 경우. 이 경우 해당 주택에 거주한 것으로 보는 기간은 학기가 끝난 후 90일까지로 한정한다.

4. 거주의무 위반시 주택매입의무

① 거주의무자가 거주의무 예외사유 없이 거주의무기간 이내에 거주를 이전하려는 경우 거주의무자는 주택공사에 해당 주택의 매입을 신청하여야 한다.

② 주택공사는 매입신청을 받거나 거주의무자가 거주의무기간을 위반하였다는 사실을 알게 된 경우 위반사실에 대한 의견청취를 하는 등 절차를 거쳐 해당 주택을 매입하여야 한다.

③ 한국토지주택공사가 주택을 매입하는 경우 거주의무자에게 납부한 입주금과 그 입주금에 「은행법」에 따른 1년 만기 정기예금의 평균이자율을 적용한 이자를 합산한 매입비용을 지급한 때에는 그 지급한 날에 한국토지주택공사가 해당 주택을 취득한 것으로 본다.

④ 주택공사가 취득한 주택을 공급받은 사람은 전매제한기간 중 잔여기간 동안 그 주택을 전매할 수 없으며 거주의무기간 중 잔여기간 동안 계속하여 그 주택에 거주하여야 한다.

5. 부기등기

거주의무자는 거주의무기간 동안 계속하여 거주하여야 함을 소유권에 관한 등기에 부기등기하여야 한다. 부기등기는 주택의 소유권보존등기와 동시에 하여야 한다.

6. 거주실태조사

국토교통부장관 또는 지방자치단체의 장은 거주의무자등의 실제 거주 여부를 확인하기 위하여 거주의무자등에게 필요한 서류 등의 제출을 요구할 수 있으며, 소속 공무원으로 하여금 해당 주택에 출입하여 조사하게 하거나 관계인에게 필요한 질문을 하게 할 수 있다.

⑥ 분양가상한제 적용주택의 분양가 공시

공공택지	공공택지 외 택지
사업주체의 공시사항	시장·군수·구청장의 공시사항
1. 택지비 2. 공사비 3. 간접비 4. 그 밖에 국토교통부령이 정하는 비용	1. 택지비 2. 직접공사비 3. 간접공사비 4. 설계비 5. 감리비 6. 부대비 7. 그 밖의 국토교통부령이 정하는 비용

3 대표 기출문제

제33회 출제

01 주택법령상 분양가상한제 적용주택에 관한 설명으로 옳은 것을 모두 고른 것은?

> ㄱ. 도시형 생활주택은 분양가상한제 적용주택에 해당하지 않는다.
> ㄴ. 토지임대부 분양주택의 분양가격은 택지비와 건축비로 구성된다.
> ㄷ. 사업주체는 분양가상한제 적용주택으로서 공공택지에서 공급하는 주택에 대하여 입주자 모집공고에 분양가격을 공시해야 하는데, 간접비는 공시해야 하는 분양가격에 포함되지 않는다.

① ㄱ   ② ㄱ, ㄴ   ③ ㄱ, ㄷ
④ ㄴ, ㄷ   ⑤ ㄱ, ㄴ, ㄷ

> **해설**
> ① ㄴ 토지임대부 분양주택은 토지를 임대받기 때문에 분양가에 토지가격은 포함되지 않는다.
> ㄷ. 사업주체가 공공택지에서 입주자모집공고에서 공시하는 항목은 ① 택지비 ② 공사비 ③ 간접비 ④ 기타 국토교통부령이 정하는 비용에 대하여 공시를 한다.
>
> 답 ①

제23회 출제

02 주택법령상 주택의 공급 및 분양가격 등에 관한 설명으로 옳은 것은?

① 분양가상한제 적용주택의 분양가격은 택지비와 건축비로 구성된다.
② 한국토지주택공사가 사업주체로서 입주자를 모집하려는 경우에는 시장·군수·구청장의 승인을 받아야 한다.
③ 사업주체가 복리시설의 입주자를 모집하려는 경우 시장·군수·구청장의 승인을 받아야 한다.
④ 사업주체가 공공택지에서 공급하는 분양가상한제 적용주택에 대하여 입주자모집승인을 받았을 때에는 분양가격을 공시할 필요가 없다.
⑤ 「관광진흥법」에 따라 지정된 관광특구에서 건설·공급하는 높이 150미터 이상의 공동주택은 분양가상한제의 적용을 받는다.

해설

② 한국토지주택공사가 입주자를 모집하려는 경우에는 시장·군수·구청장의 승인을 받지 않는다.

③ 사업주체가 복리시설의 입주자를 모집하려는 경우 시장·군수·구청장에게 신고하여야 한다.

④ 사업주체가 공급하는 분양가상한제 적용주택에 대하여 입주자모집승인을 받았을 때에는 분양가격을 공시하여야 한다.

⑤ 관광특구에서 건설·공급하는 공동주택으로서 해당 건축물의 층수가 50층 이상이거나 높이가 150미터 이상인 경우 분양가상한제를 적용하지 아니한다.

답 ①

4 출제 예상문제

01 주택법령상 분양가상한제 제한대상지역에 대한 다음 지정요건의 빈칸을 순서대로 바르게 채운 것은?

> 국토교통부장관이 주거정책심의회 심의를 거쳐 지정하는 분양가상한제를 적용지역은 (   ) 지구 중 다음 각 호의 어느 하나에 해당하는 지역을 말한다.
> ⓐ 직전월부터 소급하여 (   )개월간의 해당지역 평균 분양가격상승률이 물가상승률의 2배를 초과한 지역
> ⓑ 직전월부터 소급하여 (   )개월간의 주택매매거래량이 전년 동기 대비 20% 이상 증가한 지역
> ⓒ 직전 (   )개월간 해당 지역에서 공급되는 주택의 월평균 청약경쟁률이 5대 1을 초과하였거나 국민주택규모주택의 월평균 청약경쟁률이 10대 1을 초과한 지역

① 투기과열지구,　6,　　3,　　2　　② 조정대상지역,　10,　　3,　　2
③ 투기과열지구,　12,　　3,　　2　　④ 투기과열지구,　20,　　12,　　10
⑤ 조정대상지역,　12,　　12,　　2

해설 ✦ 분양가상한제 적용대상지역은 문제에서 언급한 내용이다.

정답 ✦ ③

02 주택법령상 분양가상한제 적용대상지역의 지정과 해제에 대한 설명으로 틀린 것은?

① 분양가상한제는 국토교통부장관이 투기과열지구 중 일정요건을 충족하는 지역에 주거정책심의회 심의를 거쳐 지정한다.

② 국토교통부장관이 분양가상한제 적용지역을 지정하는 경우에는 미리 시·도지사의 의견을 들어야 한다.

③ 국토교통부장관은 분양가상한제 적용지역을 지정하였을 때에는 지체 없이 이를 공고하고, 그 지정 지역을 관할하는 시장·군수·구청장에게 공고 내용을 통보하여야 한다.

④ 시장·군수·구청장은 입주자모집승인시 해당 지역에서 공급하는 주택이 분양가상한제 적용주택이라는 사실을 공고하여야 한다.

⑤ 시·도지사, 시장, 군수 또는 구청장은 필요가 없다고 인정하는 경우에 국토교통부장관에게 그 지정의 해제를 요청할 수 있으며, 국토교통부장관은 요청을 받은날부터 40일 이내에 심의를 거쳐 해제여부를 결정·통지하여야 한다.

해설 ✦ ④ 시장·군수·구청장은 사업주체로 하여금 입주자모집공고 시 해당 지역에서 공급하는 주택이 분양가상한제 적용주택이라는 사실을 공고하게 하여야 한다.

정답 ✦ ④

테마 08 투기과열지구 · 조정대상지역

1 출제예상과 학습포인트

✦ 기출횟수

제21회, 제25회, 제27회, 제28회, 제29회, 제32회, 34회

✦ 35회 출제 예상

부동산정책의 핵심적인 제도 이다. 매년 출제가능성이 높은 부분인데 부동산경기가 호황인가 불황인가에 따라서 무네를 조정하기도 한다. 34회 시험에서 위축지역이 출제가 되었고 35회는 출제가능성은 30% 정도이다.

✦ 35회 중요도

★

✦ 학습범위와 학습방법

투기과열지구는 어떤 부분이 출제가 많이되고 어떤 부분이 출제가 적게 되고가 없는 부분으로 출제가 이루어지는 경우 전체에 대한 내용을 시험에서 지문으로 구성을 하기 때문에 전체 내용을 정리하여야 하며, 조정지역은 과열지역과 위축지역의 지정기준을 정리하고 있어야 한다.

✦ 핵심쟁점

❶ 투기과열지구지정권자 (국장은 시·도지사 의견청취 시·도지사는 국장과 협의)

❷ 투기과열지구 지정대상지역

❸ 투기과열지구 해제의 재검토기간

❹ 투기과열지구 지정 시 분양권전매금지 기간

❺ 과열지역과 위축지역의 지정권자

❻ 과열지역과 위축지역의 지정기준

❼ 해제절차 및 재검토

2 핵심 내용

[제 1 절] 투기과열지구

❶ 지정권자 및 절차

1. 국토교통부장관 → 시·도지사의 의견청취 후 지정

2. 시·도지사 → 국토교통부장관과 협의 후 지정

3. 이 경우 투기과열지구는 그 지정 목적을 달성할 수 있는 최소한의 범위에서 시·군·구 또는 읍·면· 동의 지역 단위로 지정하되, 택지개발지구등 해당 지역 여건을 고려하여 지정 단위를 조정할 수 있다.

❷ 지정대상지역

주택가격 상승률이 물가상승률 보다 현저하게 높아 주택에 대한 투기가 우려되는 다음의 지역에 지정하거나 해제 할 수 있다.

1. 투기과열지구지정 직전월부터 소급하여 주택공급이 있었던 2개월 동안 해당 지역에서 공급되는 주택의 월별 평균 청약경쟁률이 모두 5대 1을 초과했거나 국민주택규모 주택의 월별 평균 청약경쟁률이 모두 10대 1을 초과한 곳
2. 다음 각 목에 해당하는 곳으로서 주택공급이 위축될 우려가 있는 곳
   ① 투기과열지구지정 직전월의 주택분양실적이 전달보다 30퍼센트 이상 감소한 곳
   ② 사업계획승인 건수나 건축허가 건수(투기과열지구지정직전월부터 소급하여 6개월간의 건수를 말한다)가 직전 연도보다 급격하게 감소한 곳
3. 신도시 개발이나 주택의 전매행위 성행 등으로 투기 및 주거불안의 우려가 있는 곳으로서 다음 각 목의 어느 하나에 해당하는 곳
   ① 해당 지역이 속하는 시·도의 주택보급률이 전국 평균 이하인 곳
   ② 해당 지역이 속하는 시·도의 자가주택비율이 전국 평균 이하인 곳
   ③ 해당 지역의 분양주택(투기과열지구로 지정하는 날이 속하는 연도의 직전 연도에 분양된 주택을 말한다)의 수가 입주자저축에 가입한 사람으로서 국토교통부령으로 정하는 사람의 수보다 현저히 적은 곳

❸ 해제

국토교통부장관 또는 시·도지사는 투기과열지구의 지정사유가 없어졌다고 인정할 경우 지체없이 해제하여야 한다.

❹ 재검토

국토교통부장관은 반기(6月)마다 주거정책심의위원회를 소집하여 투기과열지구 지정의 계속 여부를 재검토하여 해제가 필요한 경우 해제하고 이를 공고하여야 한다.

❺ 해제요청

투기과열지구로 지정된 지역의 시·도지사 또는 시장·군수·구청장은 지정사유가 해소된 것으로 인정할 경우 국토교통부장관 또는 시·도지사(지정권자)에게 투기과열지구의 해제를 요청할 수 있고 해제요청을 받은 국토교통부장관 또는 시·도지사(지정권자)는 40일 이내에 주거정책심의회 심의를 거쳐 해제여부를 결정하고 심사결과를 통보하여야 한다.

[제 2 절] 조정지역

❶ 조정대상지역의 지정

국토교통부장관은 국토교통부령으로 정하는 기준을 충족하는 지역을 주거정책심의위원회의 심의를 거쳐 조정대상지역으로 지정할 수 있다.

❷ 과열지역

1. 과열지역은 주택 분양 등이 과열되어 있거나 과열될 우려가 있는 지역으로 그 지정 목적을 달성할 수 있는 최소한의 범위에서 시·군·구 또는 읍·면·동의 지역 단위로 지정하되, 택지개발지구등 해당 지역 여건을 고려하여 지정 단위를 조정할 수 있다.

2. 과열지역은 조정대상지역으로 지정하는 날이 속하는 달의 바로 전달(이하 이 항에서 "조정대상지역지정직전월"이라 한다)부터 소급하여 3개월간의 해당 지역 주택가격상승률이 그 지역이 속하는 시·도 소비자물가상승률의 1.3배를 초과한 지역으로서 다음 하나에 해당하는 지역을 말한다.

> 1. 직전월부터 소급하여 주택공급이 있었던 2개월 동안 해당 지역에서 공급되는 주택의 월평균 청약경쟁률이 모두 5대1을 초과하였거나 국민주택규모 주택의 월평균 청약경쟁률이 모두 10대 1을 초과한 지역
> 2. 직전월부터 소급하여 3개월간의 분양권(주택의 입주자로 선정된 지위를 말한다.) 전매거래량이 직전 연도의 같은 기간보다 30퍼센트 이상 증가한 지역
> 3. 해당 지역이 속하는 시·도별 주택보급률 또는 자가주택비율이 전국 평균 이하인 지역

❸ 위축지역

위축지역은 직전월부터 소급하여 6개월간의 평균 주택가격상승률이 마이너스 1.0% 이하인 지역으로 서 다음 각 목의 어느 하나에 해당하는 지역을 말한다.

> 1. 직전월부터 소급하여 3개월 연속 주택매매거래량이 전년 동기 대비 20% 이상 감소한 지역
> 2. 직전월부터 소급하여 3개월간의 평균 미분양주택의 수가 전년 동기 대비 2배 이상인 지역
> 3. 시·도별 주택보급률 또는 자가주택비율이 전국 평균을 초과하는 지역

❹ 지정절차

국토교통부장관 → 시·도지사 의견청취 → 지정·공고 → 시·군·구에게 통보
이 경우 시장·군수·구청장은 사업주체로 하여금 입주자 모집공고 시 해당 주택건설 지역이 조정대상지역에 포함된 사실을 공고하게 하여야 한다.

❺ 해제절차

1. 국토교통부장관은 조정대상지역을 계속 유지할 필요가 없다고 판단되는 경우에는 심의를 거쳐 직권으로 해제하여야 한다.

2. 시·도지사 또는 시장·군수·구청장은 조정대상지역 지정 후 해당 지역의 주택가격이 안정되는 등 조정대상지역으로 유지할 필요가 없다고 판단되는 경우에는 국토교통부장관에게 그 지정의 해제를 요청할 수 있다.

❻ 재검토

국토교통부장관은 반기(6개월)마다 조정대상지역 지정의 유지 여부를 재검토하여야 한다.

3 대표 기출문제

제34회 출제

01 주택법령상 조정대상지역의 지정기준의 일부이다. (   )에 들어갈 숫자로 옳은 것은?

> 조정대상지역지정직전월부터 소급하여 6개월간의 평균 주택가격상승률이 마이너스 (ㄱ)
> 퍼센트 이하인 지역으로서 다음에 해당하는 지역
> • 조정대상지역지정직전월부터 소급하여 (ㄴ) 개월 연속 주택매매거래량이 직전 연도의 같
>   은 기간보다 (ㄷ)퍼센트 이상 감소한 지역
> • 조정대상지역지정직전월부터 소급하여 (ㄴ) 개월간의 평균 미분양주택(「주택법」 제15조
>   제1항에 따른 사업계획승인을 받아 입주자를 모집했으나 입주자가 선정되지 않은 주택
>   을 말한다)의 수가 직전 연도의 같은 기간보다 2배이상인 지역

① ㄱ: 1, ㄴ: 3, ㄷ: 20
② ㄱ: 1, ㄴ: 3, ㄷ: 30
③ ㄱ: 1, ㄴ: 6, ㄷ: 30
④ ㄱ: 3, ㄴ: 3, ㄷ: 20
⑤ ㄱ: 3, ㄴ: 6, ㄷ: 20

해설

위축지역에 해당하는 지역의 경우

> 조정대상지역지정 직전월부터 소급하여 6개월간의 평균 주택가격상승률이 마이너스 1퍼센트 이하인 지역으로서
> 다음 각 목에 해당하는 지역
> 1. 조정대상지역지정직전월부터 소급하여 3개월 연속 주택매매거래량이 직전 연도의 같은 기간보다 20퍼센트
>   이상 감소한 지역
> 2. 조정대상지역지정직전월부터 소급하여 3개월간의 평균 미분양주택(법 제15조제1항에 따른 사업계획승인을
>   받아 입주자를 모집했으나 입주자가 선정되지 않은 주택을 말한다)의 수가 직전 연도의 같은 기간보다 2배
>   이상인 지역
> 3. 해당 지역이 속하는 시·도의 주택보급률 또는 자가주택비율이 전국 평균을 초과하는 지역

답 ①

4 출제 예상문제

01 주택법령상 투기과열지구에 관한 설명으로 옳은 것은?

① 투기과열지구를 지정할 수 있는 자는 국토교통부장관이다.

② 투기과열지구의 지정기간은 5년 이내로 하여야 한다.

③ 국토교통부장관이 투기과열지구를 지정하거나 해제할 경우에는 시장·군수 또는 구청장의 의견을 들어야 한다.

④ 국토교통부장관은 1년마다 주거정책심의위원회의 회의를 소집하여 투기과열지구로 지정된 지역별로 해당 지역의 주택가격 안정여건의 변화 등을 고려하여 투기과열지구 지정의 유지 여부를 재검토하여야 한다.

⑤ 투기과열지구 지정의 해제를 요청받은 국토교통부장관 또는 시·도지사는 요청받은 날부터 40일 이내에 주거정책심의위원회의 심의를 거쳐 투기과열지구 지정의 해제 여부를 결정하여 관할 지방자치단체의 장에게 심의결과를 통보하여야 한다.

해설 ✦ ① 투기과열지구를 지정할 수 있는 자는 국토교통부장관 또는 시·도지사이다.

② 투기과열지구의 지정기간에 제한이 있는 것은 아니다.

③ 국토교통부장관이 투기과열지구를 지정하거나 해제할 경우에는 시·도지사의 의견을 들어야 하며, 시·도지사가 투기과열지구를 지정하거나 해제할 경우에는 국토교통부장관과 협의하여야 한다.

④ 국토교통부장관은 반기마다 투기과열지구 지정의 유지 여부를 재검토하여야 한다.

정답 ✦ ⑤

테마 09 전매제한대상과 기간, 전매가능사유

1 출제예상과 학습포인트

✦ 기출횟수

제22회 제24회, 제25회, 제27회

✦ 35회 출제 예상

전매가능사유를 중심으로 과거에는 출제가 많이 되었다. 최근들어 7년간 출제가 되지 않고 있다. 35회 시험에서의 출제가능성은 30% 정도이다.

✦ 35회 중요도

★

✦ 학습범위와 학습방법

전매제한대상 주택의 종류를 먼저 숙지하여야 하고, 전매가능사유를 숙지하여야 한다. 주택법의 전매가능사유는 정비법의 투기과열지구 안에서 조합원지위양도 가능사유나 분양가상한제 의무거주 예외사유와 겹치는 부분이 있으니 출제비중보다는 다른 테마에서 출제가능성을 같이 생각하고 정리를 하여야 한다.

✦ 핵심쟁점

❶ 전매금지대상 주택의 종류
❷ 전매가능사유를 암기해야
❸ 전매가능사유 위반 시 효과

2 핵심 내용

❶ 전매제한대상 및 기간

사업주체가 건설·공급하는 주택[해당 주택의 입주자로 선정된 지위를 포함한다]으로서 다음 어느 하나에 해당하는 경우에는 10년 이내의 범위에서 대통령령으로 정하는 기간이 지나기 전에는 그 주택을 전매(매매·증여나 그 밖에 권리의 변동을 수반하는 모든 행위를 포함하되, 상속의 경우는 제외한다.)하거나 이의 전매를 알선할 수 없다.

1. 투기과열지구 안에서 건설·공급되는 주택
2. 조정대상지역에서 건설·공급되는 주택

3. 분양가상한제 적용주택. 다만, 수도권외의 지역 중 주택의 수급 상황 및 투기 우려 등을 고려하여 광역시가 아닌 지역으로서 투기과열지구가 지정되지 아니하거나 투기과열지구가 해제된 지역 중 공공택지 외의 택지에서 건설·공급되는 분양가상한제 적용주택 은 제외한다.
4. 공공택지 외의 택지에서 건설·공급되는 주택. 다만, 분양가상한제를 제외하는 주택 및 수도권 외의 지역 중 주택의 수급 상황 및 투기 우려 등을 고려하여 광역시가 아닌 지역으로서 공공택지 외의 택지에서 건설·공급되는 주택은 제외한다.
5. 공공재개발사업(공공주택 특별법에 따른 사업계획승인을 받은 지역에 한정한다)에서 건설·공급하는 주택

❷ 전매제한기간의 공통사유

1. 전매행위 제한기간은 해당 주택의 입주자로 선정된 날부터 기산한다.
2. 주택에 대한 전매행위 제한기간이 2 이상일 경우에는 그 중 가장 긴 전매행위 제한기간을 적용한다. 다만, 위축지역에서 건설·공급되는 주택의 경우에는 가장 짧은 전매행위 제한기간을 적용한다.
3. 주택에 대한 전매행위 제한기간 이내에 해당 주택에 대한 소유권이전등기를 완료한 경우 소유권이전등기를 완료한 때에 전매행위 제한기간이 지난 것으로 본다. 이 경우 주택에 대한 소유권이전등기에는 대지를 제외한 건축물에 대해서만 소유권이전등기를 하는 경우를 포함한다.

❸ 투기과열지구에서 전매제한기간

1. 수도권: 3년
2. 수도권 외의 지역: 1년

❹ 전매가능사유

전매가 불가피하다고 인정되는 다음의 경우로서 주택공사의 동의를 받은 경우에는 전매제한을 적용하지 아니한다. 다만, 분양가상한제 주택을 공급받은 자가 전매하는 경우에는 한국토지주택공사가 그 주택을 우선 매입할 수 있다.

1. 세대원(주택을 공급받은 사람이 포함된 세대의 구성원을 말한다.)이 근무 또는 생업상의 사정이나 질병치료·취학·결혼으로 인하여 세대원 전원이 다른 광역시·시 또는 군으로 이전하는 경우. 단, 수도권 안에서 이전하는 경우에는 제외한다.
2. 상속에 의하여 취득한 주택으로 세대원 전원이 이전하는 경우
3. 세대원 전원이 해외로 이주하거나 2년 이상의 해외에 체류하고자 하는 경우
4. 이혼으로 인하여 입주자로 선정된 지위 또는 주택을 배우자에게 이전하는 경우

5. 공·취·법 규정에 의하여 수립된 이주대책의 대상자로서 이주대책용 주택을 공급받기로 결정된 후 투기과열지구의 지정 또는 분양권전매제한으로 분양권 전매가 금지되는 경우로서 시장·군수 및 구청장이 확인하는 경우
6. 분양가 상한제 적용주택의 소유자가 국가·지자체 및 금융기관에 대한채무를 이행하지 못하여 경매 또는 공매가 시행되는 경우
7. 입주자로 선정된 지위 또는 주택의 일부를 배우자에게 증여하는 경우
8. 실직·파산 또는 신용불량으로 경제적 어려움이 발생한 경우

❺ 전매제한 위반 시 조치로서 환매

전매제한규정을 위반하여 주택의 전매가 이루어진 경우, 사업주체가 매입비용을 그 매수인에게 지급한 경우에는 그 지급한 날에 사업주체가 해당 입주자로 선정된 지위를 취득한 것으로 보며, 한국토지주택공사가 분양가상한제 적용주택을 우선 매입하는 경우에도 매입비용을 준용하되, 해당 주택의 분양가격과 인근지역 주택매매가격의 비율 및 해당 주택의 보유기간 등을 고려하여 대통령령으로 정하는 바에 따라 매입금액을 달리 정할 수 있다.

❻ 부기등기 의무

1. **부기등기 범위** : 사업주체가 전매제한대상에서 3호(분양가상한제 적용주택) 또는 4호(공공택지 외의 택지에서 건설·공급되는 주택)에 해당하는 주택을 공급하는 경우 그 주택의 소유권을 제3자에게 이전할 수 없음을 소유권에 관한 등기에 부기등기하여야 한다.

2. **부기등기시기** : 부기등기는 주택의 소유권보존등기와 동시에 하여야 한다.

3. **부기등기 말소** : 부기등기는 소유자가 전매행위제한기간이 경과한 때 말소를 신청할 수 있다.

❼ 전매제한 위반 시 조치

1. **벌금** : 입주자로 선정된 지위 또는 주택을 전매하거나 알선한 자를 함께 3년 이하의 징역 또는 3천만원 이하의 벌금에 처한다. 다만, 그 위반행위로 얻은 이익의 3배에 해당하는 금액이 3천만원을 초과하는 자는 3년 이하의 징역 또는 그 이익의 3배에 해당하는 금액 이하의 벌금에 처한다.

2. **입주자자격제한** : 10년의 범위에서 주택의 입주자자격을 제한할 수 있다.

3 대표 기출문제

제27회 출제

01 **주택법령상 주택의 전매행위 제한에 관한 설명으로 틀린 것은?** (단, 수도권은 「수도권정비계획법」에 의한 것임)

① 전매제한기간은 주택의 수급 상황 및 투기 우려 등을 고려하여 지역별로 달리 정할 수 있다.

② 사업주체가 수도권의 지역으로서 공공택지 외의 택지에서 건설·공급하는 주택을 공급하는 경우에는 그 주택의 소유권을 제3자에게 이전할 수 없음을 소유권에 관한 등기에 부기등기하여야 한다.

③ 세대원 전원이 2년 이상의 기간 해외에 체류하고자 하는 경우로서 사업주체의 동의를 받은 경우에는 전매제한 주택을 전매할 수 있다.

④ 상속에 의하여 취득한 주택으로 세대원 전원이 이전하는 경우로서 사업주체의 동의를 받은 경우에는 전매제한 주택을 전매할 수 있다.

⑤ 수도권의 지역으로서 공공택지 외의 택지에서 건설·공급되는 주택의 소유자가 국가에 대한 채무를 이행하지 못하여 공매가 시행되는 경우에는 사업주체의 동의없이도 전매를 할 수 있다.

> **해설**
> ⑤ 수도권의 지역으로서 공공택지 외의 택지에서 건설·공급되는 주택의 소유자가 국가에 대한 채무를 이행하지 못하여 공매가 시행되는 경우에는 사업주체의 동의를 받아 전매를 할 수 있다.
>
> 답 ⑤

4 출제 예상문제

01 주택법령상 주택의 전매행위 제한을 받는 주택임에도 불구하고 전매가 허용되는 경우에 해당하지 <u>않는</u> 것은?

① 세대원 전원이 수도권이 아닌 다른 광역시, 시 또는 군으로 이전하는 경우

② 상속에 의하여 취득한 주택으로 세대원 전원이 이전하는 경우

③ 세대원 전원이 해외로 이주하거나 2년 이상의 기간 해외에 체류하고자 하는 경우

④ 입주자로 선정된 지위 또는 주택을 그 배우자에게 증여하는 경우

⑤ 금융기관에 대한 채무를 이행하지 못하여 경매가 시행되는 경우

해설 ✦ ④ 배우자에게 증여하고자 하는 경우에는 일부증여인 경우이어야 한다.

정답 ✦ ④

1 출제예상과 학습포인트

✦ 기출횟수
제20회, 제23회, 제24회, 제25회, 제32회

✦ 35회 출제 예상
공급질서교란행위는 주택시장이 상승을 하면서 투기가 성행하는 시기에 출제를 많이하는 테마이다.
35회 시험에서의 출제가능성은 30% 정도이다.

✦ 35회 중요도
★

✦ 학습범위와 학습방법
공급질서교란행위는 금지된 증서 또는 지위의 종류가 무엇인지 알아야하고, 금지된 증서나 지위에 대한 권리이전의
모든 행위가 포함되는데 상속과 저당은 제외한다는 내용이 핵심이다. 그리고 공급질서교란행위에 해당하는 경우의
법적효과도 꼭 정리가 필요한 부분이다.

✦ 핵심쟁점
❶ 공급질서 교란행위에서 양도 등이 금지되는 증서나 지위는?
❷ 권리변동을 수반하는 모든 행위가 금지되는데 상속과 저당은 금지되는 행위가 아님을 숙지해야
❸ 금지행위 위반 시 효과

2 핵심 내용

❶ 주택의 공급질서 교란행위 금지

1. 누구든지 다음의 증서·지위의 양도·양수 또는 알선하거나, 양도·양수 (양도란 매매·증여 등 권리변동
을 수반하는 일체의 행위를 포함하되 상속·저당은 제외한다) 또는 이를 알선할 목적으로 하는 광고하는
행위는 할 수 없다.

> 1. 입주자 저축증서
> 2. 주택상환사채
> 3. 지역·직장주택 조합원의 지위

4. 시장 등이 발행한 무허가 건물확인서·건물철거예정증명서·건물철거확인서
5. 공공사업 시행으로 인한 이주대책에 의하여 주택을 공급받을 수 있는 지위 또는 이주대책대상자 확인서

❷ 위반 시 조치

1. 주택공급을 신청할 수 있는 지위 → 무효

2. 공급계약 → 취소하여야 한다.

다만, 공급질서 교란 행위가 있었다는 사실을 알지 못하고 주택 또는 주택의 입주자로 선정된 지위를 취득한 매수인이 해당 공급질서 교란 행위와 관련이 없음을 소명하는 경우에는 이미 체결된 주택의 공급계약을 취소하여서는 아니 된다.

3. 주택의 환매 : 사업주체가 위반자에 대하여 대통령령이 정하는 주택가격에 해당하는 금액을 지급하면, 지급한 날에 사업주체가 취득

4. 퇴거명령 : 사업주체가 환매를 위하여 주택가격을 지급하거나 공탁 시 입주자에 대하여 기간을 정하여 퇴거를 명할 수 있다.

5. 형사처벌 : 위반 시 3년 이하의 징역 또는 3천만원 이하의 벌금 다만, 그 위반행위로 얻은 이익의 3배에 해당하는 금액이 3천만원을 초과하는 자는 3년 이하의 징역 또는 그 이익의 3배에 해당하는 금액 이하의 벌금에 처한다.

6. 입주자자격제한 : 10년 이내의 범위에서 주택의 입주자자격을 제한할 수 있다.

3 대표 기출문제

제32회 출제

01 주택법령상 주택공급과 관련하여 금지되는 공급질서 교란행위에 해당하는 것을 모두 고른 것은?

> ㄱ. 주택을 공급받을 수 있는 조합원 지위의 상속
> ㄴ. 입주자저축 증서의 저당
> ㄷ. 공공사업의 시행으로 인한 이주대책에 따라 주택을 공급받을 수 있는 지위의 매매
> ㄹ. 주택을 공급받을 수 있는 증서로서 시장·군수·구청장이 발행한 무허가건물 확인서의 증여

① ㄱ, ㄴ   ② ㄱ, ㄹ   ③ ㄷ, ㄹ
④ ㄱ, ㄴ, ㄷ   ⑤ ㄴ, ㄷ, ㄹ

해설

③ 누구든지 다음의 증서·지위의 양도·양수 또는 알선하거나, 양도·양수 (양도란 매매·증여 등 권리변동을 수반하는 일체의 행위를 포함하되 상속·저당은 제외한다) 또는 이를 알선할 목적으로 하는 광고하는 행위는 할 수 없다.

1. 입주자 저축증서
2. 주택상환사채
3. 지역·직장주택 조합원의 지위
4. 시장 등이 발행한 무허가 건물확인서·건물철거예정증명서·건물철거확인서
5. 공공사업 시행으로 인한 이주대책에 의하여 주택을 공급받을 수 있는 지위 또는 이주대책대상자 확인서

답 ③

4 출제 예상문제

01 주택법령상 공급질서교란금지에 관한 설명 중 **틀린** 것은?

① 누구든지 「주택법」에 따라 건설·공급되는 주택을 공급받거나 공급받게 하기 위하여 일정한 증서 또는 지위를 양도·양수하거나 이를 알선하여서는 아니 된다.

② ①의 증서 또는 지위에는 주택상환사채도 포함되며 양도·양수에는 매매·증여나 그 밖에 권리변동을 수반하는 모든 행위를 포함하되, 상속·저당의 경우는 제외한다.

③ 사업주체가 공급질서교란금지를 위반한 자에게 대통령령으로 정하는 바에 따라 산정한 주택가격에 해당하는 금액을 지급한 경우에는 그 지급한 날에 그 주택을 취득한 것으로 본다.

④ 국토교통부장관 또는 사업주체는 공급질서교란금지를 위반하여 증서 또는 지위를 양도하거나 양수한 자와 거짓이나 그 밖의 부정한 방법으로 증서나 지위 또는 주택을 공급받은 자에 대하여는 그 주택공급을 신청할 수 있는 지위를 무효로 하거나 이미 체결된 주택의 공급계약을 취소하여야 한다.

⑤ 국토교통부장관은 주택공급질서를 위반한 자에 대하여 5년 이내의 범위에서 주택의 입주자 자격을 제한할 수 있다.

해설 ✦ 국토교통부장관은 주택공급질서를 위반한 자에 대하여 10년 이내의 범위에서 주택의 입주자격을 제한할 수 있다.

정답 ✦ ⑤

사용검사 후 말소등기로 인한 매도청구권

1 출제예상과 학습포인트

✦ 기출횟수

　제27회, 제29회, 제30회

✦ 35회 출제 예상

　2016년 신설된 이후에 의외로 출제가 자주되는 테마인데, 연속 출제가 되다가 4년 정도 쉬었다. 출제주기로 봤을 때 출제가능성은 있는 테마인데 35회 시험에서의 출제가능성은 50% 정도이다.

✦ 35회 중요도

　★★

✦ 학습범위와 학습방법

　사용검사 후 말소등기는 제도가 가지고 있는 의미를 먼저 파악하고 내용을 접근한다면 그리 어렵지 않게 공부할 수 있는 파트로서 주택법의 매도청구권과 연관지어서 학습을 하면 좋겠다.

✦ 핵심쟁점

　❶ 사용검사 후 말소등기로 인한 매도청구권이 가지고 있는 의미를 먼저 이해

　❷ 매도청구 요건

　❸ 동의자 비율

2 핵심 내용

❶ 사용검사 후 매도청구권

주택의 소유자들은 주택단지 전체 대지에 속하는 일부의 토지에 대한 소유권이전등기 말소소송 등에 따라 사용검사를 받은 이후에 해당 토지의 소유권을 회복한 실소유자에게 해당 토지를 시가로 매도할 것을 청구할 수 있다.

❷ 매도청구권행사 시 동의요건

주택의 소유자들은 소유자 전체의 4분의 3 이상의 동의를 얻어 대표자를 선정하여 매도청구에 관한 소송을 제기할 수 있다.

❸ 매도청구권 판결의 효력

매도청구에 관한 소송에 대한 판결은 주택의 소유자 전체에 대하여 효력이 있다.

❹ 매도청구대상토지의 비율

매도청구를 하려는 경우에는 해당 토지의 면적이 주택단지 전체 대지 면적의 100분의 5 미만이어야 한다.

❺ 매도청구권의사표시의 효력발생시기

매도청구의 의사표시는 실소유자가 해당 토지 소유권을 회복한 날부터 2년 이내에 해당 실소유자에게 송달되어야 한다.

❻ 구상권

주택의 소유자들은 매도청구로 인하여 발생한 비용의 전부를 사업주체에게 구상할 수 있다.

3 대표 기출문제

제30회 출제

01 「주택법」상 사용검사 후 매도청구 등에 관한 조문의 일부이다. (   )에 들어갈 숫자를 바르게 나열한 것은?

> 「주택법」제62조 (사용검사 후 매도청구 등)
> ①~③ 〈생략〉
> ④ 제1항에 따라 매도청구를 하려는 경우에는 해당토지의 면적이 주택단지 전체 대지 면적의 (ㄱ)퍼센트 미만이어야 한다.
> ⑤ 제1항에 따른 매도청구의 의사표시는 실 수요자가 해당 토지 소유권을 회복한 날부터 (ㄴ)년 이내에 해당 실소유자에게 송달되어야 한다.
> ⑥ 〈생략〉

① ㄱ: 5, ㄴ: 1   ② ㄱ: 5, ㄴ: 2   ③ ㄱ: 5, ㄴ: 3
④ ㄱ: 10, ㄴ: 1   ⑤ ㄱ: 10, ㄴ: 2

> **해설**
>
> - 매도청구를 하려는 경우에는 해당 토지의 면적이 주택단지 전체 대지 면적의 100분의 5 미만이어야 한다.
> - 매도청구의 의사표시는 실소유자가 해당 토지 소유권을 회복한 날부터 2년 이내에 해당 실소유자에게 송달되어야 한다.
>
> 답 ②

4 출제 예상문제

01 주택법령상 사용검사 후 매도청구에 대한 설명으로 틀린 것은?

① 주택(복리시설을 포함한다)의 소유자들은 주택단지 전체 대지에 속하는 일부의 토지에 대한 소유권이전등기말소소송 등에 따라 사용검사(동별 사용검사를 포함한다)를 받은 이후에 해당 토지의 소유권을 회복한 자(실소유자)에게 해당 토지를 시가로 매도할 것을 청구할 수 있다.

② 주택의 소유자들은 대표자를 선정하여 매도청구에 관한 소송을 제기할 수 있고, 그 판결은 주택의 소유자 전체에 대하여 효력이 있다. 이 경우 대표자는 주택의 소유자 전체의 과반수 이상의 동의를 얻어 선정한다.

③ 매도청구를 하려는 경우에는 해당 토지의 면적이 주택단지 전체 대지면적의 5% 미만이어야 한다.

④ 매도청구의 의사표시는 실소유자가 해당 토지소유권을 회복한 날부터 2년 이내에 해당 실소유자에게 송달되어야 한다.

⑤ 주택의 소유자들은 매도청구로 인하여 발생한 비용의 전부를 사업주체에게 구상할 수 있다.

해설 ✦ ② 과반수가 아니라 4분의 3 이상의 동의이다.

정답 ✦ ②

테마 12 기타 주택과 청문

1 출제예상과 학습포인트

✦ 기출횟수

제30회, 제33회

✦ 35회 출제 예상

최근에 주택법이 종전에 출제되지 않았던 주택의 공급관련한 부분의 출제를 하고 있다. 여기에 대응하여 임대주택이나 토지임대부 분양주택등은 정리를 하면 좋겠다. 35회 시험에서 출제가능성은 50% 정도이다.

✦ 35회 중요도

★★

✦ 학습범위와 학습방법

주택법에서의 임대주택과 정비사업의 임대주택을 구분하여야 하며, 토지임대부분양주택의 개념을 파악하면 좋겠다. 한번씩 출제가 되고 있는 청문사유도 암기를 하여야 한다.

✦ 핵심쟁점

❶ 주택법의 임대주택 우선인수자
❷ 주택법 임대주택의 공급가격
❸ 임대주택의 선정방법
❹ 토지임대부 분양주택의 토지 임대기간
❺ 토지임대부 분양주택의 임대가격
❻ 토지임대부 분양주택의 양도 시 우선인수권
❼ 청문사유 암기

2 핵심 내용

❶ 임대주택의 건설

1. 대상

사업주체(리모델링은 제외한다)가 다음 각 호의 사항을 포함한 사업계획승인신청서를 제출하는 경우 사업계획승인권자는 용도지역별 용적률 범위에서 특·광·시 또는 군의 조례로 정하는 기준에 따라 용적률을 완화하여 적용할 수 있다.

> 1. 주택과 주택 외의 시설을 동일 건축물로 건축하는 계획
> 2. 임대주택의 건설·공급에 관한 사항

2. 임대주택공급비율

용적률을 완화하여 적용하는 경우 사업주체는 완화된 용적률의 30퍼센트 이상 60퍼센트 이하의 범위에서 조례가 정하는 비율의 면적을 임대주택으로 공급하여야 한다.

3. 임대주택의 공급 및 우선인수자

이 경우 사업주체는 임대주택을 국토교통부장관, 시·도지사, 한국토지주택공사 또는 지방공사에 공급하여야 하며 시·도지사가 우선 인수할 수 있다. 다만, 시·도지사가 임대주택을 인수하지 아니하는 경우 국토교통부장관에게 인수자 지정을 요청하여야 한다.

4. 임대주택의 가격

공급되는 임대주택의 공급가격은 「공공주택 특별법」에 따른 공공건설임대주택의 분양전환가격 산정기준에서 정하는 건축비로 하고, 그 부속토지는 인수자에게 기부채납한 것으로 본다.

5. 공급되는 임대주택 선정방법

사업주체는 공급되는 주택의 전부를 대상으로 공개추첨의 방법에 의하여 인수자에게 공급하는 임대주택을 선정하여야 하며, 그 선정 결과를 지체 없이 인수자에게 통보하여야 한다.

6. 임대주택의 등기

사업주체는 임대주택의 준공인가를 받은 후 지체 없이 인수자에게 등기를 촉탁 또는 신청하여야 한다. 이 경우 사업주체가 거부 또는 지체하는 경우에는 인수자가 등기를 촉탁 또는 신청할 수 있다.

❷ 토지임대부 분양주택

1. 토지의 임대기간 : 토지임대부 분양주택의 토지에 대한 임대차기간은 40년 이내로 한다. 이 경우 토지임대부 분양주택 소유자의 75퍼센트 이상이 계약갱신을 청구하는 경우 40년의 범위에서 이를 갱신할 수 있다.

2. 지상권설정 : 토지임대부 분양주택을 공급받은 자가 토지소유자와 임대차계약을 체결한 경우 임대차기간 동안 지상권이 설정된 것으로 본다.

3. 승계 : 토지임대부 분양주택을 양수한 자 또는 상속받은 자는 임대차계약을 승계한다.

4. 토지임대부 분양주택의 토지임대료

① 토지임대부 분양주택의 월별 토지임대료는 다음 구분에 따라 산정한 금액을 12개월로 분할한 금액 이하로 한다.

> 1. 공공택지에 토지임대주택을 건설하는 경우 : 해당 공공택지의 조성원가에 입주자모집공고일이 속하는 달의 전전달의 은행법에 따른 은행의 3년 만기 정기예금 평균이자율을 적용하여 산정한 금액
> 2. 공공택지 외의 택지에 토지임대주택을 건설하는 경우 : 감정평가한 가액에 입주자모집공고일이 속하는 달의 전전달의 은행법에 따른 은행의 3년 만기 정기예금 평균이자율을 적용하여 산정한 금액.

② 사업주체가 지방자치단체 또는 지방공사인 경우 임대료산정

다음 각 호의 금액 범위에서 지방자치단체의 장이 지역별 여건을 고려하여 정하는 금액을 12개월로 분할한 금액 이하로 할 수 있다.

> 1. 해당 택지의 조성원가에 입주자모집공고일이 속하는 달의 전전달의 은행법에 따른 은행의 3년 만기 정기예금 평균이자율을 적용하여 산정한 금액
> 2. 감정평가한 가액에 입주자모집공고일이 속하는 달의 전전달의 은행법에 따른 은행의 3년 만기 정기예금 평균이자율을 적용하여 산정한 금액.

③ 임대료 증액

토지소유자는 토지임대주택을 분양받은 자와 토지임대료약정을 체결한 후 2년이 지나기 전에는 토지임대료의 증액을 청구할 수 없으며, 토지임대료약정 체결 후 2년이 지나 토지임대료의 증액을 청구하는 경우에는 시·군·구의 평균지가상승률을 고려하여 증액률을 산정하되, 「주택임대차보호법 시행령」에 따른 차임 등의 증액청구 한도 비율을 초과해서는 아니 된다.

5. 토지 월별임대료의 보증금전환

토지임대료는 월별 임대료를 원칙으로 하되, 토지소유자와 주택을 공급받은 자가 합의한 경우 대통령령으로 정하는 바에 따라 임대료를 보증금으로 전환하여 납부할 수 있다.

6. 법에 정하지 않은 사항에 대한 규정적용 : 법에서 정한 사항 외에 토지임대부 분양주택 토지의 임대차 관계는 토지소유자와 주택을 공급받은 자 간의 임대차계약에 따른다.

6. 법 적용 순서 : 토지임대부 분양주택에 관하여 이 법에서 정하지 아니한 사항은 「집합건물의 소유 및 관리에 관한 법률」, 「민법」 순으로 적용한다.

7. 우선인수권

① 토지임대부 분양주택을 공급받은 자가 토지임대부 분양주택을 양도하려는 경우에는 한국토지주택공사에 해당 주택의 매입을 신청하여야 하며, 한국토지주택공사는 해당 주택을 매입하여야 한다.

② 양도주택의 취득시기 : 한국토지주택공사가 매입비용을 지급한 때에는 그 지급한 날에 한국토지주택공사가 해당 주택을 취득한 것으로 본다.

❸ 청문

국토교통부장관 또는 지방자치단체의 장은 다음 각 호의 어느 하나에 해당하는 처분을 하려면 청문을 하여야 한다.

---

1. 주택건설사업 등의 등록말소
2. 주택조합의 설립인가취소
3. 사업계획승인의 취소
4. 리모델링 행위허가의 취소

---

3 대표 기출문제

제33회 출제

01 주택법령상 토지임대부 분양주택에 관한 설명으로 옳은 것은?

① 토지임대부 분양주택의 토지에 대한 임차기간은 50년 이내로 한다.

② 토지임대부 분양주택의 토지에 대한 임대차 기간을 갱신하기 위해서는 토지임대부 분양주택 소유자의 3분의 2이상이 계약갱신을 청구하여야 한다.

③ 토지임대료를 보증금으로 전환하여 납부하는 경우, 그 보증금을 산정할 때 적용되는 이자율은 「은행법」에 따른 은행의 3년 만기 정기예금 평균이자율 이상이어야 한다.

④ 토지임대부 분양주택을 공급받은 자가 토지임대부 분양 주택을 양도하려는 경우에는 시·도지사에게 해당 주택의 매입을 신청하여야 한다.

⑤ 토지임대료는 분기별 임대료를 원칙으로 한다.

① 토지에 대한 임차기간은 50년이 아니라 40년 이내로 한다.
② 토지에 대한 임대차 기간을 갱신하기 위해서는 토지임대부 분양주택 소유자의 3분의 2가 아니라 75% 이상이 계약갱신을 청구하여야 한다.
④ 토지임대부 분양 주택을 양도하려는 경우에는 시·도지사가 아니라 주택공사에게 해당 주택의 매입을 신청하여야 한다.
⑤ 토지임대료는 분기별이 아니라 월별 임대료를 원칙으로 한다.

답 ③

제30회 출제

02 「주택법」상 청문을 하여야 하는 처분이 <u>아닌</u> 것은? (단, 다른 법령에 따른 청문은 고려하지 않음)

① 공업화주택의 인정취소
② 주택조합의 설립인가취소
③ 주택건설 사업계획승인의 취소
④ 공동주택 리모델링허가의 취소
⑤ 주택건설사업의 등록말소

국토교통부장관 또는 지방자치단체의 장은 다음 각 호의 어느 하나에 해당하는 처분을 하려면 청문을 하여야 한다.

1. 주택건설사업 등의 등록말소
2. 주택조합의 설립인가취소
3. 사업계획승인의 취소
4. 리모델링 행위허가의 취소

답 ①

4 출제 예상문제

01 주택법령상 주택건설사업 등에 의한 임대주택의 건설에 관한 설명으로 **틀린** 것은? (단, 리모델링을 시행하는 자는 제외한다)

① 사업주체는 임대주택의 준공인가를 받은 후 지체 없이 인수자에게 등기를 촉탁 또는 신청하여야 한다.

② 용적률을 완화하여 적용하는 경우 사업주체는 완화된 용적률의 30퍼센트 이상 60퍼센트 이하에 해당하는 면적을 임대주택으로 공급하여야 한다.

③ 사업주체는 임대주택을 인수자에 공급하여야 하며 시·도지사가 우선 인수할 수 있다.

④ 공급되는 임대주택의 공급가격은 「공공주택 특별법」에 따른 공공건설임대주택의 분양전환가격 산정기준에서 정하는 건축비로 하고, 그 부속토지는 공시지가로 계산한다.

⑤ 주택조합이 설립된 경우에는 조합원에게 공급하고 남은 주택 전부를 대상으로 공개추첨의 방법에 의하여 임대주택을 선정한다.

해설 ✦ ④ 부속토지는 인수자에게 기부체납한 것으로 본다.

정답 ✦ ④

02 주택법령상 토지임대부 분양주택에 관한 설명으로 **틀린** 것은?

① 토지임대부 분양주택의 토지에 대한 임대차기간은 40년 이내로 한다.

② 토지임대부 분양주택 소유자의 75퍼센트 이상이 계약갱신을 청구하는 경우 40년의 범위에서 이를 갱신할 수 있다.

③ 토지임대부 분양주택을 공급받은 자가 토지소유자와 임대차계약을 체결한 경우 임대차기간 동안 지상권이 설정된 것으로 본다.

④ 토지임대부 분양주택에 관하여 주택법에서 정하지 아니한 사항은 「민법」과 「집합건물의 소유 및 관리에 관한 법률」순으로 적용한다.

⑤ 토지임대료는 월별 임대료를 원칙으로 하되, 토지소유자와 주택을 공급받은 자가 합의한 경우 대통령령으로 정하는 바에 따라 임대료를 보증금으로 전환하여 납부할 수 있다.

해설 ✦ ④ 토지임대부 분양주택에 관하여 주택법에서 정하지 아니한 사항은 「집합건물의 소유 및 관리에 관한 법률」, 「민법」 순으로 적용한다.

정답 ✦ ④

PART 5
건축법

건축법 주요용어

1 출제예상과 학습포인트

✦ 기출횟수

제26회, 제29회

✦ 35회 출제 예상

자주 출제가 되지는 않는 파트인데 출제가 된다면 과거에 출제된 것이 반복으로 출제가 이루어지는 경향이 있다. 34회 시험에서의 출제가능성은 30% 정도이다.

✦ 35회 중요도

★

✦ 학습범위와 학습방법

기존에 출제되었던 용어중심으로 한번 정리할 필요가 있다. 출제되지 않은 부분은 한번 읽는 정도이면 좋을 듯하다.

✦ 핵심쟁점

❶ 고층건물, 초고층건물, 준 초고층건물을 구분
❷ 지하층의 개념, 실익
❸ 부속건축물의 의미
❹ 다중이용건물의 종류
❺ 특수구조건축물의 종류
❻ 결합건축의 의미

2 핵심 내용

❶ 고층건축물

층수가 30층 이상이거나 높이가 120m 이상인 건축물을 말한다.

❷ 초고층 건축물

층수가 50층 이상이거나 높이가 200m 이상인 건축물을 말한다.

③ 준 초고층 건축물

준초고층 건축물이란 고층건축물 중 초고층 건축물이 아닌 것을 말한다.

④ 지하층

지하층이란 건축물의 바닥이 지표면 아래에 있는 층으로서 바닥에서 지표면까지 평균높이가 해당 층 높이의 2분의 1 이상인 것을 말한다.

⑤ 거실

거실이란 건축물 안에서 거주, 집무, 작업, 집회, 오락, 그 밖에 이와 유사한 목적을 위하여 사용되는 방을 말한다.

⑥ 부속건축물

같은 대지에서 주된 건축물과 분리된 부속용도의 건축물로서 주된 건축물의 이용 또는 관리하는 데에 필요한 건축물을 말한다.

⑦ 다중이용건축물

다음 각 목의 어느 하나에 해당하는 건축물을 말한다.

1. 다음의 어느 하나에 해당하는 용도로 쓰는 바닥면적의 합계가 5천㎡ 이상인 건축물
   ① 문화 및 집회시설(동물원·식물원은 제외한다)
   ② 종교시설
   ③ 판매시설
   ④ 운수시설 중 여객용 시설
   ⑤ 의료시설 중 종합병원
   ⑥ 숙박시설 중 관광숙박시설
2. 16층 이상인 건축물

⑧ 결합건축

용적률을 개별건물마다 적용하지 아니하고 2 이상의 대지를 대상으로 통합적용하여 건물을 건축하는 것

⑨ 특수구조건축물

다음 각 목의 어느 하나에 해당하는 건축물을 말한다.

① 한쪽 끝은 고정되고 다른 끝은 지지(支持)되지 아니한 구조로 된 보·차양 등이 외벽(외벽이 없는 경우에는 외곽 기둥을 말한다)의 중심선으로부터 3미터 이상 돌출된 건축물
② 기둥과 기둥 사이의 거리(기둥의 중심선 사이의 거리를 말하며, 기둥이 없는 경우에는 내력벽과 내력벽의 중심선 사이의 거리를 말한다. 이하 같다)가 20미터 이상인 건축물
③ 특수한 설계·시공·공법 등이 필요한 건축물로서 국토교통부장관이 정하여 고시하는 구조로 된 건축물

3 대표 기출문제

제29회 출제

01 건축법령상 다중이용건축물에 해당하는 용도가 아닌 것은? (단, 16층 이상의 건축물은 제외하고, 해당용도로 쓰는 바닥면적의 합계는 5천제곱미터 이상임)

① 관광휴게시설
② 판매시설
③ 운수시설 중 여객용 시설
④ 종교시설
⑤ 의료시설 중 종합병원

해설

관광휴게시설은 다중이용건축물에 해당하지 않는다. 다만, 그 바닥면적이 1,000m^2 이상인 경우에 준다중이용건축물에 해당한다.

답 ①

4 출제 예상문제

01 건축법령상 건축물관련 용어의 정의에 관한 설명으로 옳은 것은?

① 부속건축이란 같은 대지에서 주된 건축물에 부속된 부속용도의 건축물로서 주된 건축물의 이용 또는 관리하는 데에 필요한 건축물을 말한다.

② 지하층이란 건축물의 바닥이 지표면 아래에 있는 층으로서 바닥에서 지표면까지 평균높이가 해당 층 높이의 3분의 1을 넘는 것을 말한다.

③ 건축물이란 토지에 정착하는 공작물 중 지붕과 기둥 또는 벽이 있는 것을 말하며, 이에 딸린 시설물은 건축물에 해당하지 않는다.

④ 결합건축이란 용적률을 개별건물마다 적용하지 아니하고 2 이상의 대지를 대상으로 통합적 용하여 건물을 건축하는 것을 말한다.

⑤ 리모델링이란 건축물의 노후화 억제, 기능향상 등을 위하여 대수선 또는 일부 증축 또는 재축하는 행위를 말한다.

해설 ✦ ① 부속건축물이란 주된 건축물에 분리된 부속용도의 건축물을 말한다.
② 2분의 1 이상인 것을 말한다.
③ 건축물에 딸린 담장 등 시설물도 건축물에 해당한다.
⑤ 일부 증축 또는 개축하는 행위를 말한다.

정답 ✦ ④

건축법 적용대상물 (건물, 대지, 일부공작물)

1 출제예상과 학습포인트

✦ 기출횟수

제26회, 제27회, 제30회

✦ 35회 출제 예상

건축법 적용 대상물은 문제를 깊이 있게 출제하기 보다는 기본적인 내용 중심으로 출제가 이루어진다. 35회 시험에서의 출제가능성은 50% 정도이다.

✦ 35회 중요도

★★

✦ 학습범위와 학습방법

개념중심의 학습이 필요하고, 건축법 적용받지 않는 건물과 1필지1대지의 예외규정 그리고 건축법적용을 받지 않는 공작물의 범위를 정리하면 좋겠다.

✦ 핵심쟁점

❶ 건축법 적용을 받지 않는 건물
❷ 1필지 1대지원칙의 예외
❸ 건축법 적용을 받는 공작물과 받지않는 공작물의 기준

2 핵심 내용

❶ 건축물

토지에 정착하는 공작물중 지붕과 기둥 또는 벽이 있는 것과 이에 딸린 시설물로서 지하 또는 고가의 공작물에 설치하는 사무소·공연장·점포·차고·창고

❷ 건축법 적용 제외되는 건축물

1. 「문화유산의 보존 및 활용에 관한 법률」에 따른 지정문화재나 임시지정문화재 또는 「자연유산의 보존 및 활용에 관한 법률」에 따라 지정된 천연기념물등이나 임시지정천연기념물, 임시지정명승, 임시지정시·도 자연유산
2. 고속도로 통행료 징수시설 : 도로법 적용

3. 철도·궤도의 선로부지 안에 있는 다음의 시설 : 철도관련시설

• 운전보안시설	• 철도선로의 상하를 횡단하는 보행시설
• 플랫홈	• 당해 철도·궤도 사업용 급수·급유·급탄시설

4. 하천구역내의 수문조작실
5. 컨테이너를 이용한 간이창고 (공장 안에 설치한 것으로 이동이 용이한 것)
    ↳ 전통사찰, 철도역사, 전통건조물, 군사시설물 등은 건축법적용대상 유의

❸ **일정한 공작물** : 건축법의 일부규정 준용해서 → 축조 시 신고해야 한다.

2m 넘는	4m 넘는	5m 넘는	6m 넘는	8m 넘는	8m 이하	바닥 30㎡ 넘는
옹벽·담장	광고판·광고탑·장식탑·기념탑·첨탑	태양에너지를 이용한 발전설비	굴뚝·철탑	고가수조	기계식·철골조립 식주차장으로서 외벽이 없는 것	지하대피호

❹ **대지** : 1필지 1대지의 원칙 : 지목은 불문

1. 예외 : 2 이상의 필지 → 하나의 대지 간주

1. 하나의 건축물을 2필지 이상에 걸쳐 건축하는 경우
2. 국토의 계획 및 이용에 관한 법률에 의한 도시·군 계획시설이 설치되는 일단의 토지
3. 주택과 부대시설 및 복리시설이 설치된 일단의 토지
4. 도로의 지표 하에 건축하는 건축물
5. 건축법상 사용승인 신청 시 2 이상의 필지의 합칠 것을 조건으로 하는 경우 다만, 토지소유자가 다른 경우는 제외한다.
6. 「공간정보의 구축 및 관리 등에 관한 법률」에 의하여 합병이 불가능한 경우로서 아래의 요건을 갖춘 경우 다만, 토지의 소유권자와 권리관계가 동일한 경우로서
    ① 지번이 다른 경우   ② 도면축적이 다른 경우   ③ 지반이 연속되지 않은 경우

2. 예외 : 1 이상의 필지의 일부 → 하나의 대지로 간주

1. 하나 이상의 필지 일부에 대하여 농지전용허가를 받은 경우 그 허가 받은 부분
2. 하나 이상의 필지 일부에 대하여 산지전용허가를 받은 경우 그 허가 받은 부분
3. 하나 이상의 필지 일부에 대하여 개발행위허가(형질변경)를 받은 경우 그 허가 받은 부분
4. 하나 이상의 필지 일부에 대하여 도시·군 계획시설이 결정·고시된 경우 그 허가 받은 부분
5. 건축법에 의해 사용승인을 신청하는 때에 나눌 것을 조건하여 허가를 하는 경우

3 대표 기출문제

제27,30회 출제

01 **건축법령상 대지를 조성하기 위하여 건축물과 분리하여 공작물을 축조하려는 경우, 특별자치시장·특별자치도지사 또는 시장·군수·구청장에게 신고하여야 하는 공작물에 해당하지 않은 것은?** (단, 공용건축물에 대한 특례를 고려하지 않음)

① 상업지역에 설치하는 높이 8미터의 통신용 철탑
② 높이 4미터의 옹벽
③ 높이 8미터의 굴뚝
④ 바닥면적 40제곱미터의 지하대피호
⑤ 높이 4미터의 장식탑

해설

※ 신고대상 공작물

1. 높이 2m를 넘는 옹벽 또는 담장
2. 높이 4m를 넘는 광고탑·광고판 장식탑·기념탑·첨탑
3. 높이 6m를 넘는 굴뚝, , 골프연습장 등의 운동시설을 위한 철탑, 주거지역·상업지역에 설치하는 통신용 철탑 그 밖에 이와 비슷한 것
4. 높이 8m를 넘는 고가수조나 그 밖에 이와 비슷한 것
5. 높이 8m 이하의 기계식주차장 및 철골조립식 주차장으로 외벽이 없는 것
6. 바닥면적 30㎡를 넘는 지하대피호
7. 높이 5m를 넘는 태양에너지를 이용하는 발전설비와 그 밖에 이와 비슷한 것

답 ⑤

4 출제 예상문제

01 건축법령상 건축법이 적용되는 건물이 <u>아닌</u> 것은?

> ㄱ. 한옥마을
> ㄴ. 대지에 정착된 컨테이너를 이용한 주택
> ㄷ. 철도나 궤도의 선로 부지에 있는 운전보안시설
> ㄹ. 고속도로 통행료 징수시설

① ㄱ, ㄴ   ② ㄱ, ㄷ   ③ ㄷ, ㄹ

④ ㄴ, ㄹ   ⑤ ㄱ, ㄴ, ㄷ, ㄹ

해설 ✦ 건축법적용제외 건축물

> 1. 「문화유산의 보존 및 활용에 관한 법률」에 따른 지정문화재나 임시지정문화재 또는 「자연유산의 보존 및 활용에 관한 법률」에 따라 지정된 천연기념물등이나 임시지정천연기념물, 임시지정명승, 임시지정시·도자연유산
> 2. 철도나 궤도의 선로 부지에 있는 다음 각 목의 시설
>   ① 운전보안시설
>   ② 철도 선로의 위나 아래를 가로지르는 보행시설
>   ③ 플랫폼
>   ④ 해당 철도 또는 궤도사업용 급수·급탄 및 급유시설
> 3. 고속도로 통행료 징수시설
> 4. 컨테이너를 이용한 간이창고
> 5. 하천구역에 있는 수문조작실

정답 ✦ ④

1 출제예상과 학습포인트

✦ 기출횟수

제20회, 제23회, 제25회, 제27회, 제28회, 제31회

✦ 35회 출제 예상

건축과 대수선은 전통적으로 출제가 꾸준히 이루어지는 기본개념이다. 35회에서의 출제가능성은 50% 정도이다.

✦ 35회 중요도

★★

✦ 학습범위와 학습방법

건축의 개념과 대수선의 개념을 먼저 이해하고, 대수선에서 주요구조부(증설·해체하거나, 30㎡이나 3개 이상 수선·변경) 그 외 부분(증설·해체·수선·변경)의 차이점을 꼭 정리해야 문제에서 헷갈리지 않는다.

✦ 핵심쟁점

❶ 건축에서 철거나 멸실 되고나서 더 크게 건축하는 경우

❷ 건축의 개념에서 이전의 의미

❸ 대수선은 증축, 개축, 재축이 아닌 것을 말한다.

❹ 대수선에서 주요구조부와 울트라 주요구조부의 차이점

3 대표 기출문제

❶ 건축

신축	1. 無 → 有
	2. 부속건축물만 있는 대지 → 주된 건축물 축조하는 행위
	3. 기존 건축물 전부를 철거·멸실하고 → 종전보다 큰 규모로 건축하는 경우는 신축
증축	1. 有 → 有
	2. 담장축조, 높이증가, 연면적증가. 층수증가
	3. 기존건축물 일부가 철거·멸실되고 종전보다 큰 규모로 축조 시는 증축

개축	기존 건축물 전부·일부 (내력벽·기둥·보·지붕틀 중 셋 이상이 포함되는 경우)를 철거 → 종전과 같은 규모 범위 안에서 다시 축조 시
재축	기존 건축물 멸실 → 종전과 같은 규모 범위 안에서 다시 축조하거나 동수, 층수 또는 높이의 어느 하나가 종전 규모를 초과하는 경우에는 해당 동수, 층수 및 높이가 「건축법령」등에 모두 적합할 것
이전	주요구조부를 해체하지 않고 → 동일 대지 내의 다른 위치로 옮기는 것

↳일부철거란 내력벽·기둥·보·지붕틀 중 3 이상이 포함되는 경우를 말한다.

❷ 대수선

대수선이란 건물의 기둥·보·내력벽·주계단 등의 구조나 외부형태를 수선·변경하거나 증설하는 행위
로서 증축·개축·재축에 해당하지 않는 것을 말한다.

주요 구조부	내력벽	기둥	보	지붕틀	바닥	주계단
주요구조부	증설·해체 하거나 30㎡ 이상 수선·변경	증설·해체 하거나 3개 이상 수선·변경				
울트라 중요부분	• 방화벽, 방화구획을 위한 바닥·벽을 • 주계단, 피난계단, 특별피난계단을 • 다가구, 다세대주택 가구 및 세대 간 경계벽을			증설·해체·수선·변경		

• 건물외벽에 사용하는 마감재료를 증설·해체 하거나 벽면적 30㎡ 이상 수선·변경

참고 주요구조부

내력벽·기둥·바닥·보·지붕틀 및 주계단을 말한다. 다만 사이기둥·최하층바닥·작은보·차양·옥외계단 기타 이와 유
사한 것으로 건축물의 구조상 중요하지 아니한 부분을 제외한다.

3 대표 기출문제

제31회 출제

01 건축법령상 용어에 관한 설명으로 옳은 것은?

① 건축물을 이전하는 것은 "건축"에 해당한다.

② "고층건축물"에 해당하려면 건축물의 층수가 30층 이상이고 높이가 120미터 이상이어야 한다.

③ 건축물이 천재지변으로 멸실된 경우 그 대지에 종전 규모보다 연면적의 합계를 늘려 건축물을 다시 축조하는 것은 "재축"에 해당한다.

④ 건축물의 내력벽을 해체하여 같은 대지의 다른 위치로 옮기는 것은 "이전"에 해당한다.

⑤ 기존 건축물이 있는 대지에서 건축물의 내력벽을 증설하여 건축면적을 늘리는 것은 "대수선"에 해당한다.

> **해설**
>
> ② "고층건축물"에 해당하려면 건축물의 층수가 30층 이상이고가 아니라 30층 이상이거나 높이가 120미터 이상이어야 한다.
>
> ③ 일부가 멸실되고 더 크게 지으면 증축이고, 전부가 멸실되고 더크게 지으면 신축이 된다. 재축은 동일규모이다.
>
> ④ 이전은 주요구조부의 해체가 없어야 하는데 내력벽은 주요구조부 이므로 이전이 될 수 없다.
>
> ⑤ 건축면적이 증가되면 증축이다.
>
> 답 ①

4 출제 예상문제

01 건축법령상 건축에 관한 설명으로 옳은 것은?

① 건축물이 없는 대지에 새로 건축물을 축조하는 것은 그 건축물이 주된 건축물일 경우에만 신축에 해당한다.

② 기존 건축물이 전부철거 또는 멸실된 대지에 종전과 같은 규모의 범위에서 건축물을 다시 축조하는 것은 신축이다.

③ 기존 건축물이 있는 대지에서 그 건축물의 한 개 층을 나누어 두 개 층으로 만드는 것은 증축에 해당하지 아니한다.

④ 재축이란 기존 건축물의 전부를 철거하고 그 대지에 종전과 같은 규모의 범위에서 다시 축조하는 것을 말한다.

⑤ 개축에서 요구되는 기존 건축물의 일부철거는 내력벽·기둥·보·지붕틀 중 셋 이상이 포함되는 경우를 말한다.

해설 ✦ ① 건축물이 없는 대지에 새로 건축물을 축조하는 것은 그 건축물이 주된 건축물이건 부속건축물이건 신축에 해당한다.
② 기존 건축물이 전부철거 또는 멸실된 대지에 종전 규모를 초과하여 건축물을 다시 축조하는 것은 신축에 해당하고, 종전과 같은 규모의 범위에서 건축물을 다시 축조하는 것은 철거의 경우는 개축, 멸실인 경우는 재축에 해당한다.
③ 증축이란 기존 건축물이 있는 대지에서 건축물의 건축면적, 연면적, 층수 또는 높이를 늘리는 것을 말하는바, 기존 건축물이 있는 대지에서 그 건축물의 한 개 층을 나누어 두 개 층으로 만드는 것은 층수·연면적을 늘리게 되므로 증축에 해당한다.
④ 기존 건축물의 전부를 철거하고 그 대지에 종전과 같은 규모의 범위에서 다시 축조하는 것은 개축이다.

정답 ✦ ⑤

02 「건축법」상 대수선에 대한 설명으로 옳지 <u>않은</u> 것은?

① 대수선이란 건축물의 기둥, 보, 내력벽, 주계단 등의 구조나 외부 형태를 수선·변경하거나 증설하는 것으로서 대통령령으로 정하는 것을 말한다.

② 대수선은 「건축법」상 건축에 해당하지 아니한다.

③ 기둥과 보, 지붕틀을 각 2개 수선하는 행위는 대수선에 해당한다.

④ 기둥을 증설·해체하는 행위는 대수선에 해당한다.

⑤ 주계단을 증설 또는 해체하거나 수선 또는 변경하는 것은 대수선에 해당한다.

해설 ✦ 기둥, 보, 지붕틀의 대수선은 3개 이상 수선하여야 대수선이 된다.

정답 ✦ ③

1 출제예상과 학습포인트

✦ 기출횟수

제20회, 제21회, 제22회, 제23회, 제24회, 제25회, 제29회, 제31회, 33회, 34회

✦ 35회 출제 예상

건축법에서 다른 테마에 비하여 출제를 많이 하는 테마로서 중요한 테마이다. 매년 출제가 되는 것은 아니지만 매년 출제가능성은 건축법에서 1순위로 꼽히는 곳이다. 34회 시험에서도 출제를 하였고, 35회 시험에서의 출제가능성은 80% 정도이다.

✦ 35회 중요도

★★★

✦ 학습범위와 학습방법

시설군과 용도군의 암기가 꼭 필요하고, 어떤 경우의 용도변경이 허가대상이고, 어떤 경우의 용도변경이 신고인지 또 어떤 경우는 허가나 신고없이 용도변경이 가능한지를 정리해야 한다. 이와 더불어 용도별 건물의 종류도 정리해야 한다.

✦ 핵심쟁점

❶ 건축물의 종류별로 어떤 용도에 속하는지 정리

❷ 시설군 9개와 각 시설군에 속하여 있는 용도군 암기

❸ 용도변경의 허가사항, 신고사항, 허가·신고없이 용도변경 가능한 것

❹ 용도변경하는 경우 사용승인 받는 경우와 건축사가 설계하는 용도변경의 기준

2 핵심 내용

❶ 용도변경의 의의

용도변경이란 건물의 최초용도가 아닌 다른 용도로 바꾸는 것으로 허가권자에게 허가 또는 신고하여야 한다.

❷ **건축물의 용도변경** : 시설군과 용도군의 분류는 다음과 같다.

9개 시설 군	용도군 (29개)	허가	신고
1. 자동차관련시설	자동차관련시설		
2. 산업 등 시설	① 운수시설 ② 공장 ③ 창고시설 ④ 자원순환 관련 시설 ⑤ 위험물저장 및 처리시설 ⑥ 묘지관련시설 ⑦ 장례식장		
3. 전기·통신시설	① 발전시설 ② 방송통신시설		
4. 문화·집회시설	① 문화 및 집회시설 ② 종교시설 ③ 위락시설 ④ 관광휴게시설		
5. 영업시설	① 판매시설 ② 운동시설 ③ 숙박시설 ④ 제2종 근린생활시설 중 다중생활시설		
6. 교육복지시설	① 교육연구시설 ② 의료시설 ③ 노·유자시설 ④ 수련시설 ⑤ 야영장		
7. 근린생활시설	① 제1종 근린생활시설 ② 제2종 근린생활시설 (다중생활시설제외)		
8. 주거·업무시설	① 단독주택 ② 공동주택 ③ 업무시설 ④ 교정·군사시설		
9. 기타시설 군	동물 및 식물관련 시설		

❸ **허가대상 용도변경** : 아래에서 위로

❹ **신고대상 용도변경** : 위에서 아래로

❺ **건축물대장 기재사항 변경신청** : 옆으로 (허가 나 신고 대상이 아님)

1. 건축물의 시설군 중 동일한 시설군 내에서 용도를 변경하고자 하는 자는 허가권자에게 건축물대장 기재사항의 변경을 신청하여야 한다.

2. 다만 다음 용도변경의 경우에는 대장의 기재사항의 변경을 하지 않아도 된다.

> 1. 동일한 용도군에 속하는 건축물 상호 간의 용도변경
> 2. 제1종 근린생활시설과 제2종 근린생활시설 상호 간의 용도변경(일부 근린생활시설 상호간은 제외)

❻ **용도변경 시 준용되는 법령**

1. **사용승인** : 허가·신고대상인 경우로서 바닥면적 합계 100㎡이상인 용도변경은 용도변경완료 후 건축물의 사용승인을 받아야 한다. 다만, 용도변경하려는 부분의 바닥면적의 합계가 500㎡ 미만으로서 대수선에 해당되는 공사를 수반하지 아니하는 경우에는 사용승인을 받지 않는다.

2. 건축사 설계 : 허가대상인 경우로 바닥면적 합계 500㎡이상인 용도변경은 건축사가 설계 하여야 한다.

❼ 건축물의 용도분류 주의사항

참고 건축물의 용도분류 주의사항

1. 단독주택
   ① (협의의)단독주택
   ② 다중주택 : 학생, 직장인이 장기거주 + 독립된 주거형태 × + 주택으로 사용하는 바닥면적의 합이 660㎡ 이하이고 3개 층 이하일 것 + 실별 최소면적, 창문의 설치 및 크기에 적합
   ③ 공관
   ④ 다가구 주택 : 주택으로 사용하는 층수 3개 층 이하 + 바닥면적 합 660㎡ 이하 +19세대 이하
2. 공동주택
   ① 다세대주택 : 주택으로 사용하는 층수 4개 층 이하 + 바닥면적 합이 660㎡ 이하
   ② 연립주택 : 주택으로 사용하는 층수 4개 층 이하 + 바닥면적 합이 660㎡ 초과
   ③ 아파트 : 주택으로 사용하는 층수 5개 층 이상
   ④ 기숙사
3. 공 * 탁구장(바닥면적 500㎡ 미만) → 제1종 근린생활시설
   * 당구, 테니스, 볼링, 골프연습장(바닥면적 500㎡ 미만) → 제2종 근린생활시설
4. ① 체육도장 (바닥면적 500㎡ 미만) → 제1종 근린생활시설
   ② 체력단련장·에어로빅장 (바닥면적 500㎡ 미만) → 제2종 근린생활시설
   ③ 바닥면적 500㎡ 이상의 탁구·테니스·볼링·골프·체육도장·헬스·에어로빅 → 운동시설
   ④ 1천㎡ 미만 관람석 또는 관람석 없는 체육관·운동장 → 직접 하는 곳 → 운동시설
   ⑤ 1천㎡ 이상 관람석 있는 체육관. 운동장 → 구경하는 곳 → 문화 및 집회시설
5. ① ○○의원 → 제1종 근린생활시설
   ② 보건소 → 제1종 근린생활시설
   ③ ○○병원 → 의료시설
   ④ 동물병원 → 제2종 근린생활시설
6. ① ○○학원 * 바닥면적 500㎡ 미만 → 제2종 근린생활시설
             * 바닥면적 500㎡ 이상 → 교육연구시설
   ② 자동차(운전·정비)학원 → 자동차 관련시설
   ③ 무도학원 → 위락시설
7. ① 공공도서관 → 제1종 근린생활시설
   ② 독서실 → 제2종 근린생활시설
   ③ 도서관 → 교육연구시설

8. ① 장의사 → 제2종 근린생활시설

　② 장례식장→ 장례식장

　③ 화장장·납골당 → 묘지관련시설

9. 휴게음식점 *바닥면적 300㎡ 미만 → 제1종 근린생활시설

　　　　　　 *바닥면적 300㎡ 이상 → 제2종 근린생활시설

10. 단란주점 *바닥면적 150㎡ 미만 → 제2종 근린생활시설

　　　　　 *바닥면적 150㎡ 이상 → 위락시설

11. 안마시술소·노래연습장 → 제2종 근린생활시설(위락시설 아님 유의)

　※ 안마원은 제1종 근린생활시설 / 일반음식점·총포사도 제2종 근린생활시설

12. 음악당·극장 등의 공연장

　① 500㎡ 미만 → 제2종 근린생활시설

　② 500㎡ 이상 → 문화집회시설

　③ 야외음악당·야외극장 → 관광 휴게시설

13. 동·식물원 →문화 및 집회시설(동물·식물관련시설 아님 유의)

14. 카지노 → 위락시설 (관광휴게시설아님)

15. 어린이회관 → 관광휴게시설

16. ① 유스호스텔 → 수련시설

　② 콘도 → 숙박시설

　③ 오피스텔 → 업무시설

17. 종교 집회장 *바닥면적 500㎡ 미만 → 제2종 근린생활시설

　　　　　　 *바닥면적 500㎡ 이상 → 종교시설

18. 슈퍼 *바닥면적 1000㎡ 미만 → 제1종 근린생활시설

　　　 *바닥면적 1000㎡ 이상 → 판매시설

19. 공공업무시설 *바닥면적 1000㎡ 미만 → 제1종 근린생활시설

　　　　　　　 *바닥면적 1000㎡ 이상 → 업무시설

20. 금융업소·사무소·부동산 중개업소·출판사·결혼상담소

　① 바닥면적 30㎡ 미만 : 제1종 근린생활시설

　② 바닥면적 500㎡ 미만 → 제2종 근린생활시설

　③ 바닥면적 500㎡ 이상 → 업무시설

21. 다중생활시설 바닥면적 500㎡ 미만 → 제2종 근린생활시설

　　　　　　　 바닥면적 500㎡ 이상 → 숙박시설

22. 유치원 → 교육·연구시설

23. 사람을 실어 나르면(터미널, 항만, 공항) : 운수시설

　짐을 실어 나르면(물류터미널, 집배송시설) : 창고

3 대표 기출문제

제34회 출제

01 甲은 A도 B시에 소재하는 자동차 영업소로만 쓰는 건축물(사용승인을 받은 건축물로서 같은 건축물에 해당 용도로 쓰는 바닥면적의 합계가 500㎡임)**의 용도를 전부 노래연습장으로 용도변경하려고 한다. 건축법령상 이에 관한 설명으로 옳은 것은?**(단, 제시된 조건 이외의 다른 조건이나 제한, 건축법령상 특례 및 조례는 고려하지 않음)

① 甲은 건축물 용도변경에 관하여 B시장의 허가를 받아야 한다.

② 甲은 B시장에게 건축물 용도변경에 관하여 신고를 하여야 한다.

③ 甲은 용도변경한 건축물을 사용하려면 B시장의 사용승인을 받아야 한다.

④ 甲은 B시장에게 건축물대장 기재내용의 변경을 신청하여야 한다.

⑤ 甲의 건축물에 대한 용도변경을 위한 설계는 건축사가 아니면 할 수 없다.

해설

①② 자동차 영업소(1,000㎡ 미만)는 제2종 근린생활시설이고, 용도변경이 되는 노래연습장도 제2종 근린생활시설이다. 그러므로 용도변경을 하는 경우 허가나 신고대상이 아니다. 또한 동일한 용도사이의 용도변경인 경우 이므로 대장의 기재사항 변경도 필요하지는 않는 게 원칙이지만 노래연습장으로의 변경은 대장의 기재사항을 변경하여야 한다.

③ 사용승인은 허가대상이거나 신고대상인 경우 사용승인을 받는다. 사례의 경우는 허가나 신고대상이 아니므로 사용승인을 받지 않는다.

⑤ 건축사가 설계하는 경우는 허가대상인 경우이다

정답 ④

02 건축법령상 제1종 근린생활시설에 해당하는 것은? (단, 동일한 건축물 안에서 당해 용도에 쓰이는 바닥 면적의 합계는 1,000㎡ 임)

① 극장   ② 서점   ③ 탁구장   ④ 파출소   ⑤ 산후조리원

해설

① 극장은 바닥면적의 합계가 500제곱미터 미만인 경우 제2종 근린생활시설이고 500제곱미터 이상인 경우 문화집회시설이다.

② 서점은 바닥면적의 합계가 1천 제곱미터 미만인 것은 제1종근린생활시설인데 1천 제곱미터 이상인 경우 제2종 근린생활시설이다.

③ 탁구장은 바닥면적의 합계가 500제곱미터 미만인 경우 제1종 근린생활시설이지만 500제곱미터 이상인 경우 운동시설이 된다.

④ 파출소와 같은 공공시설은 바닥면적의 합계가 1천 제곱미터 미만인 것은 제1종 근린생활시설인데 1천 제곱미터 이상인 경우 업무시설이 된다.

답 ⑤

4 출제 예상문제

01 건축법령상 건축물의 용도변경에 관한 설명으로 **틀린** 것은?

① 단독주택을 다가구주택으로 변경하는 경우에는 건축물대장 기재내용의 변경을 신청하지 않아도 된다.

② 제1종 근린생활시설을 의료시설로 변경하는 경우에는 허가를 받아야 한다.

③ 숙박시설을 수련시설로 변경하는 경우에는 신고를 하여야 한다.

④ 교육연구시설을 판매시설로 변경하는 경우에는 허가를 받아야 한다.

⑤ 공장을 자동차관련시설로 변경하는 경우에는 신고를 하여야 한다.

해설 ✦ ⑤ 공장은 산업 등 시설군에 속하며, 보다 상위군인 자동차관련 시설군으로 용도를 변경하고자 하는 경우에는 용도변경의 허가를 신청하여야 한다.

정답 ✦ ⑤

02 건축법령상 주택에 대한 다음 설명 중 **틀린** 것은?

① 다중주택은 1개 동의 주택으로 쓰이는 바닥면적의 합계가 660㎡ 이하이고 주택으로 쓰는 층수가 3개 층 이하이어야 한다.

② 다가구주택은 주택으로 쓰는 층수가 3개 층 이하일 것이며, 1개 동의 주택으로 쓰이는 바닥면적의 합계가 660㎡ 이하이어야 한다.

③ 아파트는 주택으로 쓰는 층수가 5개 층 이상인 주택을 말한다.

④ 다세대주택은 주택으로 쓰는 1개 동의 바닥면적 합계가 660㎡ 이하이고, 주택으로 쓰는 층수가 3개 층 이하인 공동주택이다.

⑤ 연립주택은 주택으로 쓰는 1개 동의 바닥면적 합계가 660㎡를 초과하고, 주택으로 쓰는 층수가 4개 층 이하인 공동주택이다.

해설 ✦ ④ 다세대주택은 주택으로 쓰는 층수가 4개 층 이하이다.

정답 ✦ ④

1 출제예상과 학습포인트

✦ 기출횟수

제20회, 제21회, 제22회, 제24회, 제25회, 제26회, 제27회, 제28회, 제30회, 제31회, 제32회, 제33회

✦ 35회 출제 예상

건축법에서 용도변경과 더불어 출제가능성이 가장 높은 테마이다. 매년 건축허가 관련 내용은 출제가 이루어진다. 34회 시험에서 출제가 되지 않았다. 35회 시험에서의 출제가능성은 90% 정도이다.

✦ 35회 중요도

★★★

✦ 학습범위와 학습방법

건축허가관련은 허가대상건물의 사전결정, 건축 허가권자, 건축허가의 거부, 건축허가의 제한, 건축허가의 취소 등의 논점을 가지고 출제를 하며, 딱히 어떤 곳이 더 중요하고 어떤 곳이 덜 중요하다고 할 수는 없으며, 빠뜨리지 않고 전 범위의 출제가 이루어지고 있다. 전체를 정리하여야 한다.

✦ 핵심쟁점

❶ 허가대상건축물의 사전결정제도에 대한 이해

❷ 원칙적 허가권자와 대형 건축물에서의 허가권자

❸ 도지사의 사전승인대상 특히, 도지사의 사전승인에서 자연환경, 수질보호와 교육환경, 주거환경보호의 차이점

❹ 건축허가의 거부 (건축위원회 심의를 거쳐서)

❺ 건축허가 후 착공기간, 착공하지 않는 경우의 효과

❻ 필요적 취소와 임의적 취소사유를 구별

❼ 건축허가 제한은 누가? 어떤 사유로? 얼마동안?

2 핵심 내용

❶ 허가대상 건축물의 사전결정

1. 사전결정신청 : 허가대상건축물을 건축하려는 자는 건축허가를 신청하기 전에 허가권자에게 그 건축물의 건축에 관한 사전결정을 신청할 수 있다.

2024년 EBS 공인중개사 전원합격 올인원

2. **건축위원회심의 및 교통영향평가** : 사전결정을 신청하는 자는 건축위원회심의 및 도시교통정비촉진법에 따른 교통영향평가서 검토를 동시에 신청 할 수 있다.

3. **전략환경영향평가 협의** : 허가권자는 사전결정이 신청된 건축물의 대지면적이 소규모환경영향평가 대상사업인 경우에는 환경부장관 또는 지방환경관서 장과 소규모환경영향평가 협의를 하여야한다.

4. **사전결정을 받으면 다음의 사항은 받은 것으로 본다.**

   1. 농지전용허가·신고 및 협의
   2. 산지전용허가·신고, 산지일시사용허가·신고. 다만, 보전산지인 경우에는 도시지역만 해당된다.
   3. 개발행위허가
   4. 하천점용허가

5. **효력상실** : 신청자는 사전결정을 통지받은 날부터 2년 이내에 건축허가를 신청하여야 하며, 2년 안에 신청하지 아니한 경우에는 사전결정의 효력이 상실된다.

❷ 허가권자

1. **원칙** : 시장·군수·구청장·특별자치시장·특별자치도지사

2. **대형건축물** : 21층 이상 또는 연면적 10만m² 이상 건축물(3/10 이상의 증축으로 21층 또는 10만m² 이상이 되는 경우 포함. 단, 공장·창고, 지방건축위원회심의를 거친 건축물은 제외)

   ① 특별시·광역시에 건축 시 : 특별시장·광역시장이 허가 (허가권자의 변경)
   ② 시·군에서 건축 시 : 시장·군수가 허가하며, 도지사의 사전승인을 받는다. (허가권자 변경 ×)

3. **도지사의 사전승인 대상 : 시장·군수가 허가 → 도지사의 사전승인**

   ① 대형건축물 : 시·군에서 21층 이상 또는 연면적 10만m² 이상의 건축물 건축하는 경우
   ② 자연환경·수질보호를 위해 : 도지사가 지정·공고하는 구역에 3층 이상 또는 연면적 1,000m² 이상인 일반업무시설, 일반음식점 , 위락시설, 숙박시설, 공동주택을 건축 하는 경우 → 도지사의 사전승인을 받아야 한다.
   ③ 주거환경·교육환경 보호를 위해 : 도지사가 지정·공고하는 구역 에서 위락, 숙박시설을 건축하고자 할 때 도지사의 사전승인을 받아야 한다.

도지사 사전승인	자연환경 수질보호	도지사지정· 공고 하는 구역	3층 이상 또는 연면적 1000m² 이상	① 일반 업무시설 ② 일반 음식점 ③ 위락시설 ④ 숙박시설 ⑤ 공동주택
	교육환경 주거환경보호	도지사 지정·공고 하는 구역	규모 ×	① 위락시설 ② 숙박시설
건축위원회 심의로 허가 거부	교육환경 주거환경보호	×		① 위락시설 ② 숙박시설

❸ 건축허가의 거부

허가권자는 다음 각 호의 어느 하나에 해당하는 경우에는 건축위원회의 심의를 거쳐 건축허가를 하지 아니할 수 있다.

> 1. 위락시설이나 숙박시설에 해당하는 건축물의 건축을 허가하는 경우 해당 대지에 건축하려는 건축물의 용도·규모 또는 형태가 주거환경이나 교육환경 등 주변 환경을 고려할 때 부적합하다고 인정되는 경우
> 2. 방재지구 및 자연재해위험개선지구 등 상습적으로 침수되거나 침수가 우려되는 지역에 건축하려는 건축물에 대하여 지하층 등 일부 공간을 주거용으로 사용하거나 거실을 설치하는 것이 부적합하다고 인정되는 경우

❹ 건축허가의 취소

1. 의무적 취소 사유 : 다음의 사유가 있는 경우 취소하여야 한다.

> ① 건축허가 받은 날로부터 2년 (공장의 신설·증설 또는 업종변경의 승인을 받은 공장은 3년) 이내에 공사 착공하지 않는 경우 단, 정당한 사유 존재 시 1년 이내 연장할 수 있다
> ② 기간 안에 공사에 착공하였으나 공사완료 불가능
> ③ 착공신고 전에 경·공매 등으로 건축주가 대지 소유권을 상실한 때부터 6월이 경과한 이후 공사착수가 불가능하다고 판단되는 경우

2. 임의적 취소사유 : 건축법에 의한 명령·처분 위반 시 허가·승인을 취소 할 수 있다.

↳ 건축신고를 한 자가 1년 이내 공사에 착수하지 아니한 경우에는 신고의 효력은 상실된다.

❺ 건축허가 및 착공의 제한

1. 건축허가 제한권자 및 요건 : 허가권자는 허가를 제한할 수 없고, 상급기관이 제한한다.

제한권자	제한의 요건
국토교통부장관	국토관리상 특히 필요하다고 인정하는 경우 또는 주무부장관이 국방, 문화재보존, 환경보존, 국민경제상 특히 필요하다고 요청한 경우
시·도지사	지역계획 또는 도시계획상 특히 필요하다고 인정한 경우

※ 시·도지사는 시장·군수·구청장의 건축허가나 착공을 제한하는 경우에는 즉시 국토교통부장관에게 보고하여야 하며, 국토교통부장관은 제한 내용이 과도하다고 인정하는 경우 해제를 명할 수 있다.

2. 건축허가 제한기간 : 2년 이내 + 1년 연장 가능(1회)

3. 건축허가제한 시 주민의견청취 및 건축위원회 심의

국토교통부장관이나 시·도지사는 건축허가나 건축허가를 받은 건축물의 착공을 제한하려는 경우에는 주민의견을 청취한 후 건축위원회의 심의를 거쳐야 한다.

4. 건축허가 제한대상의 통보 및 공고 : 허가권자에게 통보 → 허가권자는 이를 공고

국토교통부장관 또는 시·도지사는 건축허가 또는 건축물의 착공을 제한하는 경우는 그 목적·기간 등을 상세하게 정하여 허가권자에게 통보하여야 하며, 통보를 받은 허가권자는 지체없이 이를 공고하여야 한다.

3 대표 기출문제

제31회 출제

01 甲은 A광역시 B구에서 20층의 연면적 합계가 5만제곱미터인 허가대상 건축물을 신축하려고 한다. 건축법령상 이에 관한 설명으로 **틀린** 것은? (단, 건축법령상 특례규정은 고려하지 않음)

① 甲은 B구청장에게 건축허가를 받아야 한다.

② 甲이 건축허가를 받은 경우에도 해당 대지를 조성하기 위해 높이 5미터의 옹벽을 축조하려면 따로 공작물 축조신고를 하여야 한다.

③ 甲이 건축허가를 받은 이후에 공사시공자를 변경하는 경우에는 B구청장에게 신고하여야 한다.

④ 甲이 건축허가를 받은 경우에도 A광역시장은 지역계획에 특히 필요하다고 인정하면 甲의 건축물의 착공을 제한할 수 있다.

⑤ 공사감리자는 필요하다고 인정하면 공사시공자에게 상세시공도면을 작성하도록 요청할 수 있다.

> **해설**
>
> ② 옹벽은 공작물로서 건물건축을 하는 경우 공착물 축조신고를 별도로 하지 않고 건축허가를 받은 경우 공작물축조신고는 의제되는 사항이다.
>
> 답 ②

제32회 출제

02 건축법령상 건축허가 제한에 관한 설명으로 옳은 것은?

① 국방·문화재보존 또는 국민경제를 위하여 특히 필요한 경우 주무부장관은 허가권자의 건축허가를 제한할 수 있다.

② 지역계획을 위하여 특히 필요한 경우 도지사는 특별자치시장의 건축허가를 제한할 수 있다.

③ 건축허가를 제한하는 경우 건축허가 제한기간은 2년 이내로 하며, 1회에 한하여 1년 이내의 범위에서 제한기간을 연장할 수 있다.

④ 시·도지사가 건축허가를 제한하는 경우에는 '토지이용규제 기본법'에 따라 주민의견을 청취하거나 건축위원회의 심의를 거쳐야 한다.

⑤ 국토교통부장관은 건축허가를 제한하는 경우 제한 목적·기간·대상건축물의 용도와 대상 구역의 위치·면적·경계를 지체 없이 공고하여야 한다.

해설

① 주무부장관은 허가권자의 건축허가를 직접 제한할 수 없고, 국토교통부장관에게 요청할 수 있다.
② 지역계획을 위하여 특히 필요한 경우 도지사는 시장·군수·구청장의 건축허가를 제한하지, 특별자치시장의 건축허가를 제한할 수는 없다.
④ 주민의견을 청취한 후에 건축위원회의 심의를 거쳐야 한다.
⑤ 건축허가를 제한하는 경우 제한 목적·기간·대상건축물의 용도와 대상 구역의 위치·면적·경계를 지체 없이 공고하는 것은 허가권자인 시장·군수·구청장이 한다.

답 ③

4 출제 예상문제

01 다음은 건축법령상 건축허가에 관한 설명이다. 옳은 것은?

① 건축허가를 받은 경우 오수정화시설의 준공검사를 받은 것으로 본다.
② A도 B시에서 자연환경 또는 수질보호를 위하여 A도지사가 지정·공고하는 구역 안에 건축하는 연면적 합계가 1,000㎡인 위락시설을 건축하고자 하는 자는 A도지사의 허가를 받아야 한다.
③ A도 B시에서 25층인 건축물(공장·창고를 제외한다)을 건축할 경우에는 A도지사의 허가를 받아야 한다.
④ A광역시 B구에서 25층인 공장을 건축할 경우에는 A광역시장의 허가를 받아야 한다.
⑤ A도 B시에서 주거환경 또는 교육환경 등 주변환경보호상 필요하다고 인정하여 A도지사가 지정·공고하는 구역 안에 건축하는 위락·숙박시설은 B시장의 허가를 받아야 하며 B시장은 A도지사의 사전승인을 받아야 한다.

해설 ✦ ① 오수정화시설의 준공검사는 건축허가를 받는 경우에 의제받는 사항이 아니라 건물이 완공된 후 사용승인을 받는 경우에 오수정화시설의 준공검사를 받은 것으로 본다.
② A도지사의 허가를 받아야 하는 게 아니라 시장 또는 군수에게 건축허가를 신청하여야 하는 경우이다. 다만 시장 또는 군수는 허가를 하고자 하는 경우에 미리 도지사의 승인을 받아야 한다.
③ A도 B시 21층이상 또는 연면적이 10만㎡이상인 경우 B시장이 허가하며 A도지사는 사전승인을 한다.
④ A광역시 B구에서 21층 이상 또는 연면적이 10만㎡이상인 경우이어도 공장과 창고는 대형건축물에서 제외하므로 A광역시에서는 B구청장이 허가한다.

정답 ✦ ⑤

02 강원도 강릉시 도시지역에서 연면적이 250㎡이고 2층인 건물을 건축하려고 한다. 건축법령상 건축절차에 관한 다음 설명 중 틀린 것은?

① 강릉시장에게 건축허가를 받아 건축할 수 있다.

② 허가받고 2년 이내에 착공하여야 하며, 기간 안에 착공하지 않는 경우 허가를 취소하여야 한다.

③ 건축허가를 신청하기 전 입지규모에 대한 사전결정을 신청할 수 있고, 사전결정을 받은 경우 2년 이내에 착공하여야하며, 2년 이내에 착공하지 않은 경우 사전결정의 효력은 상실된다.

④ 착공 후 연면적을 60㎡를 증축하려는 경우 변경의 신고를 하여야 한다.

⑤ 위의 지역이 도지사가 교육환경보호를 위하여 도지사가 지정·공고한 구역으로 건축하는 건축물이 위락시설인 경우 강릉시장은 허가하는 경우 도지사의 사전승인을 받아야 한다.

해설 ✦ ③ 사전결정을 신청한 경우 2년 이내에 착공하는 게 아니라 건축허가를 신청하여야 한다.

정답 ✦ ③

✦ 기출횟수

제22회, 제23회, 제24회, 제25회, 제29회, 제30회

✦ 35회 출제 예상

신고대상건축물과 협의대상건축물은 간간히 출제가 이루어지는 테마이다. 35회 시험에서의 출제가능성은 50% 정도이다.

✦ 35회 중요도

★★

✦ 학습범위와 학습방법

신고대상건축물을 꼼꼼하게 암기하고 있어야 한다. 특히 대수선의 경우 신고는 헷갈리지 말고 꼭 정리를 먼저 하여야 한다.

✦ 핵심쟁점

❶ 신고대상 건물의 종류?

❷ 신고대상 건물을 1년 이내에 착공하지 않는 경우의 효과는?

❸ 협의대상건물은 누가 건축주인 경우이며, 완공된 경우 사용승인은 받는지 여부?

❶ 신고대상 건축물

1. 건축신고를 한 자가 1년 이내 공사에 착수하지 아니한 경우에는 신고의 효력은 상실된다.

> 1. 증축 – 바닥면적 합 85㎡ 이내(다만, 3층 이상 건축물인 경우에는 증축·개축 또는 재축하려는 부분의 바닥면적의 합계가 건축물 연면적의 10분의 1 이내인 경우로 한정한다.)
>   – 높이 3m 이하
> 2. ① 지역 – 관리지역·농림지역·자연환경보전지역 안에서
>   ② 규모 – 연면적 200㎡ 미만이고 3층 미만인 건물
>   (다만 ① 지구단위계획구역 ② 방재지구는 제외한다. 즉, 허가받는다.)

3. 대수선
   ① 연면적 200㎡ 미만이고 3층 미만인 건물의 대수선
   ② 주요구조부의 해체가 없는 등 대통령령으로 정하는 다음의 대수선

   > 1. 내력벽 면적을 30㎡ 이상 수선하는 것
   > 2. 기둥·보·지붕틀을 세 개 이상 수선하는 것
   > 3. 방화벽 또는 방화구획을 위한 바닥 또는 벽을 수선하는 것
   > 4. 주계단·피난계단 또는 특별피난계단을 수선하는 것

4. 표준설계도서에 따라 건축하는 건축조례가 정하는 건축물
5. 52공장 – 공업지역·산업단지·지구단위계획구역(산업·유통형에 한한다)에서
   → 500㎡ 이하이고 2층 이하인 공장 (5.2공장)
6. 소규모 건물로서 – ① 연면적 합계 100㎡ 이하 – 일반건축물
   ② 연면적 200㎡ 이하 – 창고 (읍·면지역에서)
   ③ 연면적 400㎡ 이하 – 축사·작물재배사 (읍·면지역에서)

❷ 협의대상 건축물(공용건축물의 특례)

1. 국가·지자체가 허가·신고 대상인 건축물을 건축하고자 하는 경우 허가권자와 협의해야 하며 공사가 완료된 경우 사용승인을 받지 않고, 공사완료 시 허가권자에게 통보하여야 한다.

2. 공용건물에 구분지상권의 설치

국가나 지방자치단체가 소유한 대지의 지상 또는 지하 여유공간에 구분지상권을 설정하여 다음의 주민편의시설 등을 설치하고자 하는 경우 허가권자는 구분지상권자를 건축주로 보고 구분지상권이 설정된 부분을 대지로 보아 건축허가를 할 수 있다.

> 1. 제1종 근린생활시설
> 2. 제2종 근린생활시설(총포판매소, 장의사, 다중생활시설, 제조업소, 단란주점, 안마시술소, 노래연습장은 제외)
> 3. 문화 및 집회시설(공연장 및 전시장으로 한정한다)
> 4. 의료시설
> 5. 교육연구시설
> 6. 노유자시설
> 7. 운동시설
> 8. 업무시설(오피스텔은 제외한다)

3 대표 기출문제

제32회 출제

01 건축주 甲은 A도 B시에서 연면적이 100제곱미터이고 2층인 건축물을 대수선하고자 '건축법' 제14조에 따른 신고(이하 "건축신고")를 하려고 한다. 건축법령상 이에 관한 설명으로 옳은 것은? (단, 건축법령상 특례 및 조례는 고려하지 않음)

① 甲이 대수선을 하기 전에 B시장에게 건축신고를 하면 건축허가를 받은 것으로 본다.
② 건축신고를 한 甲이 공사시공자를 변경하려면 B시장에게 허가를 받아야 한다.
③ B시장은 건축신고의 수리 전에 건축물 안전영향평가를 실시하여야 한다.
④ 건축신고를 한 甲이 신고일부터 6개월 이내에 공사에 착수하지 아니하면 그 신고의 효력은 없어진다.
⑤ 건축신고를 한 甲은 건축물의 공사가 끝난 후 사용승인 신청 없이 건축물을 사용할 수 있다.

> **해설**
> ② 시공자를 변경하는 경우에는 B시장에게 허가를 받는 게 아니라 B시장에게 변경신고를 하여야 한다.
> ③ 건축물 안전영향평가대상 건축물은 초고층건축물 또는 16층이고 10만m² 이상 건물이다.
> ④ 신고대상건축물은 6개월이 아니라 신고일로부터 1년이내에 착공하지 않으면 신고의 효력은 상실된다.
> ⑤ 공사완료 후 사용승인대상건물이다.
>
> 답 ①

4 출제 예상문제

01 건축법령상 허가대상 건축물이라 하더라도 건축신고를 하면 건축허가를 받은 것으로 보는 경우를 모두 고른 것은?

> ㉠ 연면적이 150㎡이고 2층인 건축물의 대수선
> ㉡ 보를 4개 수선하는 것
> ㉢ 내력벽 면적을 25㎡ 수선하는 것
> ㉣ 연면적의 합계가 150㎡인 건축물의 신축
> ㉤ 산업단지에서 건축하는 2층인 건축물로서 연면적의 합계가 400㎡인 공장

① ㉠, ㉡, ㉢   ② ㉠, ㉡, ㉣   ③ ㉡, ㉢, ㉤   ④ ㉢, ㉣, ㉤   ⑤ ㉠, ㉡, ㉤

해설 ✦ ㉢ 대수선에 해당하지 않는다. 내력벽 30㎡ 이상의 수전이 신고대상이다.
　　　㉣ 연면적의 합계가 100제곱미터 이하인 건축물의 건축이 신고대상이다.

정답 ✦ ⑤

02 건축법령상 건축절차에 대한 다음 설명 중 틀린 것은?

① 건축신고를 한 자가 신고일부터 1년 이내에 공사에 착수하지 아니하면 그 신고의 효력은 없어진다.

② 국가나 지방자치단체는 건축물을 건축하려는 경우에는 미리 허가권자와 협의하여야 하며 협의한 경우에는 건축허가 또는 건축신고를 한 것으로 본다.

③ 허가권자는 숙박시설의 건축을 허가하는 경우 주거환경 등 주변 환경을 고려할 때 부적합하다고 인정되는 경우에는 건축위원회의 심의를 거쳐 건축허가를 하지 아니할 수 있다.

④ 허가권자는 방재지구에 건축하려는 건축물의 지하층을 주거용으로 사용하는 것이 부적합하다고 인정되는 경우에는 건축위원회의 심의를 거쳐 건축허가를 하지 아니할 수 있다.

⑤ 건축허가를 받은 자는 허가를 받은 날부터 1년 이내에 공사에 착수하지 아니한 경우에는 허가권자는 그 허가를 취소하여야 한다.

해설 ✦ ⑤ 허가권자는 건축허가를 받은 자가 다음의 어느 하나에 해당하면 허가를 취소하여야 한다.

1. 허가를 받은 날부터 2년(공장은 3년) 이내에 공사에 착수하지 아니한 경우
2. 1.의 기간 이내에 공사에 착수하였으나 공사의 완료가 불가능하다고 인정되는 경우
3. 착공신고 전에 경매 또는 공매 등으로 건축주가 대지의 소유권을 상실한 때부터 6개월이 경과한 이후 공사의 착수가 불가능하다고 판단되는 경우

정답 ✦ ⑤

테마 07 안전관리예치금과 안전영향평가

1 출제예상과 학습포인트

✦ 기출횟수
  제18회, 제30회

✦ 35회 출제 예상
  자주 출제가 되지는 않는 파트이다. 35회 시험에서의 출제가능성은 30% 정도이다.

✦ 35회 중요도
  ★

✦ 학습범위와 학습방법
  안전관리예치금 예치대상 건축물과 안전영양평가대상 건물의 종류를 알고 있으면 된다.

✦ 핵심쟁점
  ❶ 안전관리예치금 예치대상건물과 예치금액
  ❷ 안전영양평가대상 건축물의 종류

2 핵심 내용

❶ 건축공사현장 안전관리 예치금

1. 예치대상건축물과 예치금

허가권자는 연면적이 1천㎡ 이상인 건축물로서 조례로 정하는 건축물에 대하여는 착공신고를 하는 건축주에게 장기간 건축물의 공사현장이 방치되는 것에 대비하여 미리 미관 개선과 안전관리에 필요한 비용을 건축공사비의 1% 범위에서 예치하게 할 수 있다.

2. 예치금 예치의무배제 건축물

그러나 주택도시보증공사가 분양보증을 한 건축물 또는 분양보증 또는 신탁계약을 체결한 건축물은 안전관리예치금 예치하지 아니한다.

3. 예치금 예치의무배제 건축주

주택도시보증공사 또는 지방공사는 안전관리예치금을 예치하지 아니한다.

4. 예치금 반환

허가권자가 예치금을 반환하는 때에는 대통령령이 정하는 이율로 산정한 이자를 포함하여 반환하여야 한다. 다만 보증서를 예치한 경우에는 그러하지 아니하다.

❷ 건축물의 안전영향평가

허가권자는 초고층 건축물 등 대통령령으로 정하는 주요 건축물에 대하여 제11조에 따른 건축허가를 하기 전에 건축물의 구조, 지반 및 풍환경 등이 건축물의 구조안전과 인접 대지의 안전에 미치는 영향 등을 평가하는 건축물 안전영향평가를 안전영향평가기관에 의뢰하여 실시하여야 한다.

1. 초고층 건축물
2. 다음 각 목의 요건을 모두 충족하는 건축물
   ① 연면적 (하나의 대지에 둘 이상의 건축물을 건축하는 경우에는 각각의 건축물의 연면적을 말한다)이 10만 ㎡ 이상일 것
   ② 16층 이상일 것

4 출제 예상문제

제30회 출제

01 건축법령상 건축공사현장 안전관리 예치금에 관한 조문의 내용이다. (　　)에 들어갈 내용을 바르게 나열한 것은? (단, 적용 제외는 고려하지 않음)

> 허가권자는 연면적이 (ㄱ) 제곱미터 이상인 건축물로서 해당 지방자치단체의 조례로 정하는 건축물에 대하여는 착공신고를 하는 건축주에게 장기간 건축물의 공사현장이 방치되는 것에 대비하여 미리 미관 개선과 안전관리에 필요한 비용을 건축 공사비의 (ㄴ)퍼센트의 범위에서 예치하게 할 수 있다.

① ㄱ : 1천, ㄴ : 1
② ㄱ : 1천, ㄴ : 3
③ ㄱ : 1천, ㄴ : 5
④ ㄱ : 3천, ㄴ : 3
⑤ ㄱ : 3천, ㄴ : 5

PART 5 건축법

해설

허가권자는 연면적이 1천제곱미터 이상인 건축물로서 해당 지방자치단체의 조례로 정하는 건축물에 대하여는 제21
조에 따른 착공신고를 하는 건축주에게 장기간 건축물의 공사현장이 방치되는 것에 대비하여 미리 미관 개선과 안전
관리에 필요한 비용을 건축공사비의 1퍼센트의 범위에서 예치하게 할 수 있다(법 제13조 제2항).

정답 ①

4 출제 예상문제

01 건축법령상 허가권자가 건축허가를 하기 전에 안전영향평가를 실시하는 건축물에 대한 다음 설명
중 그 (   ) 안에 들어갈 내용을 순서대로 옳게 나열한 것은?

> 1. (   ) 건축물
> 2. 연면적이 (   )㎡ 이상이면서 16층 이상인 건축물

① 다중이용건축물, 1만   ② 준다중이용건축물, 1만   ③ 초고층건축물, 5만

④ 초고층건축물, 10만   ⑤ 고층건축물, 5만

해설 ✦ ④ 초고층건축물이거나 연면적 10만㎡ 이상이면서 16층 이상인 건축물인 경우에 안전영향평가 대상에 해당한다.

정답 ✦ ④

테마 08 대지(대지의 요건, 조경, 공개공지, 분할제한, 2이상의 지역에 걸친 경우)

1 출제예상과 학습포인트

✦ 기출횟수

제22회, 제23회, 제24회, 제25회, 제26회, 제27회, 제31회, 34회

✦ 35회 출제 예상

대지는 어떤 특정 테마에 치우치지 않고 골고루 출제가 된다. 위에서 언급한 대지전체의 개념을 묶어서 본다면 출제 가능성은 높은 테마이고. 35회 시험의 출제가능성은 70%이다.

✦ 35회 중요도

★★★

✦ 학습범위와 학습방법

대지안의 조경과 공개공지는 특히 출제가 잘되는 테마이니 꼭 정리를 하여야하며, 대지의 분할제한 면적의 기준은 다른 법에서도 활용해야하니 암기가 필요한 테마이다.

✦ 핵심쟁점

❶ 건축법상 대지의 요건 (인접도로와의 관계, 습지와 매립지에 건축하기 위한 요건, 손괴의 우려 있는 경우 옹벽의 요건)
❷ 조경을 생략하는 경우 특히 공장과 물류시설
❸ 공개공지를 설치해야하는 대상 건축물과 설치의무대상 지역
❹ 대지의 분할제한 면적의 기준
❺ 대지가 2이상의 용도지역에 걸치는 경우기준으로 대지의 과반

2 핵심 내용

❶ 대지의 안전

1. **인접도로와의 관계** : 대지는 인접하는 도로면(대지면 ×)보다 낮아서는 안 된다. 다만, 대지의 배수에 지장이 없거나 건축물의 용도상 방습의 필요가 없는 경우에는 인접한 도로면보다 낮아도 된다.

2. **습지나 매립지** : 습한 토지·매립지에 건물을 건축하는 경우에는 성토·지반의 개량 등 필요한 조치를 하여야 한다. (건물 건축이 금지되는 것이 아님)

361

3. 배수시설의 설치 : 대지에는 빗물 및 오수를 배출하거나 처리하기 위하여 하수관·하수구·저수탱크 설치하여야 한다.

4. 손괴 우려 있는 대지 조성 시 : 옹벽을 설치하여야 한다.

① **1m 이상** : 절토·성토하는 부분의 경사도 1 : 1.5 이상으로 높이 1m 이상인 부분에는 옹벽을 설치하여야 한다.

② **2m 이상** : 옹벽의 높이가 2m 이상인 경우 콘크리트구조로 할 것

③ **2m 초과** : 옹벽의 높이가 2m 초과 시 공작물 축조신고를 할 것

④ 옹벽의 외벽면에는 지지·배수를 위한 시설물 외의 구조물이 돌출되어서는 안된다.

❷ 대지안의 조경

1. 조경의무 : 면적이 200㎡ 이상인 대지는 용도지역 및 규모에 따라 지방자치단체의 조례로 정하는 기준에 따른 조경을 하여야 한다. 단, 다음의 경우는 조경 등의 조치를 하지 아니할 수 있다.

---

1. 녹지지역에 건축하는 건축물
2. 공장 – 대지면적이 5,000㎡ 미만인 공장
   – 연면적의 합계가 1,500㎡ 미만인 공장
   – 산업단지 안의 공장
3. 연면적의 합계가 1,500㎡ 미만의 물류시설(주거·상업지역에서 건축하는 것 제외)
4. 축사
5. 허가대상 가설건축물
6. 대지에 염분이 함유되어 있는 경우
7. 자연환경보전지역·농림지역 또는 관리지역안의 건축물(지구단위계획구역에서는 제외한다.)

---

2. 옥상조경 : 건축물의 옥상에 조경을 하는 경우에는 옥상부분의 조경면적의 2/3에 해당하는 면적을 대지안의 조경면적으로 산정할 수 있다. 이 경우 조경면적으로 산정하는 면적은 대지조경면적의 50%를 초과할 수 없다.

③ 공개공지

1. 대상지역 및 대상 건축물

대상건축물	대상지역
바닥면적 합계 5,000㎡ 이상의 1. 종교시설 2. 운수시설 3. 문화 및 집회시설 4. 판매시설(농수산유통시설 제외) 5. 업무시설 6. 숙박시설	1. 일반주거지역 2. 준주거지역 3. 모든 상업지역 4. 준공업지역 5. 시장·군수·구청장이도시화의 가능성이 크거나 노후 산업단지의 정비가 필요하다고 인정하여 지정·공고하는 지역
기타 다중이 이용하는 시설로서 건축조례가 정하는 건축물	

2. 공개공지 확보면적 : 대지면적의 10% 범위 안에서 건축 조례로 정한다. 이 경우 조경면적과 매장 문화재의 원형 보존 조치 면적을 공개공지등의 면적으로 할 수 있다.

3. 공개공지의 확보시설

공개공지에는 긴의자·파고라 등의 공중이 이용할 수 있는 시설로서 건축조례가 정하는 시설을 설치하여야 한다. 이 경우 공개공지는 필로티 구조로 설치할 수 있다.

4. 공개공지 설치 시 건축규제 완화

법 규정상 완화	시행령 상 완화
1. 용적률	기준의 1.2배 이하
2. 건축물의 높이제한	
3. 건폐율	법에는 규정이 있으나 시행령에 규정 없음

5. 공개공지 설치의무대상인 건축물로서 공개공지 또는 공개공간의 설치대상이 아닌 건축물(「주택법」에 공동주택을 제외한다)의 대지에 적합한 공개공지를 설치하는 경우에는 완화규정을 준용한다.

❹ 대지의 분할제한

1. 용도지역에 따른 대지의 분할제한

건축물이 있는 대지는 다음에 정하는 범위 안에서 당해 지방자치단체의 조례가 정하는 면적에 미달하게 분할 할 수 없다. (건축물이 없는 대지는 국토계획법 개발행위허가 대상)

> 1. 주거지역 : 60㎡
> 2. 상업지역·공업지역 : 150㎡
> 3. 녹지지역 : 200㎡
> 4. 기타의 지역 : 60㎡

2. 기타 관련규정에 따른 대지의 분할제한

> 1. 대지가 도로에 접하는 길이가 2m 미만이 되는 분할
> 2. 건폐율에 초과되게 하는 분할
> 3. 용적률에 초과되게 하는 분할
> 4. 건축물의 높이제한에 초과되는 분할
> 5. 일조권 확보를 위한 건물의 높이제한 규정에 초과되는 분할
> 6. 대지안의 공지에 위반되게 하는 분할

❺ 대지가 2 이상의 지역·지구·구역에 걸치는 경우

1. 원칙

건축물 및 대지의 전부에 대하여 그 대지의 과반이 속하는 지역·지구 또는 구역에 관한 규정을 적용한다.

2. 방화지구에 걸치는 건축물

건축물이 방화지구에 걸치는 경우 건축물 전부 → 방화지구 규정 적용 단, 건물의 경계가 방화벽으로 구획되는 경우에는 → 건축물도 각·각 적용

3. 대지가 녹지지역에 걸치는 경우

대지가 녹지지역과 그 밖의 지역·지구·구역에 걸치는 경우 → 각·각 적용

3 대표 기출문제

제31회 출제

01 건축법령상 대지면적이 2천제곱미터인 대지에 건축하는 경우 조경 등의 조치를 하여야 하는 건축물은? (단, 건축법령상 특례규정 및 조례는 고려하지 않음)

① 상업지역에 건축하는 물류시설

② 2층의 공장

③ 도시·군계획시설에서 허가를 받아 건축하는 가설건축물

④ 녹지지역에 건축하는 기숙사

⑤ 연면적의 합계가 1천제곱미터인 축사

> **해설**
> ① 물류시설은 1,500제곱미터 미만은 조경조치를 하지 않을 수 있다. 그러나 물류시설이 상업지역과 주거지역에서는 1,500제곱미터 미만이어도 조경을 하여야 한다.
>
> 답 ①

제34회 출제

02 건축법령상 대지에 공개 공지 또는 공개 공간을 설치하여야 하는 건축물은? (단, 건축물의 용도로 쓰는 바닥면적의 합계는 5천 제곱미터 이상이며, 건축법령상 특례 및 조례는 고려하지 않음)

① 일반주거지역에 있는 초등학교

② 준주거지역에 있는 「농수산물 유통 및 가격안정에 관한 법률」에 따른 농수산물유통시설

③ 일반상업지역에 있는 관망탑

④ 자연녹지지역에 있는 「청소년활동진흥법」에 따른 유스호스텔

⑤ 준공업지역에 있는 여객용 운수시설

해설

1. 공개공지 설치의무 대상지역

> ① 일반주거지역, 준주거지역
> ② 상업지역
> ③ 준공업지역

2. 공개공지 설치의무 대상건축물

> 바닥면적의 합계가 5,000㎡ 이상인
> ① 문화 및 집회시설
> ② 종교시설
> ③ 판매시설(농수산물유통시설은 제외한다)
> ④ 운수시설(여객용만 해당)
> ⑤ 업무시설
> ⑥ 숙박시설

답 ⑤

4 출제 예상문제

01 면적이 1,000㎡인 대지에 건축물을 건축하는 경우, 건축법령상 대지의 조경 등의 조치가 면제될 수 있는 건축물이 <u>아닌</u> 것은? (단, 지구단위계획구역이 아니며, 조례는 고려하지 않음)

① 자연녹지지역의 연면적이 800㎡인 수련시설
② 연면적이 1,000㎡인 공장
③ 상업지역의 1,000㎡인 물류시설
④ 연면적이 500㎡인 축사
⑤ 자연환경보전지역의 연면적이 330㎡인 단독주택

해설 ✦ ③ 물류시설의 경우 그 연면적이 1,500㎡ 미만인 경우에는 조경의 설치의무가 면제되나, 상업지역과 주거지역의 경우에는 그러하지 아니하다.

정답 ✦ ③

02 건축법령상 건축물이 있는 대지는 일정면적에 미달되게 분할할 수 없다. 조례의 기준이 되는 용도지역별 원칙적인 최소면적 기준으로서 옳은 것은?

① 제1종전용주거지역 : 120㎡   ② 제2종일반주거지역 : 90㎡
③ 근린상업지역 : 150㎡   ④ 일반공업지역 : 200㎡
⑤ 자연녹지지역 : 330㎡

해설 ✦ 건축물이 있는 대지에서의 분할제한면적

> ① 주거지역 : 60㎡
> ② 상업지역 : 150㎡
> ③ 공업지역 : 150㎡
> ④ 녹지지역 : 200㎡
> ⑤ ①부터 ④까지에 해당하지 아니하는 지역 : 60㎡

정답 ✦ ③

09 도로(원칙적 도로와 예외적 도로)

1 출제예상과 학습포인트

✦ 기출횟수

제22회, 제23회, 제25회

✦ 35회 출제 예상

기본적인 개념위주로 출제가 이루어지는 테마이다. 자주출제가 이루어지는 테마는 아니지만 건축법을 이해하고 공법을 이해하기위하여는 도로는 중요한 테마이다. 35회 시험에서의 출제가능성은 30% 정도이다.

✦ 35회 중요도

★

✦ 학습범위와 학습방법

원칙적 도로와 예외적 도로를 구분하고, 도로를 지정·폐지·변경할 때 차이와 공통점을 구분해서 알고 있고, 대지와 도로의 관계를 정리하고 있으면 된다.

✦ 핵심쟁점

❶ 원칙적 도로의 요건
❷ 예외적 도로인 막다른 도로와 차량통행이 불가능한 도로의 요건
❸ 대지와 도로의 관계
❹ 도로의 지정, 폐지, 변경의 공통점과 차이점

2 핵심 내용

❶ 원칙적 도로(통행도로)

도로란 보행 및 자동차 통행이 가능한 너비 4m 이상의 도로 또는 그 예정(계획)도로로서 국토계획법·도로법·사도법·관계법령에 따라 신설·변경에 관한 고시가 된 도로 또는 건축허가·신고 시 시·도지사·시장·군수·구청장이 그 위치를 지정·공고한 도로를 말한다.

② 예외적 도로

1. 차량 통행이 불가능한 도로 : 지형적 조건으로 차량통행을 위한 도로의 설치가 곤란하다고 인정하여 허가권자가 그 위치를 지정·공고한 너비 3m 이상인 도로

2. 막다른 도로(끝이 막힌 도로) : 다음의 구조 갖춘 것

막다른 도로의 길이	도로의 너비
10m 미만	2m 이상
10m 이상 35m 미만	3m 이상
35m 이상	6m(도시지역이 아닌 읍·면 지역에서는 4m 이상)

③ 도로의 지정·폐지 또는 변경

	공통점	차이점
도로의 지정	이해관계인의 동의를 얻어야 한다.	도로를 지정하는 경우 ① 허가권자가 이해관계인이 해외에 거주하는 등의 사유로 이해관계인의 동의를 받기가 곤란하다고 인정하는 경우 ② 주민이 오랫동안 통행로로 이용하고 있는 사실상의 통로로서 해당 지방자치단체의 조례로 정하는 것인 경우 이해관계인의 동의를 생략할 수 있다.
도로의 폐지 변경		도로를 폐지, 변경하는 경우 이해관계인의 동의를 생략할 수 없다.

④ 대지와 도로와의 관계

1. 원칙 : 대지는 도로(자동차전용도로 제외)에 2m 이상 접하여야 한다.

2. 예외

① 건축물 주위에 광장·공원·유원지 등의 공지가 있거나 출입에 지장이 없는 경우는 2m 이상 접하지 않아도 된다.

② 연면적 합계가 2,000㎡ (공장의 경우 3,000㎡) 이상인 건축물의 대지는 너비 6m 이상 도로에 4m 이상 접하여야 한다.

3 대표 기출문제

제25회 출제

01 **건축법령상 도시지역에 건축하는 건축물의 대지와 도로 등에 관한 설명으로 틀린 것은?**

① 연면적의 합계가 2천㎡인 공장의 대지는 너비 6미터 이상의 도로에 4미터 이상 접하여야 한다.

② 쓰레기로 매립된 토지에 건축물을 건축하는 경우 성토, 지반 개량 등 필요한 조치를 하여야 한다.

③ 군수는 건축물의 위치나 환경을 정비하기 위하여 필요하다고 인정되면 4미터 이하의 범위에서 건축선을 따로 지정할 수 있다.

④ 담장의 지표 위 부분은 건축선의 수직면을 넘어서는 아니 된다.

⑤ 공장의 주변에 허가권자가 인정한 공지인 광장이 있는 경우 연면적의 합계가 1천 ㎡인 공장의 대지는 도로에 2미터 이상 접하지 않아도 된다.

해설

① 연면적의 합계가 2천㎡(공장은 3천㎡) 이상인 대지는 너비 6미터 이상의 도로에 4미터 이상 접하여야 한다.

정답 ①

4 출제 예상문제

01 건축법령상 대지와 도로와의 관계에 대한 다음 설명 중 옳은 것은?

① 건축물의 대지는 4m 이상이 도로(자동차만의 통행에 사용되는 도로는 제외한다)에 접하여야 한다.

② 해당 건축물 주위에 광장·공원·유원지 등의 공지가 있거나 출입에 지장이 없는 경우는 대지는 도로에 2m 이상 접하지 않아도 된다.

③ 농지법에 따른 농막을 건축하는 경우에는 대지는 도로에 2m 이상 접하여야 된다.

④ 연면적의 합계가 2천㎡ 이상인 건축물의 대지는 너비 4m 이상의 도로에 6m 이상 접하여야 한다.

⑤ 공장은 연면적 5천㎡ 이상인 경우에 대지는 너비 6m 이상의 도로에 4m 이상 접하여야 한다.

해설 ✦ ① 건축물의 대지는 2m 이상이 도로에 접하여야 한다.

③ 농막을 건축하는 경우에도 대지는 도로에 2m 이상 접하지 않아도 된다.

④⑤ 연면적 합계가 2,000㎡ (공장의 경우 3,000㎡) 이상인 건축물의 대지는 너비 6m 이상 도로에 4m 이상 접하여야 한다.

정답 ✦ ②

1 출제예상과 학습포인트

✦ 기출횟수

제21회, 제22회, 34회

✦ 35회 출제 예상

건축선은 중요도에 비하여 출제가 자주 되는 테마는 아니다. 34회 시험에서 오랜만에 출제가 되었다. 35회 시험에서의 출제가능성은 30% 정도이다.

✦ 35회 중요도

★

✦ 학습범위와 학습방법

원칙적이 건축선과 예외적인 건축선의 기준을 알고 있어야 하며, 건축선으로 후퇴한 부분이 대지면적에 포함되는지 여부는 꼭 정리가 필요한 테마이다.

✦ 핵심쟁점

❶ 원칙적인 건축선

❷ 소요너비에 미달하는 도로에서의 건축선

❸ 가각전제(길모퉁이에서 건축선)

❹ 허가권자의 지정건축선

❺ 지하의 건축선

❻ 대지면적에 포함되는지 제외되는지 여부

2 핵심 내용

❶ 건축선의 의의

도로와 접한 부분에 있어서 건축물을 건축할 수 있는 선으로 건축물을 건축하여야 하는 선이 아니라 건물을 지을 수 있는 선이다.

❷ 원칙적인 건축선 : 대지와 도로의 경계선이 건축선이 된다.

❸ 예외적인 건축선

1. 소요 너비에 미달되는 도로에서의 건축선

도로 중심선으로부터 소요너비 의 2분의 1을 각각 후퇴한 선

2. 소요너비에 미달되는 도로반대쪽에 경사지·하천·철도부지 등이 있는 경우

경사지 등이 있는 도로 경계선에서부터 도로 소요너비만큼 수평이동한 선

❹ 가각전제

도로 교차점으로부터 도로경계선을 따라 일정거리를 각각 후퇴한 두 점을 연결한 선

도로의 교차각	당해 도로의 너비		교차되는 도로의 너비
	6m 이상 8m 미만	4m 이상 6m 미만	
90° 미만	4m	3m	6m 이상 8m 미만
	3m	2m	4m 이상 6m 미만
90° 이상 ~120° 미만	3m	2m	6m 이상 8m 미만
	2m	2m	4m 이상 6m 미만

❺ 허가권자가 지정하는 건축선

1. 목 적 : 건축물의 위치나 환경을 정비하기 위해

2. 누 가 : 허가권자가

3. 어디서 : 도시지역에서

4. 얼마나 : 4m 이내

5. 어떻게 : 지방건축위원회의 심의를 얻어 → 지정 후 고시해야

6. 효 과 : 대지면적 산정 시 건축선으로 후퇴한 부분도 대지면적에는 포함

⑥ 건축선에 의한 건축 제한

1. 건축물과 담장은 건축선의 수직면을 넘어서는 안 된다. 단, 지표하의 부분은 건축선을 넘어도 된다.

2. 도로면으로부터 높이 4.5m 이하에 출입구, 창문 등은 개폐시에 건축선의 수직면을 넘는 구조로
   해서는 안 된다.

핵심

소요너비 미달 시 건축선·가각전제 → 대지면적 산정 시 제외
허가권자가 지정하는 건축선 → 대지면적 산정 시 포함

---

3 대표 기출문제

제34회 출제

01 건축법령상 건축선과 대지의 면적에 관한 설명이다. (   )에 들어갈 내용으로 옳은 것은?
(단, 허가권자의 건축선의 별도지정, 「건축법」 제3조에 따른 적용제외, 건축법령상 특례 및 조례는 고려하지 않음)

> 「건축법」 제2조제1항제11호에 따른 소요 너비에 못 미치는 너비의 도로인 경우에는 그 중심선으로부터 그 (ㄱ)을 건축선으로 하되, 그 도로의 반대쪽에 하천이 있는 경우에는 그 하천이 있는 쪽의 도로경계선에서 (ㄴ)을 건축선으로 하며, 그 건축선과 도로 사이의 대지면적은 건축물의 대지면적 산정 시 (ㄷ)한다.

① ㄱ: 소요 너비에 해당하는 수평거리만큼 물러난 선,
　ㄴ: 소요 너비에 해당하는 수평거리의 선,
　ㄷ: 제외
② ㄱ: 소요 너비의 2분의 1의 수평거리만큼 물러난 선,
　ㄴ: 소요 너비의 2분의 1의 수평거리의 선,
　ㄷ: 제외
③ ㄱ: 소요 너비의 2분의 1의 수평거리만큼 물러난 선,
　ㄴ: 소요 너비에 해당하는 수평거리의 선,
　ㄷ: 제외
④ ㄱ: 소요 너비의 2분의 1의 수평거리만큼 물러난 선,
　ㄴ: 소요 너비에 해당하는 수평거리의 선,
　ㄷ: 포함
⑤ ㄱ: 소요 너비에 해당하는 수평거리만큼 물러난 선
　ㄴ: 소요 너비의 2분의 1의 수평거리의 선,
　ㄷ: 포함

해설

③ 정답과 동일 합니다.

답③

4 출제 예상문제

01 건축법령상 건축선에 관한 설명으로 **틀린** 것은?

① 도로와 접한 부분에 건축물을 건축할 수 있는 선을 말하는 것으로, 원칙적으로 대지와 도로의 경계선으로 한다.

② 소요너비에 못 미치는 너비의 도로인 경우에는 대지와 도로경계선으로부터 그 소요너비의 2분의 1의 수평거리만큼 물러난 선을 건축선으로 한다.

③ 특별자치시장·특별자치도지사 또는 시장·군수·구청장은 시가지 안에서 건축물의 위치나 환경을 정비하기 위하여 필요하다고 인정하면 「국토의 계획 및 이용에 관한 법률」에 따른 도시지역에는 4m 이하의 범위에서 건축선을 따로 지정할 수 있다.

④ 건축물과 담장은 건축선의 수직면을 넘어서는 아니 되지만, 지표 아래 부분은 그러하지 아니하다.

⑤ 도로면으로부터 높이 4.5m 이하에 있는 출입구, 창문, 그 밖에 이와 유사한 구조물은 열고 닫을 때 건축선의 수직면을 넘지 아니하는 구조로 하여야 한다.

해설 ✦ ② 소요너비에 못 미치는 너비의 도로인 경우에는 대지와 도로경계선이 아니라 그 (도로) 중심선으로부터 그 소요너비의 2분의 1의 수평거리만큼 물러난 선을 건축선으로 한다. 다만, 그 도로의 반대쪽에 경사지, 하천, 철도, 선로부지, 그 밖에 이와 유사한 것이 있는 경우에는 그 경사지 등이 있는 쪽의 도로경계선에서 소요너비에 해당하는 수평거리의 선을 건축선으로 한다.

정답 ✦ ②

건물의 높이(가로구역과 일조권)

1 출제예상과 학습포인트

✦ **기출횟수**

제19회, 제25회

✦ **35회 출제 예상**

자주 출제가 되지는 않지만 건축법에서 차지하는 비중은 큰 부분인데 최근들어 출제가 많이 되지는 않고 있다. 출제가 된다면 의외의 문제로 보여 질 수도 있는데 35회 시험에서의 출제가능성은 30% 정도이다.

✦ **35회 중요도**

★

✦ **학습범위와 학습방법**

가로구역의 의미를 파악하고 가로구역에서 높이를 제한하는 방법2가지를 숙지하여야 하며, 일조권의 경우 일조권 높이가 현실에서 어떻게 활용되는지에 대한 이해를 먼저 한 다음에 전용주거지역과 일반주거지역에서의 일조권보호와 공동주택의 일조권보호를 구분하면서 내용을 파악해야 한다.

✦ **핵심쟁점**

❶ 가로구역단위로 높이를 규제하는 방법 2개(① 허가권자와 ② 특·광역시 조례)

❷ 가로구역별 높이가 정해진 경우에도 높이를 다르게 정할 수 있는지 여부 및

❸ 가로구역별 최고높이가 정하여진 경우 최고높이의 완화여부

❹ 전용주거지역과 일반주거지역에서 일조권높이제한(어떤 건물? 무슨 방향? 얼마나?)

❺ 공동주택에서 일조확보를 위한 높이를 제한하는 방법으로 공동주택 일조권규제를 하지 않는 용도지역은? 준주거지역과 근린상업지역의 높이는?

2 핵심 내용

❶ 가로구역(도로로 둘러싸인 일단의 지역)별 높이제한

허가권자의 지정	• 허가권자가 대통령령이 정하는 절차에 따라 지정 • 상이한 높이지정 : 허가권자는 건축물의 용도·종류·형태에 따라 동일한 가로구역 안에서 높이를 다르게 정할 수 있다. • 허가권자는 가로구역 최고높이를 완화하여 적용할 필요가 있다고 판단되는 대지에 대하여 건축위원회 심의를 거쳐 최고 높이를 완화하여 적용할 수 있다.
특별시·광역시 조례에 의한 지정	특별시장·광역시장은 도시관리를 위해 필요한 경우 가로구역별 최고 높이를 특별시·광역시 조례로 정할 수 있다.

❷ 가로구역단위 높이완화규정의 중첩적용

허가권자는 가로구역별높이 제한규정에도 불구하고 일조(日照)·통풍 등 주변 환경 및 도시미관에 미치는 영향이 크지 않다고 인정하는 경우에는 건축위원회의 심의를 거쳐 이 법 및 다른 법률에 따른 가로구역의 높이 완화에 관한 규정을 중첩하여 적용할 수 있다.

❸ 일조권 확보를 위한 높이제한

1. 전용주거·일반주거지역에서 높이제한

① 모든 건축물이 대상

② 정북방향의 인접대지 경계선으로부터

③ 다음의 범위 안에서 조례가 정하는 거리 이상을 격리시켜서 건축

> 1. 높이 9m 이하 – 인접대지 경계선으로부터 1.5m 이상
> 2. 높이 9m 초과 – 높이의 1/2 이상

④ 전용주거와 일반주거지역에서 일조권확보를 위한 높이규정을 적용하지 않는 경우

> 1. 다음 각 목의 어느 하나에 해당하는 구역 안의 대지 상호간에 건축하는 건축물로서 해당 대지가 너비 20m 이상의 도로(자동차·보행자·자전거 전용도로를 포함하며, 도로와 대지 사이에 공공공지, 녹지, 광장을 포함한다)에 접한 경우
>
> ① 지구단위계획구역, 경관지구   ② 「경관법」에 따른 중점경관관리구역
> ③ 특별가로구역   ④ 도시미관 향상을 위하여 허가권자가 지정·공고하는 구역

2. 건축협정구역 안에서 대지 상호간에 건축하는 건축물의 경우

3. 건축물의 정북 방향의 인접 대지가 전용주거지역이나 일반주거지역이 아닌 용도지역에 해당하는 경우

⑤ 예외 : 정남방향의 인접대지 경계선으로부터 격리하는 경우

- 택지개발지구
- 대지조성사업지구
- 국가산업단지, 일반산업단지, 도시첨단산업단지, 농공단지
- 도시개발구역
- 정비구역
- 정북방향에 하천·공원 등 건축이 금지된 공지에 접하는 경우
- 정북방향에 있는 대지 소유자와 합의한 경우

2. 공동주택에서 높이제한

① 전용주거지역과 일반주거지역에서 건축물 높이제한 규정을 충족하고

② 중심상업지역·일반상업지역은 공동주택 높이제한 규정이 적용되지 않는다.

③ 건물(기숙사 제외)의 높이는 인접대지 경계선으로부터 거리의 2배 이하로 할 수 있다.

- ✎ 근린상업지역과 준주거지역안의 건물은 4배 이하로 건축 할 수 있다.
- ✎ 다세대주택의 특례 : 채광을 위한 창문 등이 있는 벽면에서 직각방향으로 인접대지경계선까지의 수평 거리가 1m 이상으로서 건축조례로 정하는 거리 이상인 다세대주택인 경우 위의 규정(인접대지경계선 까지의 수평거리의 2배 이하의 높이)을 적용하지 아니한다.

④ 동일 대지 내 2동 이상 건축 시 인동거리는

1. 채광창이 있는 벽면으로 높이의 0.5배(도시형생활주택은 0.25배) 이상
2. 채광창이 없는 벽면과 측벽이 마주보고 있는 경우 : 8m 이상 띄울 것
3. 측벽과 측벽이 마주보고 있는 경우 : 4m 이상 띄울 것

⇨ 위의 경우 대지 내의 모든 세대가 동지일을 기준으로 09시에서 15시 사이에 2시간을 연속 하여 일조를 확보할 수 있는 거리이상으로 할 수 있다.

⑤ 주택단지안의 2동 이상의 건축물이 건축법상 도로를 사이에 두고 서로 마주보고 있는 경우에는 인동거리 규정을 적용하지 아니하되 해당 도로의 중심선을 인접대지 경계선으로 보아 높이는 도로중심선 으로부터 2배 이하로 한다.

3. 일조권높이규정의 적용의 배제

2층 이하로서 8m 이하인 건축물은 조례가 정하는 바에 따라 공동주택에서의 일조권확보를 위한 높이제한 규정을 적용하지 아니할 수 있다.

4. 대지 사이에 공지 등이 있는 경우 인접대지 경계선 의제

건축물을 건축하고자 하는 대지와 다른 대지 사이에 공원·도로·하천·광장·공공공지·녹지·유수지·자동차전용도로·유원지 기타 건축이 허용되지 아니하는 공지가 있는 경우에는 그 반대편의 대지경계선(공동주택의 경우에는 인접대지 경계선과 그 반대편의 대지경계선의 중심선)을 인접대지 경계선으로 한다.

3 대표 기출문제

제25회 출제

01 건축법령상 건축물의 높이 제한에 관한 설명으로 틀린 것은? (단, 「건축법」 제73조에 따른 적용 특례 및 조례는 고려하지 않음)

① 전용주거지역과 일반주거지역 안에서 건축하는 건축물에 대하여는 일조의 확보를 위한 높이 제한이 적용된다.

② 일반상업지역에 건축하는 공동주택으로서 하나의 대지에 두 동(棟) 이상을 건축하는 경우에는 채광의 확보를 위한 높이 제한이 적용된다.

③ 특별시장이나 광역시장은 도시의 관리를 위하여 필요하면 가로구역별 건축물의 높이를 특별시나 광역시의 조례로 정할 수 있다.

④ 허가권자는 같은 가로구역에서 건축물의 용도 및 형태에 따라 건축물의 높이를 다르게 정할 수 있다.

⑤ 허가권자는 가로구역별 건축물의 최고 높이를 지정하려면 지방건축위원회의 심의를 거쳐야 한다.

해설

② 중심상업지역과 일반상업지역에 건축하는 공동주택으로서 하나의 대지에 두 동(棟) 이상을 건축하는 경우에는 채광의 확보를 위한 높이제한 규정이 적용되지 않는다.

답 ②

4 출제 예상문제

01 건축법령상 건축물의 높이제한에 관한 설명으로 옳은 것은?

① 허가권자는 가로구역별 건축물의 높이를 지정하려면 지방건축위원회의 심의를 거쳐야 한다.

② 시장이나 군수는 도시의 관리를 위하여 필요하면 가로구역별 건축물의 높이를 시 또는 군의 조례로 정할 수 있다.

③ 전용주거지역에서 건축물을 건축하는 경우에는 건축물의 각 부분을 정남 방향의 인접 대지 경계선으로부터 일정 거리 이상을 띄어 건축하여야 한다.

④ 같은 대지에서 두 동 이상의 건축물이 서로 마주보고 있는 경우로서 그 대지의 일부 세대가 동지를 기준으로 9시에서 15시 사이에 2시간 이상을 계속하여 일조를 확보할 수 있는 거리 이상으로 할 수 있다.

⑤ 3층 이하로서 높이가 12미터 이하인 건축물에는 해당 지방자치단체의 조례로 정하는 바에 따라 일조 등의 확보를 위한 건축물의 높이 제한에 관한 규정을 적용하지 아니할 수 있다.

해설 ✦ ② 특별시장이나 광역시장은 도시의 관리를 위하여 필요하면 가로구역별 건축물의 높이를 특별시나 광역시의 조례로 정할 수 있다.

③ 전용주거지역과 일반주거지역 안에서 건축하는 건축물의 높이는 일조 등의 확보를 위하여 정북방향의 인접 대지경계선으로부터의 거리에 따라 대통령령으로 정하는 높이 이하로 하여야 한다.

④ 그 대지의 모든 세대가 동지를 기준으로 9시에서 15시 사이에 2시간 이상을 계속하여 일조를 확보할 수 있는 거리 이상으로 할 수 있다.

⑤ 2층 이하로서 높이가 8미터 이하인 건축물에는 해당 지방자치단체의 조례로 정하는 바에 따라 일조 등의 확보를 위한 건축물의 높이 제한에 관한 규정을 적용하지 아니할 수 있다.

정답 ✦ ①

1 출제예상과 학습포인트

✦ 기출횟수

　제20회, 제21회, 제23회, 제24회, 제25회, 제29회, 제31회, 제33회, 34회

✦ 35회 출제 예상

　건축법에서 자주 출제가 되는 테마이다. 높이, 층수와 함께 출제가능성을 봐야하며 출제가 되는 경우 높이나 층수와 함께 지문으로 구성되는 게 일반적이다. 34회 시험에서는 오랜만에 계산문제가 출제가 되었다. 35회 시험의 출제가능성은 70% 정도이다.

✦ 35회 중요도

　★★★

✦ 학습범위와 학습방법

　대지면적, 건축면적, 바닥면적, 연면적을 계산할 때 그 계산에서 제외되는 부분이 출제의 중심이기에 각종 면적계산에서 제외되는 부분을 꼭 정리하고 알고가야 한다.

✦ 핵심쟁점

　❶ 대지면적 계산에서 제외되는 부분　　　❷ 건축면적이란?
　❸ 건축면적 계산에서 제외되는 부분　　　❹ 바닥면적 계산에서 제외되는 부분
　❺ 용적률 연면적계산에서 연면적에서 제외되는 부분

2 핵심 내용

❶ 대지면적의 산정

1. **산정방법** : 대지의 수평투영면적으로 한다.

2. **대지면적 산정 시 제외되는 면적**

> 1. 소요너비 미달의 건축선
> 2. 가각전제한 부분의 건축선
> 3. 대지 안에 도시·군 계획시설인 도로. 공원 등이 있는 경우 그 도시·군 계획시설에 포함되는 면적
>   ↳ 다만, 소요너비 이상의 도로에서 허가권자의 지정건축선은 대지면적에 포함된다.

❷ 건축면적 산정방법

1. 산정기준 : 건축물의 외벽의 중심선으로 둘러싸인 부분의 수평투영면적으로 하되, 처마·차양·발코니 등이 당해 외벽의 중심선으로부터 수평거리 1m(한옥과 자동차충전시설, 신재생에너지 설비는 2m, 축사는 3m, 전통사찰은 4m)이상 돌출된 부분이 있는 경우에는 그 끝부분으로부터 수평거리 1m(한옥과 자동차충전시설, 신재생에너지설비는 2m, 축사는 3m, 전통사찰은 4m)를 후퇴한 선으로 둘러싸인 부분의 수평투영면적으로 한다.

2. 건축면적에서 제외되는 부분

> 1. 지표면으로 부터 1m 이하에 있는 부분
> 2. 다중이용업소의 비상구에 연결하여 설치하는 폭 2m 이하의 옥외 피난계단
> 3. 건물의 지상층에 일반인이나 차량이 통행할 수 있도록 설치한 보행통로나 차량통로
> 4. 지하주차장의 경사로
> 5. 건축물 지하층의 출입구 상부 (출입구 너비에 상당하는 규모의 부분을 말한다)
> 6. 생활폐기물 보관함 (음식물쓰레기, 의류 등의 수거함을 말한다. 이하 같다)

❸ 바닥면적

1. 산정기준

① 건축물의 각층 또는 그 일부로서 벽·기둥 등의 구획의 중심선으로 둘러싸인 부분의 수평투영면적으로 한다.

② 벽·기둥·구획이 없는 건축물에 있어서는 그 지붕 끝부분으로부터 수평거리 1m를 후퇴한 선으로 둘러싸인 수평투영면적으로 본다.

2. 바닥면적에 산입되지 않는 부분

> 1. 주택의 발코니 등 건축물의 노대나 기타 이와 유사한 것의 바닥은 난간 등의 설치여부에 관계없이 노대 등의 면적에서 노대 등이 접한 가장 긴 외벽에 접한 길이에 1.5m를 곱한 값을 공제한 면적을 바닥면적에 산입한다.
> 2. 필로티 기타 이와 유사한 구조의 부분은 당해 부분이 공중의 통행 또는 차량의 통행또는 주차에 전용되는 경우와 공동주택의 경우에는 이를 바닥면적에 산입하지 않는다.
> 3. 승강기탑·계단탑·장식탑·다락(층고가 1.5m 이하, 경사진 지붕은 1.8m 이하)·건축물 내부에 설치하는 냉방설비 배기장치 전용 설치공간(각 세대나 실별로 외부 공기에 직접 닿는 곳에 설치하는 경우로서 1제곱미터 이하로 한정한다) 옥상·옥외 또는 지하의 물탱크·기름탱크·냉각탑·정화조 기타 유사한 것은 바닥면적에서 제외한다.

4. 공동주택의 지상층에 설치한 전기실, 기계실, 어린이놀이터, 조경시설 및 생활폐기물보관함의 면적은 바닥면적에서 제외

5. 기존의 다중이용업소의 비상구에 연결하여 설치하는 폭 1.5m 이하의 옥외피난계단은 바닥면적에 산입하지 않는다.

6. 사용승인을 받은 후 15년 이상이 되어 건축물을 리모델링하는 경우로서 미관 향상, 열의 손실 방지 등을 위하여 외벽에 부가하여 마감재 등을 설치하는 부분은 바닥면적에 산입하지 아니한다.

❹ 연면적

1. 산정기준 : 하나의 건축물의 각층 바닥면적 합계로 하며 동일대지 안에 2동 이상의 건축물이 있는 경우에는 그 연면적의 합계로 한다.

2. 용적률 산정 시 연면적에서 제외되는 것

1. 지하층 면적
2. 지상층 부속용도의 주차장 면적
3. 초고층건물과 준 초고층건물의 피난공간
4. 경사지붕아래에 설치하는 대피공간 (층수가 11층 이상인 건축물로서 11층 이상인 층의 바닥면적의 합계가 1만 제곱미터 이상인 건축물의 옥상의 대피공간)

3 대표 기출문제

제34회 출제

01 건축법령상 지상 11층 지하3층인 하나의 건축물이 다음 조건을 갖추고 있는 경우 건축물의 용적률은? (단 제시된 조건 이외의 다른 조건이나 제한 및 건축법령상 특례는 고려하지 않음)

- 대지면적은 1,500㎡
- 각 층의 바닥면적은 1,000㎡로 동일함
- 지상1층 중 500㎡는 건축물의 부속용도인 주차장으로, 나머지는 500㎡는 제2종 근린생활시설로 사용함
- 지상2층에서 11층까지는 업무시설로 사용함
- 지하 층은 제1종 근린생활시설로, 지하2층과 지하3층은 주차장으로 사용함

① 660%　　② 700%　　③ 800%　　④ 900%　　⑤ 1,100%

해설

용적률은 연면적/대지면적의 비율을 말한다. 용적률의 연면적을 구할 때 ① 지하층 ② 부속용도의 주차공간 ③ 초고층 건물이나 준 초고층 건물의 피난안전구역 ④ 경사지붕아래의 대피공간은 제외한다.
그러므로 지하 1층, 지하 2층, 지하 3층 모두 제외되며 지상 1층의 500㎡의 부속용도의 주차장도 제외된다. 그러므로 연면적은 이를 제외한 부분의 면적을 합한 면적이 용적률에서의 필요한 연면적이 된다. (지상1층의 근린생활시설 500㎡) + (지상 2층부터 11층 까지 1만㎡) = 10,500㎡
그러므로 용적률은 10,500㎡/1,500㎡ = 700%

답 ②

제33회 출제

02 건축법령상 건축물의 면적 등의 산정방법에 관한 설명으로 틀린 것은?

① 공동주택으로서 지상층에 설치한 조경시설의 면적은 바닥면적에 산입하지 않는다.
② 지하주차장의 경사로의 면적은 건축면적에 산입한다.
③ 태양열을 주된 에너지원으로 이용하는 주택의 건축면적은 건축물의 외벽증 내측 내림벽의 중심선을 기준으로 한다.
④ 용적률을 산정할 때에는 지하층의 면적은 연면적에 산입하지 않는다.
⑤ 층의 구분이 명확하지 아니한 건축물의 높이는 4미터마다 하나의 층으로 보고 그 층수를 산정한다.

> **해설**
>
> ② 지하주차장의 경사로의 면적은 건축면적에 산입하지 않는다.
>
> 답 ②

---

4 출제 예상문제

01 건축법령상 건축물의 면적 등의 산정방법으로 옳은 것은?

① 건물의 필로티 부분이 집회시설의 용도로 사용되는 경우에는 이를 바닥면적에서 제외한다.

② 공동주택의 지상층에 설치한 전기실, 기계실은 바닥면적에서 제외되지만 어린이놀이터와 생활폐기문보관함은 바닥면적에 포함된다.

③ 「건축법」상 건축물의 높이 제한 규정을 적용할 때, 건축물의 1층 전체에 필로티가 설치되어 있는 경우 건축물의 높이는 필로티의 충고를 제외하고 산정한다.

④ 층의 구분이 명확하지 아니한 건축물은 당해 건축물의 높이가 3m마다 하나의 층으로 산정한다.

⑤ 건축물이 부분에 따라 그 층수가 다른 경우에는 평균층수를 그 건축물의 층수로 본다.

해설 ✦ ① 필로티 기타 이와 유사한 구조의 부분은 당해 부분이 공중의 통행 또는 차량의 통행 또는 주차에 전용되는 경우와 공동주택의 경우에는 이를 바닥면적에 산입하지 않는다.

② 공동주택의 지상층에 설치한 전기실, 기계실, 어린이놀이터, 조경시설 및 생활폐기물보관함의 면적은 바닥면적에서 제외

④ 층의 구분이 명확하지 아니한 건축물은 당해 건축물의 높이가 4m마다 하나의 층으로 산정한다.

⑤ 건축물이 부분에 따라 그 층수가 다른 경우에는 그 중 가장 많은 층수가 건물의 층수가 된다.

정답 ✦ ③

1 출제예상과 학습포인트

✦ 기출횟수

제20회, 제21회, 제23회, 제24회, 제25회, 제29회, 제31회, 제33회

✦ 35회 출제 예상

각종면적에서 대지면적, 건축면적, 바닥면적과 더불어 건축법에서 자주 출제가 되는 테마이다. 출제가 되면 지문으로 대지면적, 건축면적, 바닥면적도 같이 출제하는 게 일반적이므로 구분하지 말고 같이 정리를 하여야 한다. 35회 시험에서의 출제가능성은 70% 정도이다.

✦ 35회 중요도

★★★

✦ 학습범위와 학습방법

층수나 높이, 층고의 기본적인 개념을 이해한 다음에 그 계산에서 제외되는 부분을 정리하고 있어야 한다. 시험에서는 제외되는 부분을 중심으로 출제가 이루어진다.

✦ 핵심쟁점

❶ 높이계산에서 제외되는 부분

❷ 층의 구분이 불명확한 경우의 층수계산, 보기에 따라 층을 달리하는 경우의 층수계산

❸ 건물옥상의 승강기 탑, 옥탑 등의 층수와 높이의 계산 법

2 핵심 내용

❶ 층수

1. 층수의 산정방법

① 층의 구분이 명확하지 아니한 건축물은 당해 건축물의 높이 4m마다 하나의 층으로 산정한다.

② 건축물의 부분에 따라 그 층수를 달리하는 경우에는 그 중 가장 많은 층수로 한다.

2. 층수의 배제

① 승강기 탑(옥상출입용 승강장을 포함한다)·계단 탑·망루·장식 탑·옥탑·기타 이와 유사한 건축물의 옥상부분으로서 그 수평투영면적의 합계가 당해 건축물의 건축면적의 8분의1(주택법에 의한 공동주택 중 전용면적이 85m² 이하인 경우에는 6분의1) 이하인 것

② 지하층은 건축물의 층수에 산입하지 아니한다.

❷ 건물의 높이

1. 원칙 : 지표면으로부터 당해 건축물의 상단까지의 높이로 한다. 다만, 건축물의 1층 전체에 필로티가 설치되어 있는 경우에는 가로구역에 따른 건축물의 높이제한 및 공동주택의 높이제한 규정을 적용함에 있어서 필로티의 층고를 제외한 높이로 한다.

2. 예외 : 건축물 높이를 산정함에 있어 다음의 어느 하나에 해당하는 경우에는 그 규정하는 바에 의한다.

① **가로구역에 따른 건물의 높이제한** : 건축물의 높이제한과 관련한 건축물의 높이를 산정하는 경우에는 전면도로의 중심선으로부터의 높이로 한다.

② **옥탑 등의 높이** : 건축물의 옥상에 설치되는 승강기탑(옥상출입용 승강장을 포함한다)·계단탑·망루·장식탑·옥탑 등으로서 그 수평투영면적의 합계가 당해 건축물의 건축면적의 8분의1(주택법에 의한 공동주택 중 전용면적이 85m² 이하인 경우에는 6분의1) 이하인 경우로서 그 부분의 높이가 12m를 넘는 경우에는 그 넘는 부분에 한하여 당해 건축물의 높이에 산입한다.

③ **건축물의 높이에서 제외**

지붕마루장식·굴뚝·방화벽의 옥상돌출부나 그 밖에 이와 비슷한 옥상돌출물과 난간벽(그 벽면적의 2분의 1 이상이 공간으로 되어 있는 것만 해당한다)은 당해 건축물의 높이에 산입하지 아니한다.

❸ 층고

방의 바닥구조체 윗면으로부터 위층 바닥구조체의 윗면까지의 높이로 한다. 다만, 높이가 다른 부분이 있는 경우에는 가중평균한 높이로 한다.

❹ 반자높이

반자높이는 방의 바닥면으로부터 반자까지의 높이로 한다. 다만, 동일한 방에서 반자높이가 다른 경우에는 그 각 부분의 반자의 면적에 따라 가중평균한 높이로 한다.

3 대표 기출문제

제23회 출제

01 지하층이 2개층이고 지상층은 전체가 층의 구분이 명확하지 아니한 건축물로서, 건축물의 바닥면적은 600㎡이며 그 중 바닥면적 300㎡에 해당하는 부분은 그 높이가 12m이고 나머지 300㎡에 해당하는 부분의 높이는 16m이다. 이러한 건축물의 건축법령상 층수는?

① 1층   ② 3층   ③ 4층   ④ 5층   ⑤ 6층

> **해설**
>
> ③ 지하층은 건축물의 층수에 제외되며, 건축물의 부분별로 층수가 다른 경우에는 가장 많은 층수를 전체 건축물 층수로 산정하고, 층수 산정하기에 모호한 경우에는 4m마다 하나의 층으로 산정한다. 따라서 위 건축물은 부분적으로 3층과 4층으로 산정되며, 전체 층수는 가장 많은 4층으로 산정하게 된다.
>
> 답 ③

4 출제 예상문제

01 건축법령상 면적 및 높이의 산정기준에 대한 설명 중 옳은 것은?

① 한옥의 경우 외벽의 중심선으로부터 수평거리 1m 이상의 돌출부분이 있는 경우에는 그 끝부분으로부터 1m의 수평거리에 있는 부분은 건축면적에서 제외된다.

② 승강기탑 등의 옥상부분은 당해 건축물의 건축면적에 상관없이 층수에 산입하지 않는다.

③ 층의 옥내에 설치하는 물탱크·기름탱크 등의 설치를 위한 구조물은 바닥면적에 산입하지 않는다.

④ 공동주택으로서 지상층에 설치한 기계실·전기실·어린이놀이터·조경시설의 경우에는 당해 부분의 면적을 바닥면적에 산입하지 아니한다.

⑤ 벽·기둥의 구획이 없는 건축물인 경우 지붕끝부분으로부터 수평거리 1m를 후퇴한 선으로 둘러싸인 수평투영면적은 바닥면적에서 제외된다.

해설 ✦ ① 1m ⇒ 한옥은 지붕끝에서 2m 후퇴한 부분은 건축면적에서 제외
　　　 ② 승강기탑, 계단탑, 망루, 장식탑, 옥탑 기타 이와 유사한 건축물의 옥상 부분으로서 그 수평투영면적의 합계가 당해 건축물의 건축면적의 8분의 1 이하인 경우는 건물의 층수에 산입하지 않는다.
　　　 ③ 옥상, 옥외, 지하에 설치될 때에만 바닥면적에서 제외, 옥내는 포함
　　　 ⑤ 벽·기둥의 구획이 없는 건축물인 경우 지붕 끝부분으로부터 수평거리 1m를 후퇴한 선으로 둘러싸인 수평투영면적을 바닥면적으로 한다.

정답 ✦ ④

PART 6
농지법

테마 01 용어정의

1 출제예상과 학습포인트

✦ 기출횟수

제20회, 제23회, 제27회, 제28회, 제30회

✦ 35회 출제 예상

농지법의 용어는 농지법에서 꾸준하게 출제가 이루어지는 테마이다. 최근에 출제가 되지않은 것이 4년 되었기에 35회 시험에서의 출제가능성은 70% 정도이다.

✦ 35회 중요도

★★★

✦ 학습범위와 학습방법

농지의 개념과 농업인의 개념은 꼭 정리를 하여야 한다.

✦ 핵심쟁점

❶ 농지의 원칙적 개념
❷ 농지로 보지 않는 것
❸ 농업인의 요건(종사기간, 소유한 토지면적, 가축소유 숫자, 판매금액)
❹ 농업법인의 종류와 요건

2 핵심 내용

❶ 농지

1. 농지란 전·답·과수원 기타 법적 지목여하에 불구하고 실제의 토지현상이 농산물의 경작이나 대통령령이 정하는 다년생식물 재배지로 이용되고 있는 토지

> **참고** 다년생 식물
>
> 1. 목초, 종묘, 인삼, 약초, 조림용 묘목
> 2. 과수, 뽕나무, 유실수 등 생육기간이 2년 이상인 식물
> 3. 조경 또는 관상용 수목과 그 묘목 (조경목적으로 식재한 것은 제외한다.)

2. 위 1.토지의 개량시설(유지(웅덩이), 양·배수시설, 수로, 농로, 제방 등)의 부지

3. 위 1.토지의 생산시설(고정식온실, 버섯재배사, 비닐하우스, 축사, 농막, 간이퇴비장 등)의 부지

❷ 농지로 보지 않는 것

1. 지목이 전, 답, 과수원이 아닌 토지로서 농작물의 경작이나 다년성 식물재배지로 계속 이용기간이 3년 미만인 토지
2. 지목이 임야인 토지로서 형질변경하지 아니하고 다년성식물의 재배에 이용되는 토지
3. 초지법에 의하여 조성된 초지

❸ 농업인

1. 규모기준

① 1,000m² 이상의 농지에서 농작물 또는 다년성식물을 경작, 재배하거나
② 농지에 330m² 이상의 고정식온실·버섯재배사·비닐하우스 기타시설을 설치하여 농작물 또는 다년성 식물을 경작 또는 재배하는 자
③ 대 가축 2두, 중 가축 10두, 소 가축 100두, 가금 1천수 또는 꿀벌 10군 이상을 사육하는 자

2. 종사일수 기준 : 1년 중 90일 이상 농업에 종사하는 자 또는 1년 중 120일 이상 종사하는 축산업자

3. 판매액 기준 : 농업경영을 통한 연간 농산물판매액이 120만원 이상인 자

❹ 농업법인

1. 영농조합법인 : 조합원전원이 농민

2. 농업회사법인 : 업무집행사원의 1/3 이상이 농업인일 것

❺ 자경

1. 자연인

농업인이 그 소유농지에서 농작물 경작 또는 다년생 식물재배에 상시 종사하거나 농작업의 1/2 이상을 자기의 노동력으로 경작 또는 재배하는 것

2. 농업법인

농업법인이 그 소유농지에서 농작물을 경작하거나 다년생식물을 재배하는 것

⑥ 농지전용

"농지의 전용"이란 농지를 농작물의 경작이나 다년생식물의 재배 등 농업생산 또는 대통령령이 정하는 농지개량 외의 용도로 사용하는 것을 말한다. 다만, 제1호 나목에서(생산시설과 개량시설) 정한 용도로 사용하는 경우에는 전용(轉用)으로 보지 아니한다.

⑦ 주말체험영농

"주말·체험영농"이란 농업인이 아닌 개인이 주말 등을 이용하여 취미생활이나 여가활동으로 농작물을 경작하거나 다년생식물을 재배하는 것을 말한다.

3 대표 기출문제

제30회 출제

01 농지법령상 농지에 해당하는 것만을 모두 고른 것은?

> ㄱ. 대통령령으로 정하는 다년생식물 재배지로 실제로 이용되는 토지(「초지법」에 따라 조
>   성된 초지 등 대통령령으로 정하는 토지는 제외)
> ㄴ. 관상용 수목의 묘목을 조경목적으로 식재한 재배지로 실제로 이용되는 토지
> ㄷ. 「공간정보의 구축 및 관리 등에 관한 법률」에 따른 지목이 답(畓)이고 농작물 경작지
>   로 실제로 이용되는 토지의 개량시설에 해당하는 양수·배수시설의 부지

① ㄱ   ② ㄱ, ㄴ   ③ ㄱ, ㄷ   ④ ㄴ, ㄷ   ⑤ ㄱ, ㄴ, ㄷ

해설

조경 또는 관상용 수목과 그 묘목의 재배지는 다년생식물재배지 로서 농지에 해당한다. 하지만 조경목적으로 식재한
것을 제외한다.

답 ③

4 출제 예상문제

01 농지법령상 농업에 종사하는 개인으로서 농업인에 해당하지 않는 자는?

① 1년 중 150일을 축산업에 종사하는 자
② 1,200㎡의 농지에서 다년생식물을 재배하면서 1년 중 100일을 농업에 종사하는 자
③ 대가축 3두를 사육하는 자
④ 가금 1,200수를 사육하는 자
⑤ 농업경영을 통한 농산물의 연간 판매액이 100만원인 자

해설 ✦ ⑤ 연간판매액이 120만원 이상인 자이다.

정답 ✦ ⑤

1 출제예상과 학습포인트

✦ 기출횟수

20회, 22회, 25회, 26회, 28회, 32회

✦ 35회 출제 예상

농지취득자격증명은 농지법에서 공인중개사에게 가장 필요한 부분이다. 33회와 34회 출제가 되지 않았고 법 개정이 이제 마무리 되었기에 출제가능성은 70%정도로 보인다.

✦ 35회 중요도

★★★

✦ 학습범위와 학습방법

농지취득자격증명을 누가 발급받고 발급받지 않는 예외는 무엇인지와 농지취득자격증명 발급절차를 정리하여 알고 있어야 한다.

✦ 핵심쟁점

❶ 농지취득자격증명발급의 예외
❷ 농지취득자격증명발급의 절차
❸ 농업경영계획서나 주말영농계획서 기재사항과 계획서 작성의 예외
❹ 처분사유발생 시 농지의 처분절차와 이행강제금

2 핵심 내용

❶ 농지취득자격증명의 발급

1. 농지를 취득하고자 하는 자 ⇒ 관할 시·구·읍·면장으로부터 농지취득자격증명을 발급받는다.

2. 농지취득자격증명 발급이 필요 없는 경우

1. 국가·지자체·한국농어촌공사의 취득
2. 상속(상속인에 한 유증 포함)에 의한 취득
3. 담보농지의 취득 ↳ 일반 개인이 경락을 받는 경우는 발급대상
4. 농지전용협의를 완료한 농지의 취득 ↳ 농지전용허가, 신고는 발급대상

5. 농어촌정비법에 의한 농지의 취득
6. 토지수용 또는 공·취·법 규정에 의한 취득
7. 매립농지의 취득
8. 농업법인의 합병 (↳ 농업법인이 새로이 취득 하는 경우는 발급대상)
9. 공유농지의 분할
10. 시효의 완성
11. 환매
12. 농지이용증진사업 시행계획에 의한 취득

❷ 농지취득자격증명 발급절차

1. 농업경영계획서 또는 주말·체험영농계획서를 작성 → 시·구·읍·면장에 발급신청 → 시·구·읍·면장은 ① 7일 이내 그 결과를 서면으로 통보. ② 단, 농업경영계획서 또는 주말·체험영농계획서를 작성하지 않고 농지취득자격증명을 발급신청 할 수 있는 경우는 4일 이내에 발급 ③ 농지위원회의 심의 대상의 경우에는 14일 이내에 신청인에게 농지취득자격증명을 발급하여야 한다.

2. 농업경영계획서 또는 주말영농계획서 기재사항

1. 취득 대상 농지의 면적(공유로 취득하려는 경우 공유 지분의 비율 및 각자가 취득하려는 농지의 위치도 함께 표시한다)
2. 취득 대상 농지에서 농업경영을 하는 데에 필요한 노동력 및 농업 기계·장비·시설의 확보 방안
3. 소유 농지의 이용 실태 (농지 소유자에게만 해당한다)
4. 농지취득자격증명을 발급받으려는 자의 직업·영농경력·영농거리

3. 농업경영계획서 또는 주말영농계획서 작성면제

1. 시험·연구·실습지 또는 종묘생산용지로 취득
2. 농지전용허가 또는 신고에 의한 취득
3. 농지의 개발사업지구안에 소재하는 농지로서 1,500㎡ 미만의 농지 또는 농어촌정비법에 의한 농지의 취득
4. 농어촌정비법에 따른 한계농지 중 최상단부 부터 최하단부까지의 평균경사율이 15% 이상인 농지로서 대통령령으로 정하는 농지를 소유하는 경우
5. 「공공토지의 비축에 관한 법률에 해당하는 토지 중 비축심의위원회가 비축이 필요하다고 인정하는 토지로서 계획관리지역과 자연녹지지역 안의 농지를 한국토지주택공사가 취득하여 소유하는 경우

4. 농지위원회 심의

시·구·읍·면의 장은 농지 투기가 성행하거나 성행할 우려가 있는 지역의 농지를 취득하려는 자 등 농림축산식품부령으로 정하는 자가 농지취득자격증명 발급을 신청한 경우 농지위원회의 심의를 거쳐야 한다.

5. 등기

농지취득자격증명을 발급받아 농지를 취득한 자가 그 소유권에 관한 등기를 신청할 때에는 농지취득자격증명을 첨부하여야 한다.

6. 농업경영계획서의 보관

시·구·읍·면장은 농업경영계획서또는 주말영농계획서를 10년간 보존하여야 하며, 농업경영계획서 또는 주말·체험영농계획서 외의 농지취득자격증명 신청서류의 보존기간도 10년으로 정한다.

7. 농지취득자격증명 발급제한

① 농업경영계획서 또는 주말영농계획서를 작성하지 않는 경우
시·구·읍·면의 장은 농지취득자격증명을 발급받으려는 자가 농업경영계획서 또는 주말영농계획서를 작성하지 않는 경우 또는 기재사항을 기재하지 않는 경우 농지취득자격증명을 발급하여서는 아니 된다.

② 공유인원 초과
시·구·읍·면의 장은 1필지를 공유로 취득하려는 자가 최대인원수를 7인 이하의 범위에서 시·군·구의 조례로 정하는 정한 수를 초과한 경우에는 농지취득자격증명을 발급하지 아니할 수 있다.

③ 법인이 해산명령요건에 해당하는 경우
영농조합법인 또는 농업회사법인이 해산명령 청구 요건에 해당하는 것으로 인정하는 경우에는 농지취득자격증명을 발급하지 아니할 수 있다.

3 대표 기출문제

제32회 출제

01 농지법령상 농지취득자격증명을 발급받지 아니하고 농지를 취득할 수 있는 경우가 <u>아닌</u> 것은?

① 시효의 완성으로 농지를 취득하는 경우

② 공유 농지의 분할로 농지를 취득하는 경우

③ 농업법인의 합병으로 농지를 취득하는 경우

④ 국가나 지방자치단체가 농지를 소유하는 경우

⑤ 주말·체험영농을 하려고 농업진흥지역 외의 농지를 소유하는 경우

해설

⑤ 주말체험영농의 경우에는 농지취득자격증명을 발급받아야 한다.

정답 ⑤

4 출제 예상문제

01 농지법상 농지취득자격증명에 대한 설명 중 옳은 것은?

① 주말·체험영농을 하려고 농업진흥지역 안의 농지를 소유할 수 있다.

② 주말·체험영농목적으로 농지를 취득하는 경우 농지취득자격 증명을 발급받아야 하며, 농지취득자격증명을 발급받는 경우 주말체험영농계획서를 작성하여야 하며, 주말체험영농계획서 에는 발급받으려는 자의 직업·영농경력·영농거리를 기재 하여야 한다.

③ 시장·군수·구청장은 농지 투기가 성행하거나 성행할 우려가 있는 지역의 농지를 취득하려는 자가 농지취득자격증명 발급을 신청한 경우 농지위원회의 심의를 거쳐야 한다.

④ 시·구·읍·면의 장은 농지취득자격증명의 발급 신청을 받은 때에는 그 신청을 받은 날부터 4일 이내에 발급하여야 한다.

⑤ 농업경영계획서를 작성하지 아니하고 농지취득자격증명의 발급신청을 할 수 있는 경우에는 2일 이내에 발급하여야 한다.

해설 ✦ ① 주말·체험영농을 하려고 농지를 취득하는 경우 농업진흥지역의 농지를 소유할 수 없고 농업진흥지역 외의 농지만 소유할 수 있다.
③ 시장·군수·구청장이 아니라 시·구·읍·면의 장이다.
④ 농취증 발급은 4일이 아니라 7일이다.
⑤ 농업경영계획서를 작성하지 않는 경우 농취증의 발급은 4일이다.

정답 ✦ ②